고구려사 연구

노태돈 지음

高句麗史研究

盧泰敦 著
張成哲 譯

臺灣學生書局印行

《高句麗史研究》中文版序文

本書是把筆者曾經發表過的有關高句麗史的論文彙集而成的。儘管是論文集的形式，但其內容涵蓋著高句麗史的整個時期，可以說它具有通史的性質。

在著述過程中筆者把著重點放在把握史料的時間性上。古往今來，人間萬象總是隨著時間的流逝而變化，所以在歷史研究中，無論怎樣去強調這一時間性，也不為過。然而，某一事實被首次記錄下來之後，經過若干次承接過程中的潤色，僅僅存留在自該事情發生後，歷經千百年之後所編撰的史書中並流傳下來，那麼可就另當別論了。作為高句麗史研究的基本史料《三國史記》便屬這種情形。這時，若想根據這一史料，去再現歷史之原貌，那麼在現有的記錄中，對那些重疊地凝聚於記錄上的時間性，如何闡釋並適當加以重構，成為研究的首要課題。所以在進行這一工作時，自然會對《三國史記》高句麗本紀的內容，尤其是對初期記事的真實性與否的問題產生爭議。實際研究過程中確實也出現了很多爭議。本書主要陳述了筆者對高句麗史認識的基本立場。

高句麗作為小規模城邑國家在西元前後建立，之後歷經四至五世紀，逐漸發展成為兼併韓半島中部和南部地區以及中國滿洲地區的強大的領域國家，至六世紀後半葉以後，又發生了重大的政治變化。本書把七百餘年的高句麗史的展開過程劃分成若干時期，並力主把握各個時期政治體制的結構特徵。同時也力求弄清促成這一政治體制的社會基礎。

在高句麗蓬勃發展的四至五世紀，整個東亞地區正處於動蕩的戰亂時期，同時也是東亞各國之間積極進行交涉的時期。這一時期高句麗的對外關係和其國內情勢的發展，以及金石文中所呈現的高句麗人的天下觀等，均與當時國際形勢緊密相聯的情形下而形成的。本書中將把這一面貌與當時東亞史的展開有機地聯繫起來加以把握，並考察了當時東亞國際關係的性質問題。

在補論部分記述了與高句麗史緊密相關的扶餘史以及高句麗、渤海國與中亞地區居民之間的交流關係，作為對高句麗史理解的有益補充。

最近一段時期，就高句麗史的性質及其歸屬，即高句麗史究竟屬於哪一國家的這一問題，韓中兩國的學者之間展開了激烈的爭論。令人擔憂的是，這一歷史紛爭差點引發兩國間的對立。於這一問題，有必要把學術和政治問題加以分離，並通過冷靜客觀的研究和自由氛圍下的學術討論來做最終解決。希望中文版《高句麗史研究》有助於增進中國人對高句麗史的理解，以及在韓國所進行的高句麗史研究狀況的理解。

本書被評選為「2005 年度韓國最佳圖書」之後，得到韓國文學翻譯院的資助，最終翻成中文。另外，作為譯者的張成哲先生付出了辛勤的勞動，在出版過程中又得到臺灣學生書局的大力支持。在此一併表示最衷心的謝忱。

盧泰敦

2007 年 8 月 10 日識於冠嶽山腳下

高句麗史研究

目　次

《高句麗史研究》中文版序文 …… I

緒　論 …… 1

第一章　朱蒙傳說與高句麗初期的王系——對《三國史記·高句麗本紀》前半部分記事眞僞性問題的探討 …… 11

一、朱蒙傳說與桂婁部的起源 …… 11

㈠有關朱蒙傳說的闡述 …… 12

㈡桂婁部的起源 …… 29

二、初期高句麗王系的構成 …… 37

㈠廣開土王陵碑文的王系 …… 37

㈡關於故國川王是否實際存在的問題 …… 42

㈢有關三位大王的王系 …… 46

㈣初期王系的成立時期 …… 53

第二章　高句麗初期的政治體制及其社會 …… 61

一、部體制的成立及其結構 …… 61

㈠「部」的成立 …… 61
㈡部體制的結構 …… 79
㈢部體制下的政治制度 …… 99
㈣從固有名部到方位名部 …… 110
二、娶嫂婚及親族集團 …… 113
㈠娶嫂婚的存在 …… 115
㈡娶嫂婚的性質 …… 128
㈢娶嫂婚的消亡 …… 141
㈣娶嫂婚的分佈 …… 147
第三章　領域國家體制的形成與對外關係 …… 153
一、地方制度的形成及其變遷 …… 153
㈠對《三國史記·地理志㈣》「目錄」的探討 …… 154
㈡六至七世紀地方制度的構成 …… 169
㈢地方制度的形成過程 …… 188
二、五至六世紀東亞國際情勢與高句麗的對外關係 …… 210
㈠高句麗的對外關係 …… 212
㈡五至六世紀國際關係的性質 …… 225
㈢六世紀中半以後國際形勢的變動 …… 247
三、從金石文中看到的高句麗人的天下觀 …… 255
㈠天孫之國的意識 …… 256
㈡對周邊國家關係的認識：朝貢、守天、華夷 …… 263
㈢東亞和高句麗人的天下：皇帝、可汗、大王 …… 268
㈣天下觀和同類意識 …… 277
第四章　貴族聯合政權的成立 …… 281
一、六世紀中葉的政局變動
——以分析高句麗喪失漢江流域的原因為中心 …… 281

㈠王位繼承紛爭和貴族之間的內紛 …… 282
㈡北齊的軍事威脅 …… 285
㈢與突厥相爭 …… 291
㈣高句麗與新羅的密約 …… 306
二、貴族聯合政權和淵蓋蘇文的政變 …… 311
㈠貴族聯合政權時期的實際存在與否問題 …… 312
㈡王的地位 …… 320
㈢淵蓋蘇文的政變 …… 326

結論：高句麗史的時代劃分 …… 347

補　論 …… 353

一、扶餘國的疆域及其變遷 …… 353
㈠三世紀前半葉扶餘國的疆域 …… 354
㈡三世紀中葉以後的變遷 …… 365
二、有關高句麗、渤海人與中亞居民的交涉 …… 376
㈠敦煌文書 P.1283 的 Mug-lig（貊句麗） …… 378
㈡古突厥碑文中的 Bökli …… 382
㈢阿弗拉希亞布（Afrasiab）宮殿壁畫裏的高句麗人 …… 386

附　記 …… 391

緒 論

在韓國古代史的諸多領域中，有關高句麗史方面的研究，可以說是最為薄弱的環節。這與過去對高句麗人的主要活動過的歷史舞臺，難以進行查訪等諸多因素不無關係。值得慶幸的是，自八十年代以來，購買北韓和中方的相關資料變得相對容易些了，還實現了對滿洲（東北）地區的實地考查，種種制約因素逐漸得到改善。近年來，隨著人們對高句麗史的關心度逐漸升高，相關研究也異常活躍起來。將來，如果對北韓地區的實地考查以及南北韓學術界之間的直接交流得以實現的話，相信高句麗史的研究必將更加蓬勃地發展。然而，期待著研究條件早日得到改善的同時，為促進高句麗史的研究進程，眾多學術問題還有待我們去解決。

縱觀過去有關高句麗史的國內外研究成果，便可知，在對其主要問題的理解上，研究者之間有著很大的意見分歧。諸如《三國史記·高句麗本紀》的前半部分記事是否具有真實性、高句麗的國家機構及其政治體制、高句麗對外關係的性質、六世紀中葉以後的政局變化等。可以說，這些主題是架構高句麗史理解體系時，必須要面對的核心問題。所以，對這些問題的具體議論尚無任何進展的前提下，根本就無法期待對高句麗史有多麼深的研究。筆者擬就此問題進行考察，並提示一下自己對高句麗史的理解體系。首先，在緒論中談一下，問題的所在以及筆者對其進行考察的方向。

《三國史記》本紀內容，尤其是初期記事是否具有真實性的問題，直接影響著對三國初期記事的重組工作。所以，自很久以前，學者們就開始積極進行文獻考辨。尤其像〈高句麗本紀〉，它在中國的史籍中，從很早以前開始就有片斷性的提及。所以，相對於〈百濟本紀〉和〈新羅本紀〉來說，對它的史料考辨工作顯得更具有針對性。

縱觀其間研究，主要呈現如下三種傾向：第一、不信論。這種論調基於近代初期的疑古主義立場，主張將不合理或稍有疑惑的記事一律排除，之後立足於絕對準確的記錄來重構歷史。這種論調曾在本世紀前半葉十分盛行，至今在國內外學術界仍有步其後塵者。具體的文獻考辨方法是，將本國的史料與鄰國的史料進行對比並檢討。主要是以中方史籍記載為判斷基準，與其相符與否作為判斷尺度。之所以這樣，主要是下列因素發揮作用，即《三國史記》的編撰時期相對較晚，而中方史籍則大部分是其當代編撰的。本國的史書往往是出於政治等目的，在敘述歷史的過程中，難免存在誇張或捏造的可能性。與此相比，第三國人的記述則往往具有相對地客觀性。在這種考辨法和視角的驅使下，得出的結論是：〈高句麗本紀〉的初期部分記事是後世之人編造出來的，它不具有合理性，所以是不可信的。而且〈高句麗本紀〉裏諸王系譜中，第十代山上王，就是依據高句麗自身的傳說而虛設的、並非實際存在過的王。如按此主張，則自然就得出，高句麗史只有到了三世紀以後才可信的結論。

就是說，在此之前的高句麗歷史，除了在中方史籍中所提及的一部分內容，均為傳說中的東西，是不可知的領域。❶

構成近代史學的基本要素是對合理性的追求。就這一點上講，立足於徹底文獻考辨的疑古主義進行探討，對其結論的好與惡，暫且不說，它卻是史學研究必須要經歷的一個過程。然而，既然文獻考辨的最終目的在於歷史的復原與重構，那麼這種完全不可信論，可謂是只求手段卻喪失目的的行為。再加上，由於相對地低估韓國史發展進程的成見作祟，從而導致抹煞歷史的結果，這也不能視若無睹。在其文獻考辨方法上，也存在根本問題。中方史籍中的記錄往往是較為接近當時的記錄，所以，它的確具有史料價值上的優越性。然而，它自身也有不少問題。尤其像外交方面的史籍，是斷斷續續地與外界接觸的產物。對其史料未經徹底考辨的情況下，則更為如此。

---

❶ 持有這種視角的具有代表性的論著有如下。

津田左右吉，〈三國史記高句麗本紀的批判〉，《滿鮮地理歷史報告》9，1922。

池內宏，〈關於高句麗王家的上古世系〉，《滿鮮史研究》（上世篇）所收，1940。

武田幸南，《高句麗史與東亞》，1988。

第二、全面的肯定論。認為《三國史記·高句麗本紀》的初期部分記事，確實反映了歷史的事實，是完全可以信任的。即只要拋棄成見而立足於記事本身去認識高句麗史，則沒有理由不去相信它。〈高句麗本紀〉的記事也是立足於高句麗時期的記錄敍述而成的，所以在尚無發現不可信的確鑿證據之前，應予以肯定。這是以積極評價高句麗的發展進程作為前提的。因此主張，在承認〈高句麗本紀〉中敍述的，即高句麗在很早以前，就已經具備了中央集權制國家體制的觀點。並在此基礎上，重新勾勒出高句麗史的全貌。在如何對待《三國志·東夷傳》和《三國史記·高句麗本紀》的內容發生衝突的問題上，則主張要麼取後者，要麼依據後者去解釋前者。這種視角是對現存的全面不信論所導致的問題，進行反撥以及為克服它而表現出的一種積極意識。然而，它也存在不少問題。

不妨設想一下，《三國史記》本紀是根據三國鼎立時期編寫的史書內容作為框架編寫的。然而，三國時期的史書在編寫當時，就已經是根據自身的目的和需要，將口碑形式在內的傳承史料，加以整理了。而且，隨後經多次的承接過程，最終，經過《三國史記》編撰者的認識之後，便成為現傳的形態。如果考慮這樣的傳承過程，則就難以認同全面的肯定論。在諸多層面上，全面的肯定論與《三國志·東夷傳》中的歷史之貌，發生衝突。試舉一下具體例子。近年來，在原新羅國的領域內所發現的「鳳坪碑」與「冷水里碑」就屬此種情況。把新羅金石文和〈新羅本紀〉的記事作以對比，則可確認到兩者之間存在著明顯的差異。並非只是〈新羅本紀〉如此，想必〈高句麗本紀〉和〈百濟本紀〉也不例外。全面的不信論引發了諸多問題，也導致各種弊端，然而，這並不能成為全面的肯定論合理化的依據。面對全面不信論的弊病，只有透過更加深入地追求合理性來加以克服。

第三、認識到全面不信論和全面肯定論的弊端之後，便提出來修正論。大體上修正論是以如下認識作為基礎的，即《三國史記·高句麗本紀》的初期部分記事，分明是立足於某種傳承的，所以不可輕易否定。然而，現傳形態的記事也不可全信。對於這種認識的方向性，大多數研究者還是認同的。筆者也持修正論的觀點。問題是，具體來講是本紀的哪一部分、哪一時期開始、何種程度上、何以認為它具有真實性等，諸多疑問將作何解釋。所以，迄今為止，研究者們習慣採取的方法是：對本紀記事的整體理解上，堅持上述修正論的視角，而在具體研究上，則採取透過對記事個案的考辨來明確其真實性。

然而，肯定論也並非對所有記事持信任的態度，這樣修正論與肯定論之間的立論差異，實際上也並不十分明顯。而且，在可供與本紀記事相對比的其他資料相對不足的情況下，論證記事個案的可信度則顯然是帶有局限性的。無論是何種情形，它們都具有對史料片面的認識和理解的可能性。更為重要的是，面對不信論者立足於具體論據提出的見解，採取回避與其進行直接具體的論述，其結果等於是放任其爭論。不信論不僅對本紀記事的可信度持懷疑態度，而且對構成本紀基本框架的王系以及對重要記事群，也進行考辨，並認定它不可信，進而全盤否定《三國史記》本紀初期部分記事。所以，如果對此不進行具體的反證，那麼不論是肯定論還是修正論都很難具有說服力的。而且，試圖利用本紀內容，來復原高句麗初期歷史的想法，也難以得到客觀認同。所以，對高句麗本紀初期部分記事進行考辨時，不得不從不信論者所提出的論據進行實證性地再考辨，沒有這一反證過程就很難克服不信論。

第一章「朱蒙傳說與高句麗初期的王系」裏，透過對不信論的核心論據進行考辨，進而弄清〈高句麗本紀〉記事的真偽性問題。在此，筆者首先要把握〈高句麗本紀〉中的朱蒙傳說及其初期王系究竟成立於何時，又透過何種傳承過程、最終形成等問題。有關朱蒙的記錄和初期王系，即便是設想它們並不是把〈高句麗本紀〉中所傳的那個紀年裏實際存在的事實給如實地記錄下來的，而是在後來被整理成現存形態的。但這並不意味著那些記錄全部是虛構的。之所以要把握有關朱蒙傳說的記錄和初期高句麗王系的成立時期，是因為透過弄清構成這些記錄的諸多要素是以何種途徑流傳到現有傳承確立當時的問題，就有可能逆溯其蹤跡，勾勒出這些要素的原貌，並據此復原出高句麗初期史。

具體在第一節「朱蒙傳說與桂婁部的起源」裏，首先在探討朱蒙傳說的諸類型之後，再考察它是透過何種過程、在何時變成為現傳形式的問題。同時探討一下，其間一度呈現出否定傾向的朱蒙傳說的核心內容：高句麗桂婁部王室是由扶餘方面遷移過來的集團建立的，這一傳承究竟具有多少真實性。

第二節「初期高句麗王系的構成」裏，主要探討現傳王系成立於何時的問題，還有初期王系果真如不信論者所說，是虛構的、是借用中方史書內容而炮製成的？還是根據高句麗自己的傳承而製成的？並是否具有真實性等問題。初期王系和朱蒙傳說形成了〈高句麗本紀〉初期記事的大宗。因此，透過對它的考辨而得出的結論，在〈高句麗本紀〉初期記事的其他記事中也可適用。這無疑是根據〈高句麗本紀〉記事來重構高句麗史的前提性工作。

第二章「高句麗初期的政治體制及其社會」裏，力求探究高句麗初期的政治體制與社會形態。有關高句麗初期的國家構造及其政治體制的研究，過去已有不少這方面的研究論文。大致可分為兩類：第一類是考察高句麗國家形成過程的，即致力於探究從原始社會到國家形成為止的政治體成長過程。他們首先設定政治體的發展階段之後，把研究重點放在作為政治體最終階段的國家究竟成立於何時問題上。第二類是把著重點放在把握高句麗國成立之後，其國家結構及其政治體制的面貌上。不能把兩者完全分開來考慮，只有有機地結合起來才能準確把握高句麗國的輪廓。只是根據議論的側重點可分為兩類，本書是把側重點放在後者進行考察的。

首先，查看以往的研究成果就可以發現，有一種見解是把高句麗的政治體制理解為自初期便是中央集權體制。又可細分為兩種：一、中世國家的主張❷，二、雖為古代國家，卻從很早開始就已進入中央集權化階段。❸然而，高句麗自西元前後時期，以小國形態出現在鴨綠江中游地區之後，先後存續了七百餘年，並發展成為統一韓半島中北部和滿洲地區中南部的強大國家。在此過程中，經歷了諸如像王權的強化、官等制的整備、地方統治制度的實施、中央官署組織的擴充等變化。當然，在國家組織的運作上，初期與後期有著顯著差異，這是不言而喻的。上層構造的變化與下層構造的變化不可能沒有關係。實際上，就搜刮制度

---

❷ 《朝鮮通史》、《朝鮮全史》、《高句麗史》（孫永鍾著）等 1960 年代以後，北韓發行的史書中所取的主張。有關北韓學界之所以從三國時代起規定為中世社會的論據及其議論過程的內容，請參看盧泰敦的〈北韓學界的三國史代史研究動向〉，《北韓的古代史研究》，1991；重收錄於《通過韓國史來看到的我們以及我們對世界的認識》，1998。

❸ 李種旭，〈高句麗初期的中央政府組織〉，《東方學志》33，1982。
金光洙，〈有關高句麗古代集權國家成立的研究〉，延世大學博士學位論文，1983。

而言，在高句麗後期是按照貧富差距以戶別進行榨取，從而可以確認出與初期不盡相同的變化。總之，視高句麗政治體制的性質自初期開始直至末期基本相同的主張，是立足於對《三國史記》初期記事全面肯定的基礎上，平面地理解高句麗史展開過程的結果。在研究高句麗政體的時候，能夠說明出介在於前、後期的變化的動態性是很有必要的。

一方面，也曾有人主張，高句麗的國家性質在其整個存續期間基本相同。古代國家，往往是土著勢力作為根基的族長勢力，不斷進行統合而成的，它帶有一種聯盟體的性質。古代國家的官等制，是諸多族長在按其勢力進行改編的過程中產生並確立的。儘管隨著古代國家的成長王權和集權得到了加強，然而由族長勢力轉化的中央貴族們所持有的族的基礎終究未能解體。所以，在國政的運行過程中，繼承聯盟體階段部族長會議的貴族會議便發揮了主要作用。❹

應該說，這一主張刻畫出了古代國家構造所具有的部分特徵，從這一點上講，它具有學術史的意義。然而，它是把重點放在呈現於前期的特徵面貌一直往後延續下去的連續性上，而非放在三國的前期與後期時代狀況的變化之上，所以未能對變化引以足夠的重視。同時，在三國初期的理解問題上，也沒有注意到對三國的建國主導集團與透過各種途徑形態而附屬於三國的集團之間存在的差異，因而在理解三國初期國家構造上具有局限性。三國的建國主導集團與被服屬集團在國家結構中所處的位置是不同的，這又影響了兩個集團成員在現實中的生活。這一層面又隨著三國的發展也發生著變化，而它恰恰就反映了韓國古代社會發展的一面。

其後，還出現了把高句麗包括在內的古代國家的特徵，按國家發展的進程劃分為若干階段，並加以把握的見解，即理解為城邑國家——領域國家❺，或者城

---

❹ 金哲埈，〈高句麗、新羅的官階組織的成立過程〉，《李丙燾博士華甲紀念論叢》，1956；重收錄於《韓國古代社會研究》，1975。
金哲埈，《韓國古代國家發達史》（《韓國文化史大系》1，高麗大學民族文化研究所），1964。

❺ 千寬宇，〈三韓國家的形成〉，《韓國學報》2、3；1976；重收錄於《古朝鮮史．三韓史》，1989。

邑國家——聯盟王國——中央集權性貴族國家。❻在此，所謂各個階段是相對應以往學說，即「部族國家——〔部族聯盟體國家〕——古代國家或貴族國家」階段而言的。❼自原始社會到國家形成的階段上，作為過渡期而設定「部族國家論」本身就帶有諸多問題。而這些問題被一一指出的同時，提出來的「城邑國家論」，至少在用詞方面較諸前者大為明瞭。❽然而，它也存在著一個「聯盟王國」與「城邑國家」之間關係不甚明確的問題，即城邑國家採取聯盟形式是不得已而為之的。那麼兩者將如何能夠進行階段性的區分呢？事實上，無論用何種辭彙規定古代國家的發展階段，重要的是那個概念所包含的內容。問題是，如何來把握「城邑國家」和「聯盟王國」的政治結構以及當時的社會性質，好像至今尚未提及有關這方面的具體內容。

儘管過去對三國的國家結構與政治體制已進行了諸多研究，但仍未能正確地把握它的實際形態。相關史料的缺乏是其主要原因，在今後的研究中這一點也無法徹底得到解決。儘管如此，為了促使韓國古代國家發展史研究的進步，則有必要不斷提出富有建設性的理解體系。

筆者曾經提出了把三國初期的政治構造設定為「部體制」❾，而這種部體制到了三國中後期以後，就發展成中央集權制領域國家體制的主張。❿有關部體制

---

❻ 李基白，《韓國史新論》修訂版，1976，頁25－26。
李基白，〈高句麗的國家形成〉，《韓國古代的國家與社會》，1985。
李基白、李基東，《韓國史講座》（古代篇），1982。

❼ 白南雲，《朝鮮社會經濟史》，1933。
孫晉泰，《朝鮮民族史概說》，1948。
金哲埈，〈韓國古代國家發達史〉。

❽ 有關古代國家的形成過程的論議，請參看如下文章。
盧泰敦，〈國家的成立及其發展〉，《韓國史研究入門》，知識產業社，1981。
朱甫暾，〈有關韓國古代國家形成的研究史的探討〉，《韓國古代國家的形成》，民音社，1990。
余昊奎，〈韓國古代國家的形成〉，《歷史與現實》19，1996。

❾ 盧泰敦，〈有關三國時期「部」的研究—成立及其結構為中心—〉，《韓國史論》2，1975。
盧泰敦，〈三國的政治結構與社會·經濟〉，《韓國史》2，國史編撰委員會，1978。

❿ 盧泰敦，〈三國的成立及其發展〉，《韓國史特講》，1990。

論，1988 年和 1989 年先後發現蔚珍鳳坪碑和永日冷水里碑以後，曾引起不少爭論，時至今日仍在進行中。筆者以往的論稿中，部體制適用於整個三國，而此次把焦點聚集到高句麗進行了整理，並留意於部體制之所以長期持續下去的社會基礎以及部體制下官等制所具有的意義，從而進行修正及彌補。有關部體制的基本論旨並沒有改變。這是第二章第一節「部體制的成立及其結構」的內容。

第二節「娶嫂婚及親族集團」裏，為了把握部體制下的社會面貌，而對當時的婚俗——娶嫂婚進行了考察。所謂娶嫂婚是指兄長死去之後，由其弟繼娶兄嫂為妻，如無弟弟可由其侄子來娶其伯母或嬸子的婚姻形態。從很久以前開始，地球上不少地區和種族間都曾流行過娶嫂婚。有關韓國古代社會娶嫂婚的記載則寥寥無幾，僅剩下的也被理解為是在當時社會裏極其例外的殘影，然而事實上並非如此。在此首先探討娶嫂婚事例，從而理清它在當時社會作為選好婚（preferred marriage mode）而廣為流行的事實。繼而透過把握娶嫂婚廣為流行的其他諸社會的特徵性面貌，反過來理解當時的高句麗社會，為此大力援用和調查了娶嫂婚流行過的其他社會和諸種族的事例，還有相關的人類學研究成果。只是，這樣有可能會出現諸如偏離歷史背景和脈絡、隨意引用事例、傾向於某一特定理論等問題。所以，也將要提出如何才能克服這些問題的有關方法論上的摸索。娶嫂婚在具有一定社會特徵的集團中發展成為選好婚。當然，這種社會特徵，在隨著歷史的發展而逐漸弱化、消亡時，娶嫂婚也會發生變化，這一點高句麗也不例外。透過對高句麗娶嫂婚的衰退、消亡過程的考察，來把握高句麗社會發展的一面。

第三章「領域國家體制的形成與對外關係」的第一節裏，首先要考察隨著部體制的解體，取而代之的中央集權制領域國家體制的面貌。如果說部體制下的高句麗國是，在一定程度上受到王權的統制，但在其集團內部事務上則具有相當自治力的各級單位政治體，對其層層團結而成的。那麼領域國家性質的中央集權體制是，對其領域內諸地區和居民集團的支配力，由朝廷直接控制的形態。中央集權體制的形成是，透過固有名五部的消亡和一元化官等制的成立以及地方統治組織的形成等得到具體確認。這一點主要透過第一節「地方制度形成」加以考察。有關高句麗的地方制度，其間也不乏相關論文的發表，卻依舊是眾說紛紜。究其原因，史籍中所記述的制度與行政單位的名稱有可能是把後代的內容給追溯上的。所以，第一節「地方制度的形成及其變遷」裏，擬把考察的出發點放在當代的記錄上。在這一點上，引人注目的是《三國史記·地理志㈣》中收錄的「目錄」。「目錄」是 667 年由當時侵入到高句麗的唐軍指揮部所製作成的，是一種具有戰況表性質的文書。以該「目錄」分析作為切入口，把握住高句麗末期地方制度的一個層面之後，在此基礎上，考察高句麗地方制度的面貌。同時，探討一下高句麗在五世紀是否實行郡制的問題。

收取制度是能夠具體地反映出地方制度形成的歷史意義，就是說，已由原來的貢納制轉變成為租稅制了。租稅的具體內容和課稅方式，與把握當時居民的存在狀況有著直接的聯繫。同時，透過地方制度的實際情況，也可以透過收取制度來把握。對此，本書只是談到些基本的內容，而未能進行更深入的探討。

第二節「五至六世紀東亞國際情勢與高句麗的對外關係」裏，主要考察地方制度擴充等，中央集權化得到加強的、五至六世紀前半葉高句麗的對外關係。與之前後時期所不同的是，這一時期的高句麗與其相鄰的北中國和蒙古高原上的國家，長期維持著和平友好的關係。這對其國內的中央集權化的進程發揮積極的作用，同時對在韓半島上進行角逐的、三國間的關係具有深遠的影響。那麼高句麗為何如此長期地與大陸諸國，至少在表面上保持著和平友好的關係呢？透過對高句麗的對外政策和當時東亞國際局勢的分析，以探究其原因。為此，不僅要注意把握高句麗與主要國家之間的關係，還要注意把握當時的國際政局、尤其像中國南北朝和蒙古高原上的柔然等主要國家的動向及相互關係。縱觀當時的國際政局，由於高句麗、中國的南北朝、柔然等相互之間力學關係的聯動性，即主要國家之間在勢力均衡的狀態下，很難長期進行戰爭，所以由某一個國家去主導和左右國際秩序的情況，無疑要受到阻撓。

對當時東亞各國交涉關係的具體把握，直接與如何理解當時中國王朝和鄰近國家間進行的朝貢、冊封關係的「名」與「實」有關。海外學術界在說明前近代東亞國際關係的基本框架時，往往就提及朝貢、冊封關係。如果把朝貢、冊封關係的典禮，用近代國際法概念去解釋，則因冊封國對朝貢國具有實際約束力，所以很容易就把兩者間的關係看成上下統屬的關係。實際上，立足於中華主義的中國史籍上的記述往往有此類敍述，而曾在日本學術界風靡一時的「冊封體制論」

也是如此解釋的。然而，作為東亞諸國間關係的基本形式——朝貢、冊封關係被確立的時期是五至六世紀，而具有實際意義的國家與國家之間外交關係網的形成也是在這一時期。這個時期的中國正處於大分裂的時期。我們不得不注意，恰恰在這樣一個時期，朝貢、冊封關係被東亞各國接受的事實。本書以高句麗的情形作為中心，透過對該時期朝貢、冊封關係成立的過程和本來面目的考察，來把握其性質。

第三節「從金石文中看到的高句麗人的天下觀」裏，透過五世紀的金石文，來考察五世紀高句麗統治階層所持有的天下觀。這一時期，對高句麗來說，是一個非常重要的時期，對內則中央集權的領域國家體制趨於成熟，而對外則與周邊國家廣泛地建立起外交關係。透過它的天下觀，可以瞭解當時高句麗人所具有的、對自身整體性的認識的一個側面。同時，還有助於我們對正在形成中的、獨具個性的高句麗文化進行瞭解。而且，還要對成為當時高句麗人天下觀的核心內容，即天孫意識在政治思想層面上的特徵進行考察。

第四章「貴族聯合政權的成立」中，主要考察六世紀中葉以後所發生的變化。六世紀中葉以後，高句麗無論在其國內還是在國外，都面臨著急劇的變化，主要歸因於如下幾點：對外方面，由於北齊和突厥的興起，在大陸展開的國際形勢，發生了急劇的變化，而在韓半島內新羅的發展也不容忽視。對內方面，貴族間的內紛成為一種契機。這種變化表面化以後呈現出何種樣態呢？第一節「六世紀中葉的政局變動」裏，透過對高句麗喪失漢江流域的原因進行分析以求解答。

第二節「貴族聯合政權和淵蓋蘇文的政變」裏，首先要探討的是，在高句麗政治史上，可否把六世紀中葉以後的時期，設定為「貴族聯合政權時期」呢？就是說《周書·高麗傳》等史籍中所傳的六世紀後期以後，在高句麗國最具實權的大對盧，由貴族們選任的事實，是一時的現象呢，還是一直持續到高句麗末期呢？要對此問題進行解答。如果說是長期持續下來的話，如何看待當時高句麗的政治體制和國王的地位，這將成為下一個問題。進而透過對淵蓋蘇文政變的考察，來把握貴族聯合政權下存在的、權貴們的勢力基礎和政變之後高句麗政治體制的理解。

最後，根據以上內容來設定一下高句麗史的時代劃分。

第一章
朱蒙傳說與高句麗初期的王系
——對《三國史記·高句麗本紀》前半部分記事真偽性問題的探討

一、朱蒙傳說與桂婁部的起源

據有關高句麗起源的記載，高句麗國是由從扶餘遷移過來的朱蒙集團建立，其中也有不少是以傳說的形式來記述朱蒙的出生、成長、受難、遷移以及建國的過程。《三國史記》中，有關「建國」後高句麗的初期歷史是在此基礎上敘述的。儘管《三國史記·高句麗本紀》稱朱蒙高句麗的建國之年為西元前 37 年，然而，之前歷史上就可以確認高句麗的實體，因此不能單從朱蒙傳說中尋求高句麗的起源。畢竟，它也不過是有關桂婁部王室起源與興起的傳說而已。

即便如此，把桂婁部王室的起源與興起過程記錄下來的朱蒙傳說，它究竟反映了多少歷史事實，這是一個很重要的問題。因此，在很早以前就已出現透過文獻考辨與考古學考證來否定其真實性的見解。它自然也否定了與朱蒙傳說密切相關的《三國史記》中有關扶餘記載的真實性，進而對高句麗本紀前半部的整體內容予以質疑。因此，要想透過《三國史記·高句麗本紀》的內容，來重新架構高句麗初期歷史，則對朱蒙傳說真實性問題的探討就成為不可或缺的因素。

因此，本文首先注意到，在各類記載中，把朱蒙描述成來源於「東扶餘」、

「北扶餘」、「扶餘」的事實以及在其內容上也有所不同的事實。具體來講，透過對各類文獻所記載的不同發祥地傳說進行考察，來把握他們出現的先後順序，進而理清哪一種傳說成立得最早，朱蒙傳說又是在何時演變成現傳之形態。

一旦弄清楚最先成立的朱蒙傳說之原貌，就要對其真偽性進行探討，即要考察朱蒙傳說是否真是在四世紀末以後借用扶餘東明傳說編造出來的？或朱蒙與桂婁集團的發祥地是否確屬扶餘方面？

㈠有關朱蒙傳說的闡述

1.有關朱蒙來源的各種記載

高句麗桂婁部王室的始祖——朱蒙，有關其來源的記載有如下三種：一，記載於廣開土王陵碑（以下簡稱為「陵碑」）與牟頭婁墓誌等五世紀初高句麗金石文中的「北扶餘起源說」；二，記載於《舊三國史記》、《三國史記》、《三國遺事》等韓方文獻中的「東扶餘起源說」；三，記載於《魏書》、《周書》、《隋書》、《梁書》等中方文獻中的「扶餘起源說」。

在上述三種見解中，首先要探討的是，這些記載中所提及的北扶餘、東扶餘、扶餘的位置與實體以及相互關係。

首先，看一下「扶餘起源說」。它最早詳見於《魏書·高句麗傳》，是根據 435 年前後時期，曾經訪問高句麗平壤城的北魏使臣李傲的見聞記載而成的。據其稱，當時的高句麗領域「東至柵城，南至小海，北至舊夫餘，民戶三倍於前魏，時其地東西二千里，南北一千餘里。」在此所謂柵城，直至高句麗後期也是一個重鎮，渤海時期則稱作柵城府，即為東京龍原府所在地——現今的琿春一帶。該柵城與《三國志·東夷傳》的北沃沮「置溝婁」屬同一地域，也是陵碑中所說東扶餘首都「餘城」。410 年東扶餘歸附於廣開土王之後便很快解體。之後，高句麗對該地區以「城」為單位加以編制。

然而，《魏書·高句麗傳》稱高句麗起源於扶餘，接著又說朱蒙與其子「閭達」源自扶餘，並記述了閭達之孫「莫來」在當時便已攻破扶餘、使之服屬的事實，再往後的部分就是上引文所述之內容。因此，此處「舊夫餘」與朱蒙的源自地「夫餘」是同一個地方。另外，在《魏書·高句麗傳》以及《周書》、《隋書》之中，隻字未提東扶餘。如前所見《魏書》則把東扶餘地域記述為柵城，這說明最早提出朱蒙扶餘起源說的、《魏書》等文獻中所見的「夫餘」與東扶餘並無關係，同時也表明直至五世紀前半葉，還未形成朱蒙東扶餘起源說，或至少在當時高句麗社會裏，還未形成一個具有影響力的起源說。這一點也可從五世紀金石文中得到證實。建於 414 年的陵碑文，其開頭有如下記載：

惟昔始祖鄒牟王之創基也，出自北夫餘，天帝之子，母河伯女郎……巡幸南下，路由夫餘奄利大水。

在此稱朱蒙起源於北夫餘，較之陵碑文，年代稍晚的牟頭婁墓誌中也有「河伯之孫，日月之子，鄒牟聖王，元出北夫餘」云云等內容。陵碑的建造者是高句麗長壽王朝廷，而牟頭婁墓誌則是在廣開土王時期歷任「令北夫餘守事」的一貴族的墓誌。因此，不妨把朱蒙北扶餘起源說理解為反映著當時高句麗的官方立場傳說。

需要說明的一點是，上引陵碑文中的「夫餘奄利大水」之「夫餘」。如果把這個「夫餘」當做與北扶餘不相同的另一支，就可提出朱蒙自北扶餘經扶餘來到忽本的主張。然而，需要注意的是，陵碑中所說北扶餘與東扶餘，究竟以何地作為基準來劃分其東或北的方位呢？假設陵碑中的「北夫餘」的確有別於「夫餘」，那麼當時的北扶餘理應是以「夫餘」，即奄利大水所在地為基準的。然而，陵碑與牟頭婁墓誌中的北扶餘和東扶餘，都是以高句麗首都作為中心來設定其或北或東方位的，亦即是立足於視高句麗為天下四方之中心的，高句麗統治階級天下觀。所以奄利大水的「夫餘」只能是個「北夫餘」某一地方的意思。

接著考察一下，有關東扶餘的成立過程。據《三國志》記載，以今吉林市一帶為中心的原扶餘國，285 年因遭慕容鮮卑的攻擊，落得首都失陷、國王被迫自殺的境地，包括王族在內的部分人馬便向北沃沮方向逃竄。後來，這一亡命集團得到西晉的援助，擊退了慕容鮮卑勢力，重新返回到吉林一帶，並得以「復國」。而亡命集團的部分勢力仍舊居留於豆滿江（圖門江）流域。再後來，等到其母國受慕容鮮卑的攻擊趨向衰弱時，他們卻逐漸自立起來。從高句麗人的角度上看，這一集團和以吉林為中心的扶餘，當然是一東一北的兩個扶餘。因此，就把兩集團及其所居地域分別命名為東扶餘與北扶餘。直至四世紀前半葉，高句麗北進並控制鹿山（即吉林一帶）以後，北扶餘遂向西遷徙到今農安一帶。這樣，北沃沮方面的東扶餘與其母國的聯繫隨之隔斷開來，結果促成了東扶餘的自立及建國，就是說在三世紀末四世紀初以後東扶餘才有可能成立。

此外，北扶餘是只有在東扶餘存在為前提時才有可能出現的名稱。而且在東扶餘實存的當時，如果是沒有形成對他的認識，那麼北扶餘則依舊被人們理解為扶餘，並如此稱呼。事實上，中國的史籍裏面並沒有與東扶餘相關的記述，而只有「夫餘」的記載。這個夫餘正是《三國志》階段，以吉林一帶為中心的原扶餘國以及繼承其命脈的農安一帶扶餘國。在《魏書·高句麗傳》裏把中心地遷往農安以後的扶餘國（原吉林地區）依舊稱作「舊夫餘」。

由此可見，有關朱蒙的三種起源說中，「扶餘起源說」與「北扶餘起源說」實際上是同一樣傳說。那麼（北）扶餘起源說與東扶餘起源說之間，有何差異呢？有關朱蒙傳說是眾所共知的，所以不再對其贅述，只是對記載以上兩種起源說的各類史籍間的差異，進行一番考察。

對照一下，同樣記載朱蒙東扶餘起源說的《舊三國史記》和《三國史記》內容，就可發現前者更富於神話色彩的修飾。在李奎報的〈東明王篇〉所引用的《舊三國史記》裏，則較大篇幅地敘述了有關「天帝之子」解慕漱的神話。《三國史記》則不然，只略述了「有人不知從所來，自稱天帝之子解慕漱」等內容。《舊三國史記》中還記載著朱蒙之母河伯女送給朱蒙穀粒作為穀種的神話。但是有關朱蒙傳說的梗概還是相同，都在敘述著東扶餘的河伯女受日精而生下一卵，朱蒙就是從卵中破殼而出，以及因受迫害出走卒本，遂建立高句麗國的過程。《三國遺事》中有關朱蒙的傳說分別記載於「北扶餘條」、「東扶餘條」、「高句麗條」，其內容與《三國史記》基本相似。

有關（北）扶餘起源說《魏書·高句麗傳》記載的比較詳細，陵碑的記述則頗為簡略，儘管兩者之間存在著諸如地名等差異，但基本梗概是相同的。

接著對《三國史記》和《魏書》的朱蒙傳說試做一下比較。兩者間的差異突出表現在如下方面：《三國史記》中稱，①扶餘王解夫婁是按其宰相阿蘭弗之說把都邑遷到東海岸的迦葉原，並定國號為「東扶餘」。②解夫婁至鯤淵大石下得一小兒，樣子像金蛙，待其長大後就繼位為東扶餘王。這等內容並不見於《魏書》。這樣，很自然地在後續部分中，《魏書》把與河伯女、朱蒙相關的王記作「夫餘王」，而《三國史記》則根據②把「東扶餘王」又叫金蛙王。還有河伯女出現和去世的地方也都是東扶餘地區。總之，《三國史記》裏的傳承多出東扶餘遷都傳說和金蛙王傳說。

在《三國史記》裏，與扶餘相關的記載中，除了朱蒙起源部分和南下到卒本立國以及扶餘王為留在「東扶餘」並在此為去世的河伯女修建了神廟一事之外，琉璃王時期以後，在與扶餘交往的相關記載中，說明扶餘所在地的時候，均把其方位記錄成高句麗的北方。試舉一個具體例子。大武神王四年十二月，「王出師伐扶餘，次沸流水上……（上道有一人）拜王曰：『臣是北溟人怪由，竊聞大王北伐扶餘，臣請從行，取扶餘王頭。』王悅，許之」。這裏所描繪的高句麗軍的出擊路線，是由國內城到渾江流域並從那裏再向北出擊的。顯然此處所描繪的扶餘國位於輝發河方面，與豆滿江流域的相距甚遠。

以上內容說明如下事實：《三國史記·高句麗本紀》的扶餘相關記載所根據的某種史乘，原本是立足於朱蒙北扶餘起源說的，後來，在此基礎上又出現朱蒙東扶餘起源說，並成為現傳的《三國史記》與《舊三國史記》依據的另一種遠古傳說。所增加的部分就是東扶餘遷都說和金蛙王傳說。當然，東扶餘起源說的成立要晚於於北扶餘起源說。這一點與現存史料中，記載著北扶餘起源說的陵碑、牟頭婁墓誌以及《魏書》等史料的出現時期要早於其他史料的事實相符。從神話的角度也可看出這一點。北扶餘起源說稱朱蒙為「日子」、「日月之子」、「天帝之子」等，而東扶餘起源說則除上述表述之外，在朱蒙與天帝（或日神）之間還出現「天帝之子」解慕漱這一人格神，即設定了天帝——解慕漱——朱蒙這一段系譜。在王室始祖與天神之間出現人格神，理應視為是相對後世的因素。

這樣，東扶餘起源說相對形成於較晚時期。那麼具體成立於何時呢？

2.東扶餘起源說的形成時期

東扶餘起源說中增加的主要部分，就是東扶餘遷都傳說和金蛙王傳說。就金蛙王傳說而言，《三國史記》中把解夫婁得金蛙於鯤淵一事，記述在東扶餘遷都之前，而《三國遺事》則把得金蛙的地點記述為東扶餘。然而《三國史記》所載金蛙王的活動，其實就是東扶餘王的活動。看來金蛙王傳說與東扶餘是有關的。而金蛙王傳說又是與解夫婁的遷都傳說相聯繫著，即解夫婁受天命進行遷都，而經祭拜天地山川得到的長相神異之孩童又繼解夫婁登上王位，這樣使東扶餘繁榮起來的傳說。可以說它具有東扶餘建國傳說的性質。❶

東扶餘成立於三世紀末至四世紀初以後，所以，這類東扶餘建國傳說大概也成立於這一時期。可以說把這類傳說作為部分內容的朱蒙東扶餘起源說，則形成於更晚些時期。在具體考慮其形成時期時，首先要注意的是陵碑中「東夫餘舊是鄒牟王屬民，中叛不貢」的記載。這一記載未必完全屬實。但之所以出現這種表述，也許就因為在某一時期，東扶餘或豆滿江流域的居民與高句麗之間曾經發生過的某種歷史事實投影出來的結果。只是尚難斷定其究竟為何種歷史事實。❷不管怎麼說，這一記載本身就包含著東扶餘原本就該屬於高句麗的意思，反映出當時高句麗統治階級的天下觀。❸對於百濟和新羅也同樣是出於這種意圖而稱說「舊是（高句麗）屬民，由來朝貢」。但對於東扶餘卻具體明示為「舊是鄒牟王屬民」。

這表明在五世紀初朱蒙東扶餘起源說就已在高句麗流傳的可能性大有存在。試看《三國史記·高句麗本紀》東明王十年條中，就有「伐北沃沮滅之，以其地為城邑」的記載。在樹立陵碑的時候，現存形式的高句麗王系業已成立，也曾有過一次史書編纂。❹因此，不能排除把那成為東明王十年條記載的原典性傳說，載入當時史書的可能性。然而，就朱蒙的起源說而言，在陵碑中所表現出的，高

---

❶ 李龍範認為，金蛙王傳說反映的也許就是東扶餘的建國歷史，進而推測其可能性。（李龍範，〈高句麗的成長與鐵〉，《白山學報》1，1966。）

❷ 李龍範將桂婁部的原居住地視為豆滿江流域，從而把這段句子理解為「是潤色了桂婁部從豆滿江流域往西南部遷移的事實」。高寬敏則認為它所反映的是，由於東扶餘的建國之地是被高句麗東明王征服的北沃俎地區，所以東扶餘一直處於被高句麗附屬的狀態。直到後來逐漸擴大其勢力並最終從高句麗的支配中擺脫出來。（高寬敏，〈高句麗的建國神話及夫餘〉（日文），《古代文化》42，1990。）

❸ 本書第三章第三節。

❹ 本書之第一章第二節「初期高句麗王系的構成」。

句麗朝廷的公開立場是北扶餘起源說。即便是在五世紀初曾經出現過東扶餘起源說的端倪，但在高句麗社會中佔據主導地位的仍舊是北扶餘起源說。陵碑、牟頭婁墓誌、《魏書·高句麗傳》等都說明了這一點。那麼具體何時轉變為東扶餘起源說的呢？

對此，我們可以設想如下兩種可能性：其一，在高句麗存在當時的某一時期就已轉變；其二，在 668 年以後被新羅人或高麗人所轉變。曾有人主張金蛙王傳說是從金閼智傳說中派生出來的，是由新羅人編造出來的。❺然而，在黑龍江下游地區的赫哲族那裏，也可見到把青蛙作為薩滿之靈或祖宗之靈加以崇拜的事例。它具有一種樸素的信仰形態。❻而在豆滿江流域則一直流傳著與金蛙王傳說有關的傳說。❼所以，從傳說要素及其分佈上，尤其從它帶有東扶餘建國傳說的層面上考慮，就難以想像它是由新羅人或高麗人在案頭上憑空編造出的。

當然，即便是金蛙王的傳說形成於 668 年以前，然而它被插進朱蒙傳說之中，並最終成為東扶餘起源說的時期，是高句麗滅亡之後的可能性依舊存在。但在高句麗末期，已經確立了實際上與《三國史記》中的王系及建國紀年相同的另一種傳承（將後述）。如果在高句麗末期的史書中，已被敘述成北扶餘起源說。那麼後來的新羅人或高句麗人，把現有的傳說非要改寫成東扶餘起源說的具體動機何在呢？五世紀初以後東扶餘就已滅亡了。對於新羅人或高麗人來說並沒有刻意去強調東扶餘的理由。中方史料中根本就不見有東扶餘。既然認定《三國史記》中的高句麗王系是依據高句麗當時的資料，那麼作為王系開頭的起源說也應如此。那麼究竟是在五世紀以後的哪一時期改變的呢？

暫且想一下，在王朝時代一國始祖的起源說帶有何種意義。在古代國家，起源說往往是與王室的正統性密切相關的。如同陵碑文所述，朱蒙傳說的核心要素

---

❺ 津田左右吉，〈對三國史記高句麗本紀的批判〉（日文），《滿鮮地理歷史報告》9，1922。

❻ 三品彰英，〈對三國史記高句麗本紀原典的批判〉（日文），《大谷大學研究年報》6，1954。

作為考古遺物，在三官甸子、鄭家窪子、永川漁隱洞等地出土了石製、土製、青銅製的青蛙。該遺物具體帶有何種性質尚不明確，但至少說明從很久以前開始青蛙就已被人們所重視。

❼ 今西龍，〈朱蒙傳說及老獺稚傳說〉，收錄於《朝鮮古史的研究》，1937（日文）。

在於把朱蒙稱作是「天帝之子，母河伯女郎」。說明在現實中，高句麗王的正統性是根基於他是繼天帝血脈的天孫，是保障豐收的農業神的子孫。

王室的始祖傳說，還具有與各級貴族家族用來炫耀其來歷和權威相聯繫的層面。例如，廣開土王時期的貴族牟頭婁，他的墓誌中尤為強調其祖上與鄒牟同出扶餘的事實，以此來炫耀自己家門由來已久、並從很早開始就與王室有緣。這種炫耀，與在中央政界裏加強其家族的政治地位這一現實性利害關係有關。在記述高句麗後期豪強貴族的家族（高慈家族）時，大肆炫耀其先祖如何幫助朱蒙並建立赫赫軍功等也屬同樣事例。❽

為此，在古代國家，有關王室始祖發祥地傳說，在其部分修飾上也許可以加減不止。然而，如果在基本架構上發生了變化則就意味不尋常了，不妨視其為巨大政治變故的結果。即在當時王室始祖起源說的改變，與其說確認到與現存形式的傳說不相一致這一新的事實的結果，還不如說是與隨著它的改變在中央政界內的政治性利害關係密切相聯繫著。

看來，新的東扶餘起源說之所以得以確立，還需從如下兩方面考慮。第一、五世紀中葉以後，高句麗中央政界是否發生了重大變化。第二、是否有一股與東扶餘起源說的確立有著某種政治性利害關係的勢力抬頭。這兩方面是相互聯繫著的。

首先，作為後一種，最容易想到的便是東扶餘出身者在中央政界得勢的可能性。目前，還尚未發現能夠確認這種設想的直接記錄，但據陵碑文記載，410年，遭到高句麗攻擊的東扶餘並未作出太多反抗便棄械投降。還有，當廣開土王出征凱旋歸來時，味仇婁等四個地區的鴨盧❾因慕化王德，便跟隨廣開土王一道來到京城。❿有關他們的行蹤現無據可查，但至少可以確認，五世紀初以後東扶餘出身者開始涉足中央政界的可能性。

---

❽ 〈高慈墓誌銘〉，《譯註韓國古代金石文》I，1992，頁510。

❾ 朴時亨，《廣開土王陵碑》，1966，頁207。（朝文）

❿ 廣開土王陵碑文的永樂二十年庚戌條稱「（前略）王躬率往討，軍到餘城……於時旋還，又其慕化隨官來者，味仇婁鴨盧……」此處，畫上底線的則是凱旋歸來時與官軍一同歸來者，即應視其為回京城者。

然而，緊接著高句麗就遷都平壤，這樣王權和中央集權得到了加強。對政界的相當一部分不得不作出新的調整。472 年，百濟向北魏遞呈的國書中，在提及高句麗國內形勢時稱「今璉有罪，國自魚肉，大臣強族，戮殺無已」。⓫儘管該國書的目的在於向北魏請兵，因而未免有誇張之辭，卻也充分說明了當時情形。此時被淘汰的相當一部分「大臣強族」是指高句麗定都國內城以來，具有相當實力的貴族家族的可能性甚大。同時還可以設想，其中包括像德興里壁畫古墳墓主那樣，定居於平壤城一帶的漢族貴族的可能性。⓬總之，對於剛剛涉足中央政界的東扶餘出身者來說，當時的政治肅清狀況，無疑是一個立身揚名的絕佳時機。當然這僅僅還是個推測。還有，這些東扶餘出身者，即便是在中央政界站穩了腳跟，但是在營建廣開土王碑文（內含有北扶餘起源說）的長壽王大力強化王權的情況下，對始祖傳說進行更改是無法想像的。王室始祖起源說的更改，唯有發生重大政治變動之後才有可能實現。所以有必要注意六世紀中葉以後的政治變動。

安原王末年，即 544 年 12 月貴族之間爆發了大規模王位繼承紛爭。在首都發生了接連三天的血戰，結果戰敗的細群一方死傷二千餘人，戰勝的麤群一方如願擁立八歲王子即位⓭，他就是陽原王。然而紛爭餘波卻持續了很長一段時間。難怪 551 年惠亮法師曾說「今我國政亂，滅亡無日」。⓮長期的貴族紛爭直接導致外勢入侵。551 年高句麗遭到新羅和百濟聯軍攻擊，喪失了漢江流域，緊接著北齊和突厥也開始對高句麗施加壓力。在這種情況下，高句麗貴族們不得不謀求和平，終止了無休止的內部紛爭。作為權宜之計還構築了貴族聯合政權，決心致力於防禦外勢的入侵。⓯

⓫ 《魏書·百濟傳》。

⓬ 據說在五世紀後半葉脫離高句麗後，投奔北魏的漢系人物有高肇、高崇、高潁等（《魏書》卷八十三（下），〈高肇傳〉，同卷七十七，〈高崇傳〉，《北史》卷七十二，〈高潁傳〉等）。此外還相傳有「高麗民奴久等相率來降，各賜田宅」之事（《魏書》卷七，高祖延興元年九月條）。這些人的亡命可視為當時所進行的肅清過程中派生出來的事情。（請參看本書第四章第二節的「貴族聯合政權和淵蓋蘇文的政變」）

⓭ 《日本書紀》卷十九，欽明紀六年是歲條，七年是歲條。

⓮ 《三國史記》卷四十四，居柒夫傳。

⓯ 請參看本書第四章第一節「六世紀中葉的政局變動」

成立於六世紀後半葉的、貴族聯合政治體的基本框架一直持續到高句麗末期。在這種政體下，擁有絕對權力的大對盧，是由少數具有實力的高層貴族，每隔三年進行選任，交替之日或不相祗服便大動干戈決一勝負。每當此時高句麗王便忙於閉宮自守。⑯儘管作為「天孫」高句麗王仍具有最高祭祀權⑰，但在現實政治中其勢力已經大為削弱。

值得注意的是，就在這一時期粉墨登場並一直到高句麗末期仍處顯貴地位的淵氏家族。淵（泉）男生墓誌銘中有如下記述：

> 曾祖子游，祖太祚，並任莫離支。父蓋金，任太大對盧。乃祖乃父，良冶良弓，並執兵鈐，咸專國柄。⑱

由此可見，從淵蓋蘇文的祖上開始，淵氏家族便是個顯貴。除了上引文所表述的人物之外，淵氏家族中還有一位顯赫人物，他就是642年淵蓋蘇文發動宮廷政變時與高句麗王一同遇害的伊梨渠世斯⑲，說明淵氏家族是高句麗後期名門望族。淵氏並非王族（高氏）卻能如此繁盛，想必是六世紀中葉的那場圍繞陽原王即位發生紛爭成為重要契機。就是說淵氏家族是在那場紛爭中一躍而成為貴族聯合政權的新貴。⑳

有關淵蓋蘇文的來歷，《新唐書·高句麗傳》如是交待：「有蓋蘇文者，或號蓋金，姓泉氏，自云生水中以惑眾」。出生於水中的主張並不僅僅局限於蓋蘇

---

⑯ 《舊唐書·高麗傳》。

⑰ 請參看本書第三章第三節。近來在咸鏡南道新浦市梧梅里寺洞遺址裏，發現金銅板銘文稱「願王之神靈，升入兜率天，見彌勒及所有天孫，云云」。這是把王稱為天孫的具體事例。（《譯註韓國古代金石文》I，韓國古代社會研究所編，1992，頁143－146）

⑱ 〈泉男生墓誌銘〉，《譯註韓國古代金石文》I，韓國古代社會研究所編，1992，頁493。

⑲ 《日本書紀》卷二十四，皇極紀元年二月條。
將淵蓋蘇文稱為「伊梨柯須彌」的事實中，也可知「伊梨」是「淵」的轉音，為此，伊梨渠世斯與淵蓋蘇文可能就是同族。（李弘稙，〈有關淵蓋蘇文的若干存疑〉，《李丙燾博士華甲紀念論叢》，1956；重收錄於《韓國古代史研究》，1972。）

⑳ 請參看本書第四章第二節。

文本人，應說是整個淵氏家族起源的主張，而且從很久以前就已流傳開來。泉男生墓誌銘便說明這一點：「公姓泉，諱男生……原夫遠系，本出於泉，既託神以隤祉，遂因生以命族。」㉑很顯然，「泉」字是為「淵」字避諱之舉。

考察著淵氏家族的始祖傳說，便不由想起《三國史記》朱蒙傳說前半部分中，有關東扶餘王解夫婁在鯤淵大石下發現金蛙的傳說。20 世紀初，在豆滿江流域的會寧鰲池岩裏也流傳著——老獺或青蛙與該地區土豪之女結婚，從而誕生清太祖努爾哈赤或其父親的傳說。在其系統上可以說是與金蛙傳說一脈相承。㉒建州女真在遷往渾江流域之前，在相當一段時期裏居住在豆滿江流域。當然，視井、泉、淵、江水等為精靈加以崇敬的儀式在滿州、蒙古、西伯利亞原住民之間廣為盛傳，它也成為敘述韓國古代建國傳說的要素。㉓所以，水精傳說並非只局限於高句麗後期的淵氏家族。試圖透過水精傳說來斷定淵氏家族的發祥地為圖們江流域，顯然其證據不夠充分，然而其或然性還是存在。

總之，無論淵氏家族是否出自東扶餘，至少對於淵氏家族來說，在對待與自家始祖傳說較為相似的始祖東扶餘起源說的時候，相對更加友善的可能性倒是可以設想的，尤其像淵氏家族這樣透過大規模流血政變一舉執權的新興貴族來說，與其傾向於現存的北扶餘起源說，還不如更傾向於東扶餘起源說。因為，如同牟頭婁墓誌所見，北扶餘起源說是與舊貴族的家乘有關的。

以上，透過六世紀後半葉以後伴隨王權的衰退而發生的政體變化以及新興勢力抬頭的現象，可以確認出：如果把王室始祖傳說的改變時期設定為五世紀以後的高句麗時期，那麼其客觀條件確已具備。

有關《新集》現已無從查考其具體內容，只是考慮到它是對「國初」以來的

㉑　《日本書紀》，頁 493。
㉒　今西龍，前揭論文，1925。
㉓　李弘稙，前揭論文，1956。

史事加以記述下來的㉔《留記》一百卷進行了刪修，便可知，其敘述範圍是包括始祖起源說在內的高句麗初期歷史。這種推測，可以從 697 年死於唐朝的高慈這個人的墓誌銘中得到證實。據稱高句麗自朱蒙建國起一直延續到 708 年，三十餘代。㉕儘管在高句麗滅亡當時就對高句麗存續時間有著這樣或那樣的爭議㉖，然而，有鑑於高慈的家族乃高句麗後期的名門望族，這一建國紀年與王代數可以視為與高句麗官方的見解相一致。而且它與奉王之命由太學博士編撰的《新集》內容也無太大的出入。還有高慈墓誌銘中所說「708 年」與《三國史記》所說「705 年」也僅相差三年，「三十餘代」與「二十八代」也不相違悖。這意味著《新集》所載的高句麗紀年和王系同現傳《三國史記》的紀年和王系實際上是相同的，就是說《新集》或者與之相關系統的史書，成為《三國史記·高句麗本紀》的底稿。這一點從《三國史記》的敘事方法上也可見其一斑，即圍繞安臧王的被殺和陽原王的即位發生的一系列紛爭卻一概未予敘述，還有將 551 年高句麗喪失漢江流域的原因歸咎於在當時根本就不可能發生的突厥侵襲的事件上。

在編修《新集》時，對於 532 年安臧王被殺、544 年在首都發生的大規模流血事件、緊接著由於內紛而引發的 551 年漢江流域喪失等諸多事實，當時的執政

㉔ 《三國史記》卷二十，嬰陽王十一年條中稱「國初，始用文字時，有人記事一百卷，名曰留記，至是刪修。」至於「國初」具體為何時，無法確知。但與其說是按字面理解為從國初開始便已有文字記載，還不如理解為在某一時期開始便有其歷史記載，而該《留記》所記述的範圍及至國初為止是正確的。

㉕ 「自高麗初立，至國破以來七百八年，卅餘代」（〈高慈墓誌銘〉，《譯註韓國古代金石文》I，頁 510）。

㉖ 據高句麗末期的秘記，就已存在「不及千年」（《唐會要》高句麗條）或「不及九百年」（《新唐書》高句麗傳）的記載。即高句麗九百年或八百年有國說。文武王十年，以安勝為高句麗王的冊封文中，稱高句麗自中牟王立國起，歷經八百年以後便亡國（《三國史記》卷六，〈新羅本紀〉，文武王十年條）。此亦八百年有國說。而編撰於 720 年的《日本書紀》則相傳七百年有國說（天智紀七年十月條）。

李弘稙〈《日本書紀》所載高句麗關係記事考〉，《東方學志》1·3，1954，1957；〈高句麗秘記考〉，《歷史學報》17·18 合輯號，1962，再收錄於《韓國古代史研究》，1971。

勢力因忌諱而隱蔽了事實，而《三國史記》又繼承了它。㉗所以，理應說《新集》裏也收錄著《三國史記》所傳的朱蒙東扶餘起源說。

看來，陵碑所建的414年和《新集》所編撰的600年這一段期間，正是朱蒙北扶餘起源說改變成為東扶餘起源說的時期。就是在這段期間，六世紀中葉圍繞陽原王即位而引發的紛爭是高句麗內部發生的最重要的政治事件，在那場紛爭中佔據主導地位的一方，在往後的日子裏繼續執政。可以說《新集》具有反映當時統治階層利害關係的一個層面。從這一層面來看，東扶餘起源說是六世紀中葉以後全面浮出水面，而《新集》則把它記述於史書從而正式化。

那麼北扶餘起源說究竟成立於何時呢？

3.北扶餘起源說的成立與扶餘

在考察北扶餘起源說成立於何時的問題時，需要注意的是記載北扶餘起源說的相關記錄中關於高句麗與（北）扶餘關係的敘述。《三國史記》中有關扶餘關係的記述，如同前章節所述，如果把後來添加進去的東扶餘建國傳說部分除外，則剩餘的就是高句麗與（北）扶餘關係的內容。按照年代順序將《三國史記》中，有關扶餘記事加以扼要如下：

(1)始祖東明聖王建國條：朱蒙的降生，扶餘王子帶素之迫害，南逃立國。

(2)同王十四年：王母柳花，薨於東扶餘，金蛙王為其立神廟。

(3)琉璃明王即位條：朱蒙之子類利，從扶餘來，繼承王位。

(4)同王十四年：扶餘王帶素，遣使來聘，請交質子，帶素以兵五萬來侵。

(5)同王二十八年：扶餘王帶素，遣使來，要求高句麗屈從。

(6)同王三十二年：扶餘王來侵，王使子率師禦之。

(7)大武神王三年：帶素王遣使，送一身二頭赤烏，以顯其威勢，高句麗朝廷反駁謂「赤（南方）並黑（北方）之徵兆。」

(8)同王四年：王出師伐扶餘。

㉗　李弘稙，上揭論文，1954，1957。
請參看本書第四章第一節。

(9)同王五年：執扶餘王，斬其頭後退卻，帶素王弟及從弟率眾來服。

(10)太祖王二十五年：扶餘使呈獻瑞物。

(11)同王五十三年：扶餘使獻虎。

(12)同王六十九年：(A)十月，王幸扶餘，祀太后廟。(B)十二月，王進圍玄菟城，扶餘王遣子尉仇台與漢兵拒戰，我軍打敗。

(13)同王七十年：王侵遼東，扶餘王遣兵救之。

(14)文咨明王三年：扶餘王及妻孥，以國來降。

上引文中，(12)-(B)的內容是後人把《後漢書·高句麗傳》內容穿插進去的。(13)例文內容也是從《後漢書·安帝紀》延光元年二月條記事裏抄襲過來的。還有，(14)例文流傳著西元五世紀末的事實。除此三條之外，其他的均是與朱蒙（北）扶餘傳說有關記事。這原本是富有高句麗建國過程的長篇傳說形態，後來在某一時期把它以編年體形式進行再構時，以現傳《三國史記》相同形式的年代紀加以敘述的。說明承載著《三國史記》中扶餘關係內容的某一古傳承，它的確立時期與朱蒙北扶餘起源說的確立時期相一致。

其次，(12)-(B)和(14)例文除外，其他的記事從其構成內容上看，可分為三個階段。(1)、(2)例文是朱蒙從扶餘誕生以後，遭受迫害而出走卒本地區並在那裏建國的內容；(3)例文是朱蒙之子類利從扶餘來到卒本後繼承王位的內容；(4)至(12)-(A)記載著高句麗建國以後，在與扶餘的關係中一直處於劣勢地位，直至大武神王時期，大破扶餘之後才從其制肘中擺脫出來，最終成為強國的內容。像這樣把高句麗建國過程劃分三個階段來把握的，在其他記錄中也可見到。

《魏書·高句麗傳》在記述高句麗的起源時稱：朱蒙誕生於扶餘，後南走立國，接著說由扶餘而來的朱蒙之子閭達繼承了王位，而在莫來在位時，最終征服了扶餘。「閭達」與「莫來」之間挾著一個「如栗」。這樣，在王系上則與《三國史記》所傳有所差異，但並未言及「如栗」的其他行跡。所以，在把握高句麗建國與有關扶餘關係的主線，理解為朱蒙——閭達——莫來等三個階段的方法與《三國史記》的相同。繼承《魏書·高句麗傳》內容的《周書·高句麗傳》、《隋書·高句麗傳》中，並不見「如栗」其人，只是說朱蒙子孫莫來時期，扶餘

「臣屬」並「合併」於高句麗。

陵碑文的開頭也首先敘述了鄒牟王誕生於北扶餘並南下建國的過程，接著就有如下敘述：

> 顧命世子儒留王，以道興治，大朱留王紹承基業。至十七世孫國崗上廣開土境平安好太王，二九登祚，號為永樂大王。

儘管較為抽象地表現出了儒留王和大朱留王的業績，然而把初期的王系僅局限於鄒牟——儒留——大朱留等三代談及，絕非偶然。其中蘊含著一種認識，就高句麗國成立過程的問題上，《三國史記》與《魏書》的認識是相一致的，尤其把第三代王稱作「大朱留王」的事實更說明這一點。㉘

那麼由這些內容構成的高句麗建國史乘究竟成立於何時呢？在考慮這一問題時，有必要重新看一下上引太祖王六十九年條記事⑿。在自相矛盾的兩條記事中，如果把⑿-(A)中的扶餘和⑿-(B)中的扶餘都視作是《三國史記·東夷傳》中的扶餘，那麼作為歷史事實的應是⑿-(B)的扶餘。這樣的話⑿-(A)的記事和大武神王為止的所有扶餘相關記事都將可能是個虛構。當然，也可作如下設想：高句麗傳承中所說的⑿-(A)的扶餘與⑿-(B)的扶餘是互不相干的實體。

不過，暫且不論⑿-(A)扶餘的實體為何。值得一提的是，如同《三國志·東夷傳》中所見，⑿-(B)的扶餘在大武神王時期以後，仍實際存在於歷史舞臺，並一直到三世紀中葉為止，而且還與高句麗保持著時而競爭時而敵對的關係。然而，依據高句麗自身傳承記述下來的有關扶餘的記事，在〈高句麗本紀〉中，除了流傳著五世紀末之事實的⒀例文之外一概不見。說明高句麗在確立建國傳說（包括以上扶餘關係記事在內）時，對⑿-(A)的扶餘和⑿-(B)的扶餘並未加以區分。這意味著將無視或排除⑿-(B)的扶餘的存在。換言之，高句麗傳說中所要表現的一種

㉘ 有關大朱留王的「大」詮釋其音的《三國史記》裏稱大朱留王「或云大解朱留王」，而小獸林王則「一云小解朱留王」。此時的「大」與「小」是修飾解朱留王的形容詞，這就說明陵碑文中的「大朱留王」這一表現形式中包含有朱留王是奠基高句麗之基業之王，進而讚揚其偉業的味道。《三國史記》中帶有謚號之性質的「大武神王」的「大」亦屬此類。

認識是：自大武神王時期以後，扶餘便隸屬於高句麗。

然而⑿-⒝的扶餘，直至四世紀初儼然與高句麗國並存著。為此，若要把有關建國傳說作為高句麗朝廷的正式見解予以標榜，那麼至少實際歷史之貌要變成這樣以後，才有可能。

在此，重新回顧一下扶餘國的歷史。原來居住在現吉林市一帶的扶餘，到三世紀末遭受慕容鮮卑的攻擊後，王室一度避難於北沃沮，後來得到晉國的幫助而復國。到了四世紀前半葉又遭到高句麗的壓迫而喪失其中心地——鹿山（吉林一帶）以後，遷往西部地帶。緊接著 346 年再次遭到慕容鮮卑的攻擊受到重創。之後其中心便遷往農安一帶，並從此隸屬於高句麗，而維繫其命脈。五世紀末又遭到新興的勿吉的抄掠，這樣就如上引⒁扶餘記事那樣，把王室遷往高句麗內地，最終徹底消亡。㉙

縱觀扶餘國歷史，若想把從屬於高句麗的扶餘之貌也能映射出來的高句麗建國傳說加以公式化，至少也得在四世紀前半葉以後，才有可能。假使扶餘在現實中與高句麗處於競爭或敵對的關係，那麼《魏書·高句麗傳》的朱蒙北扶餘起源說這個大幅借用扶餘東明傳說的形態，作為高句麗朝廷的正式見解加以標榜是很難設想的。

建造於 414 年的陵碑文中記載著朱蒙北扶餘起源說。自然在四世紀前半葉或五世紀初的某一時期，作為高句麗朝廷關於始祖傳說的正式見解，確立了北扶餘起源說。在考慮其具體時期時須要注意的是，由三個階段構成的高句麗建國傳說中，所見到的對大武神王的強調。《三國史記》稱，大武神王時期臣服了扶餘，在陵碑文中則對第三代大朱留王附加一個「大」字來突出他的偉大。

《魏書·高句麗傳》中也稱「莫來」時期統屬了扶餘，並「莫來子孫相傳，至其裔孫宮」，作為承上啟下之王加以敘述。莫來就是大武神王。

過去對「莫來」其人以其字形與「慕本」相似，而「如栗」其音與「儒留」

㉙ 本書補論第一節。

相似為根據，將其二人分別比定為慕本王和儒留王。㉚然而這種比定，卻經不住考驗。《魏書》所傳高句麗王的諱號或字當中，與同一時期刻寫在陵碑文上的王名，在其字形上相似的一個都沒有。就連始祖也稱謂朱蒙或鄒牟，雖然其音相通，字形卻截然不同。而且《三國史記》所傳之王的諱號中，除朱蒙與莫來之外，尋不出與「始閭諧」、「閭達」、「如栗」字形相似的字。那麼唯獨把「莫來」視為「慕本」異體寫的證據何在？察看《三國史記·高句麗本紀》所傳各王事蹟，不難發現莫來與大武神王很相似。而且《魏書·高句麗傳》中把高句麗的起源與國家的確立過程，置在與扶餘的關係之中，以朱蒙、閭達、莫來三個階段來把握。這與《三國史記》、與「陵碑文」的敘述法是相同的。如此，將莫來比定為大武神王較為妥當。

當然，大武神王時期與扶餘（無論其實體如何）發生衝突的傳說，在高句麗流傳下來的可能性是存在的。然而，正如《三國史記·扶餘傳》記載，直至二世紀末至三世紀初扶餘國還是「其國殷富，先世以來未曾受到外勢之擾」，並且直至四世紀初仍維持其獨立性的，卻說是在大武神王時期被臣服。之所以這樣，應該說，是因為當時的現實就是如此，同時還出於對大武神王特有的某種意識。這種意識裏帶有對大武神王強烈的推崇心理。這時有必要注意對小獸林王的幾點要素。小獸林王諱小解朱留，其葬地是小獸林，大武神王是大朱留王或大解朱留王，相傳其葬地為大獸村（林）原。㉛還有《海東高僧傳》裏把小獸林王稱為解味留王，《三國遺事》王曆稱大虎（武）神王之諱「一作味留」，「姓解氏」。二書中味留好像就是朱留的誤傳。總之，二王之間如此相似絕非出於偶然。當然小獸林王的諱號是由其父王所起的，而葬地則由下一代王所確定的。然而，現傳之諱也許是由他自稱的，其葬地名也是為了反映對大武神王的崇敬之心，而在其以後的王代裏賦予的可能性也是有的。無論屬於哪一種情形，都表明在小獸林王

㉚ 韓致奫，《海東繹史》卷六，高麗史（一）。
津田左右吉，前揭論文，1922。
池內宏，〈關於高句麗王室的上古世系〉（日文），《滿鮮史研究》（上世篇）所收，1940。

㉛ 《三國史記》卷十四，大武神王二十七年條。

時期，對其先祖尤其是對大武神王可謂是推崇備至。[32]

大武神王之所以如此被推崇，是因為人們普遍認為是在大武神王時期，高句麗得到空前的發展。此時大武神王的形象是為建立強大國家打下基石的英勇無比的征服君主像。對外方面，四世紀後半葉，高句麗面臨著極大的困境。小獸林王之父故國原王時期，高句麗遭到來自慕容燕勢力的攻擊，首都一度被陷落、在北扶餘方面也受到慕容燕的攻擊[33]、在南方又遭受到百濟的突襲，就連故國原王本人也戰死在沙場上。為了挽救這一危機，在四世紀初以後，高句麗開始有效地統治其擴大的領域，對內則施實了一系列改革措施。同時為了加強王權的尊嚴，以王室為中心謀求國家安定，並作為其理念而確立了高句麗建國傳說。作為其環節首先確立了始祖北扶餘起源說，進而把作為征服君主的大武神王形象樹立了起來。一方面，它又是與加強對北扶餘地區居民的支配權有關，儘管其勢力大為削弱，卻仍能與農安扶餘國確立其宗主權等有著直接的利害關係。還可以設想另一種可能性，即企圖對當時處於競爭、敵對狀態的百濟扶餘氏王室表現出自己的優越性。

當然，朱蒙北扶餘起源說也不是坐在案頭上、借用東明傳說便能造就出來的。實際上，在具有秋收感謝節（Thanksgiving Day）性質的東盟祭裏，高句麗國王主持對「日神」、「隧神」（水神，農業神）[34]的祭祀形象中，也可尋出由日神和河伯女（水神，農業神）相結合，從而誕生朱蒙神話的雛形。[35]在這種祭儀和信仰現存的基礎上，對大幅借用扶餘東明傳說並湊合有關初期諸王的傳說，還將部分貴族的家族傳說一併吸收進來，從而把桂婁部王室的起源與高句麗建國過程以一個故事加以整理而成。這就是《三國史記》中所見到的高句麗建國傳說。看來，扶餘東明傳說的借用，只是其內容的一部分而已。有關朱蒙和初期諸王與扶餘關係的傳承，並不單純地起因於四世紀後半葉所面臨的政治狀況，而很有可能是反

---

[32] 趙仁成，〈四至五世紀高句麗王室的世系認識之變化〉，《韓國古代史研究》4，1991。

[33] 武田幸男，〈牟頭婁一族與高句麗王權〉，《朝鮮學報》99、100，1981；重收錄於《高句麗史與東亞》（日文）1989。

[34] 三品彰英，《古代祭政及穀靈信仰》，1973，頁190－195。（日文）

[35] 盧泰敦，〈高句麗的歷史與思想〉，《韓國思想史大系》2，1991。

映著某種歷史事實。

如果說在四世紀後半葉，始祖的北扶餘起源說包括在內的大武神王為止的建國傳說業已確立，那麼就可以認為高句麗的初期王系也一併確立。㊱陵碑文所記述的王系就說明這一事實。我們應如何看待桂婁部王室的起源問題呢？

㈡桂婁部的起源

1.桂婁部的起源地

就陵碑文或《魏書・高句麗傳》中稱朱蒙起源於（北）扶餘的記載真實與否的問題，在過去引起很多爭議。第一種觀點：東明傳說與朱蒙傳說極為相似，如將前者視為扶餘建國傳說並記載於早期文獻之中，那麼後者不過是借用了前者而已。尹廷綺（1810－？）便是這一主張的代表人物。㊲

隨後也有人提出高句麗族為貊族、扶餘族為濊族、兩者是相異的看法。而西元前 107 年，漢朝設置玄菟郡的時候，高句麗這一實體已經在鴨綠江中游地區得到確認。因此，主張無法認同由扶餘族的分支建立高句麗國，朱蒙傳說更是個借用的而已。㊳還有朱蒙北扶餘起源說，在陵碑文之前尚不見於諸文獻上，為此，這一傳說是，在陵碑文建造當時出於籠絡扶餘族的目的而借用了扶餘的東明傳說，因而它並不是歷史事實。㊴

第二種觀點：它雖然也屬於借用說，卻將桂婁部的起源地具體比定為豆滿江流域。㊵此說把渤海建國之地稱為「桂婁故地」的《舊唐書・渤海傳》作為論據的出發點。把中京顯德府（即現今延邊和龍市西城子一帶）視為渤海國的初期都邑，此地即「桂婁故地」，又是高句麗桂婁部的故地，而桂婁部則從此向鴨綠江中游

㊱ 請參看本書第一章第二節。曾有人主張《留記》編撰於小獸林王時期。
李基白，《將如何看待我們的歷史》，1976，頁 19－21。
井上秀雄，〈關於神話中所呈現的高句麗王的性質〉，《朝鮮學報》81，1976。
㊲ 《東寰錄》卷一，歷代，高句麗。
㊳ 和田清，〈玄菟郡考〉，收錄於《東亞史研究》，1955。
㊴ 白鳥庫吉，〈關於扶餘國的始祖東明王之傳說〉，1936；再收錄於《白鳥庫吉全集》6。
㊵ 李龍範，前揭論文，1996。

遷移過去的。高句麗滅亡之後，唐朝仍舊把「桂婁」作為高句麗的別稱沿用著。㊶即所謂「桂婁故地」，與其說是意指桂婁部的原住地，還不如說是高句麗的故地的意思。渤海的最初都邑也不是什麼顯德府地區，而是今敦化市地區。儘管此觀點比較新穎，但至少視桂婁部的原住地為豆滿江流域的主張是無法認同的。

第三種觀點：是從考古學角度提出來的見解，它否認北扶餘起源說。在青銅器文化階段的西團山文化類型中，扶餘國地區則使用著石棺墓這一墓制。㊷接著如同榆樹縣老河深遺址所見那樣，使用了土壙墓。㊸與此相比，在鴨綠江中游的高句麗發祥地，始建於西元前三世紀以前青銅器文化階段的積石塚一直延續到西元五世紀。並不見到能夠反映出來自扶餘方面影響的大規模石棺墓群或土壙墓群。因此，還無法設定出可以說伴隨大規模居民移動而建國的文化層。如果說扶餘與高句麗為同種，那麼則在很早以前就一分為二了。㊹

第一和第三種是桂婁部王室來源於鴨綠江流域的觀點。對此兩說進行分析之前，有必要注意一下《三國志·高句麗傳》中的五部名稱。五部中除桂婁部之外，竟然有四部的名稱裏有「奴」字。曾有人提出把這五部名稱解釋為通古斯語系中表現方位的辭彙。㊺在語言學方面，這種說法究竟有多少現實性暫且不論，五部名如果是個方位名，那麼各部將是一個以行政、軍事化組織的編制單位。但這還是個疑問。直至三世紀初，各部仍舊保持具有相當自治力的單位政體性質。

㊶ 「桂婁盛業，赫然淩替之資云云」（《譯註韓國古代金石文》I，493頁，〈泉男生墓誌銘〉）
「藍夷會同，桂婁董溥云云」（《譯註韓國古代金石文》I，530頁，〈泉男生墓誌銘〉）
「桂婁初擾，遼川不寧」（《譯註韓國古代金石文》I，548頁，〈扶餘隆墓誌銘〉）

㊷ 劉景文，〈西團山文化墓葬類型及發展序列〉，《博物館研究》1983，1期。
董學增，李澍田，〈略談西團山文化的族屬問題〉，《東北師大學報》，1984，2期。

㊸ 吉林省文物考古研究所編，《榆樹老河深》，1987。
在老河深遺址的遺留民族為扶餘族還是鮮卑族的問題上，儘管扶餘族說佔有上風，卻仍有爭議，至少在扶餘國地區能夠確認出在其墓制使用了土壙墓的事實。（請參考劉景文、龐志國，〈吉林榆樹縣老河深墓葬群的族屬探討〉，《北方文物》，1986，1期。）

㊹ 田村晃一，〈新扶餘考〉，《青山考古》5，1987。

㊺ 白鳥庫吉，〈丸都及國內城考〉，《史學雜誌》25－4，1914。
矢澤利彥，〈有關高句麗五部〉，《琦玉大學紀要》（人文社會科學篇），1954。
村山七郎，國分直一，《原始日本語與民族文化》，1979，頁151－153。

「奴」與「那」屬同音，「那」原來居住在渾江流域包括在內的鴨綠江中游。《三國史記》所說「朱那」、「藻那」便屬其例。這些「那」就是鴨綠江中游大小川邊和溪谷裏以地域形成的單位政治體。㊻所以不能將「某那」的名稱視為方位名，也許是起因於其他所在地河川名的故有名。後來出現的方位名五部與故有名五部是具有不同的性質。㊼只是唯桂婁部的名稱是「婁」而非「奴（那）」，這一事實說明，該部的起源並非鴨綠江中游的土著民集團，而是一個外來者集團。

如果說桂婁部為外來者集團，那他究竟來自何方？陵碑文、牟頭婁志、《魏書·高句麗傳》以及《魏書·百濟傳》中所記載的472年為請兵百濟向北魏遞呈的國書等史籍中都提到了朱蒙（北）扶餘起源說。其中陵碑文、牟頭婁志為當時高句麗人所遺留下來的。《魏書·高句麗傳》依據的是從高句麗人那裏所耳聞的。與此相比，百濟國書卻映射出百濟朝廷對高句麗王室起源地的認識。該國書稱「百濟與高句麗源出扶餘，先世之時篤崇舊款。而其祖釗輕廢隣好，親率士眾來侵」。為此，兩國交戰，百濟軍將梟斬釗首，兩國也因之一直征戰不休。眾所周知，當時百濟王室的姓氏為扶餘氏，而形成百濟支配層的是扶餘系統的移民集團。而且，正如百濟國書所說，在高句麗朱蒙北扶餘起源說尚未正式確立的故國原王時期以來，兩國間便持續進行著戰爭。應該說，百濟對高句麗的內情是比較瞭解的。國書中提到的高句麗王室與百濟王室為同源的說法，我們不可以視而無睹。

作為五世紀以前的文獻記載，《三國志·高句麗傳》雖然沒有直接提及桂婁部的起源，卻也有如下概述：

> 東夷舊語以為扶餘別種，言語諸多，多與扶餘同，其性氣衣服有異。

㊻ 三品彰英，〈關於高句麗五部〉，《朝鮮學報》6，1953。
本書第二章第一節。

㊼ 請參看本書第二章第一節。

上引文中，值得注意的是「東夷舊語」把高句麗稱作扶餘別種的表述。此時的東夷具體指誰尚不明確，但這段文字記載於〈高句麗傳〉之中，我們不妨把它視為對高句麗人的指稱，或者從廣義上講可解釋為包括高句麗在內的濊貊族。不管怎樣，它意味著，在高句麗自古開始流傳下來的舊語中，就有一種把高句麗視為扶餘的傳承。如前所述，高句麗與扶餘地區居民所使用的墓制從西元前數世紀以前起就不同的現象中可知，即便是扶餘濊族和高句麗貊族原本屬同一個種族範疇，然而，實際上兩地居民也從相當早的時期開始便一分為二了。

即便如此，也不得不重視在西元二世紀末到三世紀初就已經流傳著這種傳說的事實。筆者認為其中具有相當的客觀性。還有將其表述為「東夷舊語」，說明在二世紀末至三世紀初，高句麗王室還沒有把自己為「扶餘之別種」的事實公開。對此，有必要注意並理解當時高句麗王室裏已經具有了把太祖王視為實際始祖的王系意識。㊽

如果把《三國志·高句麗傳》所載的「東夷舊語」和472年的百濟國書中所提到的高句麗或其王室起源於扶餘的記事予以重視，是否可以把作為「外來集團」的桂婁部起源地視為陵碑文和牟頭婁墓誌中所說的北扶餘方面呢？如果肯定桂婁部王室的北扶餘起源說，那麼《三國史記·高句麗本紀》扶餘關係記事的真實性就有再認識的餘地。

然而，其中的疑點仍有待去解決。在《三國史記》的高句麗建國傳說中，大武神王攻擊「扶餘」並斬殺其國王，從此扶餘便逐漸處於被高句麗從屬的地位。這與《三國志·扶餘傳》記載相違悖。如將前者「扶餘」與後者「扶餘」視為同一個實體，那麼《三國史記》記事分明有誤。然而，在肯定王室北扶餘起源說的同時，卻怎能否認與其相關的扶餘記事呢？只是，如果不把兩書中的扶餘視為相同的實體，則兩種傳承是可以對立的。在此考察一下直至三世紀初的扶餘國的狀況。當時的扶餘國，諸加率領數百乃至數千家散居在各地。㊾如此考慮，則沒理由非要把桂婁集團的母體視為定都於吉林一帶的扶餘國王室的一分支，倒更像是

㊽ 趙仁成的前揭論文，1991。

㊾ 《三國志》，〈夫餘傳〉。

處於扶餘國諸加麾下的一個集團。進而可以認為《三國史記》中所述的與扶餘相爭的記事，它是為了反映桂婁集團的高句麗與桂婁集團中分離出來的另一支某某加勢力之間展開爭鬥的可能性。

這樣就可以提出如下質疑：如果從扶餘方面遷移過來的外來者集團行將成為建立高句麗王室的核心力量，那麼為何在鴨綠江中游地區的墓制中，卻尋不出受到扶餘方面石棺墓或土壙墓影響的顯著痕跡呢？然而，可否這樣理解呢？它所反映的恰恰是該外來集團的構成及其出現的過程。據朱蒙傳說，當初朱蒙南下時在普述水㊿或在毛屯谷51地區，先後吸收麻衣、水藻衣、衲衣等三人並一同來到卒本，還聲稱到達卒本之後，與「卒本扶餘王」之女（又稱召西奴）完婚。52毛屯谷三人可視其為該地區的代表勢力。53此外，還有一種見解是把召西奴視為鴨綠江中游地區「那（奴）」的名稱。54總之是把他視為象徵卒本地區的土著勢力。雖說只是個傳說，但它所反映的是在構成初期桂婁集團時，不僅包括扶餘出身的，還包括在移住和定居過程中，所糾合的毛屯谷和卒本等地部分勢力的事實，即呈現出混合集團的面貌。

《三國史記》稱朱蒙到達卒本並定居下來之後，制服了沸流谷的松讓王，從而建立了國家，成為該記事底稿的《舊三國史記·東明王本紀》，則把二人間進行的神通術較量加以戲劇化。看來當時的松讓王就是消奴集團之長，而松讓王與朱蒙之間的較量，象徵性地反映了在高句麗聯盟體內消奴集團與桂婁集團之間爭奪主導權的事實。55然而，兩者間實際上的聯盟體主導權交替過程中，所呈現出的面貌，換言之，桂婁集團興起過程中所取的形態和征服集團所取的並不相同。從初期桂婁集團的構成來看，如同朱蒙與召西奴的結合之說所象徵的那樣，與部

㊿ 《魏書》〈高句麗傳〉。

51 《三國史記》〈高句麗本紀〉，東明王即位年條。

52 前述之記事及《三國史記》〈百濟本紀〉，溫祚王即位年條。

53 據說該三人的名稱為「再思」、「武骨」、「默居」這象徵著作為君主理應具備的德目。所以此三人的存在難免有被後人視為虛構之嫌。儘管「再思」等漢化的名稱無疑是後人所賦予的，但是在毛屯谷與其土著勢力相結合的傳說中，理應視其為很早以前便已存在的傳說。

54 李龍範，前揭論文。

55 李丙燾，〈高句麗國號考〉，《漢城大學論文集》3；再收錄於《韓國古代史研究》，1976。

分土著勢力相結合以後，逐漸擴大其勢力的形態的。在這一過程中，桂婁集團成員的文化與土著勢力相融合，即桂婁部的興起基本上也是以鴨綠江中游地區貊族社會成長為基礎。很自然地在墓制等方面也不會有什麼巨大的變化。最後，再看一下桂婁集團是何時移居並興起的問題。

2.桂婁部興起的過程

實際上，想要論述有關桂婁部興起的過程是很難的，只是觀察其梗概則需要注意《漢書·王莽傳》的記載。王莽建國四年（西元 12 年）「發高句麗兵以伐胡，不欲行，強迫遣之，皆之出塞為盜」。王莽引誘「高句麗侯騶」而斬殺之，以追究其責任，並將更名高句麗為下句麗。在此要注意的是「高句麗侯」騶這個人物(56)和西元 12 年這一紀年。對該事件《三國史記》琉璃王三十一年（西元 12 年）條稱，王莽所斬殺之人乃是高句麗將軍「延丕」。

「高句麗侯」騶，在當時是代表高句麗的君長。騶與鄒，字異音同，而且兩者活動的時期也很相近，所以可以設想他與鄒牟的相關性(57)。過去對「騶」其人，曾有主張認為斬殺騶（鄒）的記事是個誤記或誇張之詞。(58)這是相信《三國

---

(56) 《三國志》〈高句麗傳〉中被稱為「騊」。然而《漢書》〈王莽傳〉的編撰時期是早於《三國志》，而且該事件又發生在漢代，為此本文採取了《漢書》的主張。在《後漢書》〈高句麗傳〉中也稱為「騶」。

(57) 《魏書》〈高句麗傳〉以後鄒牟則表記為朱蒙，「牟」與「蒙」屬同音異義字。作為高句麗人的人名裏最常見的有冉牟（牟頭婁志），陰牟和再牟（《三國史記》美川王即位條），冉牟（漢城的阿差山出土的高句麗土器）等。而且渤海國遣往唐朝和日本的使節中也有多個以「蒙」字結束其名的人。如此頻繁使用於人名末字的事實中，是否可以這樣考慮呢？「牟」，「蒙」可能就是表示人的一種派生結尾詞類。如若屬於此情形則在記述人名時可將該字予以省略。即「騶」與「鄒牟」為同一個人物。

還有另一種可能性是「蒙」字與滿洲語的「margga（善射）」相類似（李基文，〈韓國語形成史〉《民族文化史大系》V，1967，頁 84）。是不是接在人名後面的一種帶有稱號的性質呢。如果是那樣，鄒牟便是「鄒，善射者」之意。那麼《後漢書》的記載則應理解為刪除普通名詞「牟」而只記騶（鄒）的情形。李範奭在其自傳《篝火》裏稱，他本人曾於 1920 年代，在滿洲開展抗日獨立運動時，曾一度避難於西北滿地區的一鄉村，並自稱為金氏。那時，因自己善於射擊，村裏人們稱其為「金 margga」，「margga」為名射手之意。（李範奭，《篝火》，1971，頁 369）

(58) 李丙燾，《譯註三國史記》，1977，頁 227。

史記》記事為前提的。還有一種是，雖然把他視作是鄒牟，而鄒牟卻是具有「善射者」之意的一般名詞，所以難以把鄒視為桂婁部王室的始祖這一特定歷史人物。把鄒牟視作一般名詞的主張是，把鄒牟視為稱號，並認為使用該稱號的人有若干名的視角。只是，當時能夠代表高句麗並能表現其地位的稱呼是「高句麗侯」或「高句麗王」。如果在高句麗尚未使用王或侯之稱號，則應該是「某某加」。所以，如把騶視為鄒牟，那麼他應為人名而非為稱號，作為人名的鄒牟也可能有若干名。但是，在西元前後時期能夠代表高句麗並且是作為君長的鄒牟理應只其一人。

其次，認為斬殺騶的記事為誇張之辭，被殺的不過是延丕的主張，尚無史料佐證其真實性。但無論怎樣，在西元前後時期，作為高句麗君主的「騶」即鄒牟王的存在還是能夠確認到的。

另一方面，在朱蒙傳說中，把桂婁集團從北扶餘南下定居、興起的過程集於朱蒙一人身上，並說傳說形成於朱蒙當代。但考慮到桂婁集團興起過程的漸進性，那麼自從扶餘南下定居的時期有可能要早於《三國史記》所述紀年，而且南下以後又經若干代之後，朱蒙適才出現的可能性也有的。非要猜測出其南下時期不可的話，可能就是把玄菟郡驅逐以後，在鴨綠江中游一帶形成，以召西奴集團為中心的高句麗聯盟的的時期，即西元 75 年前後某一時期。

總之，在西元前後時期，鄒牟集團取代召西奴集團並掌握了高句麗聯盟體的主導權。在桂婁部王室的領導下，高句麗於西元 32 年派遣使者出使東漢[59]；而且把鮮卑族的一部以「屬國」相附屬[60]，還與扶餘國南部地區的集團進行交戰等積極進行對外擴張。

當時，在高句麗聯盟體內，桂婁部王室對「諸那」這一聯盟體成員的約束力並不很強。具有部族或小國（chiefdom）性質的諸那，各自維持著相當的自治力，與漢郡縣也個別地進行著交易和建立外交關係。而漢郡縣則透過他們對高句麗聯

---

[59] 《後漢書》高句麗傳。

[60] 據《三國史記》琉璃王三年（西元 3 年）條記載，屈服了鮮卑族並把它變成了「屬國」。儘管還不能完全相信其紀年，然而大約於西元一世紀初，便使鮮卑族臣服的事還可以認為是真實的。該集團就是於西元 50 年脫離高句麗的「滿離集團」這一鮮卑族異種。（請參看注[64]）

盟內部施以影響力。(61)在這一過程中，桂婁部和較具實力的「那」對那些實力弱小的那進行吞併。(62)這種趨向就如同太祖王時期對藻那和朱那的合併事件，在其後一直進行下去。高句麗聯盟體成員集團之間的矛盾與對立也隨之產生，在另一方面，漢郡縣的影響力也發揮作用。西元 47 年（《三國史記》閔中王四年）高句麗的蠶支落大加戴升率一萬餘口向樂浪郡投降的事實(63)，便是極好的例證。而且，在桂婁部內部也好像存在著重大的紛爭。有關紛爭原因與具體過程，雖無從考證，但慕本王被殺和西元 52 年（同慕本王五年）發生的、曾隸屬於高句麗的一鮮卑族分支（滿離集團）投向遼東郡的事件(64)，很有可能就是這種紛爭導致的結果。

這次紛爭好像持續了相當的一段時期。直到太祖王所主導的新興勢力出現以後，高句麗種族社會才再一次具有了統合力。據中方史料記載，太祖王於西元 105 年已經在位。(65)開始於西元一世紀後半葉的紛爭，直到一世紀末至二世紀初，作為新興勢力的太祖王出現之後才得以告終。太祖王或者是鄒牟王的旁系，或者是與鄒牟王系並無血緣關係的、桂婁部內其他小集團出身。而實際上太祖王也是斷絕於鄒牟王系而出現，且以正統自居。所以，其後的諸王則漸漸持有把太祖王視為王室始祖的王系意識。另一方面，記載鄒牟王系諸王和有關於那個時期事實的傳承，在高句麗社會以各種形態流傳下來。直至四世紀後半葉，把這些傳承收羅並借用扶餘東明傳說的部分內容，確立了包括朱蒙北扶餘起源說在內的建國傳說。到了六世紀後半葉以後，又把東扶餘起源說也附加起來，從而形成現傳的《三國史記》朱蒙傳說和扶餘相關記事。

以上，探討了朱蒙傳說是否具有真實性的問題，並重組該傳說的形成和傳承過程。在下一章對《三國史記》所傳高句麗王系的探討中，將再次得到證實。

---

(61) 請參看本書第二章第一節。

(62) 同上。

(63) 《後漢書》〈高句驪傳〉。

(64) 《後漢書》卷二十，〈祭肜傳〉。

(65) 《後漢書》〈高句驪傳〉。

二、初期高句麗王系的構成

對《三國史記》所傳三國的初期王系進行探討，可以說是檢驗《三國史記》本紀前半部記事真實與否的有效方法之一。當然，王系的真實性並不意味著本紀記事的真實性。然而，就連王系都是不可信，那麼本紀所載各王代的記事則更無從信之。這是我們對王系反復進行探究的根源所在。

在三國中，有關高句麗的記述，從較早時期開始便間歇性地記述在中方史籍裏。所以，過去對《三國史記》王系進行分析時，有關高句麗的議論則相對來說，比較更具體一些。

儘管其間也不乏進行過各種考察，但仍呈現出很大的觀點差異。一方堅持主張，依據高句麗自身傳承形成的、王系上的王，從西元三世紀初的山上王起便可以確認其存在。另一方，近來也有人主張朱蒙王的紀年要早於《三國史記》所述的紀年，可以追溯到西元前三世紀前半葉。出現如此差異，與人們對高句麗國的起源及其成立時期的認識差異有關。

作為考察的一個環節，本章首先要弄清的是《三國史記》所傳形態的高句麗王系究竟成立於何時？同時對其間一直爭論不休的，廣開土王陵碑文中所記述的王系和《三國史記》所傳若干王系的真實性及其特徵、王的存在與否等諸問題也逐一進行探討。

㈠廣開土王陵碑文的王系

據《三國史記》記載，自西元前 37 年建國起至西元 668 年滅亡，高句麗共持續了二十八代王 705 年。在考察《三國史記》的紀年和王系究竟確立於何時的問題時，首先引人注意的是〈高慈墓誌銘〉。高慈死於 697 年並埋在唐朝的洛陽。據該墓誌銘內容，自高慈的先祖跟隨朱蒙在建國過程中建立戰功以來，其家族代代出公侯將相，從高句麗自建國到滅亡，一共延續了三十餘代 708 年。[66]西元 697 年 5 月，高慈作為唐軍的一員大將，在遼東磨米城與契丹軍交戰過程中不

[66] 〈高慈墓誌銘〉，《譯註韓國古代金石文》I，頁 510。

幸身亡，時年三十三歲。死的如此突然，說明他的墓誌銘絕非在他生前所製成。但其所述有關高句麗的曆年，卻應視為高慈或其家屬的意見。儘管高句麗滅亡當時，對其存續期間也有著這樣或那樣的見解[67]，但考慮到高慈的家族乃高句麗後期的顯貴，不妨把 708 年這一曆年和三十王代數看作與當時高句麗朝廷的正式見解相仿，而且與西元 600 年高句麗太學博士李文真根據《留記》一百卷（據說是把國初以來的記事記述下來的）加以整理、彙編成《新集》中的內容也不會有差錯。708 年與《三國史記》所傳 705 年，不過是三年之差，三十王代數與二十八王代數也不相違悖。三年之差，就如同碑文上的紀年與《三國史記》的紀年相差一年，亦不必太在意。

而且《三國史記》所傳王系中，初期三位王的王號分別是「始祖東明聖王姓高氏諱朱蒙」，「琉璃明王諱類利或孺留」，「大武神王或云大解朱留王諱無恤」。這類王號則明顯帶有一種諡號的意思。這與把初期三王的姓名直接當作王號加以記述的碑文的情景是有差異的。既然廣開土王這一王號已經帶有諡號性質，而長壽王的王號也是如此，那麼我們可否這樣去考慮呢？即五世紀以後的某一時期將三位王的王號改成諡號。而且「故國某王」這一王號也是遷都平壤之後，在原有的王號添上一個「故」字呢？就是說《三國史記》所傳的，四世紀為止的高句麗王號，是在五世紀以後的某一時期加以修改的。至於是哪一時期尚無法確定，但可以肯定，在《新集》階段的王號就已經是這種樣子。

這些都說明了《三國史記》所傳高句麗王系與紀年在高句麗末期就已成立。

在《三國史記》的高句麗王系中，長壽王以後的諸王，他們的存在可從中方史籍中得到確認。而且各王的即位年、在位期及其系譜等都依據高句麗自身傳承的事實也可得到確認。[68]然而，這並不能保證在長壽王時代就已經確立了與《三國史記》所傳王系相同的、直至當時的高句麗王系。因為，相傳在四世紀以前時期在位的諸王，他們的系譜在五世紀以後便被改寫的可能性大有存在。在這層意

---

[67] 李弘稙，〈日本書紀所載高句麗關係記事考〉，《東方學志》1·3，1954，1957；〈高句麗秘記考〉17·18 合輯號，1962；重收錄於《韓國古代史研究》，1971。

[68] 三品彰英，〈三國史記高句麗本紀的原典批判〉，《大谷大學研究年報》16，1954。（日文）

義上講，有必要注意廣開土王陵碑文。該碑文建於414年，其中所談及的直至廣開土王的高句麗王系，如果與《三國史記》所傳王系相一致，我們就可以確認至少在五世紀初就已確立現傳形態的王系。首先將陵碑文所載的有關這部分的敘述加以考察。

惟昔始祖鄒牟王之創基也，出自北扶餘……巡幸南下……沸流谷忽本西城山上而建都焉……顧命世子儒留王以道興治大朱留王紹承基業。……至十七世孫國崗上廣開土境平安好太王二九登祚……

在這裏起初的三王，就其王號本身雖然是後來被諡號化的王號，但他們無疑就是《三國史記》中所傳之王。問題是表現廣開土王在王系中的位置時所謂「十七世孫」是以哪一王作為基準的？是以何種方式計算的？如果把作為基準的王包括在內加以計算，在《三國史記》所傳王系中廣開土王的世代數，從朱蒙算起則為十三代，而王代數是十九代。究竟要如何看待陵碑文的記載？對此學界是眾說紛紜、莫衷一是。

其一：把大朱留王視作鄒牟王的第一世孫，其後諸王則不依世代數計，而是依據王代數論起，從而得出廣開土王乃鄒牟王的十七世孫的結論。[69]

其二：認為從鄒牟王起以王代數計，到第十七位王就是廣開土王。[70]如此記算則陵碑文的王系與《三國史記》的王系之間至少相差兩位王，就是說在陵碑文階段《三國史記》所傳王系還沒有形成。

其三：認為是以大朱留王作為基準王算出的王代數。[71]

其四：認為是以鄒牟王為基準王得出的世代數，這樣就與《三國史記》所傳的十三代是有差異的。對此，他們認為，本來王位是父子相承的，只是《三國史

---

[69] 朴時亨，《廣開土王陵碑研究》，1966，頁309－310。（朝文）

[70] 武田幸南，《高句麗史和東亞》，1989，頁309－310。（日文）

[71] 今西龍，〈關於廣開土王陵碑研究〉，《朝鮮古代史研究》，1915。（日文）
王健群（林東錫譯），《廣開土王陵碑研究》，1985，頁289。

記》在記述過程中誤將其整理為兄弟相承所致。[72]

其五：認為它是世代數，並把鄒牟王以後的儒留王視作第一代。如按此說法，《三國史記》所傳的從儒留王到廣開土王的十八位王，他們的世代數僅為十二代。實際上，高句麗的王代數至少要比原有的多五代以上。就是說高句麗的起源遠比《三國史記》所記載的要遙遠的多。[73]

在計算王代數時，首先是否把作為基準的王包括在內的問題上，還尋不出可供對比的高句麗的其他事例。就先看一下新羅的示例。《三國遺事》味鄒王竹葉軍條中，把味鄒王表述為金閼智的七世孫。而在郎慧和尚碑文中，則把郎慧的法系表述成圓覺祖師達摩的第十世孫。此兩例都是把作為基準的人包括在世代數裏。一般來說，人們稱「第幾世孫」時，往往是把作為基準的人算在其內的。而稱「第幾代祖」時是不把作為基準的人算在其內。然而，在高句麗時期是否也是這樣？這就不得而知了。根據上引新羅的示例，在稱「第幾世孫」時把作為基準的人算在世代數裏。然而，即便是在新羅也並非都是這樣。比如說《三國史記・金庾信傳》裏，把首露王表述為金庾信的「十二世祖」，又將其曾祖仇亥王表述為首露王的「九世孫」。這就等於是說，金庾信是首露王的十二世孫。在《駕洛國記》中，仇亥王被記述為第十代王。兩相對比，金庾信傳所說的「九世孫」，它是不把作為基準的人算入內的，而「十二世祖」也不把作為基準的人算在其內。這與味鄒王家系和郎慧和尚法系的計算法並不一樣。在新羅計算「幾世孫」與「幾代祖」時，其基準也並非絕對一致。

上引新羅示例全都表現為世代數。與此相比，陵碑文上則除了基準為誰的問題尚不明確之外，還弄不清世代數與王代數中究竟記述的是哪一種。據《三國史記》的高句麗王系，在初期階段有幾例是敘以兄弟相承。雖說是「父子相繼曰世，兄弟相及義非二世」[74]，然而並非早些時期就一定是這樣的。比如，在中國的先秦文獻中，公位為兄弟相承的情況下，把兄弟敘以個別世次的情形則隨處可

[72] 李道學，〈高句麗初期王系的再構成〉，《伽耶通信》18，1988。
[73] 孫永鍾，〈有關高句麗紀年的再探討〉，《歷史科學》1990年，一期，1990。（朝文）
[74] 《晉書》卷十九，禮志上，孝武帝，太元十二年五月，壬戌詔。

見。(75)可惜，在高句麗卻沒有可供參照和判斷的當時記錄。只是根據《三國史記》所傳王系加以比較分析還是可能的。這樣試圖透過陵碑文的王系來驗證《三國史記》裏的高句麗初期王系成立於何時的想法遂成泡影。所以，不得不重新探討《三國史記》裏的高句麗王系，再將其與陵碑文的王系加以比較與分析，進而解決問題。這樣，就有必要把握《三國史記》中直至廣開土王的王系，它所具有的結構上的特徵。

《三國史記》中的直至廣開土王的王系，就其王號而言，可分三個部分。(a)從東明聖王朱蒙到慕本王為止；(b)從太祖大王到新大王為止；(c)故國川王以後的部分。在這裏(b)的王號並不像(a)的閔中王和慕本王，還有(c)的諸王那樣是葬地名王號。而且(b)的諸王又被稱為「大王」，這與(a)和(c)的諸王也有著差異。即便是從本紀內容上看，(b)的太祖大王和(a)的慕本王之間明顯存在斷層現象，這已被多次提到，即介於儒留王和太祖大王之間的再思這個王的存在值得懷疑、太祖大王的超乎想像的長期在位和他們三兄弟都過於長壽、還有大武神王和閔中王以及慕本王的諱號均以「解」字打頭，與(b)以下諸王的諱號呈現出差異等。

那麼外形上可分為三部分的王系，它反映著實際王系的何種事實呢？對此，過去曾有人主張是後人把(b)部分插進了(a)與(c)之間。(76)其依據是，一、(b)的諸王其王號較為特殊，二、壽命和在位期間上顯露出做作以及它的紀年與《三國志》和《後漢書》的紀年不相一致，三、諸王的諱號卻與《後漢書·高句麗傳》的諱號相同等等。所以就認為(b)的王系並非高句麗自身的傳承，而是在《後漢書》成書的西元五世紀以後某一時期，被編造並插進去的，就是說《三國史記》裏的高句麗初期王系是五世紀後半葉以後才形成的。看來，陵碑文的王系則是根據(a)和(c)的王系寫成的。

然而陵碑文的所謂「十七世孫」，即便是把它視為鄒牟王為基準王的王代數，它也與(b)的、扣除三王的《三國史記》裏的王代數相比還差一代。從其王號

---

(75) 谷田孝之，《中國古代家族制度論考》，1989，頁78－79。（日文）

(76) 津田左右吉，〈三國史記高句麗本紀的批判〉，《滿鮮地理歷史報告》9，1922。（日文）
池內宏，〈有關高句麗王家的上古世系〉，《滿鮮史研究》（上世篇）所收，1940。（日文）
武田幸南，前揭書，頁293－300。

上看(b)的王系是成一組。就在其間再給設定一個成立時期的差異，這無疑是勉為其難的。如果按(b)的王系為後人插進去的觀點，而去認同故國川王不存在說，那麼其差異就會增加至兩代。對此，有人作出如下解釋：把《三國志·高句麗傳》的「宮」與「伯固」各設定為「國祖王」和「（故）國川王」的一種人為加工的王系，已形成於陵碑文建立之前時期；此二王和高句麗自身傳承中的山上王以後的十王，並把傳說中的鄒牟王至慕本王的五王相加的王系，就是記述於陵碑文的十七王系。(77)

無論如何，(b)的王系為後人插進去的說法，其根本的問題是：(b)的王系果真是成立於五世紀後半葉以後的嗎？要不然，(b)的諸王王號是隨著(a)的王系和(b)的王系之間的斷層現象所反映出的那樣，是某種政治激變的結果，王系和王號能否一併視為是當時的？如果是這樣，現傳(a)的王系又成立於何時？而又將如何看待其間所提出來的(c)的王系中，故國川王的不存在說呢？

(二)關於故國川王是否實際存在的問題

否定故國川王實際存在的主要依據為《三國志·高句麗傳》。據載，伯固（新大王）死去以後，由伊夷模（山上王）來即位。至公孫度稱霸遼東以後，伯固曾助公孫度一臂之力擊敗富山賊。公孫度於後漢靈帝中平六年（189）成為遼東太守，死於獻帝建安九年（204）。所以，即使把伯固助公孫度討破富山賊的時期，設定為公孫度成為遼東太守的189年，該事件如按《三國史記》紀年則為故國川王十一年。看來兩個記錄是相互矛盾的。自然，如按《三國志》記載則繼新大王即位的故國川王（南武）在歷史上是不存在的，而《三國史記》中的有關其記載也將是虛構的。

但要想導出這一結論，前提是《三國志》中有關伯固的記載必須千真萬確。我們承認中方史籍在有關與其關係史方面的事件上，有它紀年體記述上的優越

(77) 武田幸南，前揭書，頁30－305。

性，然而在交待對方國的王系時，往往顯露出誤差和遺漏的傾向。(78)《三國志》也不例外。比如，稱伯固為宮（太祖王）之子的記載，即便是依據《後漢書・高句麗傳》的記載也可知其謬。再如，據《三國志》記載，後漢順帝至桓帝年間（126－167）伯固經常侵襲遼東郡。如此，伯固至少在順帝（126－144）末年是在位上的。而在《後漢書・高句麗傳》則說「遂成死，其子伯固即位以後，後漢東垂少事」，接著在陽嘉元年（132）又設置了玄菟郡屯田六部。由此可見，西元 132 年伯固應該是在位。這與《三國志》的記述不相一致。所以，否定《三國史記》紀年的人們都認為伯固於 132 年是在位的。然而，有關伯固的即位年卻有相反的記載。《後漢書》卷五十一〈橋玄傳〉中有如下記載：

> 桓帝末，鮮卑、南匈奴及高句麗嗣子伯固並畔，為寇鈔，四府舉玄為度遼將軍，假黃鉞。玄至鎮，休兵養士，然後督諸侯將守討擊胡虜及伯固等，皆破散退走。在職三年，邊境安靜。靈帝初征入為河南尹，轉少府、大鴻臚。建寧三年遷司空，轉司徒。

上引文中講橋玄以度遼將軍身份供職三年，與這段記事相同的內容見於後漢著名文士蔡邕為紀念橋玄著述的「黃鉞銘」中。(79)看來〈橋玄傳〉的此段內容主要根根據蔡邕的文章。據上引文橋玄被任命為度遼將軍以後，僅過三年便被靈帝提拔為河南尹。靈帝建寧元年為西元 168 年，為此，橋玄成為度遼將軍的時期應為 165 年。在記述漢朝的北邊情景時「高句麗嗣子伯固云云」，而蔡氏的「黃鉞銘」中也有同樣表述。170 年橋玄被提拔為司徒以後，蔡氏曾一度供職於橋玄麾下。(80)「黃鉞銘」大概是在這時著述的。所以其銘中所謂「嗣子伯固」這一稱呼可能就是從橋玄那裏得來的。

---

(78) 曾一度訪問過開京並將其所見所聞敘述成《宣和奉使高麗圖經》的徐兢，在敘述高麗王系時誤將兄弟間相承的王位記述成父子相承。朝鮮與明朝之間的所謂「宗系辨誣」也是派生於誤記。

(79) 《蔡中郎集》卷二銘，黃鉞銘（臺灣新興書局，《漢魏六朝百三家集》，1976，第一冊所收）。

(80) 《後漢書》卷六十下，〈蔡邕傳〉。

然而，在此值得注意的是，對於伯固並沒有稱為「高句麗王」或者與他相稱的稱呼，而是稱為「嗣子伯固」。假如說，如同《三國志·高句麗傳》或《後漢書·高句麗傳》記載那樣，伯固於 132 年已在位，那麼 165 年則他已在位三十多年了。對於他使用「嗣子」稱呼似乎不合情理。這種稱呼裏是否隱含著 165 年當時，伯固尚未在位或繼承王位沒多久的意思呢？[81]這恰恰也說明了伯固的即位之年是在 165 年前後。這樣就與《三國史記》的新大王之即位年相符。

也可以提出如下推論：即有人在見到《後漢書·橋玄傳》之後，便在五世紀後半葉設定了新大王即位年。即便如此，也還要面對如下疑問。為何不採納相對容易觸及的《三國志》或《後漢書·高句麗傳》的記載，卻偏要取《後漢書·橋玄傳》內容呢？如果說這是為了避免引起編造紀年之嫌而刻意採取的做法，則未免過分之想。又設想成五世紀後半葉《蔡邕文集》傳入高句麗之後，據此形成的，這也屬武斷。再說，如果它所依據的是《後漢書·橋玄傳》或者《蔡邕文集》，又為何把次大王與新大王的關係設定為兄弟關係而非父子關係呢？種種跡象表明，新大王即位之紀年理應是高句麗自身傳承的紀年，而且具有相當的可信性。這也說明《三國志·高句麗傳》的紀年為謬誤。

據《三國志》和《後漢書》〈高句麗傳〉記載，新大王於 132 年即位，而卒於 200 年。[82]就是說他在位期超過七十年，而《三國史記》卻說是十四年。看來後者更加接近於事實。所以，根據《三國志》有關記事來輕易否定故國川王的實際存在，筆者是難以認同的。

其次，據《三國史記》記載，故國川王死去以後他的兩個弟弟發岐與延優之間圍繞著王位繼承發生了紛爭。而《三國志》裏卻說是伯固死去後，其子拔奇與伊夷模之間發生王位繼承之爭。兩書中所傳的兄弟間的王位繼承紛爭，顯然是指

---

[81] 《後漢書·高句麗傳》稱，西元 121 年春，高句麗王宮將派其「嗣子遂成」以抵對漢軍。緊接著說「是歲宮死，子遂成立」。在這裏之所以使用「嗣子」稱呼，是根據該事件發生當時遂成尚未即位、而沒過多久便即位了的資訊。

[82] 據《三國志·公孫度傳》記載，公孫康繼其父位之年為 204 年，而且《三國志·高句麗傳》稱，拔奇在王位繼承之紛爭過程中敗北以後就投奔了公孫康。據此，山上王再怎麼快也得在 204 年前後時期才得以登基，為此伯固之在位期將遠超過七十年。

同一事件，然而在王系上卻表現出如此巨大的差異。《三國史記》中還流傳圍繞著王位繼承在延優與故國川王之妃于氏之間所發生的娶嫂婚現象。有關《三國史記》的娶嫂婚，有人認為其中含有後代儒教因素，所以對該記事採取不可信的態度。然而如同《魏略》(83)所傳，在當時高句麗社會裏娶嫂婚已十分流行。而且延優、于氏的娶嫂婚記事，不僅是與小名郊彘的東川王出生傳說有關，還與東川王時期過世的于氏「墓葬」相關記事有關。儘管其中會有一些後代潤色及修飾的要素，然而在其梗概中，卻包含著有關當時社會婚俗與葬制(84)以及對豬的觀念(85)等富有生動性的傳說。

被視為故國川王不存在說的另一個根據是關於高句麗首都遷往集安的時期。故國川王這一王號，說明該王的墓葬位於國川即「國內」地區。而《三國志·高句麗傳》相傳伊夷模在與其兄拔奇發生王位繼承紛爭、又面臨公孫氏攻擊等內憂外患的情況下便「更作新國」。此即可以理解為伊夷模（山上王）時期實施了遷都。此時遷都如果視作是由桓仁遷往集安，在遷都以前就已經死於桓仁的南武則不可能成為、意味著埋葬於國川（即集安）的（故）國川王，卻要如此使用，說明他實際上是一個虛擬之王。有關遷都集安的時期、國內城與丸都城之間的關係等問題，自從朝鮮後期實學派提出以來，直至今日，仍爭論不休。

有關其具體內容，暫且不論，而只想指出的一點是，如把《三國志》的「更作新國」理解成由國內城遷往山城子城(86)則自不必說，即便是理解成由桓仁遷往集安，它也與故國川王的實際存在與否問題構不成直接關係。當時在高句麗統治階層當中盛行「停喪百日」(87)習俗。這個「百日」究竟為葬禮結束為止的期限呢？還是把葬禮後的服喪期也包括在內的呢？尚無從查考。筆者倒認為是屬於前

---

(83)　《太平御覽》卷七百八十三，四夷部，東夷，高句麗條所引「魏略」。

(84)　請參照本書第二章第二節「娶嫂婚及親族集團」。

(85)　田中通彥，〈高句麗的信仰及其祭祀〉，《在歷史上民眾與文化》，1982。

(86)　李殿福，〈集安高句麗山城子山城查與考察〉，《文物考古彙編》，1982。
魏存成，〈高句麗初、中期的都城〉，《北方文物》2，1985。

(87)　《太平御覽》卷七百八十三，四夷部，東夷，高句麗條所引《魏略》。

者。[88]王室要營造陵墓還需要些時日，所以國王死去之後並不馬上予以埋葬，而是經過一定的時日，由新登基的王來主持其埋葬儀式的。尤其像故國川王，在其死去之後兄弟之間展開王位繼承紛爭的情況下，誰能夠確保先王的遺體並主持其埋葬儀式，就意味著他確保了作為新王的正統性。所以，即便是在山上王時期將都城遷往集安，那他也把先王屍骨攜同遷往新都，並予以埋葬的可能性是存在的。如此說來，對於故國川王的存否問題，與其說是依據《三國志·高句麗傳》這一透過斷續性接觸和耳聞來述成的內容，還不如說是高句麗自身的傳承更具有事實性。下面，接著探討太祖王等三王的王系。

㈢有關三位大王的王系

《三國史記》中有關太祖王、次大王、新大王的記述，還不能完全信之。而在王系中，至關重要的是各王與其前後王在系譜上的關係。如果該三王的王系是根據《後漢書》的有關內容，由後人編造並插進王系裏，那麼最先想到的疑問是：在《後漢書》裏三王是被敘作父——子——孫關係，而《三國史記》中則為何要敘成兄弟關係呢？[89]五世紀以後，在高句麗早已經確立了王位上的父子繼承關係。而且就次大王的即位年，《三國史記》和《後漢書》之間存在著巨大差異，這反而對五世紀以後插進去的說法產生疑問。正如前所見，新大王的即位紀年是立足於高句麗自身的傳承，較之於《三國志》或《後漢書》更具有真實性。只是新大王即位那一年而王系卻亡佚掉的可能性究竟有多少呢？就新大王而言，視其即位紀年和王系一同流傳下來更為妥當。

其次，如同陵碑記事所見，至少在五世紀初以鄒牟王為始祖的王系意識已經確立。到了高句麗末期，朱蒙與柳花分別作為登高神和扶餘神成為高句麗人信仰的對象，從而在全國主要城邑裏都建起神祠以便祭祀朱蒙。[90]那麼設問一下，就

---

[88] 《三國志·東夷傳》倭條中載，「始死停喪十餘日，當時不食肉，喪主哭泣，他人歌舞飲酒，已葬，舉家詣水中澡浴，以如練沐」，此時的「停喪十日」分明是指葬禮為止的期限。上述《魏略》之「停喪百日」亦屬這一類型。

[89] 三品彰英，〈對三國史記高句麗本紀原典之批判〉，《大谷大學研究年報》6，1954。

[90] 《周書·高麗傳》，《冊府元龜》卷三百六十九，將帥部，攻取第二，李勣條。

在這樣的時期是否有為三王作王號並插入王系中的可能性呢？而且設定雖非廟號卻明顯帶有王室始祖意思的「太祖王」、「國祖王」以及繼承始祖下一任王之意思的「次大王」等王號的可能性呢？顯然是不可思議的。「太祖」作為王朝開創者的廟號，自漢魏以來就一直被沿用。[91]

當然，王朝的開創並不一定非要與「太祖」有關，只意味著王室家系上始祖這樣的用例也是有的。比如，新羅金仁問碑文中「太祖漢王啟千齡之△云云」或興德王陵碑片中「太祖星漢」等文字就屬此例。這時的「漢王」、「星漢」與文武王陵碑文中所說「十五代祖星漢王」理應是同一人物。然而，把高句麗太祖王的「太祖」設想為同等意義上的稱呼，進而認為五世紀後半葉以後，作其號並納入到王系上的想法實難成立。陵碑文中稱鄒牟為「始祖」。主張自己是繼承「天帝之子」鄒牟血統的人，即「天孫」便是高句麗王標榜自己正統性的根底。[92]朱蒙傳說一經成立之後，王室家系上的始祖便是朱蒙了。

另一方面，還可以設想如下情形。例如，在北魏王室拓跋力微是作為家系上的始祖出現的。可他卻是道武帝（拓跋矽）在位時期登基的，所以又稱他為太祖。看來「太祖」雖然意指開創帝業之王，卻不一定是王室家系上的始祖。因此，就高句麗桂婁部王室而言，其家系上的始祖雖然是朱蒙，卻認為直至「宮」時期，才成為高句麗王的，所以有可能是在五世紀後半期，重新把他納入王系時改稱其為「太祖王」的。可是，在陵碑文中卻說是始祖鄒牟之創基並在忽本西城山上建都，繼其後登基的朱留王和大朱留王時期，國家得以大治。看來，在五世紀初陵碑文建立時，鄒牟王已作為現行王朝開創者而被標榜。

假設太祖王等三王的王系是後人編造出來的，那麼應該是在陵碑文建立之前。更確切地說是在鄒牟王為始祖的建國傳說已確立的小獸林王時期以前（對此將要後述）。另據《三國志·高句麗傳》記載，東川王出生時由於他的相貌近似於「宮」，所以給起名叫「位宮」。取先祖之名為新生嬰兒起名的行為中，包含

---

[91] 《史記》卷八，〈高祖本紀〉十二年四月己巳條。「群臣皆曰，高祖起微細，撥亂世反之正，定天下，為漢太祖，功最高，上尊號為高皇帝，太子襲號為皇帝。」

[92] 請參看本書第三章第三節「從金石文中看到的高句麗人的天下觀」。

著希望自己的孩子將來也能成為先祖那樣英明之主的願望。[93]說明在山上王和東川王時期「宮」的形象格外受人推崇。東川王時期業已存在宗廟[94]，這種宗廟雖然不一定與中國式的宗廟相同，但也說明，當時已經存在著拜祭祖宗神的建築物和祭祀行為。宮也許就奉祠在那裏。當然，毌丘儉侵入高句麗的時候，各種歷史傳承及其宗廟消失殆盡的可能性是存在的。然而，經過這次動亂之後東川王依舊穩座在國王寶座上。所以，很難說就連「宮」和東川王的直系祖父「伯固」的王系意識也都亡佚。假設有關三王王系的傳承曾一度亡佚之後，於四世紀後半葉以前的某一時期又被重新加以制定並插進去，那可能就是中川王以後到故國川王這120 餘年間。然而這種可能性還找不出具體根據。東川王以後他的直系後裔仍舊在其首都集安相繼繼承了王位，而且正如前所述，新大王即位的紀年是根據高句麗自身傳承的，並具有相當的可信性。基於此，上述可能性實在是很渺小的。

那麼三王的王號又怎樣呢？顯然，三王的王號與他們前後諸王的王號是有差異的。然而，就新大王來說，故國谷為其葬地名，暫且不說是否具有真實性，仍被流傳了下來。假設該王號新編於五世紀後半葉以後，那麼就應該像其他諸王的王號那樣，是葬地名，而事實並非如此。這反而說明該王號是當代所賦予的。從這層意義上講，很有必要留意慕本王和太祖王之間所呈現的斷層現象。實際上，隨著新的王系的開始並以正統自居，帶有「第一個王」、「第二個王」還有透過某種政變登基之意的「新王」等稱號也隨之出現。然後，又隨著新王室勢力漸趨穩定，便又重新繼承了前一時期的傳統。山上王以後，在王號上使用葬地名的方式就被承襲下來。[95]帶有「第一個王」等意思的稱號，待漢字化以後就成為太祖王等。

這樣一來，附加在王號中的大王稱呼又要成為疑問。即是否在國崗上廣開土境平安好太王以前時期就已經使用「太王」的稱呼呢？在高句麗初期的王，實際上與消奴部、絕奴部的古鄒加或王弟等作為王族大加的古鄒加們，並無本質上的

---

[93] 趙仁成，〈四至五世紀高句麗王室的世系認識〉，《韓國古代史研究》4，1991。

[94] 《三國志》〈高句麗傳〉中稱，相傳在消奴部「亦得立宗廟祠靈星社稷」。這說明在桂婁部王室亦置有宗廟的事實。

[95] 請參看本書第二章第二節。

差異。當時「王」與「古鄒加」稱呼本身所具有的意思也不過如此。新羅的冷水里碑文中把葛文王與六位干支聚集在一起進行會晤的場面記述為「此七王等共論云云」的事實，可供我們參考。

然而，到三世紀以後，隨著王位的父子繼承關係確立，諸王弟的地位隨之低落，這樣「固有名五部」消亡，取而代之的是「方位名五部」，從而王權及中央集權更趨加強。[96]在這樣的時期，尤其是四世紀初以後，高句麗的國力急劇膨脹的時期，比原有的「王」號帶有更高一級味道的「大王」稱號便使用起來。在新羅繼冷水里碑階段以後的擴張期，即法興王和真興王時期，而登場的聖王、大王等稱號也可供參考。具體來說，牟頭婁墓誌中如將第十行最下方的三個字詮釋為國崗上，則與第十一行的聖太王相連接。該王與同一墓誌銘中所傳的國崗上（廣）開土地好太聖王並非是同一人物。實際上他就是國原王，即故國原王。[97]當然，牟頭婁墓誌為五世紀前半葉撰寫，國原王之王號也在其過世後給予追加的。為此，儘管存在著故國原王的聖太王這一諡號是在以後時期追贈的可能性，然而鑑於四世紀以後的高句麗勢力急劇膨脹，很有可能是從故國原王時期開始使用「大王」之號。[98]有可能就在這一時期，為了推崇開創現行王朝基業的三王，在其王號上追加了一個「大」字呢？

其次，《三國史記》所載三王之名稱與《後漢書》的相同，這是降低《三國史記》可信度的重大要素。「宮」，「遂成」，「伯固」等都不是立足於高句麗自身的傳承。然而太祖王則另有一名叫「於漱」，雖說是個「小名」，但實際上，很有可能是高句麗自身傳承之名。只是次大王、新大王的情況則可理解為一度亡失其名，後來根據《後漢書》內容補充進去的。

這樣，與其說三王王系是後人根據中方史籍給補進去的，還不如說是立足於高句麗自身的傳承。那麼將要如何看待三王王系的真實性呢？

---

[96] 李基白，〈高句麗王妃族考〉，《震檀學報》20，1959；重收錄於《韓國古代政治社會史研究》，1996。

[97] 濱田耕策，〈關於高句麗廣開土王陵墓比定論的再檢討〉，《朝鮮學報》，119·120，1986。（日文）

[98] 武田幸男，前揭書，頁257－258。

顯然，三王是實際存在過的王。然而，過去使人們在把三王王系視作當代傳承的問題上猶豫不決的重要原因之一，就是《三國史記》所述的有關三王之間系譜上的相互關係、壽命、在位期等記事本身就具有很多疑點。

《三國史記》把三王敘述為同母兄弟，對三王即位年和壽命作如下記述：

太祖王　在位期（53－146）：七歲即位，至121年將軍國事委以遂成，165年死亡，享年一百十九歲。

次大王　在位期（146－165）：七十六歲即位，九十五歲死亡。

新大王　在位期（165－179）：七十七歲即位，九十一歲死亡。

據《三國志·高句麗傳》和《後漢書·高句麗傳》記載，宮（太祖王）於105年已在位，遂成（次大王）於121年即位，伯固（新大王）則132年在位。

三王的紀年之中，把最具可信度的《三國史記》新大王的即位年作為基準，縱觀他與前後諸王的關係，就很難把新大王與太祖王視為同母胞弟。新大王之子伊夷模繼其兄故國川王即位時還未婚，他迎娶了兄嫂于氏為王妃。很自然應在其在位時，至多也就是二十多歲。據稱故國川王在位期間為十八年（179－197），所以，故國川王即位時即新大王死去時伊夷模（山上王）還是個不足五歲的孩童。那麼新大王死去的時候，其歲數不可能是《三國史記》所記那樣為九十一歲高齡。因為八十好幾的老人還能得子實難想像。一般說來，至多也不會超過六十歲。那麼在位期間為十四年的新大王則應是在四十多歲時即位。據《三國志》和《後漢書》稱太祖王在位至105年。新大王大約在165年即位，所以兩王的即位年相差六十年以上。就是說，至少是太祖王在位二十多年以後新大王才出生，為此很難視二者為同母胞弟。而《三國史記》所說的，在太祖王即位時由於再思這個三王之父年事已高，所以由其子即位並由其母后來攝政的記載也是不可信的。

難道把兩者的關係視為如同《後漢書》所說的祖孫關係不成？在如此決斷之前，有必要考慮在《三國史記》高句麗自身的傳承王系裏，為何將兩人的關係設定為兄弟關係呢？對此可從兩方面設想。首先，兩人雖不是同母兄弟，但有可能是屬近親範圍的血緣系譜上的兄弟輩。其次，隨著當時政局而產生的、有某種政治意圖的產物。站在前者立場上看，則如同《三國志》所述，新大王之孫東川王出生時，由於其長相酷似其曾祖太祖王，所以起名位宮的事實中[99]，不難看出兩者間是很相近的血緣關係，具體情況尚難以確切把握。有關於後者的情況可透過《三國史記》估知。

據《三國史記》記載，新大王是透過政變執掌政權的，而次大王在其過程中被殺害。與此同時，讓位後一直居住在別宮的太祖王也死於當年。顯然這是一個虛構的記事。太祖王是開創現王朝的人物。據《後漢書·高句麗傳》記載，次大王於 121 年即位，而《三國史記》也說是在這一年開始處理軍國大事。次大王的實際執權的期限長達四十四年，就確立現有王朝的過程中所起作用而言，他絕不亞於太祖王。對於驅逐如此功高的次大王而上臺的新大王及其追隨者、還有新大王的直系後裔來說，為了降低次大王的格調則不得不主張新大王是繼太祖王立的。新大王即位時，太祖王仍在世的傳承，也就在這一過程中出現。換言之，想把新大王擺在與太祖王、次大王同等序列的企圖下，最終產生三人為同母兄弟的傳承。

那麼應如何看待太祖王與新大王的關係呢？在《後漢書》裏被稱為父子關係，而在《三國史記》裏則記述為兄弟關係。能夠證明兩記載真實性史料尚沒有發現。正如在故國川王的事例中所見，在有關王室系譜問題上，中方史籍的可信度並不見得有多麼優越。倘若在記事的前後關係上並無發現重大矛盾[100]，在對待兩王追隨者之間的矛盾、次大王即位以後太祖王諸子被殺等具體內容上，更應該相信高句麗傳承。即太祖王與次大王確為兄弟，至於新大王的具體系譜尚無從考證，只是有較近的親族關係，這一點不容置疑。

---

[99] 《三國志》中被稱作曾祖是依據《三國志》〈高句麗傳〉裏的系譜，即宮——伯固——夷伊模——位宮這一系譜。

[100] 《三國史記·高句麗本紀》太祖王九十四年七月條記載，遂成在倭山與其追隨者相為謀時，隨從稱其為「王子」。而記載與此類似的事件的八十年和八十六年條中，則稱遂成為王弟。至於稱為「王子」則可設想為如下情形：即相傳著次大王是太祖王之子的另一系統的傳承。（李丙燾，《國譯三國史記》，1977，145 頁）然而，不是為明示其系譜的，而在一般對話場合中所出現的「王子」這一表述，並不僅僅是指稱嚴格意義上的現王之子。先王之子等較親近王族也可稱為王子。八十年條的對話記事中便把「再思」稱為王子。

在這個問題上，還要注意的是，新大王是透過兄弟繼承關係即位的主張被提出並流傳，絕不僅僅是政治意圖的產物。在高句麗初期社會裏，親族集團成員之間互相作用的是共同體性紐帶。娶嫂婚普遍盛行，而親族集團之長的稱號後來變成「兄」這一官等名的事實，是個很好的旁證。[101]在這樣的社會現象之下，標榜新大王繼承其兄王之王位才有其現實意義，並可能流傳下來。在較早時期出現的諸王的王系中，可以看到王位兄弟繼承之例。[102]

當然，所謂的親族集團並不意味著帶有與家族相同的意思。正如從玄菟郡戶口統計所見，其社會細胞單位是每戶約為五人的小家族。以一對男女為中心的小家口形態的單位，從新石器社會開始就業已存在。這一點，從附帶有取暖設施即爐址的同一時期居住遺址的大小規模中也可推知。但這種單位的存在並不意味著作為生產和消費基本單位的小家口本身帶有自立性。在現實生活中小家口與處於親族關係的其他小家口，保持著某種形式的相互依存和互補的關係，這便是各個時期家族與親族集團的現實性面貌。

總之，這樣理解三王的王系之後，接下來的疑問是，三大王即位的紀年問題。據《後漢書·高句麗傳》記載，次大王的即位年是 121 年，另據《三國史記》記載，儘管自該年起遂成業已行使軍國大事等權利，但實際上的即位年卻是在 146 年。對於前者，其中還記載著漢朝皇帝制止其臣子們商議趁宮死遂成初立

[101] 本書第二章第二節。

[102] 大武神王死去以後，由其弟閔中王來繼位，而閔中王死後則由大武神王之子慕本王繼位的，便屬此例。至於王位的兄弟相承之例，在殷王朝直至康丁為止是兄弟繼承制，而武乙以後開始為父子相承，《史記》的記載則透過卜辭研究者證明是事實。（谷田孝之，前揭書，1989，頁137）還有在完顏部女真的興起過程中，直至阿骨打為止在相傳其首長位的形式上呈現出兄弟相承的慣例。（金庠基，〈金的始祖〉，1959；重收錄於《東方史論叢》，1974）當然，倒不是說在初期的古代社會裏首長位的傳承必須為兄弟繼承。兒子長大並具相應之能力，即如能得到族團成員的「眾意」則可由其繼承。兄弟繼承是王權和家長權得以強化之後，由繼承者的意志來決定其繼承者的階段，就是說是在父子繼承關係尚未確立之前，曾經有過的諸多繼承樣式之一。另一方面，在《三國遺事》王曆中稱說閔中王為大武神王之子、慕本王為閔中王之兄，與《三國史記》呈現出差異。基於何種形式的傳承還尚無從把握，但好像還未完全確立為父子繼承關係。

之機攻打高句麗的內容，也許更具可信性。只是還未發現可驗證兩記錄差異的其他史料，所以無法作出更進一步的斷定。無論是哪一種情形，都可以說，遂成從此開始執掌國權。

太祖王即位紀年則更具複雜性。據《三國史記》記載，西元 53 年，年僅七歲的太祖王即位，在位九十三載，卒年一百十九歲。又說其父再思乃琉璃王之子，而他本人與慕本王是表兄弟關係。然而，正如前所述，有關再思的記錄還無法確信，所以有關太祖王的即位期間的記載也難以信之。

那麼應如何理解呢？首先要弄清《三國史記》中所顯現的慕本王與太祖王之間的斷層現象。這就需要考察從朱蒙到慕本王的王系，究竟成立於何時的問題。

㈣初期王系的成立時期

對於從朱蒙到慕本王的王系，也許可以提出這樣的主張，就如《三國史記》所傳實際上的確存在過五個大王，所以根本沒必要說諸如王系成立時期等問題，卻不能如此斷言。有關高句麗的起源及其王系，《魏書・高句麗傳》有如下記述，據說是根據 435 年訪問過平壤的北魏使臣李傲所見所聞記述的：

> 高句麗者，出自北夫餘，自言先祖朱蒙。……棄夫餘，東南走。……至紇升骨城，遂居焉，號曰高句麗，因以為氏焉。初，朱蒙在夫餘時，妻懷孕，朱蒙逃後生一子，字始閭諧。及長，知朱蒙為國主，即與母亡歸之，名之曰閭達，委以國事。朱蒙死，閭達代立。閭達死，子如栗代立。如栗死，子莫來代立，乃征夫餘，夫餘大敗，遂統屬焉。莫來子孫相傳，至裔孫宮。

在此可把高句麗初期王系，整理成「朱蒙——閭達（字始閭諧）——如栗——莫來——宮」。由於莫來的字形與慕本相似，而如栗則其音與儒留相似，所以曾有人提出分別把他們比定為慕本王和儒留王的主張。[103]然而，莫來其人還是比定為大武神王較穩妥。

如果把莫來視為大武神王，則他與朱蒙之間便有閭達、如栗二王。這與《三國史記》內容有出入。其中，閭達如按《魏書》所傳事蹟，就與儒留（類利）相似，而如栗與儒留在其音上也有相通之處。然而，有關如栗的事蹟卻無據可查。是否還存著與儒留相通的、閭達的另一稱呼也未可知。或者在高句麗朝廷把建國傳說和上古王系進行整理並定式化的時候，將把「閭達」以及無據可查的「如栗」合稱為「儒留」呢？這就不得而知了。事實上，即便是按《三國史記》，在有關儒留王和大武神王關係的敘述上也存在若干問題。[104]

總之，具有高句麗朝廷正式見解性質的陵碑建立之後，正如《魏書》中的王系，在高句麗社會裏仍流傳著有關上古王系的異傳。說明《三國史記》裏的直至慕本王的王系和紀年，還不能完全認定為是歷史事實。只不過，很有可能是在某一時期被整理成為現傳形式並加以公式化的。透過對本紀記事的探討也能得到確認。在考慮其具體成立時期的時候，值的注意的是《三國史記》中有關扶餘的記事。

《三國史記·高句麗本紀》中一共有十五條有關扶餘的記事。[105]其中，文咨明王三年的扶餘王攜妻孥舉國來降的記事，它所反映的是直至五世紀末受到勿吉攻擊而居住在長春、農安一帶並受制於高句麗的扶餘最終遷徙到高句麗境內的事實。此外的十四條記事中，太祖王六十九年十二月條和七十年條是轉載了《後漢書》的記事。縱觀剩下九條則集中於直至大武神王的記事，在其內容的量上也呈

---

[103] 津田左右吉，前揭文，1922。
池內宏，前揭論文，1940。
武田幸男，前揭文，1989，頁288。

[104] 比如，大武神王是琉璃王的第三個兒子，琉璃王三十三年被立為太子，當時才十一歲。然而其母即多勿國松讓王之女松氏卻於琉璃王三年死去。這等於是說大武神王是其母死去二十年以後得以出生的。（鄭早苗，〈高句麗王系小考〉，《朝鮮歷史論集》（上），1979）

[105] 東明聖王建國條，十四年條；琉璃王即位年條，十四年條，二十八年條，三十二年條；大武神王三年條，四年條，五年條；太祖王二十五年條，六十九年十月條，同年十二月條，七十年條；文咨明王三年條。有關此等記事之內容請參看前一章。

現相同情況。試看大武神王時期記事，其整個結構如下：即朱蒙自扶餘南下立國，緊接著琉璃南下繼承王位，然而卻繼續受到扶餘的壓迫，直至大武神王時期大敗扶餘之後，反過來由扶餘向高句麗納貢等內容。儘管這類記事以年代記形式分散記述在各王的本紀裏，可是其原貌可能是一部完整的傳說。這樣，把高句麗的建國過程分三個階段來把握、敘述的方法與《魏書》的敘述方法基本相同。

有關建國過程的歷史記載，最終確立於小獸林王時期。[106]而在確立建國傳說的時候，也把鄒牟王——儒留王——大朱留王這一系統的王系加以定式化。閔中王和慕本王的王系估計也是在這時被正式化。之所以如此推測，是因為在慕本王與太祖王之間存在著從系譜上的斷層；大武神王、閔中王、慕本王等諱號的首字為「解」，顯現出與太祖王以後諸王的諱號不同；而《三國遺事》王曆中也把從琉璃王至慕本王的諸王姓氏記述為解氏等。

如上所述，現傳形態的從朱蒙到慕本王的王系，應該說確立於四世紀後半葉。本紀的絕大部分記事也是在這時一併整理的。換言之，這意味著成為慕本王紀為止的記事底本的某一種傳承，要晚於太祖王紀以後的那個傳承，整理並記述成史傳。這一點，除了扶餘關係記事之外，還可以透過其他的慕本王紀為止記事和以後時期的記事相比較的方法來查看。例如，在記述人名的時候，慕本王紀為止的記事中，除了兩例之外一概不見官等名和部名[107]，代之以附加地名的形式來記述，如「買溝谷人尚須」、「慕本人杜婁」、「沸流人祭須」等。而太祖王紀以後的記事又怎樣呢？在記述有關人名時往往採用「王遣貫那部沛者薛儒伐朱那，虜其王子乙音為古鄒加」的形式，部名與官等名一併出現。而且還發現諸多部名和官等名以及「召那」、「朱那」等早已編入五部而消失的「那」名。這說明，在對於人物的敘述上，太祖王紀以後的記事，要比慕本王紀以前的記事，更具針對性。相反在慕本王紀以前的記事中，則常見諸如神馬、巨鸚、負鼎氏、羽氏等傳說性因素。

---

[106] 請參看本書第一章第一節。

[107] 閔中王四年十月條，蠶支落部的大家戴升率其民戶一萬餘家投奔樂浪的記事中，便見有其部名。然而該記事是由後人轉載《後漢書·高句麗傳》而成的，「部」字也是在那時添加的。

這說明兩者所依據的史料之間具有差異性。可把它理解為直至慕本王紀的記事與其後的記事，它們所反映的歷史面貌上的差異，即直至慕本王時期官等制和部制還沒有什麼進展。當然也難說一定就是這樣，比如，五部的原形是「那」，在高句麗發祥地鴨綠江中游和渾江流域曾經存在很多「那」。這些「那」通過內部統合過程到太祖王時期就形成五那部。[108]這樣在相對於比太祖王紀要早的慕本王紀為止的記事中，理應發現更多的「那」名稱，而事實上並非如此。主要是因為成為太祖王紀以後記事底本的某一傳承，無論是以何種形態出現，它總要早於成為慕本王紀為止記事底本的傳承而被記載成文。進而在表記人名時，並沒有記述表現其出身集團的「那」或「固有名部」，是因為直至慕本王紀的記事被整理時，「那」或「固有名部」已經喪失其作為單位政治體的意義，在口傳或其他形態的傳承中附加「那」從而表記人名的習俗已經消失。這種推測可以從《三國史記》裏，三世紀末西川王紀以後，則再無發現固有名部的實事中也得到證實。只是要想這樣下定論，就有必要檢討一下直至慕本王紀的記事中，具有例外性的大武神王五年和十五年條的記事。

首先，看一下十五年條記事，歸納其內容如下：東明王的舊臣仇都、逸苟、焚求等三人作為沸流部首長而貪虐，大武神王把他們逐出，並任命南部使者鄒敎素為沸流部將。鄒敎素勸誡仇都等人並使其認錯，王為之大喜，並賞賜鄒敎素以大室氏姓。在這裏提及有關三個沸流部將對理解高句麗初期「部」的結構具有很重要的意義。[109]沸流部就是召奴部[110]，早在二世紀末到三世紀初，他便已擁有宗廟，還自行祭祀靈星社稷[111]等，具有相當的自治力。這種情況下，很難想像在比他還要早的時期，王室便指派「南部使者」並單方面地把該部將予以更替。更何況，具有「南部」這一方位名的部名，除此之外便就在故國川王紀以後才開始出現。基於此，筆者認為大武神王十五年條記事作為賜姓相關記事，是三世紀以後

[108] 參考第二章第一節。

[109] 同上。

[110] 李丙燾，〈高句麗國號考〉，《漢城大學論文集》3，1956；重收錄於《韓國古代史研究》，1976。

[111] 《三國志》〈高句麗傳〉。

的某種事實被投影的結果，而且該記事的成立時期也應在三世紀以後。

其次，在大武神王五年條記事中記載了扶餘王從弟來降，大武神王將其安置於椽那部，並賜以絡氏姓。這也屬於賜姓相關記事。

對於《三國史記》的賜姓記事，有人認為它反映著高句麗王透過對其領域內的大小酋長進行編制從而走向中央集權化的過程。即透過賜姓賦予支配者身份，進而把他們吸收到高句麗國家體制中。(112)也有人認為此類記事是高句麗大小貴族家族中傳承下來的、有關其家族始祖傳說，而它則顯然帶有炫耀自己家族的神聖性、炫耀他們如何對高句麗王室及國家建立功勳的意圖。(113)

《三國史記·高句麗本紀》中的與賜姓相關的記事共有六處，賜予八姓。(114)而這些記事全都見於東明王紀到大武神王紀之間的時期。具體來說，三條記事與五個姓氏見於作為朱蒙傳說延長線上的有關扶餘關係記事中，大武神王五年條記事也屬於這個範疇。如前所述，有關此類扶餘相關記事是在四世紀後半葉作為高句麗建國傳說（朱蒙北扶餘起源說包括在內）的一個環節而成立的。除扶餘相關記事之外，其他三個賜姓記事，想必也是在這一時期整理出來的。有關賜姓相關記事出現在大武神王紀中的事實便是個極好的佐證。那麼就可推導出如下結論：把初期諸王的傳承聚集起來，從而對建國傳說加以體系化，也把直至當時仍被流傳下來的、部分貴族的家系傳承吸納到王室家系的下位部分。而此時作為兩者相結合的媒介而被採納的就是賜姓這一形式。在這過程中也把當時中國方面的一些傳說要素添加進來，並部分加以潤色。

如果說「賜姓」措施帶有某種政治色彩，那麼賜姓的舉措理應在大武神王之後的相當一段時期內行使下去，而且隨著王權的加強也應該發現更多的與賜姓相

---

(112) 金光洙，〈高句麗建國期姓氏賜與〉，《金哲埈博士華甲紀念史學論叢》，1983。

(113) 徐永大，《韓國古代神觀念的社會意義》，漢城大學博士學位論文，1991，頁200－212。

(114) 即①朱蒙南走時，在毛屯谷遇見三人分別給賜予克氏、仲室氏、少室氏的記事；②琉璃王二十一年九月王至國內城查看地勢，等歸來時在沙勿澤遇一丈夫，於是賜姓位氏；③琉璃王二十四年九月在箕山所遇腋下有翼之人，賜姓羽氏的記事；④大武神王四年遠征扶餘時遇見背負有不燒而自熟之鼎的人，因賜以負鼎氏的記事；⑤大武神王五年七月扶餘王之從弟來屬，因賜姓絡氏的記事；⑥大武神王十五年賜予南部使者鄒勃素大室氏。

關記事才是。同時「姓」也應該更具有社會、政治地位和意義而發揮作用。然而在大武神王以後的記事裏，卻全然不見有關賜姓方面的內容。當然被吸收到王室家系傳承的下位結構中，並不意味著貴族們的家系傳承本身就是虛構的。其本身自有一定的歷史性，只不過變成現傳形態是經過以王室為中心的建國傳說被整理以後的事了。

看來，在慕本王紀為止的記事中，可看到部名和官等名的兩條記事，即便是該傳承早已存在，那也是進入四世紀後半葉以後才被正式記錄下來的。

構成慕本王紀為止的本紀內容主要部分的、有關扶餘關係記事和賜姓關係記事是整理於小獸林王時期。就在這一時期，已被公式化的從鄒牟王到慕本王的王系與現有的太祖王王系相結合，形成了以鄒牟王作為始祖的一元化王系。正是由於人為地要把兩個王系加以結合起來，才致使太祖王的壽命和在位期延長、次大王和新大王的壽命也變那麼長、還出現從系譜上可做到媒介太祖王和慕本王的所謂太祖王之父琉璃王之子再思這個人物。在結合兩個王系時，把太祖王的紀年加以延長，是因為慕本王之後就再也見不到有關鄒牟王王系方面狀況的傳承。這說明慕本王被殺之後，在高句麗的聯盟體內部進行了長期的紛爭，而在同一個桂婁部裏出現以太祖王為中心的新興勢力，並成為一種新的統合力量。[115]隨之出現了事實上與鄒牟王系無關的新的王室。王系意識也是在進入四世紀以後便發生了變化。

那麼為何偏要在進入四世紀後半葉的小獸林王時期，確立新王系的必要性被提到日程上來呢？而且非要採取把鄒牟王和現傳太祖王相結合的方式呢？並不見有關這方面的資料。只是透過對該時期背景的理解，現作出如下推論。

四世紀後半葉高句麗因受到慕容燕的攻擊，其首都曾一度落入敵手，國力因之受到削弱。緊接著在與百濟的戰爭中故國原王又不幸戰死。高句麗所面臨的危機有多深刻是可想而知的。後來的高句麗貴族們每每在誇耀其家系時，總是提到其祖先如何如何參與建國，同時也不忘強調國難之際是如何做出貢獻等等。建立於五世紀的牟頭婁墓誌和七世紀的高慈墓誌銘中，就特別明示了其祖先為擊退慕

---

[115] 請參看本書第一章第一節。

容燕的功臣。繼故國原王執政的小獸林王，為了克服這一危機並整備國家體制，斷然實施如頒佈律令、接受佛教、設立太學等一系列措施。另一方面，他也需要把構成高句麗的諸多集團和貴族聯合起來，以圖謀國家的安定團結，這就勢必要提高王室的尊嚴。在摸索如何才能進行好這一課題的過程中，開始注意到早於現王室而存在過的、與鄒牟王系的諸王相關的傳說。

即便是在太祖王系的諸王統治下的高句麗，有關鄒牟王系的傳承仍在其社會一隅繼續流傳下來。[116]從《魏書·高句麗傳》的初期王系與《三國史記》的王系存在差異的現象中也可知，曾經流傳著好幾種傳承。這些鄒牟王系諸王的相關傳承多少帶有與貴族家族或土著勢力的家系傳承相聯繫的一面。除了現王室的傳承以外，還流傳著有關此前時期王室傳承的事實本身，就不利於加強以現王室為中心的團結。如果再次受到外勢入侵，高句麗統治體制就會受到打擊，貴族間的矛盾也會激化，這樣勢必造成與鄒牟王系有關勢力抬頭的局面。況且，此時剛好是高句麗完全合併北扶餘地區以後，北扶餘地區居民曾兩度受到慕容燕入侵[117]，並在以後一直處於其威脅之下，把他們攏絡到高句麗王室裏並加強團結，也是不容忽視的課題。

考慮到諸多層面之後，把有關鄒牟王系諸王的各種傳說加以聚集起來並部分借用扶餘的東明傳說，最終正式確立了高句麗建國傳說。與此同時，也進行了把鄒牟王系和太祖王系結合成一元化工作。尤其在推舉一個超越一切的神聖王權時，來自外部（北扶餘）的鄒牟王之事蹟正好符合有關「天孫」的形象。很顯然，對始祖的神聖化與當時王室所追求的中央集權、王權強化是密不可分的。而後從大朱留王（大武神王）的傳說中，尋找出當時急需樹立的一個英勇無敵的征服君主像，並加以強調的。

---

[116] 《三國志》〈高句麗傳〉中稱，據「東夷舊語」高句麗為扶餘之別種。這是有關朱蒙的傳說，說明在高句麗社會一角裏仍在流傳著有關朱蒙及其直系後裔的傳承。（請參看本書第一章第一節）

[117] 吉林的扶餘國於285年受慕容燕攻擊，遭受首都被陷等重大打擊。進入四世紀附屬於高句麗之後，四世紀中葉以後再次受到慕容燕的入侵，據牟頭婁墓誌記載，此次進攻則被其居民英勇擊退。

繼小獸林王之位的故國壤王實施了修繕宗廟和建立國社等措施，在新的宗廟裏供奉著鄒牟王等神位也未可知。[118]至此，新的王系終於形成。陵碑文中所反映的就是這一王系，它也是《三國史記》中所傳的王系。

陵碑文中的鄒牟——儒留——大朱留這一王系與《三國史記》的王系是一樣的。而且「十七世孫」是以大朱留王作為基準王而體現出的王代數，與《三國史記》的相一致。另一方面，對此也許會提出如下反論：既然在陵碑文裏對始祖敘述是那麼的長，所謂十七世孫則理應是以始祖作為基準王的。然而它首先把體現建國過程的三王以先後順序記述下來。隨後的諸王，只要說他是自大朱留王算起第幾代就即可知道他在整個王系中所處位置。陵碑的主要目的並不在於敘述王室本身的系譜，而在於記述高句麗的起源和廣開土王的勳績以及守墓人煙戶上。被視為高句麗國的始祖並為現有王室直系祖宗的鄒牟王，他與廣開土王之間曾有過王室交替的事實不被公認的前提下，由高句麗「國人」要讀的碑文裏，在表示廣開土王在王系上位置的時候，重要的是他為第幾代王。這與新羅文武王陵碑中所說的「十五代祖星漢王云云」那樣，以世代數來記述系譜的情景是不同的。

綜上所述，慕本王為止的王系是確立於四世紀後半葉，並在與現有的太祖王系相結合之後，以鄒牟王為始祖的新的王系得以確立。這就是陵碑之王系，也是《三國史記》所傳的王系。

在這樣理解高句麗初期王系的成立過程和若干王的王系時，可能會提及的問題是，直至慕本王的王系的真實性問題。這也正是如何看待直至慕本王的本紀記事的視角問題。與該王系一同成為直至慕本王紀的本紀內容底本的某一史傳，對它的整理要晚於太祖王紀的史傳。當然這並不意味直至慕本王的記事是虛構的。同時這也是在理解直至慕本王的記事性質時需要注意的要素。

---

[118] 趙仁成，前揭論文，1991。

第二章
高句麗初期的政治體制及其社會

一、部體制的成立及其結構

據《三國志·東夷傳》高句麗條記載，「高句麗本有五族，有涓奴部、絕奴部、順奴部、灌奴部、桂婁部。本涓奴部為王，稍微弱，今桂婁部代之」。在《三國史記·高句麗本紀》中，高句麗初期的主要人物習慣用其所屬部的名稱來冠稱。

所以在理解高句麗初期政治結構的過程中，有必要弄清五部性質及其結構，因為不僅在高句麗，即使就在新羅與百濟也曾存在著「部」。可以說，有關「部」的理解對把握三國時代的政治結構具有非常重要的意義。

「部」存在於整個高句麗前期，然而初期的部與後期的部之間存在著本質上的區別。本章將要察看部之名稱轉變為方位名等發生質變之前的初期固有名部。部的性質和五部成立時期、五部結構以及以五部為中心體現著高句麗初期政治結構的部體制發展狀況等。本文具體考察時期為三世紀為止的高句麗初期。

(一)「部」的成立

1.有關「部」的用例

(1)「部」的起源

縱觀《三國史記·高句麗本紀》初期部分有關「部」的記載中，可以發現「那」與「那部」相混用的現象，即記述成「貫那」、「貫那部」等。說明當時主要使用「那」而不是「部」，只是在後來把漢字化用詞「部」加以追溯並附加上去的。

「那」曾表記為川、壤（讓，襄）、內、奴等，時而訓讀，時而又音讀。「那」與女真語的「納：nah'地」，滿語的「na」、日語的「na（na-ye，地震）」等相對應；具有地域或川流以及某個川邊平原之意，為此有人認為以「那」命名的部落，即意指這一川邊或溪谷的集團。❶

高句麗的發祥地即鴨綠江中游地區，為高山連綿起伏的山間地帶，據《三國志·東夷傳》高句麗條記載，「多大山深谷，無原澤，隨山谷以為居，食澗水」，恰與當地的自然環境吻合。流經該地區的水系有鴨綠江以及流入其支流的渾江、禿魯江等諸多河流，這些河流流經高山峽谷，形成長長的山谷。在山谷中，除了溪流湍急、平野狹窄而使人們不便居住的地方外，也有因流水緩慢，而在川邊形成平原的地區，甚至在河流的上下游地區形成有較具規模的沖積平原。在這些地區曾有村落存在。至今，在該地區對最下層行政單位仍冠以「某某溝」之稱，就是對這一地區這種自然環境的最佳反映。由於河川流域常被險峻的山脈所阻隔，因此跨越高山與其他山谷的居民進行交流實為不易。為此，居住在某一溪谷裏的居民則往往是以順著河流地區進行交易，所以河流的上下游地區的村落之間形成一個集團則是很自然的。「某那」或「某某那」就是意味著那樣的集團。而高句麗五部的起源就是這個「那」。

試看高句麗發興期，即西元前一世紀到西元一世紀所存在過的「那」性質，便可把其中較具規模的「那」視為國家形成階段的小國。例如：太祖王二十年和二十二年，吞併的藻那和朱那時還俘虜了其王和王子。❷這些王與王子的實體想必就是「加」，而這些「加」的存在意味著可把「那」視為「小國（chiefdom）」。從考古學方面上看，鴨綠江中游的無基壇式積石墓，它的營造時期至少是在西元前三世紀以後，而其中集安五道溝門嶺的積石墓不僅規模較大，

---

❶ 三品彰英，〈有關高句麗五部〉，《朝鮮學報》6，1953。
李基文，《國語史概說》，1961，頁9。

❷ 《三國史記》〈高句麗本紀〉，太祖王二十年、二十二年條。

還陪葬有青銅器等。❸後來出現了比積石墓更加發展的基壇式積石墓。❹基壇式積石墓出現以後，無基壇式積石墓仍作為社會地位較低者的墳墓繼續修築。從這些亡者們的幽宅中所呈現出的等級性中，可以看出活著的人在社會上就已經相當分化。當然，諸「那」之間的大小與社會的成熟度有差異，其中比較弱小的「那」是帶有部族性質的集團，而相對大一些的「那」大部分帶有「小國」性質。

具有獨立小國性質的這些「那」，通過相互統合過程並逐漸轉換成為高句麗國家的主要構成單位體——五部。五部成立以後的若干時期裏，在稱呼部的時候仍冠以「某那」，然而其性質不可能與從前相同了。在把握五部的性質時有必要注意，把這五個集團首次記述成為「部」的中方史籍。如果說當時的漢人對帶有某一特定性質的集團使用「部」這一用詞，則將對理解高句麗五部提供很重要的線索。下面試看一下中方史籍中有關「部」的使用例。

⑵北方種族的「部」

縱觀中方史籍中的北狄、東夷列傳便可知，作為編制單位正式使用「部」這一用詞的是《三國志》。❺《三國志》中所見部之用例可分四種。第一、下引

---

❸ 據首位報告者之言，修築於傾斜面的該墳其低處設有幾個壇，然而還不能將其視為基壇式積石墳。只是將其納入無基壇式積石墳的範疇，還是基壇式積石墳的初期形態，尚有爭議。由於該墳並非是以處女墳的形式被發現的，而是在當地人採石過程中被發現的，為此在把握墳墓的原型上存有相當難度。朴晉煜將其分類為積石墳，耿鐵華與林至德則將其命名為階段式積石墳，並納入到無基壇式積石墳的範疇裏。張雪岩也同意此種見解。他們都認為它不是基壇式積石墳。

張雪岩，〈集安發現青銅短劍墓〉，《考古》5，1981；〈集安青銅短劍墓及相關問題〉，《高句麗研究文集》所收，1993。

耿鐵華，林至德，〈集安高句麗陶器的初步研究〉，《文物》84-1。

朴晉煜，《朝鮮考古學全書古代篇》1988，頁 116。

❹ 李殿福認為至少在東漢初（西元一世紀初），集安地區便出現基壇式的積石墓（〈集安高句麗墓研究〉，《考古學報》2，1980），而朴晉煜則認為是基壇石槨墓，自西元前三世紀就開始營造（《朝鮮考古學全書·高句麗篇》1991，頁 58－65）。而兩者都立足於相對的編年，卻沒有發現可供確定其絕對編年的遺物。為此，基壇式積石墳的出現時期仍有待商榷。

❺ 《三國志》以前的《漢書》〈匈奴傳〉（上）記載「始元三年，匈奴發左右部二萬騎為四隊，並入侵為寇」。在同傳（下）王莽新建國條裏又稱單于率兵兩部都尉及邊遠王將入侵中國的事

〈烏桓傳〉細註中的「部」：

> 《魏書》曰……（烏桓人）常推募決鬥訟相侵犯者為大人。邑落各有小帥不世繼也。數百千落自為一部。

此處的「部」是散居在各地並隨著水草移動、放牧為生的烏桓族，各以其放牧地為單位形成的、由若干戶形成的諸「邑落」聯合體，他屬於自生集團，而且自成為一個政治單位。從「大人以下，各自畜牧治產，不相徭役」❻的表述中可知，此時的「部」實際上是一個較為鬆散的組織體。平時在部內發生的事件則按各自血緣關係的習俗自行處理、運作，大人只是在事件無法解決時，才作為仲裁者出現在當事者面前進行調解。然而在對外戰爭等非常時期，「大人有所召呼，刻木為信，邑落傳行」等，行使著絕對的權力。部落成員無人敢違抗大人之命，如有抗命者非死即流放至沙漠。❼對這樣的集團，當時的漢人們認為他是一個整個移動著的政治單位，所以便命名為「部」。

然而這類「部」實際上並非出於建立一個很強的政治支配秩序或必須的經濟利害關係而結成的集團。被包括在同一個部裏的諸多邑落中，有些邑落則因某種力量的作用或特殊契機而脫離原有的部，形成一個新的單位集團。事實上由於自然災害以及氏族間的各種矛盾，部分集團從中脫離的可能性時常存在，尤其在漢族勢力發揮某種作用的時候，本來就具有脫離可能性的各分派便紛紛分離出去，這樣原來的部自然就喪失了原有統合力。《三國志·鮮卑傳》的下列文字就是一個很好例證：

實。而後匈奴將其領土分為單于直轄地和出身單于匈奴氏族的左右日逐王、左右賢王、左右大都尉等 24 王將的封地進行治理。諸王將的麾下亦各置千人將、都尉等（《史記》，《漢書》匈奴傳）。上述的「左右部」和「左右兩部」之中，前者為指諸王將，而後者是指左右大都尉。後者的「部」與其說它是與《三國志》以後所見的表現某一單位集團相同，還不如說是帶有方位的意識，即左右兩方面的都尉之意。

❻ 《三國志》〈烏桓傳〉所引《魏志》。

❼ 同上。

安帝時，鮮卑大人燕荔陽入朝，漢賜鮮卑王印綬（中略）下通胡市，築南北兩部質宮，受邑落質者二十部（《後漢書》則稱一百二十部）。

就是說由於漢政權的羈縻政策，鮮卑和烏桓原有的部逐漸細分、並附屬於漢朝，這些細分集團又稱為「部」，這是部的第二種用例。

第三種是鮮卑族的檀石槐統一鮮卑諸邑落並統合匈奴的殘餘勢力，從而成為漠北的霸主以後，便把其領地分為東、中、西三大塊，還各置一個大人統管。《三國志·鮮卑傳》則對此稱東、中、西三部，這時的部完全是由權力所決定的，屬於一個派生集團。

第四種是高句麗五部。這個五部的性質有待進一步考辨。只是從表面上看，可以把它視為歸屬於王權下的單位政治集團。然而，它卻不是檀石槐的三部那樣完全派生出來的統治單位。檀石槐的三部是方位名部名，而五部則使用著起源於出身地域的部名，兩者具有性質上的差異。

以上從《三國志》的用例來看，四種情況下的「部」這一用詞所指對象的性質有所不同。由此可知「部」的性質並非絕對一致。只是大致而言，當時漢人把與自己進行直接或間接交易的、長城以北地區的各種集團，時而稱其整體為「部」，時而又對其一部分冠以「部」來表述。《三國志》的這種用例，在後來的史籍中被加以沿襲下來。

襲用《三國志》內容的《後漢書》的〈烏桓鮮卑東夷傳〉和〈南匈奴傳〉也沿用「部」的用詞。試看〈南匈奴傳〉用例：

二十四年春，八部大人共議，立比為呼韓邪單于。

這裏的八部是指右賢王或骨都侯等諸王將們率領的集團。該集團是由出身單于姓攣鞮氏的左右賢王，左右日逐王等分封國以及呼衍氏、須卜氏、蘭氏等貴姓出身的骨都侯率領的勢力組成。該集團各自以王將的氏族為核心，由其領地內的諸多氏族構成。王將麾下有千人長、百人長等官吏，並自行主持祭天等儀式。❽他完全具有自治單位政體的功能。

對這些集團的記述，《漢書》和《後漢書》則顯現出差異性。例如，在記述單于主持的龍城會議時，《漢書》記述由二十四王將參與會合，而《後漢書》則記述諸部參與了會合。這說明在編撰《漢書》的階段還不大使用「部」。在基本性質問題上兩者都視作是封國。

除了這種作為封國的「部」以外，〈南匈奴傳〉裏還有如下記述：

> 章和元年，鮮卑入左地，擊北匈奴大破之。（中略）北庭大亂，居蘭、儲卑、胡都須等五十八部、口二十萬、勝兵八千人，詣雲中、五原、朔方、北地降單于。

就是說隨著北匈奴的崩潰，原來在其王將麾下的諸集團分散，最終歸屬為南匈奴，並稱為五十八部。

從《後漢書》的「部」的用例中，可知〈烏桓傳〉中的「部」與《三國志》中的「部」是同一個概念。〈南匈奴傳〉中的光武二十四年記事中提到的匈奴八部，是屬於封國性的部，與《三國志·鮮卑傳》中所說的檀石槐的三部在性質上相近。章和元年的五十八部與《三國志·鮮卑傳》中所見的，那個歸附於魏而受其官爵的鮮卑族二十部（《後漢書》則稱一百二十部）在性質上是相近的集團。總之，在《後漢書》裏，也能確認到《三國志》裏所見「部」的用例。

這一點在後代的史籍中，伴隨著漢人對北方種族見識面的擴大以及接觸的多元化而呈現出深化的樣子，所以他們時而把單個族屬的整體記述為「部」，時而又把該族屬內某一部類或其下屬集團稱作「部」。例如，在《隋書·鐵勒傳》裏，先將僕骨、契苾、薛延陀、同羅等，諸種族列舉出以後，稱「雖姓氏各別，

---

❽ 《漢書·匈奴傳》（上）稱，「漢使驃騎將軍去病，將萬騎出隴西，過焉耆山千餘里，得胡首虜八千餘級，得休屠王祭天金人。」此處的金人具體指什麼雖不明確，只是在匈奴祭天儀式中，除了單于在龍城舉行之外，各王將也在各自的封地內舉行。

總謂為鐵勒」，把族屬全體看作是一個單位集團。然而在《唐會要》卷九十六之〈鐵勒條〉裏，則依次羅列出諸部以後，稱「散在漠北皆鐵勒之部內諸部」。所說的是鐵勒部與其下屬單位部內部即薛延陀等。對於靺鞨部，《隋書·靺鞨傳》稱，由七部構成。在記述這七部於高句麗滅亡後的狀況時，《舊唐書·靺鞨傳》稱「唯黑水部全盛分為十六部」。當時的黑水靺鞨尚未能形成以大君長為核心的政治組織。另一方面則又時而把不同種族構成的被支配體稱作「部」。比如，《新唐書·突厥傳》中稱「頡利可汗以突利可汗主治契丹靺鞨部」。

由此可見，在中國的史書中，為記述其周邊的集團而使用的「部」這一用此，其用例也多樣、性質也是不同，所以「部」是中國人對成為自己認識對象的、單位政治體的指稱，除了如此大致性把握之外，很難推測其具體性質。換言之，這意味著「部」只有透過對各自國家或族屬的具體歷史進程進行考察時，才能正確理解和把握其真實面貌和歷史性質。為了正確把握高句麗五部的性質，下面要看一下《三國史記》中記載的「部」之用例。

⑶《三國史記》中「部」的用例

在《三國史記·高句麗本紀》中，被稱作「部」的集團，如把方位名部排除在外，則只有椽那部、提那部、桓那部、沸流部、貫那部等。其中，前兩者則從下例記事中，便可知是同一個集團。

①故國川王二年，立妃于氏為王后，後提那部于素之女也。

②故國川王十二年，中畏大夫沛者於畀留、評者左可慮皆以王后親戚執國權柄……國人怨憤。王聞之，怒，欲誅之，左可慮與四椽那謀叛。

③中川王元年，立椽氏為王后。

④中川王九年，立椽那明臨笏都尚公主。

⑤西川王二年，立西部大使者于漱之女為王后。

②例文中，與王后的親戚相勾結，發動叛亂的四椽那就是椽那（對此將另闢一章專門講述），與①例文中所見的王后于氏出身提那部，倘若不是同一個部，便就是很相近的部了。可④例文中，卻說明臨笏都與王室聯姻。考慮到當時的王室與特定的某一部進行世婚的情況，則③例文中，中川王的王后椽氏不可能是姓氏，倒像是反映她出身於椽那的事實。而且，與王進行婚姻的女子，全都姓于氏。從中可知，該椽那部出身的女子就是于氏。如把她與例文①、②相結合予以考慮，則提那就是椽那部，而椽那部又是《三國志·高句麗傳》中所說的、與王室進行世婚的絕奴部無疑。❾而且也可知，在當時椽那部內共存著與王室進行婚姻的像于氏、明臨氏那樣具有實力的勢力。

正如李丙燾所說，沸流部與居住在沸流水上游的「松讓王」的沸流國是同一個實體，是消奴部。❿

其餘的貫那部與桓那部則無疑是《三國志·東夷傳》的高句麗五部中，除桂婁部、消奴部、絕奴部之外的剩餘兩部，即為灌奴部和順奴部。其中貫那部與灌奴部的讀音相似，而且與山上王私通生出東川王、進而被封為小妃的酒桶村女人是灌奴部出身。而中川王的小妃也出身於貫那部。這似乎在說明，山上王以後迎娶貫那部出身的女子為小妃，已是不成文的規定。貫那部即為灌奴部則桓那部就是順奴部了。

此外在《三國史記》閔中王四年條中，還見有蠶支落部的存在，據說「蠶支落部，大家戴升等一萬餘家，詣樂浪投漢」。可是這一記事乃是在編撰《三國史記》或《舊三國史記》時，轉載了《後漢書·高句麗傳》的「光武二十三年，冬，句驪蠶支落大加戴升等萬餘口詣樂浪內屬」這一記事，只是因為萬餘口的大集團而被稱為「蠶支落部」而已。並非在高句麗當時的史籍中，表記為「部」的。就是說，在高句麗被冠以「部」名稱的集團，僅限於五部。

把構成高句麗國的集團，首次表記為「部」的史籍是《三國志》。受其影響

---

❾ 李基白，〈高句麗王妃族考〉，《震檀學報》20，1957。

❿ 李丙燾，〈高句麗國號考〉，《首爾大學論文集》3，1956；重收錄於《韓國古代史研究》，1976。

和二、三世紀漢人把構成高句麗的主要集團稱為「部」的影響下，高句麗人也開始使用「部」這一用詞。然而，漢人們最初所使用的「部」裏，並不含有某種特定概念。然而自高句麗人使用起「部」之後，在高句麗領域內的諸多集團中，則為何只限於五部使用呢？接著看一下這個問題。

如前所述，五部原型是「那」，原來在鴨綠江中游地區便存在著諸多「那」。通過相互統合的過程，這些「那」最終形成為五部。而又在這一過程中，諸「那」被編製成為五部的構成員，例如：在太祖王時期，對鴨綠江流域的諸「那」施以統合的事實，《三國史記》有如下記述：

太祖王十六年，曷思王孫都頭以國來降，以都頭為于台。

太祖王二十年，遣貫那部沛者達賈，伐藻那虜其王。

太祖王二十二年，遣桓那部沛者薛儒，伐朱那虜其王子乙音為古鄒加。

據說曷思國是扶餘王之弟從鴨綠江流域遷移過來、並把海頭王斬殺以後，在曷思水邊建立的。而曷思王的孫女成為大武神王的次妃。⓫看來曷思國也屬於「那」。如上引文，曷思國和朱那被高句麗合併以後，高句麗對其統治者都頭和乙音各授以于台和古鄒加官等。說明兩部是被五部、也許是被桂婁部所吸收了。至於藻那則不見其被征服後的有關狀況的說明，所以尚難斷定其形態，只是不會與朱那的形態有太大出入的。

一方面，高句麗國在擴張過程中，很多具有小國或部族性質的集團被逐一編入其勢力之下。比如，沃沮、東濊、梁貊、「肅慎」這一屬於靺鞨系統的部分部落、滿離集團（鮮卑的異種）那樣的遊牧民系統⓬就屬此例。剛剛被高句麗統合的這些集團，按理說是可以重新被編入「部」裏面，而高句麗並沒有如此操作，只把他與五部加以區分開來。例如：新大王時期，任命明臨答夫為「令知內外兵馬兼領梁貊部落」；西川王時期，任命達賈為「知內外兵馬事兼統領梁貊肅慎諸部

⓫　《三國史記》〈高句麗本紀〉，大武神王四年，十五年條。

⓬　《後漢書》卷二十，〈祭遵傳附祭肜傳〉。

落」，說明把已經附屬於高句麗的梁貊、肅慎這樣的集團與五部加以區分開來。⓭這說明高句麗人把「部」這一用詞只限於五部使用，絕不是因為高句麗承襲了《三國志》等史籍如此記載的先例所致。高句麗人之所以這樣使用，完全是由於高句麗初期的五部本身具有的特殊性質所決定的。

從二世紀到三世紀為止，除了鴨綠江中游地區以外，高句麗國已將沃沮、東濊等納入其支配下。儘管如此，《三國志·東夷傳》仍然把「高句麗」限定在五部，並對沃沮、東濊另作記述。這是魏人否認高句麗對沃沮、東濊的支配權，同時把周邊集團盡可能細分後加以控制的企圖所投影的結果。而事實上，當時的沃沮、東濊的諸邑落已經隸屬於高句麗（五部），並與五部區分開。東濊的「耆老舊自謂與句麗同種」⓮的事實，反而說明：雖說在血緣上高句麗與東濊有著密切的關係，然而現在卻不是這樣的，也就是表明了高句麗與東濊因主客觀原因現已經區分開來的事實。當時「高句麗」可能就是指五部，而顯現出高句麗人的資格和歸屬意識的集體儀禮——東盟祭，對其出席也僅限於該五部。

五部人絕大多數是生活在鴨綠江中游地區，長期以來營造著積石墓的族屬，漢人稱其為「貊族」。除他們之外，還有從扶餘方面遷移過來的集團等，都成為五部成員。在遷移到鴨綠江中游以後，就與先於他們居住在該地區的貊族相互融合，並以此為基礎逐漸興盛起來。⓯在當時高句麗國家的結構中，五部處於最優越的位置，而把五部與其他集團相區別的潛意識裏，具有一種由該五部創建高句麗國並成為領導集團的，政治層面與宗教要素發揮作用。

正因為高句麗初期的五部，從主客觀上具有與當時高句麗王支配下的其他集團相區別的性質，所以成為《三國史記》範本的高句麗傳承中，「部」這一用詞僅限在五個集團中使用。這一點也可在新羅發現。

試看新羅和百濟「部」的使用例。由於在百濟只記載方位名部，所以與高句

⓭ 正如該記事所傳，像「知內外兵馬」這樣精煉的官職名可否在當世業已使用了呢？也許這是把指稱五部的用詞後來粉飾成漢字化也未可知。然而把五部與梁貊或肅慎加以區分開來稱呼倒像是事實。

⓮ 《三國志·東夷傳》，東濊條。

⓯ 請參看本書第一章第一節。

麗的故有名部進行對比考察是有問題的。而新羅卻不同。在《三國史記》和《三國遺事》以及金石文中，除一例之外，「部」這一用詞僅限於「六部」使用。《三國史記·新羅本紀》儒禮王四年條的「四月，倭人襲擊一禮部，並將其燒毀」的記事屬例外。此外，在寶林寺三層塔的塔誌裏也可見「西原部小尹奈末金遂宗上奏……」等字樣⑯，這個西原部就是西原小京。「西原部」是神文王五年所置的五小京之一，而寶林寺三層塔所建時期，又是新羅後期的敬文王十年（870年）。此時作為純屬行政區劃單位的「部」，已是行使其權力很久以後了，所以在考察三國初期「部」的性質時，「西原部」不是考慮的對象。而且考慮到新羅末期有「金海府」、「中原府」、「南原府」等名稱，不妨把西原部的「部」與「府」視為相同意思，尤其考慮到金遂宗為「西原部小京」則更是如此。⑰只是《三國史記》所傳「部」的用例中，「一禮部」可能就是鄰近於東海岸的、隸屬於韓岐部的一個分支。除了這種茫然的推測之外，很難再進一步弄清其實體了。

總之，迄今所發現的新羅中期金石文中，「部」僅限於在六部出現。而且官等制成立後，京位的授予對象也僅限於六部，地方民則授以外位。如此看來，在新羅也像高句麗那樣，實際上僅限於六部使用「部」的名稱。這種事實與高句麗的五部一同成為理解三國初期「部」的性質和當時政治結構的重要線索之一。

然而在高句麗國家的結構中，五部處於集團性的優越地位，這一點只說明其性質的一部分而已。要想具體弄清五部性質則有必要考察部與王權的關係。

2.部與王權

作為「部」的前身「那」是一個獨立的小國或者部族。與此相比，五部是作為高句麗的主要構成單位，隸屬於王權之下。所以兩者性質不可能相同。具體來講，固有名部是具有何種性質的集團呢？為方便起見，首先對過去的諸多相關見解進行探討。

有關固有名五部的性質，曾有人提出氏族說⑱和部族說。⑲氏族說主張

---

⑯　黃壽永，《韓國金石遺文》，1976，頁154。

⑰　裴宗道，〈有關新羅後期地方制度改編的考察〉，《學林》11，1989。

⑱　池內宏，〈高句麗的五族及五部〉，《東洋學報》16-1，1926。

「部」是由帶有血緣關係的氏族構成的。然而，事實並非如此。作為「部」的前身「那」是以某一地區作為根基所形成的集團，而「部」的內部又有眾多集團（後述）。還有「部」並非是編制貴族等支配層的單位。比如，消奴加麾下有三萬口⑳，他們隸屬於消奴部，而且分化成諸多階級。

至於部族說則把「部族（tribe）」概念使用得非常多樣。其一是把部族理解為從原始共同體到國家形成階段上出現的一個集團。首次提出該說的人是摩根（L.H. Morgan），1960 年代以後，經 Elman R. Service 等新進化論者的整理成為「氏族——部族——部族聯盟或小國（Chiefdom）——國家」這一模式。㉑

對此有人提出如下疑問：「部族」果真是國家形成過程中普遍存在的實體嗎？就是說在受到人類社會首次出現的、國家的影響和刺激之後，相應地，其周邊集團才逐漸聚集成為部落的，並不是部族向一次國家進化過程中，作為特定組織體的某個階段而登場的。㉒

總之，弗來德（M. Fried）的這種主張，由於高句麗並非是一次國家類型，所以並非本文所要探討的對象。而且，如果把部族規定為國家形成過程中所出現的某一階段的集團、並且是個非階級社會集團，那麼就不能把五部視為部族。因為五部是高句麗國家的一部分，五部業已形成時，高句麗社會的分化已經進行到相當程度。

氏族說與部族說的最致命的弱點是，對「部」的起源「那」的性質以及「那」發展成「部」以後的性質，並沒有加以區分地論述，正如《三國史記・高句麗本紀》所見「某那」與「某那部」常常是混用的。然而有必要對兩者加以區分來把握，並規定其性質。

其次是把「部」的性質理解為戰士集團或行政區域單位的見解。具體來說，

---

⑲ 今西龍，〈高句麗五族五部考〉，《學林》6-3，1926；重收錄於《朝鮮古史研究》（日文），1937。

⑳ 《三國志・高句麗傳》。

㉑ L.H. Morgan, *Ancient Society*, 1877（崔達坤、鄭東鎬共譯，《古代社會》（韓文），1978。）Elman R. Service, *The Origins of the State*, 1975.

㉒ Morton Fried, *The Notion of Tribe*, 1975.

首先戰士集團說的主要依據是《三國志·東夷傳》中，桂婁部、消奴部等五部名稱，在通古斯語中是表示方位的意識㉓，進而主張一萬多坐食者為中心的支配層，基本上帶有戰士的性質；把他們分為五方，並人為地加以編制的，就是五部。㉔

然而，《三國志》裏的五部名用通古斯語果真是表示方位嗎？這還是一個疑問。「奴」即「那」，表示某一川邊及其流域內形成的集團。原來存在著五個以上的多數「那」，五部名稱也是其中之一。所以《三國志》中「某奴部」的「某奴」便是「某那」，其名稱是自然而然地被賦予的，並不是給人為地編製成的集團賦予的。

如果說以往的氏族說和部族說，把其中心放在弄清「部」的起源性質問題上，那麼行政單位說則重視「部」為高句麗國家的一部分，是隸屬於王權下這一側面，從而突出「那」附屬於王權之後，性質隨之發生變化的層面。堅持這種主張的人，把「部」當作是被地方統治組織或被桂婁部王權所編制的軍事單位，進而認為高句麗在很早以前就已轉換成中央集權制的國家體制了。㉕

事實上，如果完全取信《三國史記》記事，則三國是在很早以前便構築起中央集權制的國家體制。然而《三國史記》是直至十二世紀以後才被編寫成的，而且編撰時所依據的史料，也是歷經多次傳承過程而被潤色了的。正如《留記》和《新集》事例所見，在高句麗當代便已有過兩次以上的撰修。所以說，在各個時期進行史書的編撰時，將不存在的事實也給杜撰出來的可能性是有的。在史籍的編撰過程中，往往是根據當時的歷史認識、史書編撰目的等整理史料的，為此就不可避免地發生刪修和潤色。實際上，在那個時期高句麗不可能設置郡縣。只是如果把這些史料全盤否定，那麼還原歷史本來面目的歷史研究目的就難以實現。所以有必要重構一下《三國史記》所說「置郡縣」一說，究竟反映當時什麼情況。從這層意義上說，《三國志·東夷傳》是很好的參考資料。

㉓　白鳥庫吉，〈丸都及國內城考〉，《史學雜誌》25-4，1914。

㉔　矢澤利彥，〈有關高句麗的五部〉，《琦玉大學紀要》3，1954。

㉕　金光洙，《有關高句麗古代集權國家成立的研究》，延世大學博士學位論文，1983，頁 105－107。

除此之外，具體來看一下，作為固有名部具有行政單位性質的根據，常被提及的大武神王十五年條記事。主要內容如下：大臣仇都、逸苟、焚求等三人身為沸流部長資貪鄙，王將其黜退，遂使南部使者鄒勃素代為部長，鄒勃素既上任，便以好言相勸仇都等人，使其改過遷善，王聞之大喜，便賜給大室氏姓氏。如按該記事所述，沸流部長之職由王來任命，那麼認為部具有行政單位性質也無妨，只是對該記事完全相信則是有問題的。

首先，記載二世紀後半葉到三世紀前半葉狀況的《三國志》稱，「消（涓）奴部本國主，今雖不為王，適統大人，得稱古鄒加，亦得立宗廟，祀靈星、社稷」。在此消奴部的古鄒加即為消奴部長，他被稱為「適統大人」，而且立宗廟、祭祀祖上神，說明消奴部長是世襲的，至少不是由王來任命的。同時又祀「靈星、社稷」，即對農業神和地域守護神以及穀物神獨自進行祭祀，說明消奴部並不具有行政單位的性質。當時的祭儀，具有圖謀該集團團結的政治性質（後述）。這說明消奴部具有相當自治力。正因如此，圍繞著山上王的繼位發生紛爭時，「消奴加」率三萬口投向遼東公孫氏的事件才有可能演出。

「南部」這樣的方位名部，除在此處出現之外，到故國川王代以後才再現。〈高句麗本紀〉中包括賜姓相關記事在內的，只見於大武神王時期。有關於此，前面已有考察。即在四世紀後半葉編撰史書時，也把貴族家族的家系傳承聚合起來，並作為王室建國神話的一部分加以吸收整理，此時作為媒介兩者的最為有效的方式是賜姓方式。㉖由此看來，大武神王十五年條記事並不一定就是如實反映當時的事實。更像是，該記事裏投影著三世紀中葉以後，某一時期的某種事實。

一方面還可以設想一下，在高句麗五部之中，唯消奴部所具有的、作為自治體的面貌，是因消奴部是前王室所屬部。實際上五部之間的實力差距十分懸殊。然而與「王室世婚」的絕奴部部長也同消奴部長那樣被稱為「古鄒加」，而且就像故國川王時期的四椽那反叛那樣，時而對王權的統制進行集體對抗，可見絕奴部也具有與消奴部相似的性質。灌奴部和順奴部與其他三部相比，勢力相對微弱，但是消奴部與絕奴部在具有自治體性質的情況下，可否認為只有灌奴部和順

㉖　請參看本書第一章第二節「初期高句麗王系的構成」。

奴部具有行政單位體的性質呢？當時以古鄒加為首的諸大加均置有其官員，顯然消奴部和絕奴部的四部之長也設置自己的官員。這說明「部」所屬官員的任免權在於其部長之手。《三國志·高句麗傳》稱諸大加的官員近似於中國的卿、大夫的家臣，這也說明其任免權在於大加手中。但隨著王權的加強，這些官員的名單必須上報國王；而且即便是相同的官等，「部」的官吏要低於王室官吏，呈現出被王權管制的情形。

基本上，直至三世紀前半葉，高句麗的「部」是在王權的一定統制下，至少在對其內部事務處置上，具有相當自治權的單位政體。在認識當時五部性質問題時，可供參考的有同一時期扶餘的情形：

> 諸加別主四出道，大者主數千家，小者主數百家……有敵諸加自戰，下戶俱擔糧飲食之。（《三國志·扶餘傳》）

在這裏所謂「別主四出道」，與其說這是對通向四方的特定四條道路的敘述，還不如理解為以國邑通向四方的大道為中心，對散居在各地的居住民集團，由諸加主管的意思；後一句是對此加以敘述的。此時「主」的具體對象並不明確，然而有必要注意「別主」這種表現，可以理解成由諸加對居民集團「別途」、「另加」管理之意，而不是由王室直接進行支配。這意味著諸加雖在一定程度上受治於王權，但對其麾下集團卻具有相當程度的自治權。「有敵諸加自戰」也是一樣的，即諸加不僅直接參與戰鬥，還對其麾下軍隊（自備武器的居民）具有統帥權。此等扶餘諸加還不能視其為具有由國王來任命的地方官的性質，而他所統帥的數千或數百家居民集團也不是人為編製成的行政單位。

綜上所述，五部基本上是由貊族來構成；在政治上他們是高句麗國的建國和運作過程中發揮核心作用的集團；雖然還從屬於王權下，卻是具有一定自治力的單位政體。王是五部中勢力最強的桂婁部首領、同時也是統管整個五部的長。[27]

---

[27] 在新羅樹立於六世紀初的蔚珍鳳坪碑文中寐錦王的所屬被記述為喙部，這意味著王既是整個六部的代表，同時又是喙部之長。鳳坪碑和冷水里碑中，持有官等的人物之中絕大多數為喙部和

那麼具有這種性質的五部具體成立於何時呢？

3.五部成立時期

如前所述「部」的前身是「那」。在高句麗的發興期，即從西元前一世紀到西元一世紀，包括渾江和禿魯江流域在內的鴨綠江中流地區，存在著為數眾多的「那」。這些「那」逐漸統合起來。桂婁部就是以扶餘方面遷移過來的集團為中心，把毛屯谷集團和召西奴集團統合而形成的。㉘上面曾提起的藻那和朱那之例，傳說中是被桂婁部統合的一面。這種統合不但只是依靠桂婁部進行，其他的較具實力的諸「那」也在進行著統合。據《三國志·高句麗傳》記載，三世紀初，召西奴率其下戶三萬脫離本部。考慮到當時五部的全體人口為三萬戶、約十五萬口，則召西奴人口相當於全體人口五分之一強。「那」原指形成於河川流域的集團，那麼作為居住在一個支川流域的人口，三萬則似乎顯得有些過多。這理應看作是弱小的諸「那」被統合以後的人口。這種情況，想必在其他的部也是一樣的。「部」下存在著若干個下屬單位集團，正是說明這一點（後述）。

五部是其前身的諸多「那」相互進行統合而成的五個集團。然而，與具有獨自性的小國或部族性質的「那」相比，五部是從屬於王權之下的自治體。在這一點上，兩者的性質具有本質上的差異。這意味著高句麗王對鴨綠江中流地區所有的集團，確立其支配權的時期，就是五部成立的時期。對內來說，意味著諸那自治力的一部分由王權來控制；對外來說，則意味著排斥了對諸那行使力度的外勢。當時尚處於漢朝強大的影響力下，兩者是緊密相聯著的，所以透過後者也可以對五部的成立過程進行一定的瞭解。下面是西元前 75 年玄菟郡被逐出以後，體現出高句麗與漢郡縣之間關係的記事。

①漢時，賜鼓吹技人，常從玄菟郡受朝服、衣幘，高句麗令主其名籍。

沙喙部所屬的事實中可知，當時六部之間的優劣已經十分明顯，而王之下已形成十七等官等制，以後時期卻在鳳坪碑中仍在使用，這反過來可估知麻立干時期六部和麻立干的性質。（全德在，《新羅六部體研究》，1996，頁 63－83）這將有助於我們理解高句麗初期五部和其王的性質。

㉘ 參看本書第一章第一節。

②後稍驕恣，不復詣郡。於東界築小城，置朝服衣幘其中，歲時來取之。今胡猶名此城為幘溝漊，溝漊者句麗名城也。

先看例文①，說漢代時賜給高句麗鼓吹技人。當時漢王朝對其周邊集團的首長加官封爵並授之以印綬，是作為歸服於漢王朝的補償，對其首長賦予象徵漢帝國權威的一種行為而廣為使用。賜予鼓吹樂器及朝服衣幘等也具有相同的意思。136年扶餘王來朝京師，漢帝作黃門鼓吹以遣之。㉙在那時的韓國古代諸國裏，鼓已不單純具有樂器的意思，還具有咒術威力十足的祭器之意，遂成為王的象徵。崔理樂浪國的自鳴鼓傳說、東明王和松讓王以鼓角爭相以顯威嚴的傳說㉚、百濟的古爾王「祭天地用鼓吹」㉛等記事便說明這一點。㉜所以被賜予鼓吹技人的對象是高句麗王，這意味著漢王朝承認高句麗王的地位並賦予了其權威性。當然這正是高句麗王歸服於漢王朝的代價。

其次是稱高句麗人至玄菟郡領取朝服和衣幘為數很多。《三國志·韓傳》稱，至樂浪郡領取印綬和衣幘的足有一千餘人。印綬主要授予大小渠首們，而衣冠有時則賜給因公務到來的樂浪下戶人家。從玄菟郡受賜朝服和衣幘的人當中，領取朝服的人至少是屬於諸那的首長或「加」這一層人物。他們時而親自到玄菟郡，或者派其手下領取漢王朝的「朝服」，說明這些人個別與漢郡縣建立關係，並帶有懾於其威嚴的一面。這正說明各「那」具有獨立的對外交涉權，同時漢郡縣則透過與個別「那」的交涉，企圖對該「那」逐一操縱和統制。來到玄菟郡的高句麗人名籍是由高句麗縣令掌管。

如此看來，例文①表明高句麗雖已擺脫了漢王朝的直接統治，但仍處於漢郡縣的影響之下。漢王朝考慮到如果再透過武裝侵略來加強其直接統治，則勢必要遭受高句麗人的集體抵抗，因而用羈縻政策來取代之：一方面採取承認高句麗王

㉙ 《後漢書·夫餘傳》。

㉚ 《東明王篇》所引「舊三國史記」。

㉛ 《三國史記·百濟本紀》古爾王五年條。

㉜ 金哲埈，〈三國時代的禮俗及儒教〉，《大東文化研究》6、7 集，1971；重收錄於《韓國古代社會研究》，1975。

的地位，同時又與高句麗的諸那建立外交、貿易關係，並透過它把高句麗緊緊地羈縻於漢朝影響力之下。當時漢王朝對高句麗政策的首要目的是，阻止能夠統領諸那的具有強有力的、統合勢力的形成，進而謀取邊境的安定。為了達到這一目的，漢王朝對高句麗時而採取武力攻伐㉝，時而採取對諸那的原心分離政策，如同例文①中的方法。這種政策想必在相當一段時期內是行之有效的。西元初，王莽為了伐胡人而曾經徵集過高句麗的士兵㉞，從這一事實中，也能看出漢王朝對高句麗的影響力。西元 46 年，一個規模較大的「那」，即蠶支落部的大加率其所部萬餘口詣向樂浪郡㉟；西元 49 年，受治於高句麗的鮮卑族某一集團，受到漢郡縣的籠絡背離了高句麗㊱等，就是個很好的例證。

另一方面，諸那與漢郡縣的交涉不僅具有政治上的意義，還具有經濟上的意義。在朝服和衣幘的賜予這一具有象徵性的儀禮之下，又相互進行物質交易。基壇式積石墓中發現的漢代各種貨幣，說明了雙方進行的交易相當活躍。㊲透過這種交易所得漢文物的影響以及時戰時和的接觸中，不知不覺地促進了諸那的成長，加快了諸那間統合的步伐。在這一過程中，從扶餘方面遷移過來的集團與土著集團相結合而形成的桂婁部集團嶄露頭角。朱蒙與沸流國的松讓王之間較量的傳說，正反映了由桂婁部集團取代消奴部集團，成為高句麗的主導勢力。㊳隨著桂婁集團勢力的擴大並與其他諸那逐漸產生矛盾，漢王朝趁機加強了其影響力，如前所見蠶支落部的脫離，便是個極好的示例。而如同〈高句麗本紀〉所傳，桂婁部集團內部也存在矛盾，還發生了慕本王被殺等政局動盪的情況。㊴桂婁部對內要收拾這種混亂的局面，對外要排除漢王朝對諸那的影響力，進而逐步確立其在高句麗的統制力。上引例文②的記事很具象徵性，它流傳著在諸那社會確立了

㉝ 《三國史記·高句麗本紀》大武神王十一年條。

㉞ 《漢書》卷九十九，〈王莽傳〉。

㉟ 《後漢書·高句麗傳》。

㊱ 《後漢書·祭遵傳附祭肜傳》。

㊲ 古兵，〈吉林省集安歷年出土的錢幣〉，《考古》2，1962。

㊳ 李丙燾，前揭論文，1956。

㊴ 參看本書第一章第一節。

桂婁部王權的狀況。

必須通過幘溝漊才可與漢郡縣進行交涉，這意味著諸那原來自行行使的外交及對外貿易活動，現在則在王室的統制下，對其交涉視窗進行一元化處理。換言之，諸那的部分自治權，至少是外交權、貿易權、交戰權被剝奪了，這樣，桂婁部王權在一定程度上可以控制諸那了。諸那中至此還保存有實力的其他四那，逐漸喪失其獨立性，變成在高句麗管制下擁有部分自治權的「部」。雖然各部自行設置官員，但其名單須呈報給王，進而各部的內部動向完全受到王的監管，王權及其管制範圍逐漸擴大起來。這樣，王室的統制力和部的自治力相互協調和相互矛盾的關係，成為高句麗初期政治史展開的主軸線，即置有幘溝漊的時期，便是五部成立的時期。

在〈高句麗本紀〉的有關「部」的記事中，除了隸屬於王室的桂婁部之外，還可看到屬於其他四部的椽那部、灌那部、沸流部、桓那部等。椽那部見於大武神王四年條，沸流部見於同王十五年條，灌那部見於太祖王二十年條，桓那部則見於同王二十二年以後。還有太祖王二十二年以後，除方位名部之外，只見上述四部名稱，其他「那」則再無出現。由此可知，直至太祖王二十二年，五部體制已經確立。這一時期，正是高句麗在其國王指揮下大規模、有組織地攻擊漢郡縣的時期。這與上引例文②中的「後稍驕恣，不復詣郡」情形相符。在《三國志》和《後漢書》中，對漢郡縣大肆攻擊的太祖王「宮」予以大書特書，絕非是偶然的。

當然在太祖王以前時期，高句麗也是存在著，而且也可能存在著歸屬於王權下的、具有「部」性質的自治體。然而統領整個高句麗族且其數為五個，並以該五部為中心，構築起帶有持續性的安定體制是始於這一時期的。下面接著看一下有關部體制的結構。

㈡部體制的結構

1.部內部、集團隸屬民、侯國

「部」具有受制於王權，同時維持一定自治力的單位政體性質，在「部」內部還有下屬單位體。〈高句麗本紀〉故國川王十二年條中有如下記述：

中畏大夫沛者於畀留、評者左可慮，皆以王后親戚，執國權柄。其子弟幷恃勢驕侈，掠人子女，奪人田宅，國人怨憤。王聞之，怒欲誅之。左可慮等與四椽那謀叛。（中宗壬申本）㊵

這裏所看到的四椽那是存在於椽那部內的四個單位體。㊶本文擬把此類下屬單位稱作「部內部」。作為把存在於同一個部內的若干個下位單位體，用以「部內部」來表現的用例，儘管其性質不同，把薛延陀部記述成鐵勒部的「部內諸部」的就屬此類型。在消奴部也可確認部內部的存在：

大武神王十五年，黜大臣仇都、逸苟、焚求等三人為庶人。此三人為沸流部長，資貪鄙……

在此出現的被黜大臣仇都等三人，不可能全是沸流部長，想必他們是沸流部的豪強勢力，即部長和部內部長。西元二世紀末，圍繞著山上王的繼位發生紛爭時，消奴加率其三萬口下戶投奔了遼東的公孫氏。此時的消奴部就是形成於沸流水流域的「那」為中心，將其周邊的諸「那」合併而成的。按理說其內部應包含有若干單位集團，「三人沸流部長」便反映這一事實。㊷

那麼這種部內部是具有何種性質的集團呢？下面，試看一下反映這些部內部形成過程的記述。

㊵ 《三國史記》的諸版本中，顯宗實錄字本把「四椽那」記述成「椽那」，而繼承該版本的朝鮮光文會本亦作「椽那」，而《東史綱目》卷二上則又寫成「西椽那」。顯宗實錄字本是以木板本中宗壬申本作為範本的，並對其磨損之字加以校勘後刊行的。中宗壬申本分明是寫作「四椽那」。《東史綱目》的「西椽那」是在沒有理解透「四椽那」之意的情況下自認為「西」比「四」更合理進而誤將其改寫的。

㊶ 李丙燾把「四椽那」視為椽那之內的四家（《譯註三國史記》卷三，1943，頁 171）。而孫晉泰則認為高句麗的五部族，其各部族又由四五個小的部族構成，所以把「四椽那」視作椽那部族內的四個小部族（《朝鮮民族史概說》，1948，頁 66）。

㊷ 正如本書第一章所述，大武神王十五年條記事的紀年雖不可全信，它所反映的很可能就是後期的事實。所以雖無法準確認定其紀年，卻不失為反映出高句麗初期部之構成的重要史料。

①大武神王五年四月，扶餘王帶素弟至曷思水濱，立國稱王。……帶素之見殺也，知國之將亡，與從者百餘人，至鴨綠谷，見海頭王出獵，遂殺之。取其百姓，至此始都。

②大武神王五年七月，扶餘王從弟……乃與萬餘人來投。王封為王，安置椽那部。

③太祖王十六年八月，曷思王孫都頭，以國來降，以都頭為于台。

④太祖王二十二年十月，王遣桓那部沛者薛儒，伐朱那，虜其王子乙音為古鄒加。

上引文①、②、③記述的是，受到大武神王的攻伐，「扶餘」內部發生動搖，幾個集團向南遷移並最終被編入高句麗的狀況。其中，引文②記載的是扶餘系統的居民被椽那所吸收的事實。後來在編撰史書的過程中，為了以王權為中心記述史實，這樣把扶餘系集團被椽那所統合的事實，敘述成由高句麗王把他封為王並置於椽那部的形式。被編入椽那以後，扶餘王從弟仍被封為王。看來，他還是具有相當自治權的。引文③所說的是曷思國舉國來降桂婁部的事實。此時授給其首長的「于台」這一官等，如把其語源視為族長之意㊸，該集團也像引文②的那樣，被吸收為下屬自治體。引文④在說加封乙音為古鄒加。既然古鄒加是部族長或王族大加的爵號，則也可以設想同等層面。引文③、④的集團很有可能就成了桂婁部內的下屬自治體。四椽那也指構成椽那部的下屬自治體。椽那部內存在著與王室進行世婚的于氏和明臨氏家族為中心的集團。還有上引文②中的萬餘人集團，如果一直存續到故國川王時期，則他們很可能就是構成椽那部的四個集團中的三個。

㊸ 金哲埈，〈高句麗·新羅官階組織的成立過程〉，《李丙燾博士華甲紀念論叢》，1956；重收錄於《韓國古代社會研究》，1975。

部內部不一定就必須透過統合才能形成的，而比較有實力的「那」，其成員增加之後，透過集團內部的自行分化，形成若干個下屬集團。在五部中勢力最強的桂婁部就是這樣的。然而，正如前所述，在高句麗發興期，居住在鴨綠江中游地區的眾「那」，是透過相互統合最終集結成五個較大的集團。如這樣考慮，就五部全體來講，部內部形成的最大契機應該說是諸那間的相互統合。

新羅也有部內存在在下屬集團的事實。婆娑王在訪問韓岐部期間，受到許婁和摩帝的盛情款待，於是封摩帝之女為太子妃，並賜予許婁酒多即角干之位。[44] 儘管〈新羅本紀〉中的紀年不可全信，然該記事卻反映初期新羅史上有關「部」的面貌。現把《三國史記》的相關記事和《三國遺事》王曆相比較，把儒理王至祇摩王的、三代朴氏王的相關內容，繪製以圖表如下。

		三國遺事	三國史記
儒理	母	雲帝	雲帝夫人
	妃	辭要王之女　金氏	日知葛文王之女，或云姓朴，許婁王之女
婆娑	母	辭要王之女	
	妃	史肖夫人	金氏，史省夫人，許婁葛文王之女
祇摩	母	史肖夫人	史省夫人
	妃	摩帝國王之女　金氏	金氏，愛禮夫人，葛文王摩帝之女

首先，可以看出當時流傳許婁的姓氏為金氏或朴氏的兩種不同傳承。儒理王的王妃也記述成辭要王之女、日知葛文王之女、許婁王之女等。所以，尚難斷定哪一個為真。然而，如果按照《三國史記》的記載，把儒理尼師今的王妃視為許婁之女，那麼兩代均納許婁王之女為王妃。即便不是如此，婆娑王妃是許婁之女，而在選擇祇摩的妃子時，相傳許婁之女與摩帝之女間曾有過競爭。說明許婁

[44] 《三國史記》中把酒多記作角干。角干亦稱舒發翰或舒弗邯。有認為「酒多」之「酒」，訓讀則為「舒發，舒弗」（中世語），而「多」則為「汗」，即酒多是「舒弗汗」，角干亦稱「舒弗汗」，這樣在音韻上三者則相仿（李宇泰，〈新羅的村與村主〉，《韓國史論》7，1981）。

作為很有力的勢力存續了相當一段時期，而且透過與朴姓尼師今的聯姻構築緊密的關係。此時許婁不像是人名，倒像是個集團名，摩帝也是如此。把祗摩之妃稱為「摩帝國王之女」，把儒理尼師今的王妃稱為「或云姓朴，許婁王之女」，就是個極好的例證。逸聖尼師今的老丈人，即支所禮王，也是此類集團的代表者。許婁或摩帝等集團，原來可能就是與《三國志·韓傳》弁辰條中所說的、那類按其大小使用不同「長」名的邑落，屬於相同性質的單位集團。「弁辰亦十二國，又有諸小別邑，各有渠帥，大者名臣智，其次有險側，次有樊濊，次有殺奚，次有邑借」。在這裏，諸如大小邑落之間的關係中，大邑即國邑，可能要比其他小邑居優，並透過祭儀和交易具有統合力和再分配的機能。然而，大邑與別邑的關係不是那種上下支配與被支配的關係。基本上是具有同等性質的集團，而並列分佈呈現出較為弛緩的序列。這些集團在後來，透過相互統合佔有核心地位的集團，對其他集團加強統制力的過程，才逐漸形成上下序列化。透過這一過程，如果對新羅國和「部」成立之後的狀況作一下設想，那麼許婁或摩帝那樣的下屬集團，可能就是韓岐部內的部內部。而婆娑王授予許婁以酒多即角干之位，說明在諸多部內部中，把許婁集團認作是韓岐部的代表勢力，即認定他為部長。

當然，在〈新羅本紀〉初期記事的可信性，這一根本問題尚未解決的情況下，依據該記事來勾勒出「部」的結構，具有相當難度。然而，只有保留其「紀年」問題，即認為在六世紀中葉編撰史書的過程中，把建國紀年往上提升，把後代史實溯及並附加於新羅上代的紀年裏。如此，從韓岐部與許婁、摩帝的記事中，就能把握新羅「部」結構的端倪。從韓岐部那裏看出與椽那部相類似的一面。

其次，在諸那透過相互統合、集結成五個比較大規模政體的過程中，把周邊的各集團合併以後，不一定非要以部內部的形式加以編入的。有時把被征服的集團完全解體後，把他們當作戰俘抓來進行分配或分散，甚至於強行加以遷徙的事情也時有發生。另外，東明王六年條和大武神王九年條分別記載，對荇人國和蓋馬國施以征伐之後，把其地收編為「城邑」和「郡縣」。此時「城邑」和「郡縣」的具體統治形態，僅依據《三國史記》的記錄是難以把握的。只是下面《三國志·東沃沮傳》的內容可供參考。

無大君王，世世邑落，各有長帥……句麗復置其中大人為使者，使相主領，又使大加統責其租稅、貊布、魚、鹽、海中食物，千里擔負致之，又送其美女以為婢妾遇之。

就是說在高句麗的支配下，東沃沮的各邑落是由其渠帥自治地加以引導，這樣在維持其內部原有秩序的同時，向高句麗交納貢納物，變成一種集團性的隸屬民。他們所承擔的貢物裏包括該地區土特產和美女等，而此類土特產的運輸是由沃沮的邑落民來承擔，換言之，其勞役由沃沮民來負擔。

另據《三國史記·高句麗本紀》記載，太祖王四年，征伐東沃沮並將該地改編成「城邑」。這時的城邑化就如《三國志·東沃沮傳》所傳的那樣，屬於一種集團隸屬民化。由此類推，上述東明王紀和大武神王紀裏「城邑」、「郡縣」的實際面貌，想必也不出其左右。事實上，在地方制度尚未形成的狀況下，征服的最普遍的形式是，要麼作為戰俘抓來，要麼把他們分別以集團加以隸屬，然後承認其內部原有的秩序，並對其徵收貢物。諸那在相互統合的過程中，一定會有如此集團隸民化的部類，尤其把其他種族加以臣服時更是如此。

《三國史記》琉璃王三年條中，那個被征服後變成屬國的鮮卑族便是集團隸屬民的範例。這個鮮卑族集團，也許就是西元 49 年（慕本王二年）脫離高句麗而投向漢王朝的、那個被稱為鮮卑族異種的滿離集團。㊺此外，高句麗時期的「肅慎」、「梁貊」等部落，也作為集團隸民而隸屬於高句麗。沃沮和東濊諸邑落就是其具體事例。隨著各集團的性質和隸屬過程的差異，諸集團隸民的隸屬情況也各不相同。大多數集團是以徵收貢物為目的的，然而，也不乏以軍事上的協助作為目的的集團。而且這些被征服的集團中，對於諸如遊牧民或山林種族，則直至高句麗末期，仍在持續著集團隸民形態的間接支配方式。

此外，高句麗（五部）在擴大其勢力並把周邊集團納入其支配下的時候，不一定把被征服的集團以同等的形態加以隸屬的。其中，也不乏具有下屬同盟國乃至從屬國性質的集團。

㊺ 《後漢書》卷二十二，〈祭遵傳附祭彤傳〉。

據《三國史記·新羅本紀》記載，從很早開始新羅就征服了沙梁伐國、召文國、伊西國等小國，之後把他們改設為「郡縣」。儘管該紀年不可完全相信，但這些記事卻是有所指的。早已被新羅服屬的這些小國的原居地，直至五世紀還營建規模巨大的古墳。作為該地區土著首長的墳墓，營造規模如此巨大，說明該首長握有相當大的權力。被視為小國首長之墓的巨大古墓，如大邱飛山洞（多伐國）、善山郡海平面落山里、慶山臨堂洞（押督國）、義城塔里（召文國）等地的古墳墓中，出土與慶州出土的金銅冠相類似的金銀製裝身具，尤其是該墓主使用與新羅金冠相類似的金銅冠，說明與新羅朝廷有著密切關係。然而其地位則無疑是低人一等㊻，此即意味著這類首長歸附於新羅之後，在其原居地仍保持著自己的勢力。不妨把此類集團稱作是新羅的侯國。㊼實際上，新羅在征服了遠近諸多集團擴充其勢力時，被征服集團對新羅朝廷的隸屬形式是多種多樣的。征伐並把其集團完全解體後，有被分配成奴隸的，也有強行遷徙到別的地方的㊽，也有把邑落集團隸民化的。㊾還有一種，是建立類似於下屬同盟國或宗屬國形態的上下關

㊻ 崔種圭，〈有關中古期古墳的若干之考察〉，《釜大史學》7，1983。

㊼ 當時新羅王對其控制下的小國首長封以「侯」的事例並無發現，所以有可能提出使用「侯國」這一名稱的不當性。然而所謂的概念是為了說明現象而設定的，只要它有助於說明當時新羅的麻立干與在其統制下小國首長之間的關係，即兩者間的實際關係如同是王與侯的關係，則儘管當時還未使用「侯」的名稱，筆者認為還是完全可以使用「侯國」這一概念的。

㊽ 婆娑尼師今時悉直反叛，發兵討平之，並徙其餘眾於南鄙的事例，便屬其例。（《三國史記·新羅本紀》婆娑尼師今二十五年條）

㊾ 蔚珍鳳坪碑所傳的居伐牟羅、南彌只等奴人村便屬其例（盧泰敦，〈蔚珍鳳坪碑與官等制〉，《韓國古代史研究》2，1989）。一方面有人認為鳳坪碑中所見的「奴人」非為集團隸屬民，而是泛指當時新羅地方民，即《日本書紀》欽明十五年條中，把弒殺百濟聖王的新羅人稱為佐知村的「飼馬奴苦都」，而在《三國史記》中則稱為高干都刀，由此可知，「苦都」與「都刀」是同一個人。而且把當時屬於外位中上等位階的高干也稱作為「奴」，說明當時「奴人」非為集團隸民，而是泛指新羅地方民的用詞。然而若把「都刀」與《日本書紀》中的「苦都」視為同一人，則有必要留意一下兩史書傳承的差異所帶有的意義。《日本書紀》記事是根據相傳有聖王被害當時狀況的百濟方面的傳承；而《三國史記》則不同，它把苦刀稱為高干的，則是苦刀在管山城戰鬥中赫立軍功之後所得的位階。訥催的情況亦是如此。在列傳裏是建立戰功以後被授以級飡，可在本紀裏卻記述為參加征戰之前已經為級飡。高干是外位中屬高級的官等，把高干設想成鳳坪碑中所說的「奴人」是一種飛躍。《日本書紀》則具體把它稱為「飼馬奴」，兩傳承表現的不是同一時期的「都刀」和「苦都」的身份。

係，該小國承認新羅的宗主權並向其貢獻一定的貢品，還時而向其提供軍事協助的形態。而新羅朝廷則承認該小國原有的自治權及其對集團隸屬民的支配權，而且在必要時還向他提供軍事政治上的援助，使其能夠應付來自其他小國的威脅，還有其小國內諸集團間發生矛盾時則又對該首長施以援助。就是說，新羅朝廷透過對小國首長的援助，擴充了其在該地區的統制力。而受到新羅援助的小國首長，逐漸以強者君臨該地區。

具體來說，各小國和新羅朝廷的關係，以及隨之而成的各小國隸屬程度和所占位置，是隨著該小國勢力的規模，或者與新羅朝廷建立上下關係時的過程等會有一定的差異。總之，直至五世紀，在小白山脈以南的新羅勢力範圍內，各地建有較大規模的古墳墓，甚至有的在同一地區內營造好幾處古墳群。而其中的一個，在其規模和遺物的質與量上均占居首位，而且在其古墳群中，出土了大量的與慶州出土的裝身具相似的遺物㊿，這使得該設想成為可能。據〈新羅本紀〉記載，從很早以前起新羅就對這類小國實行了「郡縣制」，而實際上這種「郡縣」支配形態，只有在後期中央集權制的領域國家體制下，由中央指派地方官吏進行直接統治的階段才有可能實現。因此，這種記述的實際意思，應該理解成是「侯國化」。看來，把它記述成郡縣化是六世紀中葉或在後一時期，在進行史書編撰時，根據當時所處狀況而這樣表現出來的。

在高句麗，可以把東扶餘設想為侯國。有關東扶餘，在廣開土王陵碑文裏有「東扶餘舊是鄒牟王屬民，中叛，不貢」的記載。說起東扶餘的起源，西元 285 年扶餘國受到慕容燕的攻擊之後，其中一部分居民便遷往北沃沮，後來就地建立起國家。吉林地區的原扶餘復國之後，遷往豆滿江流域的扶餘集團並未回到原居地，而仍居留下來，並逐漸自立。51有關 285 年以前北沃沮的狀況，《三國史記·高句麗本紀》東明王十年條裏，有「王命扶尉猒伐北沃沮滅之，以其地為城邑」的記載，包括其紀年在內該段記事的真偽性大有討論餘地。然而，太祖王四

㊿ 尹容鎮，〈大邱的初期國家形成過程〉，《東洋文化研究》1，1974。
朱甫暾，〈新羅國家形成期大邱社會的動向〉，《韓國古代史論叢》8，1996。

51 盧泰敦，〈扶餘國的疆域及其變遷〉，《國史館論叢》4，1989。

十六年條裏記載「王東巡柵城，賜柵城守吏物段有差」，還有五十五年條「東海谷守獻朱豹」的事實。所以，還不能認為當時把地方官派往該地區。但是既然把柵城比定為豆滿江流域，那麼完全可以設想，太祖王時期，高句麗的勢力已伸向該地區，並施以間接支配的可能性。52這一時期，在高句麗臣服東沃沮和東濊的狀況下，把其勢力擴大到北邊的北沃沮。這一點正與稍晚些時期，即西元 245 年遭到北魏的侵伐而國破的東川王逃亡北沃沮的事實也相聯繫著。在最為危難之際，東川王之所以把最後的避身所選在北沃沮方面，是因為這一地區，已歸屬於高句麗勢力範圍。在高句麗勢力範圍下的北沃沮裏，從扶餘遷移過來的避難民，自然是受到高句麗影響，後來才逐漸得以自立。廣開土王陵碑文中，東扶餘「中叛，不貢」的記事，也可從這一層面上加以理解。53如此看來，把反叛以前的東扶餘視為高句麗的侯國也不無道理。

一方面（北）扶餘在西元四世紀後半葉以後，就一直從屬於高句麗勢力之下維繫命脈，直至 493 年滅亡。雖然，這是在高句麗部體制完全解體以後的事情，但至少可以說四世紀後半以後（北）扶餘就是以高句麗的侯國形式存在。

此外，臣服於高句麗的東濊諸邑落中，最具實力的是不耐濊。要是考慮一下，魏國把其渠首封為「不耐濊王」的事實，則不能排除他以侯國形式被臣服於高句麗的可能性。

如此看來，高句麗初期的「部」在其部內部置有下級自治集團，即諸部內部，還設置有集團隸屬民。他們是在一定程度上受中央王權統制並擁有自治權的單位政體。另一方面，大多數被服屬民則各自以集團性地隸屬於代表五部的高句麗王。集團隸屬民的邑落內部事務，均由其渠帥自行處置。把當時構成高句麗國家諸多集團的相互關係，用圖來演示如下。

---

52 請參看本書第三章第一節。

53 高寬民，〈高句麗的建國神話和夫餘〉，《古代文化》42，1990。

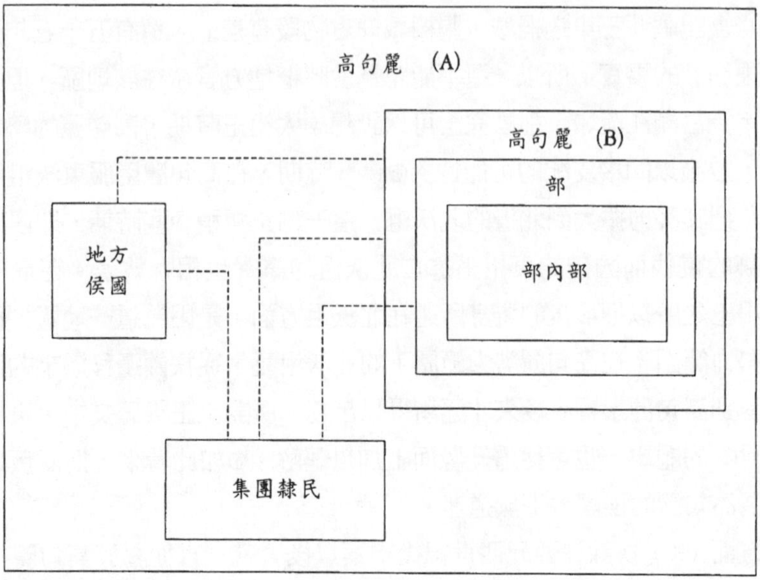

在此所謂「高句麗 A」和「高句麗 B」，如果說後者是專指五部，那麼前者是指五部和包括多數被征服的集團在內、處於高句麗王支配權之下的諸多集團。當時所謂「高句麗」是具有這雙層意義的，則只有在如上圖中所見國家結構之下，才有可能出現的現象，即五部雖然在其社會裏內部的分化已大有進展，然在「高句麗 A」的國家結構中，五部全體是處在支配族團的位置。一方面，在部與部內部之間，如果與部和王室關係相同的層面發揮作用，儘管集團隸民和侯國各自在中央王室隸屬的稱呼，以及在高句麗國家結構內，所處的位置有所差異，然而在獨自行施其部內部事務的層面上，卻具有與部和王室間關係的性質基本相同的一面。

如此，高句麗初期的國家結構是，按其政治性統合的形態和支配——被支配關係，把各級自治體以上下、層層編制的形態來構成。也許各級自治體在高句麗國家結構內，所占的政治位置與現實處境各不相同，然而當時的政治結構是在下級集團的自治力和上級統合體的統制力相協調，以圖均衡的這一線上，呈現其具體化，而且持續了很長一段時期，並具有相當的穩定性。

形成這種結構的核心是「部」。「部」各自與其下位集團或上位王室建立的關係，以及「部」的自治體性質具有與其他集團的性質相通的一面。而且，五部構成「高句麗A」的支配族團。這種「部」的性質，具有規定這一時期高句麗國家整體性質的一面。為此，把呈現出這種國家結構和政治運作形態的整體稱作部體制。部體制一經成立，即五部成立之後，各級自治體的分權與王室集權之間、還有諸大加與王室之間的關係，便成為決定高句麗初期政治史發展方向的根本要素。構成部體制的上下自治體以及中央王室之間的自治與統制，時而呈現出如同故國川王時期四椽那反叛那樣的對立樣態，又時而呈現出如同圍繞山上王繼位發生紛爭時的消奴部之事，隨著對內矛盾的激化和外來勢力的介入，出現集團性的脫離現象。透過這種陣痛，政治史則以加強王權和中央集權的方向發展。

為了更具體地理解促使部體制形成的社會基礎和「部」的性質，下面來看一下部的階級結構。

2.邑落民與加

(1)邑落民

在部體制下的各級自治體中，首先察看一下集團隸民的情況。在這裏值得注意的是《三國志·東夷傳》東濊條的記述：

> 其俗重山川。山川各有部分，不得妄相涉入。同姓不婚，多忌諱，疾病死亡，輒捐棄舊宅，更作新居。有麻布，蠶桑作綿。曉候星宿，預知年歲豐約。不以珠玉為寶，常用十月節祭天，晝夜飲酒歌舞，名之為舞天。又祭虎以為神，其邑落相侵犯，輒相罰責，生口牛馬名之為責禍……（正始八年，拜不耐濊侯為）不耐濊王拜，居處雜在民間。

東濊各邑落都具有山川為界劃分的區域，在這一區域內未經許可而妄自涉入，對方邑落民就對其施以責禍。當時各邑落區域內的耕作地，理應為其邑落民所分割利用的；其耕地或者承續給其家屬，或者以買賣、贈與的形式落入同一邑落人之手。然而還不能把這耕作地稱為私有地。如果是私有地，那麼其所有者就有權進行買賣、相續、贈與等行為，然而事實並非如此。「責禍」的存在是阻礙土地所有者把土地向其他的邑落民轉讓等事的發生。換言之，其他的邑落民要想不受「責禍」卻要耕作新獲得的土地，則必須經過該邑落全體成員的認可方能耕作，等於說邑落區域內的土地，若由該邑落的某一個人進行耕種，則其佔有權是得到認可的，然而對該土地的根本所有權，卻在於渠首為代表的全體邑落成員手裏。而且也說明各邑落區域內的山林、河川、草地等是屬於該邑落的共有地。從而促使東濊的邑落帶有共同體要素。又「同姓不婚」，即流傳著同一氏族間不進行婚姻而實行族外婚（exogamy）的習俗。還不能說，當時東濊的邑落成員便一定是由同一個氏族所構成。有同一氏族構成的情況，也有複數氏族員構成的情況，同時一個氏族分成若干個並分居於諸多邑落的情況也有之。無論屬於何種情況，族外婚習俗，說明在氏族成員之間，血緣紐帶發揮很強的作用。如果邑落成員由一個氏族來構成，共同體的性質則會更強的。[54]

當時在東濊的邑落裏，因以「責禍」而拿出人口、牛馬的事件中，可以看出，已經存在著類似於奴婢的隸屬民，也存在類似於渠首的首長層。然而，就連渠首中最有力的「不耐濊王」，他的居住處也「雜在」民間。顯現出居處差別不顯著的樣子。[55]實際上，不耐濊王麾下的「功曹」、「三老」等官人，不過是屬於渠首層的人而已，並不反映官僚組織有什麼大的進展。「疾病死亡，輒捐棄舊宅，更作新居」，這也許是起因於忌諱多的習俗，另一方面說明此類房屋相當簡陋，即意味著財富的積蓄十分貧弱。正如上引文所見，當時在東濊已經開始紡織出麻布，並進行養蠶等較高水準的農事。可是，從衛滿朝鮮歷經漢郡縣、直至高句麗等外勢的統治和無休止的搜刮以及政治壓迫等，嚴重阻礙其社會的分化和政治統合的進程，致使邑落單位的共同體要素一直維持到很晚的時期。高句麗對東濊邑落和處於同等狀態下的沃沮邑落進行統治時，採取了邑落內部事務則按其秩序委以自治，並透過他的渠首來徵收貢納物的形式。東濊邑落本身則呈現出村落

---

[54] 如在美拉尼西亞（Melanesia）的諸村落共同體按其成員的親族關係，即分類成由一個氏族構成的和若干個氏族構成的以及一個氏族分散居住在若干村落的等類型之後，考察其特徵的研究，可以作參考（石川榮吉，《原始共同體——民族學的研究》，1970，頁38－50）。

[55] 據《三國志·韓傳》稱，邑落渠首與「邑落雜居，不能善相制御」，蓋屬同類表現。在渠首的權利尚未強化的層面上，兩者是相通的。

共同體的面貌。然而，在整個高句麗國來說，東濊則在其社會結構上處於下層集團隸屬民的境地。

東濊邑落之例有助於理解高句麗形成初期「那」的狀態。然而，五部則不同。二世紀後半葉到三世紀初，在五部內就已有一萬餘口的坐食者，階級分化已有很大進展。

在理解高句麗初期的社會結構時，與他所處狀況相類似的扶餘相關記事可供參考。《三國志·東夷傳》扶餘條中，有如下記載：

> 邑落有豪民，名下戶皆為奴僕，諸加別主四出道，大者主數千家，小者數……弓矢刀矛為兵，家家自有鎧仗……有敵諸加自戰，下戶俱擔糧飲食之（宋本）。

看來豪民是邑落的渠首層。由諸加主管幾個或幾十個的邑落，各邑落裏有渠首即豪民，而在其下有邑落的一般民眾，戰時不只是諸加和豪民及其親族們去征戰。167 年扶餘王曾經發動二萬餘人，來攻擊玄菟郡。[56]這二萬名的具體構成成份現無法弄清，但至少有一半以上是戰士。這類兵源不可能都是由諸加和豪民構成，「家家自有鎧仗」的邑落民也定會在其中。而且，沒有鎧仗的貧寒邑落民則從事運輸糧食等勞務而從軍的。看來，當時扶餘社會是由諸加層、豪民層、有鎧仗的邑落民、貧寒邑落民、奴婢等五個階層構成。

然而，看到上引文中畫上底線的部分，有可能提出異議的，即如果把邑落的「民名下戶皆為奴僕」理解成「民作為下戶全都是奴僕」，則扶餘社會是由加、豪民、下戶＝奴僕等三個階級構成。但是這種看法顯然有不妥之處。該記事的來源，可能就是《魏略》著者魚豢所接觸的有關扶餘的記錄，而該記錄的記述者應該是魏國在遠征東方時從軍的官吏。很難想像，他在具體理解當時扶餘社會生產關係的基礎上，留下那種記錄的可能性。在當時的中國，所謂「下戶」就是作為

---

[56] 《後漢書·夫餘傳》。

非隸屬民、是意為貧寒的小耕作農的用詞57，即下戶與奴僕並不是直接相連接的概念。所以，上述記事理應理解為，當魏國官人看到扶餘的邑落民以後，見其簡陋的境遇恰如當時中國的下戶或奴僕，因而就如此敘述了下來。《三國志·東夷傳》韓條所說的、韓之諸國當中「北方近郡諸國，差曉禮俗，其遠處直如囚徒奴婢相聚」，也是反映這種看法。就是說，把上述畫底線的部分解釋成「其民作為下戶，處境與奴僕相似」，這樣才較為準確。58

那麼邑落民的處境與什麼人的奴僕相近呢？該記事既為記述扶餘邑落的狀況，則其對象理應視為豪民。把當時魏人之所以那麼看的理由，理解為與富強的豪民相比，邑落民十分貧寒，則其理由尚顯不夠充分。不僅在外觀上存在差異，而且在魏人看來，兩者是以上下關係相聯繫著的，所以才如此記述。那麼為什麼魏人會有這樣的感受呢？作為「下戶」的扶餘邑落民與豪民的小耕作農是一樣嗎？或者豪民與領主是一樣嗎？

當時扶餘邑落與如前所見的東濊的邑落，差異很大。東濊邑落渠首並不太富強且邑落也帶有共同體面貌。與此相比，扶餘的豪民與「作為下戶，其處境與奴僕相似」的邑落民之間的分化已很明顯，而豪民與居其上層的諸加相聯繫著，所以在邑落內豪民的權力是很強大的。然而，很難把作為邑落民的下戶囊括為小耕作農或農奴，將豪民視為地主或領主，尤為引人注意的是《三國志·東夷傳》中有關沃沮和東濊的記載：關於東沃沮則稱「言語與句麗大同，時時小異……飲食、居處、衣服、禮節與句麗同」，而對於濊則稱「言語法俗，大抵與句麗同，衣服有異」。而在《太平御覽》所引的《魏志》裏，則稱濊的「婚姻喪葬之俗與句麗同」。59

---

57 宇都宮清吉，〈漢代的家與豪族〉，《漢代社會經濟史研究》，1956。

58 《太平御覽》卷七百八十三，東夷，高句麗條所引之《魏略》稱說「大加不佃作，下戶給賦稅如奴」。既然如此則下戶在身份上還不屬於是「奴」。

59 《太平御覽》卷七百八十，蕃夷部濊貊條。關於《魏志》之性質，有現行本《魏志》（《三國志·東夷傳》）和其他異本魏志說、魏志草稿本說、魏志要約本說、魏志、魏略引用說等眾說紛紜，尚無定論。（佐伯有清，〈太平御覽所引魏志〉，《旗田巍古稀記念朝鮮歷史論集》上，1979。）（日文）

如此「禮」與「法俗」互為相似[60]的東濊和沃沮的邑落，與扶餘的邑落在其性質上完全不相同的設想是難以設定的。在此所說的「禮」與「法俗」究竟指什麼還很難說，可能就是意味著社會制度、禮節、風俗等。一個社會的禮俗不會與該社會的體制無關，而是隨著社會性質的變化而改變的。

東濊的邑落民殘留著濃厚的共同體要素，其渠首呈現出共同體首長的面貌。可是，如果把扶餘邑落的豪民視作地主或領主，那麼扶餘的邑落與東濊的邑落，則具有截然不同的性質。這與兩者「法俗」相似的記載，是相矛盾的。所以扶餘的邑落呈現出東濊邑落發展的樣子，其豪民基本上是由邑落渠首構成。豪民則透過掌握和利用屬於邑落區域內的耕作地和共有地的所有權以及邑落自治權中，原本就屬於以渠首為代表的、邑落共同體的諸項許可權，逐漸積累起財富與權力。當時邑落裏缺乏鐵製農具，尤其像犁鏵之類的大型農具，主要掌握在豪民手裏；所以生產力相對低下，農作物的收穫常常很不穩定。在這種條件下，邑落民主要是在豪民的主宰下，經營其農耕等日常生活，並接受其統制。而豪民則擔當著再分配功能，從而保障邑落民得以生存和進行最低限度的再生產。這種外觀上的狀況，足以使對扶餘社會缺乏認識的魏人產生誤解，即把他們視為豪民的小耕作農或奴僕來加以敘述。這便是上引那段畫著底線的記錄。當時扶餘豪民是利用現有的邑落共同體要素，加強了自身的優越地位。而另一方面，邑落民尤其像那些不能自備武裝的貧寒邑落民，則主要依靠傳承的習慣和共同體的相輔相助來維持生活的。儘管兩者的方向不同，然豪民和邑落民，均是依靠現有的村落共同體遺制，來謀求生活及內部團結的。之所以如此，是因為這種方式，也許就是對付其上級的權力層——諸加單向壓迫和剝削的最有效方法。另外，儘管當時扶餘邑落民，逐漸分化成自營農和貧農層，卻是受豪民統制。這類邑落便構成扶餘國國家

---

[60] 據《三國志·東夷傳》稱，高句麗與扶餘「言語諸事」相似；東濊與高句麗「言語法俗」相似。《三國志·東夷傳》在敘述高句麗或沃沮、東濊時，把其前集團作為基準加以記述。例如，在敘述高句麗時則與扶餘，沃沮和東濊時則省去與高句麗相類似的事項或簡單地與某某相同或相似的方式加以記述。上述「諸事」或「法俗」意味著社會制度、禮節、風俗等。高句麗與扶餘相類似而東濊又與高句麗相類似，則東濊和扶餘的法俗也不會相差甚遠，而基本上具有其類似的一面。

結構的最基本單位，而諸加則很可能統治著幾個或幾十個邑落。

另一方面，高句麗透過不斷的征伐戰爭，從征服地區源源不斷地把貢賦、戰俘、奴隸注入到高句麗的邑落。所以，他的社會分化程度較之於扶餘可能要高一些，但絕不會相距甚遠。《三國志·高句麗傳》記載，反映當時高句麗社會一個斷面的例子，示看如下：

> 其國中大家不佃作，坐食者萬餘口，下戶遠擔米糧魚鹽供給之。其民喜歌舞，國中邑落，暮夜男女群聚，相就歌戲。無大倉庫，家家自有小倉，名之為桴京。其人絜清自喜，善藏釀。跪拜申一腳，與夫餘異。

這裏所說的萬餘口「坐食者」，主要是由諸大加及其親族，還有使者、皂衣、仙人等軍事行政要員們構成。❻❶萬餘口，如果按每戶四、五人計，就得二千多戶；而成人男子每戶設定為一人，則也多達二千多人。這些人都帶有戰士的性質，成為高句麗軍事的核心力量。而且當時發動數千至二萬兵力進行戰爭時，除了他們之外，那些「家家自有小倉」❻❷的，能夠自備武器的自營農也在其中。比他們還要貧困的則可能是作為勞務源而從軍。在最下層還有奴婢層。看來，當時的五部社會已分化成坐食者、自營農民、貧民、奴婢等階層。

坐食者階層又分為大加層和小加層。正如「大加、主簿頭著幘如幘而無後其小加著折風」記事所見，大加與小加是透過不同的服飾，對其身份加以區分。小加由使者、皂衣、仙人等隸屬於朝廷、大加的官員及邑落渠首構成。還有把東濊邑落的渠首作為使者的記載。但這不僅只存在東濊地區，想必高句麗的邑落也不

---

❻❶ 使者、皂衣、仙人等屬於官等，所以，大加子弟們從小授以的官等，應始於皂衣、仙人等。雖然是後一時期的事情，淵蓋蘇文之子男生，九歲時，便授以仙人官等，就屬其例。然而，持有諸類官等的成人，則主要以軍事行政要員而服務的。東川王時期，來到高句麗的吳國使者回國時，高句麗曾派二十五名皂衣隨從而去，此時的皂衣就屬於這種情況（〈泉男生墓誌銘〉，《譯註韓國古代金石文》I，韓國古代社會研究所編，1992，頁493）。

❻❷ 「家家自有小倉」的主體為誰，並無史料記載。然而，這句子前後敘述的是有關高句麗邑落民的生活，所以家家自有小倉的人中，理應包括邑落的一般民。這與〈扶餘傳〉「家家有鎧杖」的敘述，是一脈相承的。

例外，只是所不同的是後者屬於五部。

這類坐食者階層中，除了邑落渠首之外，大多數居住在首都和「部」以及部內部首長所居之處，並依靠從麾下的邑落中徵收的貢納品或分配該貢納品來生活。各邑落則如同前述的扶餘那樣，雖然其邑落民之間已開始分化，然而在豪民即渠首的主導下，形成同一個生活單位；並受到邑落上層權利層——大加的支配。下面具體考察一下，在部體制下，主導著高句麗的社會支配勢力——大加的面貌。

(2)**大加**

五部的大加層主要有王族和部族長、還有較具實力的部內部長——比如與王室進行聯姻的明臨氏或以于氏為中心的椽那部的部內部等。

大加的勢力基礎，就部長或部內部長來說，則在於對其麾下諸邑落的支配權上。如前所見，遇有戰事，諸加則自備武器並參戰，而下戶則承擔運糧等事情，說明散居在各地的諸加對其麾下邑落民具有動員權。當然兵力的動員肯定會受到王室的統制，但初次動員權和指揮權卻在諸加手中。兵力和與徭役的動員權是緊密相連的，這是構成諸加自治權的主要部分。在高句麗太祖王二十年和二十二年，各派灌那部的沛者達賈和桓那部的沛者薛儒，征伐了朱那和藻那。[63]這時征伐軍各為灌那部和桓那部軍隊，而對其初次指揮權也在兩部手中。

作為大加還有一個重要權力就是仲裁權。對此《三國志·高句麗傳》記載「無牢獄，有罪諸加評議便殺之，沒入妻子為奴婢」，說明不存在專司刑律的官署，而是根據其原有的習慣法，由諸加透過評議進行裁決，即意味著在首都有多名大加參與該評議；在部裏則在部和部內部長的主宰下，對其麾下所發生的事件予以裁決和處理。

徵收貢賦也是大加的主要許可權。有關當時租稅的記錄，現無從查考，但各部和部內部的部長等對其麾下具有徵收貢賦的初次許可權。當然所徵收的貢賦，其中一部分是以某種形式運送到中央政府的。徵收貢賦是透過該邑落的渠首，即豪民來進行的，軍隊和徭役的動員也是如此。所徵收的貢賦成為豢養大加麾下的

---

[63]　《三國史記·高句麗本紀》太祖王二十年，二十二年條。

使者、皂衣、仙人等官吏及武士的財源。這些人是大加維持其權力的最基本的要素。

除此之外，諸加在其私人的基礎上，擁有對財物、田地及奴婢的所有權。正如故國川王時期，由於王妃的親戚於畀留搶奪民宅及其子女而引起事端64所見，土地和奴婢是諸大加蓄財的主要來源。諸大加不僅進行巧取豪奪，還透過征伐戰獲取戰俘奴隸和財源；或者利用傜役動員權和財物進行墾荒等方法，來蓄積土地和奴婢。世襲下來的這種私有支配基盤，使各部之長、部內部長等大加具有作為貴族的面貌。

另一方面，大加中還有出身王族的人，他們具有與部長或諸部內部長稍微不同的性質。王族出身的諸大加就如同消奴部或絕奴部長一樣被稱為古鄒加，而且在其麾下設置官員（吏）。當時的王族大加，尤其像王的兄弟們具有很大勢力。就拿遂成的情況來看，相傳他作為王弟直接參與了國政的運作。在高句麗初期，王位的兄弟繼承傾向性尤為顯著的狀況下，王弟等王的親族成為豪強是很自然的事情。那麼，他們的勢力基礎有哪些呢？其一、作為王族透過參與國政運行而享有的權力；其二、正式向他們授予一定的食邑。

新大王即位之後，把已經被殺的次大王之子鄒安封立為讓國公，並把狗山瀨、婁豆谷兩處作為封地分給了他。又把坐原、質山兩處作為食邑65授給了在自己繼位的過程中建立有殊功並擊退漢人入侵的明臨答夫。不妨把授給鄒安的封地也視作是食邑。圍繞王位繼承與山上王的紛爭中，待拔奇敗北之後，其子驕位居仍留居高句麗，並在山上王統治下享有古鄒加的待遇。66與鄒安一樣，分給他封地。此兩人情況雖殊，然而對圍繞王位繼承紛爭中敗北之人的後裔給予如此待遇，對其他王族諸大加亦應授予類似的封地是可想而知的。據說拔奇率三萬戶投奔了遼東公孫氏，實際上下戶直接投奔遼東的可能性很小。我想他們原地未動，只有拔奇等少數支配者投奔的可能性大。此三萬口中不僅含有支持拔奇的諸加勢

64 《三國史記·高句麗本紀》故國川王十二年條。

65 《三國史記·高句麗本紀》新大王二年條。

66 《三國志·東夷傳》高句麗條。

力，也包括拔奇原有封地的民戶。

事實上，在中央集權制官僚組織和剝削制度尚未完備的階段，王族大加能夠確立自稱古鄒加並自行設置官吏的經濟基盤，最有效的方法就是從國王那裏得到食邑。作為食邑的封地內自然會有諸多邑落，並透過邑落渠首來徵收各種貢賦的。(67)徵收貢賦等食邑的管理事務，主要由使者、皂衣、仙人等大加的家臣來操作。假如王族諸大加的食邑設定在五部地區內，那麼該邑落的豪民則作為大加的家臣從事活動；而食邑民的一部分有時被作為兵力源而動員起來。

食邑是以王權作為媒介而賜予的。換言之，王權亦可收回。食邑主的權力從根本上歸屬於王權。儘管也存在著由食邑主的子孫來世襲其權力的情形，然而在原則上並非以世襲為前提賜予的。(68)諸王族大加等食邑之主在參與國政的同時還居住在首都。透過下戶的運輸，由食邑地運往首都的貢賦，多半使用於大加及其家臣的日常生活中。《三國志·高句麗傳》的「國中大家不佃作，坐食者萬餘口，下戶遠擔米糧魚鹽供給之」記事也說明這一點。此時承擔糧運的下戶，很可能就是大加的食邑邑落民，這意味著食邑主有權對食邑民賦予傜役。如此，高句麗朝廷對沃沮、東濊等邑落的支配方式上，具有相同的一面。有的食邑則設定在五部地區(69)，有的則設定在東濊、沃沮等被征服地區的邑落裏。(70)對於後者，沃

(67) 統一新羅和高麗時期的食邑並非以特定地區為單位授予，而是以「封戶」形式來授予。就是說賜予對某一地區部分居民徵收租稅的權力。（李景植，〈古代·中世的食邑制度的構造與展開〉，《孫寶基博士停年紀念韓國史學論叢》，1988）然而，在三國初期的部體制下，地方統治組織尚未整備，而邑落共同體關係仍在殘留的情況之下，食邑很可能是以邑落為單位來賜予的。

(68) 受賜坐山和質山兩地以作為食邑的明臨答夫，他死去以後便下葬於質山，並置有二十家守墓戶（《三國史記》新大王十五年條）。此時的二十戶守墓戶應為質山地區的居住民。如果質山繼續為明臨答夫的子孫作為食邑來繼承，朝廷是沒理由置有如此形式的守墓戶的。還有雖然是個新羅的例子，文武王給金仁問授以已故角干朴紐的原來食邑，該事實亦是個很好的說明。（《三國史記》卷四十四，金仁問傳）

(69) 明臨答夫死去之後，下葬於其食邑之地——質山。把歷任國相的人物下葬在被征服地區的可能性並不大。這意味著質山就在五部地區之內。

沮邑落除繳納貢賦之外，從這些事例中，可見對其榨取是極其殘酷的。

高句麗初期，大加層裏除了有部長、部內部長和王族大加之外，還有諸如主簿這樣的高官。據《三國志·高句麗傳》記載「大加主簿頭著幘，其小加著折風」。主簿是直屬於國王的高官，他主要是輔助國王執行國政的。[71]主簿原為漢代太守所任命的郡縣官吏[72]，也許是在受到玄菟郡支配過程中，高句麗人熟悉了這一官職，後來逐漸變成高句麗朝廷裏很重要的官職。總之，和大加一樣，主簿也頭著幘，從這記述中可知，出身於大加家族的自不必說，即使是出身於一般家族的，也因其職務而受到與大加相同的待遇。此外，自國初以來便存在左、右輔，和後來設置的國相也屬於大加班列。主簿和國相一職，雖非出身大加家族，也可以被委任，如國相乙巴素就不是有權有勢的家族出身。[73]主簿等具有很強的國王臣僚性質[74]，與其說他們形成了獨自勢力，還不如說以王權為媒介，享有與大加同等的待遇，所以主簿等還不是大加層的主要成員。

在部體制下，諸大加榨取的基礎是以邑落為基本單位的。不管是部或部內部邑落、食邑邑落，還是隸屬於王室或部集團隸屬民的邑落，都以邑落渠首為媒介進行榨取，不僅有生產品，還包含徭役。從這一層面上看，高句麗國的諸邑落民

---

[70] 高句麗把沃沮的邑落大人授以使者並使他自治「又使大加統責其租稅」（《三國志·東夷傳·沃沮條》）在此所說的大加，其性質可設想為兩種：一為代表高句麗朝廷而負責徵收租稅的；二為以沃沮邑落為食邑的食邑主可能性。事實上這兩種形態並存的可能性很大。試舉具體事例，則新城宰高奴子擊破慕容燕軍隊並救出烽上王，王把鵠林作為食邑賞賜給了他。鵠林的具體位置不詳，然考慮到烽上王是逃往新城的過程中到達鵠林之地，而高奴子則就在此擊破慕容燕的追擊，所以，此地不是五部地區。「新城」很可能是設置在邊境地區的一個小城。（請參看本書第三章第一節）

[71] 新大王伯固在征討遼東富山賊的時候就是指派大加和主簿來執行的（《三國志·高句麗傳》）；還有東川王時期，吳國派來的使臣向國王和主簿遞呈本國國王之詔書（《三國志》吳書 2，嘉禾二年三月條細註），從這些內容上看，當時主簿在執行國政時發揮舉足輕重的作用。

[72] 嚴耕望，《中國地方行政制度史》上篇，卷上，1974，頁 124－126。

[73] 稱乙巴素為「力田自給」之人，當然這並不意味著他屬於農民層。如同稱其祖上為琉璃王之臣下之例，其家門也是具有一定身份的。只是不像是出身具有獨自勢力的、很有力的大加層。

[74] 金哲埈，〈高句麗·新羅的官階組織的成立過程〉，《李丙燾博士華甲紀念論叢》，1956；重收錄於《韓國古代史會研究》，1975。

具有共同的作為被支配民的性質。

然而，各邑落民的處境是隨著他們在高句麗國家結構中所佔集體政治地位的不同而具有相異的一面。在被榨取的程度上，五部邑落民與集團隸屬民相比，處境稍顯好些，有時他們還以王室兵丁的身份參與出征。而當時富有掠奪性的戰爭，為出征者提供積累財富和立身揚名的機會。成為王室兵丁不僅是個義務，同時也是一種權力。能夠自備武器的五部邑落民，透過出征建立戰功之後，成為下級軍事要員或官員，還可以透過對掠奪物的分配，改善經濟狀況。還有五部邑落的豪民也可成為大加或王室官員，即進入到小加階層。而且與其他邑落民相比，五部民具有優越地位的象徵，就是他們有權參加東盟祭。諸如此類，便成為部體制下團結五部民的一個重要要素。

一方面，五部的大加層具有相似的支配基盤，在維持其統治時國家往往發揮重要作用。桂婁部的王族大加自不必說，其他部的諸大加在鎮壓其支配下的邑落民反抗或逃逸過程中，能夠得到王室的支援，尤其在受到外勢侵略，其支配體系岌岌可危時，則更是如此。隨著王權對各部自治權的統制，儘管時有發生矛盾，但這一層面便成為部之大家仍以王室為中心而集結的重要原因。可以說部體制下的高句麗國家是五部大加的聯合體。國王是全體五部的部長，同時也是桂婁部之長，是桂婁部王族大加的代表。因此，諸加中最強有力的加也就是國王。

下面就看一下在部體制下，桂婁部王室是如何將其麾下各級自治體聚集成一個統合體的，並且為了維持和經營高句麗國家，具體又採取了哪些制度性措施呢？在此最為引人注目的就是官等制。

㈢部體制下的政治制度

1.官等制和諸加會議

據《三國志》記載，當時高句麗的「官」中，有相加、沛者、對盧、古鄒加、主簿、優台、丞、使者、皂衣、仙人等。據說王族大加和消奴部、絕奴部之長被稱為古鄒加，而諸大加各在其麾下設有使者、皂衣、仙人等官員。透過這些簡記來試圖把握高句麗初期官等制[75]的面貌，則有必要弄清各「官」的性質。

首先，有關相加性質，大致有兩種見解：一為五部的族長說[76]，二為國相說。[77]後者把國相視作諸加會議的議長，並認為是在高句麗國家中最重要的官吏，所以《三國志·高句麗傳》的諸「官」中名列榜首的相加便是國相。

但有幾點難以認同國相說。首先，《三國史記》中的國相分明是個官職，然而被委以國相者卻另外有官等，如沛者、大主簿、優台等。且說《三國志》中所見高句麗初期的「官」中，除了相加以外，能夠視其為官職的一個也沒有。[78]如何能說只有相加是官職嗎？《三國史記》中的中畏大夫、評者等官職，並不見於《三國志》的諸「官」之列。其次，如果相加是國相，是諸加會議之議長，那麼國相代表諸加的職位。即便設想，國相處在仲裁王權與諸加會議的立場，或者站在國王的立場上控制諸加會議，這一層面是不變的。同時從相加的名稱中包含有「加」的事實，也可看出國相乃是具有相當勢力基礎的大加。

繼大輔、左、右輔而設的國相，主要從國王的親信中被委任，帶有輔佐國王加強王權的性質。國相起源於大輔，琉璃王時期的大輔陝父是朱蒙南下時一同前往的三個好友之一。後來他看到琉璃王貪溺於狩獵，便力諫其害。琉璃王聞之震怒「遂罷陝父職俾司宮園，陝父憤，去之南韓」。[79]說明陝父不是土著勢力，他來到高句麗之後，也沒有形成獨自的勢力，只是依靠國王，處理國王身邊的事務。如同管理宮園等國王周邊事務以及日常事務，也由國王的親信來負責打理。

---

[75] 所謂官等查其辭典之意則為「官職的等級」，它具有與官品相同之意。官階與官位也是如此。然而《三國史記》中所見的「官等」卻不具有官品之性質。學術界所通用的「官等」即三國時期位階並不具有官品的性質。在《三國史記》本紀中常記述成「爵」或「位」。然而卻又很難把當時的「官等制」一概規定為爵制。韓國古代的「官等」在前後時期的性質上有相當的變化，儘管它是以身份製作為媒介，但實際上「官等」與官職則是毫不相干的，尤其是三國後期和統一新羅時期則更是如此。有關於此有必要另加敘述，本書中暫且使用「官等」這一用詞。

[76] 金哲埈，前揭論文，1956。

[77] 盧重國，〈高句麗國相考（上）〉，《韓國學報》16，1979。

[78] 「主簿」具有官職性質，然而那也只是因為國王把「主簿」下賜給直屬於其下之人所致的。主簿本身無疑是個官等。直至高句麗後期「主簿」仍是三等位的官等。（《翰苑》高麗記）

[79] 《三國史記·高句麗本紀》琉璃王二十二年條。

眾所周知，古代中國的官職起源於殷、周時期，是在國王左右處理日常事務的職任。左、右輔的性質基本上與大輔相似。桓那部的于台菸支留原為王弟遂成的隨從，遂成登基成為新大王之後，他被加爵為「大主簿」，並委任為左輔。沸流那的皂衣陽神被加爵為于台，並委任為中畏大夫。這些實事便說明了左輔和中畏大夫的性質。還有首任國相明臨答夫原為皂衣，後來在新大王登基過程中建立奇功而被任命為國相，並授以沛者官等。乙巴素也出身寒門，後來被故國川王提拔為國相。這些說明國相並不具有代表諸加勢力的性質。

還有國相倉助利與「群臣」相謀殺害烽上王，並擁戴美川王。以此為據認為國相乃諸加會議議長的看法是有問題的。倉助利的官等原為大使者，成為國相以後則被加爵成「大主簿」。鑒於大使者和大主簿官等所持有的性質，這是否說明其不屬於大加層呢？總之，倉助利之例發生在三世紀，這個時期是固有名部基本消失而方位名部已經確立，是王權與中央集權逐漸強化，諸加逐漸轉化成貴族的時期。倉助利廢除烽上王之意已決，所以預先派出「東部蕭友」和「北部祖弗」等去尋找後來成為美川王的乙弗。由此可見，與倉助利一道參與廢黜國王的人物，是以方位名五部的人為中心的。所以以倉助利之例說國相是諸加會議議長，論據並不充分。

相加的「相」與歸屬於衛滿朝鮮王麾下、作為主要集團首長、擁有獨自勢力的「相」是相通的。[80]看來相加是四部之長的位階，如此一來，其與古鄒加的關係又成為疑問。

據《三國志》記載，古鄒加主要是由王族大加和消奴加、絕奴加等來稱呼的。如此則消奴加和絕奴加帶有兩個位階，即相加和古鄒加。然而古鄒加不是位階而是一種尊號，其意在諸相加之中，勢力相對較大一些的消奴加和絕奴加享有與準王族的待遇，兩者兼稱並不矛盾。

相加與古鄒加主要是根據部長或王族大加原有的勢力和身份來賜予的，並不能世襲。與此相比，沛者以下的各級官等是屬於可升級的位階，在《三國史記》

---

[80] 金哲埈，前揭論文，1956。

中能夠看到其晉升之例。被委任以國相的能加爵的最高官等是沛者和大主簿。[81]可見，沛者和（大）主簿乃是透過加官進爵而能夠晉升的最高官等。關於主簿，《三國志·高句麗傳》稱「大加主簿頭著幘」，而新大王（伯固）助公孫氏討伐富山賊的時候，也派出大加優居和主簿然人。這說明主簿與大加所受的待遇相同，同時也說明主簿並不屬於大加層，正如主簿的官等名來源於有關行政業務，由此可知這主要是授予那些直屬於國王、而非出身於大加層人物的位階。一方面擁有沛者官等的人卻從事著有關軍事業務[82]，可確認他與主簿有相異之處。關於對盧，從「置對盧則不置沛者」的記載中，估計他與沛者有著類似的性質和位階。

丞在《後漢書·高句麗傳》以及《三國史記·高句麗本紀》均不見其名，為此曾有人主張《三國志》裏的這個「丞」可能是個衍字。[83]丞在漢代是派往郡縣，去輔佐太守處理軍政事務的官員。主簿是由太守直接任命的、屬於郡縣的屬吏，而丞則是由中央直接委任的、屬於佐官，兩者之間有一定的差異。作為高句麗初期的官等，如果丞的確存在，考慮到他原來是處理郡縣的有關行政事務的官吏，高句麗初期的丞與主簿具有相類似性質的官等。只是與丞不同的是，漢代主簿主要是從當地民眾中選任。因此，對高句麗人來說，這是個較為熟悉的官職名，所以後來也就成為高句麗的主要官等延續下去。

諸如使者、皂衣、仙人等官等，從其名稱也可推知其為下級行政、軍要要員。

這些都說明《三國志》的「官」雖然不是官職，然而在官職和官署組織的擴充尚不充分的狀況下，官等並不僅僅局限於表現官吏的位階，還因其本身的特性

---

[81] 明臨答夫成為國相時，由皂衣晉升為沛者；乙巴素受到優台之官等並成為中畏大夫，後來又兼任了國相；陰友是以沛者之官等成為國相的；明臨於漱是原為優台而後成為國相的；倉助利是由大使者加爵到大主簿後成為國相的。乙巴素和明臨於漱在被委任為國相之前是優台，有可能是成為國相之後晉爵為沛者或大加的。

[82] 太祖王二十年和二十二年，分別征伐藻那和朱那的人物是貫那部的沛者達賈和桓那部的沛者薛儒；而發動政變謀害次大王的椽那部皂衣明臨答夫，事成之後被新大王授予沛者官等。這說明沛者是與軍事緊密相關的官等。

[83] 金哲埈，前揭論文，1956。

而持有一種官職的性質，同時還帶有表現該官等所持者身份的一面。

把高句麗初期各官等的性質，再按其起源，整理則如下：古鄒加，與其說是官等，還不如說是個尊號。相加是授予部長的位階，具有與爵位相同的性質。沛者和優台，起初他們作為官等而被設置時，也是根據集團的勢力規模賜給其首長的。比如，一部分扶餘人遷往鴨綠江流域之後，所建立的曷思國的王孫叫都頭者，在他舉國投降太祖王的時候，便被賜予優台官等，來投降的曷思國眾徒則繼續由都頭來管理，優台這一官等也與都頭的這種地位有關。還有受太祖王之命，動員貫那部和桓那部兵力分別去征討朱那和藻那的沛者達賈與薛儒，也不是一部之長，然而按照他們在貫那部和桓那部中所佔的有力地位，才授予沛者官等的。

這充分表明，高句麗初期官等制是對桂婁部王室麾下的諸多集團進行統合、編制過程中產生的，即對各級自治體的大小首長層授以官等，以對王與諸加之間、加與加之間的關係，進行制度化、序位化。在這一點上，高句麗初期的官等頗具爵位性。從這個意義上說，有必要注意把官等記述為「爵」的《三國史記·高句麗本紀》。在把諸加層編制的官等基礎上，對那些直屬於王並擔負起行政業務的人授予主簿與丞，還有授給下級行政、軍事要員的使者、皂衣、仙人等加在一起，便成為《三國志》裏，高句麗初期官等制的基本結構，是官等的最初面貌。

官等不是以部為單位、按部別另行設定的。除下級官等外，所有的官等予奪權在國王手裏。官等的賜予意味著與國王建立君臣關係。只是像使者以下的下級官等，若是大加授給其手下，則他們之間建立了主從關係。部的有力者如果受到官等，則他隸屬於部的同時，又成為王臣。比如「某那部沛者某某」這種表現形式，象徵他既屬於部，又屬於王室。兩屬當中更傾向於哪兒，則隨著官等持有者所處境地和其人生軌跡的不同而不同。假設具有下級官等時，便在京城活動並因功勞授賜為上級別的官等和高爵，則自然作為王臣，便以王室所屬意識為先。相反，把勢力基盤根植於部，則會更傾向於部的所屬意識。

在官等受賜的同時，還會帶來哪些好處呢？對此尚無具體記錄可考。首先可以設想的是食邑或物資的賜予。對王族大加授之以食邑的情況，前面已經敘述過。至於諸加則可能是認可其原有的勢力基礎，而且在征服戰爭中所繳獲的以及來自被征服地的貢納物也進行分配。同時，官等又是社會地位、身份的象徵，官等持有者可以藉此來擴大自己的政治影響力。當然，諸大加也需要付出一些代價，即對其麾下集團的部分自治權予以剝奪或控制；有時還要根據王命動員其兵力或繳納貢物。另一方面，王透過對諸加層的官等賜予，對各部的內部施加影響力，有時還會改變部的勢力構圖，即對部的團結發揮圓心分化作用，從而促使諸部聚集到王室的周圍。這一層面主要透過官等的升級來加以促進、達成。

儘管這是樸素的形態，然而官等制一經形成並施行以後，除了相加和古鄒加以外，沛者以下官等是通過晉升而獲取的。升級往往是通過在對外戰爭或政治事件中立下功勳而實現。相對處於低下位階之人，則摸索一條透過建功來實現立身之路。遂成的隨從或者明臨答夫在次大王和新大王即位之後，得以迅速升級的事例就是具體例證。他們在中央兼任官職，從事各種活動，並因而受到物質性的賞賜，尤其像樹立軍功者受賜食邑的事例並不少見。[84]他們進而在朝中的顯達，對提高自己所屬部的親族勢力、以及該部的威勢，影響深遠。比如，椽奴部（絕奴部）的明臨氏和于氏，自故國川王代以後世代與王室進行婚姻；明臨於漱則被委以國相，而絕奴加自稱古鄒加等在五部中所佔政治比重很大。這與故國川王之父新大王在登基過程中，出身椽那部的明臨答夫建立頭功，並歷任國相，活躍在中央政治舞臺，不無關係。遂成的隨從當中有貫那部、灌那部、沸流部出身的人。像這樣桂婁部以外的其他四部出身的人，活躍在中央的政治舞臺上並因功勳而加官晉爵的事例，至少說明一個問題：當時官等制並非只是靜態地反映現有勢力，並加以編制，而是超越了所屬部，把所有五部民聚集起來，形成以王室為中心的一個政治體，發揮一定作用。

可是，當時官等制與官職的聯繫性是很微弱的。當時官等還不是把官職分成若干等級的、官品的性質。當時官職持有者並不多[85]，與之相比，官等和官等持

---

[84] 作為對功勳的補償而授以食邑的事例可試舉如下：明臨答夫擊退漢軍以後，受賜兩處食邑；東川王時期，對擊退魏軍的密友和劉屋句，授予食邑，而對紐由則追贈九使者，對其子也授予官等。還有烽上王時期，對擊退慕容燕入侵的小兄高奴子，賜予了大兄之官等和食邑。

[85] 《三國史記》所傳三世紀前葉為止的官職，也就是國相、中畏大夫、評者等。此外，雖然還有大輔、左、右輔，後來卻發展成為國相。也許此外還有其他的官職，然而不像有很多。

有者卻很多。官等，尤其像上級官等具有很強的爵位性質，持有上級官等的諸大加，有自己的勢力根基。儘管官等表現出作為王臣的位階和身份，但並不伴隨官等之間具體的、常時性的上下統屬關係。要想變成可能，則上下級的官等必須以官職體系為媒介聯繫起來，然而官職體系尚不成熟。當時作為支配層的諸大加，雖然包括在官等制的架構之中，但實際上大多數卻是處在官署組織之外。在這種情況下，無法以國王為頂點的官僚組織來進行國政運作。國政的主要部分是透過諸加會議來議決。

據《三國志·高句麗傳》記載，罪犯是透過諸加評議來處理的。諸加會議除了有司法功能之外，還對國政的主要事項進行議定。六世紀初，新羅的鳳坪碑、冷水里碑文中，記載著葛文王與諸干支一起「共論」各種懸案，並予以處理的事實，兩碑文的內容雖發生在新羅，且為後一時期，卻有助於我們對高句麗初期狀況的理解。看來諸加會議的成員並非每次都要一致，隨著案件不同，態度也不一樣。上述新羅的兩碑文內容也反映出這一層面。然而在決定國家大事時，是由國王和五部的主要大加來出席會議的。

諸加會議的主要執行功能是調節諸加的利害關係，並將其反映到國政運作當中去。從而使國政的運行主要圍繞著諸加層進行。一方面，透過會議來議定重要事項，從而對微弱的官僚組織和脆弱的集權力加以補充，進而擴充對整個五部的統合力和動員力。正因如此，諸加會議儘管牽制著王權，甚至與王權發生衝突，然而王權卻不得不大大依賴於諸加會議。在無法瓦解諸大加的勢力基礎，並且官僚組織尚未完備的狀況下，透過諸加會議使他們參與到國政運作中來，這對維持五部的統合力是不可或缺的。

儘管諸加會議議決國政是主要部分，然而，作為會議成員的諸加，都具有王所賜予的官等，並按官等決定其在會議上所處的次序。如是看來，諸加會議從根本上是歸屬於王權的。也許在剛剛設定官等的時候，其所帶有的直接意義和效果之一，是五部諸加與王的近臣等在王的主持下召開會議時，設定了他們之間的位階，從而賦予一定的秩序。[86]從這一層面上看，諸加會議與官等制度，有著很深的相關性，而且，儘管大部分的重要事項由諸加會議來議定，但從根本上說，仍是從屬於王權的。這一點反映所參加的成員之間的關係，至少在形式方面是相對等的，部族聯盟體階段族長會議與這一時期部體制下的諸加會議之間，兩者存在著性質上的差異。

如果說官等制和諸加會議，調節了王權與諸大加之間的利害關係，進而對部體制的維護發揮作用，那麼，東盟祭在把所有五部民團結成一個政治體的過程中發揮積極作用。東盟祭不僅要注意其政治和社會功能，更要注意它還反映著當時人們所具有的意識的一個層面。下面具體看一下。

2.東盟祭

《三國志·東夷傳》裏記述了包括高句麗東盟祭在內的當時「東夷」諸族所行使的祭儀，但它只是簡略地記述了飲酒歌舞之貌和祭祀程式的一部分。之所以如此，是因為一個具有高層次的社會體制及文化的魏國人，對「東夷」社會並不十分瞭解，只記述了自己所看到的表面上的事。儘管有此局限性，但《三國志》記事卻是有關高句麗東盟祭的唯一當代記錄。所以不得不透過它來把握東盟祭的功能和特徵。有關東盟祭《三國志·東夷傳》有如下記載：

> 十月祭天，國中大會，名曰東盟。（中略）國東有大穴，名隧穴。十月國中大會，迎隧神還於國東上[87]，祭之，置木隧於神坐。

---

[86] 雖然是新羅的例子，麻立干的語源釋義值得注意。即金大問稱麻立干的語源為「橛」。為此對王橛和臣橛的位置加以標識進而表現出位元階的上下。用木橛來設定參加會議的君臣之位階。李丙燾認為「麻立」的語源為「地板」，即坐在地板上召開會議時，以標識以席次的事件中探尋新羅官等的起源。

《三國史記·新羅本紀》訥祗麻立干即位年條。

李丙燾，〈古代南堂考〉，《漢城大學論文集人文社會科學》1，1954；重收錄於《韓國古代史研究》，1976。

[87] 原文稱「迎隧神於國東上，祭之。」「國東」之後無「水」字，然而《翰苑》所引《魏略》中，卻能確認出「水」字。從字句上看，也應有個「水」字。

在此，「國」具有首都之意，「國中大會」就是在首都舉行大規模祭儀的意思。對天神和隧神的拜祭是十月東盟祭的核心內容。此時祭天的具體對象為日神。對日神和隧神（水神）的拜祭活動，首先各自舉行，日神的祭儀要先於水神的祭儀。這是上引文的敘述順序和祭儀進行的情況。

隧神即是水神，祂具有農業神的性質。[88]根據上述記錄，可對水神的祭儀重新架構。首先在被認為是隧神居處的大型洞窟[89]前，進行祭祀以迎神。從洞窟中迎接的隧神，再移往用木削製的神像那裏，進行接神儀式之後，用布頭之類覆蓋。然後，移往國內城東邊的鴨綠江中所設神座上進行祭祀，這時才揭開蓋在隧神像上面的布頭。陽光照射坐在神座上的水神，即象徵與日神交接的婚禮。這樣日神祭儀與水神祭儀二合為一，東盟祭便進入高潮。

這樣的祭儀過程，表明東盟祭帶有一種收穫祭的性質。陽光與水乃萬物生長之源。東盟祭就是要感謝日神和隧神（水神）為他們帶來豐收；並透過日神與水神的交接行為，象徵孕育新生命的儀式，祈求來年的再豐收。

諸如此類的祭儀，在當時還有扶餘的迎鼓、東濊的舞天、韓的五月祭和十月祭等。這些祝祭是在各種族的生產環境和文化傳統等要素的複合作用下，在漫長的歲月中與該種族一同形成。在特定的月份進行這些祝祭，東濊則以邑落為單位進行；三韓則以邑落或由若干邑落構成的小國為單位各自進行。進行祭儀的單位即與該集團的政治統合範圍是直接連結的。《三國志·東夷傳》記述，在扶餘和高句麗進行著與東濊、三韓不同的「國中大會」，便說明這一點。

當然在高句麗和扶餘，祭儀並不僅僅局限在首都進行。例如東盟祭，其本來性質就是收穫祭，所以可能在當時屬於五部的各級自治體裏也各自舉行。據說在消奴部裏則獨自進行著拜祭宗廟和靈星社稷，這就說明對祖神和農業神以及地區守護神等的祭儀也是自行處理；對諸神的祭祀，至少對農業神的祭祀可能就在十月收穫祭時舉行。在其他部也可以設想這一層面，在部內部可能也是如此。在首

[88] 三品彰英，《古代祭政和穀靈信仰》，1973，頁190－195。

[89] 位居於集安市北邊的「通天窟」也許就是高句麗時期所謂隧神的居住處，順著通天窟下面的山坡流淌著鴨綠江，大江水流自此開始緩慢，因此如同《三國志》所傳，如透過舟船便很容易到達國內城的跟前。

都舉行的祭儀，其規模最大，代表著整個五部的祭儀。所以與桂婁部人一同，作為各級自治體的部和部內部的大加、小加，也都參加「國中大會」。而在部裏所舉行的各種祭儀裏，是由屬於該部的下級自治體，即部內部的諸首長參加。在此，暫且考慮一下，東盟祭的主祭者為誰的問題。根據當時在三韓的國邑中，專門就設有主管對天神進行祭祀的天君[90]的事例，或許可以考慮，在高句麗巫作為主祭者的可能性。事實上，在平時所進行的各種祭祀，主要是巫作為司祭進行主導的可能性是有的。然而，像東盟祭這樣定期性的國中大會，最高主祭者理應是國王。在祭儀中承擔各項實務的人也許可能是巫，但主管東盟祭的整個進程，並最終向日神和水神拜祭的主祭者是國王。這一點在高句麗後期也得到確認。[91]在東盟祭中，王代表五部的人們向日神和水神表示感謝並祝願。而兩神則透過國王，把來年的豐收與安寧向五部人以約定的形式傳達。在此過程中，作為最高司祭的國王，被推崇為具有媒介人間和神界權能的神聖，並成為二神約定內容的體現者。實際上，在古代社會裏，首長多少帶有巫的層面。初期新羅的王號，附有意思為巫的次次雄，就是極好的例子。《三國志·夫餘傳》稱「舊夫餘俗，水旱不調，五穀不熟，輒歸咎於王，或言當易」，說明古時的扶餘王帶有巫的性質，即認為王作為巫所具有的神異性弱化，所以才導致饑荒等。[92]王權得到加強以

---

[90] 《三國志·東夷傳·韓條》，「信鬼神，國邑各立一人，主祭天神，名之天君」。

[91] 《舊唐書·高句麗傳》稱一到十月則王對隧神自行拜祭，具有作為司祭者的面貌。

[92] 與扶餘相比，儘管在其社會發展程度和歷史背景上有所差異，但是對尼羅河上游的 Dinka 族來說，其酋長與生俱來的奇能異功，如漸趨弱化，則將被殺掉。北美的 Crow 族，如果當年的收成或狩獵不甚如意或者在戰爭中失敗，就把其責任推卸到大酋長身上。如此將收成的結果直接與酋長的能力加以聯繫，並予以反映出來的事例也常見於其他地區。這主要是因為酋長的支配能力比較弱小，同時把酋長視為農業生產力的象徵。所以埃及法老（Pharaoh）每年舉行一次祭儀，透過死亡和還生來維持其青春，同時也表現出自己擁有一種保障豐收和安定的通天力，企圖以此來說服那些繼承者們。契丹族在建立遼帝國之後，國王每年舉行一次「再生儀」。再生儀原本是屬於一種即位儀禮，即「柴冊儀」的事前儀禮。後來，隨著「柴冊儀」轉變成為中國式的皇帝受冊儀，即「上契丹冊儀」再生儀也從中分離。再生儀作為酋長祈求青春和健康之儀式，想必在大遼國尚未建立之前，便已開始存在了。

Lawrence Krader, Formation of the State, chapter 2, 1968.

V.G. Child, Man make Himself, 1951.（姜基哲譯 7 章，正音新書，1959）

後，雖然這種形式的王權交替已不可容忍；但古代諸王仍具有作為神聖司祭的層面，高句麗諸王也是一樣的。

東盟祭是透過祭儀來表現出五部人對豐收和安寧的集體願望，以祭儀為媒介促進了五部人在情緒上的融合。這又發揮了提高作為神聖司祭——國王的權位的作用，尤其是五部諸加參加了在首都舉行的東盟祭，即意味著出席了服從於國王權威的儀式。如果不參加祭儀，便被視為對王權的挑戰，進而加以懲罰。(93)而出席此次祭儀的諸加，則聚集一堂，召開會議討論及處理主要的事項。在扶餘舉行迎鼓祭時，「斷刑獄，解囚徒」(94)的記事，可作為參考，尤其是《三國志·東夷傳》的敘述方式則以扶餘條作為基準，在緊接著敘述的其他條目裏，避免對同一事實的重複記述。鑒於此就可以設想在高句麗也存在那樣的事實。(95)不僅對刑政，還對五部的戶口、收穫狀況、對外關係等諸多問題進行檢定和論議。東盟祭具有收穫祭的性質，所以在某種意義上講，以此為契機召開的諸加會議上，對本年度的諸事項進行一次總結，進而討論如何迎接新年的事宜，是理所當然的事。

而五部民參加在首都或部的中心邑落裏舉行的東盟祭，與諸加一起進行飲酒歌舞，從而對受到日神和隧（水）神庇護的、作為祭祀共同體成員的自身加以再認識，同時涵養相互間在情緒上的一體感。還有隨著祭儀的舉行和眾人參集到祭

島田正郎，《遼朝史研究》，1979，頁339－347。

(93) 這一點上，匈奴的事例可作參考。在秋季裏舉行的匈奴祭儀時，諸部的王將們前來出席，進行祭天並一同參與與奔馬有關的遊戲。另一方面，還「教人畜計」，即查看過去一年的收成等商討主要國事。這時未出席祭儀的王，將被視為具有反叛之意。（《漢書·匈奴傳（上）》，《後漢書·南匈奴傳》）

(94) 有關圍繞該句子解釋的眾多爭議，請參看李基白〈韓國古代的裁判和祝祭〉，《歷史學報》154，1997。

(95) 全海宗，《東夷傳的文獻研究》，1980，頁55。
《三國志》中稱高句麗「言語諸事多與夫餘同，其性氣衣服有異」。在此「諸事」中便包含著那一層面。

儀裏來，自然而然地就成為物質文化交流和青春男女相會的場所。[96]

從這一層面上看，儘管東盟祭已經喪失了，作為原始社會祭儀所具有的選拔或廢黜其族長的功能，但在部體制下，卻是作為政治、社會、宗教性的集會，發揮統合五部民的作用。東盟祭帶有濃厚的共同體要素的殘影。

還值得注意的是，從東盟祭中能夠尋到現傳朱蒙神話裏的日神與隧神相結合而朱蒙得以誕生的神話要素的原始面貌。在二世紀後半葉到三世紀初，東盟祭是否已轉變成對王室始祖神的祭祀，尚難斷定，然而國王卻是作為對兩神祭祀的主宰即最高司祭，大力推崇其神聖性。隨著王權的強化，國王本身逐漸成為日神和隧神後裔的象徵。這一點可在五世紀高句麗的金石文中得到確認。日神與隧神成為王室始祖神的專有物，進而把兩神加以人格化的朱蒙及其母柳花的祠堂在各地建立，並成為眾人的信仰的對象。[97]直至這一階段，東盟祭的性質已發生質變，其政治功能也是如此。這也是三世紀末以後，隨著部體制的解體而進展的變化。

㈣從固有名部到方位名部

以上考察了高句麗初期部的成立與性質及其以五部為中心的政治體制。後來，部體制漸趨解體，高句麗國成為中央集權制的領域國家。作為這一變化過程的環節，構成部體制的自治體、帶有單位政體性質的固有名五部漸趨消滅，而方位名五部始以出現。把探討方位名部的性質及其成立時期作為本章的結束語吧。

首先，試看方位名部的性質，則可知高句麗中後期的方位名部，是首都或副都的行政區劃單位。該時期仍存在「某部官等某某」式的人名標記。然而，這主要因為大小貴族官人集中居住在首都和副都，並把原籍置於此，冠以部名，以顯示自己為支配層的一員。從這一層面上，五部具有作為貴族行政編制單位的意

---

[96] 儘管它是遊牧民族鮮卑族的事例，卻也相傳著這種層面。（《三國志》卷三十，〈鮮卑傳〉，「常以季春大會，作樂水上，嫁女娶婦，髡頭飲宴」）。還有通古斯族的氏族大會上，也進行商貿往來和婚姻等（S.M. Shirokogoroff, *Social Organization of Northern Tungus*, 1929, Shanghai, p.191）。此外，鄂倫村族在氏族大會（穆昆，mokun）期間，也進行歌舞、遊戲、射箭、競馬等活動（《鄂倫村族簡史》，內蒙古人民出版社，1983，頁 29）。

[97] 請參看本書第三章第三節「從金石文中看到的高句麗人的天下觀」。

思。只是方位名部裏並非只有貴族和官人們居住，方位名部本身也不具有作為政治單位的意思。這一時期，部的基本性質不過是行政區劃單位。98方位名部出現以後直到高句麗末期，在其存續的歷史長河裏，隨著所處時期的不同，具體面貌上可能會有所差異，然而正如「方位名」所象徵的那樣，是由國家的權利人為地編制的行政單位，這一事實是不變的。這一點正是與初期固有名部從根本上不同之處。下面，看一下方位名部首次在史籍中出現的時期。

在《三國史記·高句麗本紀》中，方位名部首次出現在大武神王十五年條處罰「南部使者鄒㪍素」的記事中。然而，正如前所述，這件事乃後代記事所投影的結果，還不能看作是該時期方位名部業已存在的依據。之後，方位名部開始見於故國川王時期、並一直持續到高句麗末期。相反，固有名部則見於中川王九年條把椽那部明臨笏都作為公主配偶的記事中。之後，便再無發現99，即二世紀後半葉的故國川王時期到三世紀後半葉中川王時期，固有名部與方位名部並存著，直到西川王以後則只見方位名部。由於現傳〈高句麗本紀〉內容還較為疏略，如果非要以西川王時期作為基準來劃其界限，還是有疑問的。

然而，西川王時期以後的官等中，開始出現「小兄」、「大兄」等兄系官等，而在地方官中「宰」、「太守」等也始見於史書中。另一方面，卻不再發現「沛者」等初期主要官等名，尤其是地方官名的出現，則是中央集權制得到加強的標誌，換言之，部體制下存在的各級自治體弱化。高句麗初期的兄終弟及的傾向，直至二世紀末至三世紀初以後，完全轉化成父子繼承。與此同時，王弟等諸王族大加的勢力漸趨弱化。因而，中川王時期以後，以王弟謀反為由，加以肅清

98 請參看本書第三章第一節「地方制度的形成及其變遷」。

99 有人把書寫於五世紀的中原高句麗碑中的「前部大使者多虧桓奴」和刻寫於六世紀的平壤城石刻第五石的「卦婁蓋切小兄加群」分別看作桓奴部和桂婁部。然而，就前者來說，「多虧桓奴」是人名，所屬部為前部。後者則從683年金馬渚的小高句麗國派往日本的使臣之中，就有「下部助有卦婁毛切」的記載，即下部為部名，所以卦婁則不能成為部名，所以，平壤城石刻的「卦婁」也難說是部名。（徐永大，〈平壤城石刻〉，《譯註韓國古代金石文》I，1992，頁 115－116）。還有《日本後紀》延曆十八年十二月條中，記有「信濃國人，外從六位下，卦婁真老……等言，己等先高麗人也」之記事。在此卦婁真老無疑是人名。據此，卦婁是姓氏的可能性很高。

的事例屢見不鮮。[100]這些事實說明王權已大大強化。有鑒於此，〈高句麗本紀〉中西川王以後，不見固有名部的原因，不能簡單地視為記錄的亡佚。雖然還無法斷定固有名的具體消亡時期，但透過〈高句麗本紀〉的記事還可推測出其大致的時期。

另一方面，試看一下〈高句麗本紀〉故國川王紀裏，所記載的有關方位名部的記事。由於王妃的親戚椽那部出身的人士專橫跋扈，國人怨憤，「王聞之大怒欲誅之」，而他們進行謀反，兵詣王都。王動員「畿內」兵馬加以鎮壓之後，下令四部各舉薦賢良。於是四部共舉東部晏留。晏留辭讓以後，向王推薦了西鴨淥谷左勿村的叫乙巴素的人，王拜他為國相。此時是地方制度尚未完備的時期，所以所謂「畿內」並不意味某種特殊的行政區域，只不過是泛指以王城為中心的王都一帶而已。王下令推薦賢者的四部應與該畿內聯繫起來理解。「畿內」兵馬是鎮壓四椽那的主力部隊，在平定反叛之後，就如何收拾混亂政局的問題，國王需要協商的首選對象也是「畿內」人士。從四部力薦「東部晏留」的情況來看，該四部不像是固有名部，更像是個方位名部。[101]方位名部主要置於王城的周邊地帶[102]，在這裏主要居住著王室和大部分坐食者。如前所見，王族諸大加主要居住在王都，而桂婁部之外的其他四部出身人士，如像明臨答夫那樣追隨次大王左右的人，居住在王都的事例可以得到確認。這些人構成了王都裏坐食者的主要部分，他們賴以從食邑裏徵收的貢納物生活。而且徵收於東濊和沃沮邑落等集團邑落民的貢納物也集中在王都，這樣貢納物的一部分很有可能是分配給王都裏以大加為首的坐食者。自然，王都裏居住的人口會逐年增加，把他們另以四個單位加以編制、劃定的便就是方位名部。王城可能就成為中部。由於故國川王時期，尚

---

[100] 李基白，〈高句麗王妃族考〉，《震檀學報》20，1959；重收錄於《韓國古代政治社會史研究》，1996。

[101] 李鍾旭，〈高句麗初期的地方統治制度〉，《歷史學報》94、95合輯號，1982。
林起煥，〈高句麗執權體制的成立過程〉，慶熙大學博士學位論文，1995，頁49－51。
余昊奎，〈三世紀高句麗的社會變動和統制體制的變化〉，《歷史與現實》15，1995。

[102] 今西龍，〈高句麗五族五部考〉，《學林》6-3，1926；重收於《朝鮮古代史研究》1937。李鍾旭，前揭論文。

存在固有名部，所以「畿內」則理應屬於桂婁部地區。只是在「畿內」五部裏，並非只有桂婁部所屬人員方可居住，也非只有上京以後被編入方位名部的人們才能成為桂婁部所屬。性質各異的固有名部和方位名部共存著，至少在外表上，一直持續到三世紀中葉為止。

方位名部的首次出現時期並不十分清楚，但可以肯定故國川王時期是存在的。[103]方位名部出現時，有關其設定基準或運行模式等具體內容尚難把握。只是如同方位名所示，方位名部乃是被桂婁部王權人為地加以編制的單位，這一點是可以肯定的。這又是與固有名部截然不同的一面。初期的方位名五部，即王都的規模並不很大，在政治上所佔的比重和密集度也不會很大。

然而，隨著王權和中央集權的加強，固有名部的諸加們逐漸喪失了作為獨立自治體首長的性質，而轉變成中央貴族或官僚，並進京居住於王都，他們大大依賴於以國王為象徵的國家權力。這樣，方位名部自然就成為高句麗支配階層的淵藪。西川王迎娶了「西部大使者于漱」之女為王妃。作為椽那部的有勢者于漱與故國川王和山上王的王妃于氏是同一氏族。該家族在某一時期上京以後，被編入到方位名部也未可知。[104]烽上王時期，被拜為國相的倉助利，原來是「南部大使者」。至此，屬於方位名部的這些人，成為了領導高句麗的核心力量。另一方面，固有名部則漸趨解體，終將被編入「谷」或「城」等地方行政單位，並由中央任命的地方官來加以統治，而部體制也隨之消亡。[105]

二、娶嫂婚及親族集團

所謂娶嫂婚（Levirate）就是兄、弟死後，把兄、弟的妻子娶過來當己妻的一

---

[103] 雖在大武神王十五年條裏見有「南部使者鄒㪍素」，然而該記事無疑是後代之事實加以溯及並投影的（請參看本書第一章第一節）。

[104] 尹成龍，〈高句麗貴族會議的成立過程及其性質〉，《韓國古代史研究》11，1997。

[105] 請參看第三章第一節。

種婚俗。[106]大多數情況是兄長死後，弟弟把嫂子娶過來作妻子。娶嫂婚在廣大的地區以及各種民族中廣泛存在，而且在部分地區的種族裏，至今還延續著這種制度。早在《史記》及《舊約聖經》等文獻上，就有與之關聯的記載。[107]韓國古代社會也實行過娶嫂婚，在《三國志·東夷傳》扶餘條中就有「兄死妻嫂」的說法，說明扶餘社會裏娶嫂婚的存在。從現存文獻上的片斷記載中，可查詢到同一時期的高句麗也實行過娶嫂婚的痕跡。關於在二世紀末高句麗社會實行的娶嫂婚具體事例，一向被理解為是當時社會的例外，而且無非是上古時代婚俗的殘渣罷了。

但是，如果娶嫂婚在高句麗的初期社會裏，屬於當時人們渴望並偏愛的那種婚姻形態，那麼這為我們瞭解當時社會性質，提供了非常重要的一個側面。婚姻是人生經歷中非常重要的一環，是人類形成家庭享受生活的最基本的轉折點。而

---

[106] 娶嫂婚用英文表示為 Levirate，是丈夫的兄弟之意，起源於拉丁文 Levir。Sororate 是姐妹的意思，取自拉丁文 soror。與之相關的漢字書中，把這種制度命名為收繼婚、逆緣婚、連帶婚、兄弟緣婚、媤兄弟婚等，至今沒有固定的名稱，作者將其稱之為娶嫂婚。在漢字中，嚴格來講，嫂就是哥哥的妻子的意思。但在實際的娶嫂婚中，娶弟弟之妻為己妻的也不在少數。在朝鮮時代弟嫂這樣的稱呼也被普遍的使用過。嫂就是大嫂的嫂，屬於一種泛稱。為此娶弟弟的妻子也可被稱為娶嫂婚。後來，娶嫂婚並不只局限於娶兄、弟的妻子，還可以娶後母（親生母親以外的父親之妻），兄弟同輩間沒有合適的對象，伯母或嬸嬸也可以娶為己妻。但這種情況被稱為娶嫂婚就不恰當了。所以逆緣婚一詞就應運而生。但逆緣婚一詞卻不適用於娶弟弟妻子時的情況，所以問題也隨之而來。娶嫂婚一詞從其發生到具體事例上來看，娶兄、弟的妻子是它的基本形態。Levirate 一詞雖然是從女子的立場上體現的，但也因為人們認識到這一層面所致。所以，比較容易把握其含義的娶嫂婚，便是個最適當的用語。關於兄死娶嫂的婚俗在中國民間稱作是「轉房，轉婚，兄弟轉婚」，而在日本民間則稱作「兄嫁に直す」。在韓國有關這方面的名稱卻沒有流傳下來，可能是因為在東方三國之中，娶嫂婚最早地完全消失所致。

[107] 《史記》卷一百一十，〈匈奴傳〉；《舊約聖經》〈申命記〉二十五章。
Murduck 在 250 例選好婚形式的抽樣調查中，的確進行娶嫂婚的有 127 例，沒有或偶爾進行娶嫂婚的有五十八例，與之相關沒有具體資料的有六十五例（G.P. Murduck, *Social Structure*, 1946, p.29）。這個統計雖然沒有絕對性的意義，卻為我們理解娶嫂婚實行的程度，提供了參考值。總之，迄今為止，從我們所掌握的事例來看，地球上只要是有原住民的社會幾乎都實行過娶嫂婚。

且古代社會的婚姻不但是兩位新人的結合，更象徵著兩個集團的結合，這種社會的基本婚姻規範，反映出當時人類生存的面貌及態度。

本章首先要闡明娶嫂婚在高句麗初期社會，被當作選好婚（最佳婚姻）而廣為流行，其次透過把握娶嫂婚的歷史性質來理解高句麗初期社會的性質，同時把娶嫂婚的消亡過程與高句麗初期社會的變化有機地聯繫起來並加以探討，最後將要探討在韓國古代社會裏有關娶嫂婚的分佈問題。

(一)娶嫂婚的存在

1.娶嫂婚的實例

在高句麗的初期社會實行過的娶嫂婚具體實例，則從故國川王死去之後，其王妃于氏與王弟延優（伊夷模）的結合中可查尋得到。這一娶嫂婚並不僅僅止於該兩人的結合，更進一步擴大演變成延優（山上王）與其兄發岐之間就王位繼承的紛爭，最終導致發岐和召奴加各自率領三萬下戶投降中國，使之擴大成跨國大紛爭。所以，這一事件作為在韓國古代史上發生的政治性事件，極其罕見地大寫特寫在《三國史記》和中國的史籍裏，從而較詳細地將該事件的始末記錄下來。這一事件尤其呈現的是，當時政治性紛爭與社會婚俗相結合而展開的層面，為此很早以前學者們便從多方面討論。

雖然《三國史記》和《三國志·東夷傳》高句麗條，都記載著圍繞山上王的即位而發生紛爭的事件，但雙方的文獻記載卻有著很大的出入。首先對事件主人公的記載，《三國志》和《三國史記》就不同，《三國志》說山上王是前王之子。如果《三國志》的記載更為正確，那麼娶嫂婚本身就無法成立。即便按照《三國史記》的記載，該娶嫂婚是圍繞著繼承王位而展開的一系列活動而形成，即王妃的出身部——椽那部和桂婁部內的王族以及其他召奴部等各種勢力糾葛在一起而展開的，事件極有政治性。因此，也可以主張延優和于氏的娶嫂婚，在當時社會裏也是一種例外。無論是什麼年代，王室婚姻總是隨著其政治謀略而採取的特殊形態，像于氏與山上王結合的娶嫂婚，非但在高句麗社會，就是在韓國史中也是唯一可確認到的較為具體的事例[108]，所以這主張看似具有一定的合理性。

這樣看來，別說是對高句麗社會初期所實行的娶嫂婚的歷史性質進行考察，就連在當時社會裏廣為流行過的被視為一般婚俗之一的娶嫂婚之存在本身，還是一個疑問。所以要想探討高句麗社會初期的娶嫂婚，就不得不作出如下確認工作，即娶嫂婚為當時社會裏一般性的選好婚（preferred marriage mode）。為此，很有必要對作為唯一娶嫂婚實例而流傳下來的記載，即圍繞山上王即位所發生的紛爭以及有關山上王和于氏相結合的記載作進一步探討。

①山上王，諱延優，一名位宮，故國川王之弟也。（中略）初故國川王之薨也。王后于氏秘不發喪，夜往王弟發岐宅曰：「王無後，子宜嗣之。」發岐不知王薨，對曰：「天之曆數有所歸，不可輕議。況婦人而夜行，豈禮云乎？」後慙。便往延優之宅，優起衣冠，迎門入座宴飲。王后曰：「大王薨，無子。發岐作長，當嗣。而謂妾有異心，暴慢無禮，是以見叔。」於是，延優加禮，親自操刀割肉，誤傷其指。後解裙帶，裹其傷指。將歸，謂延優曰：「夜深恐有不虞，子其送我至宮。」延優從之，王后執手入宮。至翌日質明，矯先王命，令群臣立延優為王。發岐聞之大怒，以兵圍王宮。呼曰：「兄死弟及，禮也。汝越次簒奪，大罪也，宜速出。不然，則誅及妻孥。」延優閉門三日，國人又無從發岐者。發岐知難，以妻子奔遼東。（中略）王本因于氏得位，不復更娶，立于氏為后。（《三國史記·高句麗本紀》山上王繼位條）

②太后臨終遺言曰：「妾失行，將何面目見國壤於地下。若群臣不忍擠於溝壑，則請葬我於山上王陵之側。」遂葬之如其言。巫者曰：「國壤降

---

[108] 《日本書紀》雄略五年條記載，蓋鹵王派其兄弟昆支前往倭國以侍候天皇。在出發之前按昆支的要求，蓋鹵王將自己的已經懷孕的王妃下嫁給昆支。而她一到筑紫便生下一個男孩，據說他就是後來的武寧王。作為兄弟共妻的事例中較為引人注目。然而該事件自身內容是否屬實尚屬疑問，而且有關武寧王出身的記述亦與《三國史記》的內容截然不同，因此萬不可輕信。再說，它也不是娶嫂婚之例。

於予曰，昨見于氏歸於山上，不勝憤恚。遂與之戰。退而思之，顏厚不忍見國人，爾告於朝，遮我以物，是用植松七重於陵前。」（《三國史記·高句麗本紀》東川王八年九月條）

③伯固死，有二子，長子拔奇，小子伊夷模。拔奇不肖，國人便共立伊夷模為王。（中略）拔奇怨為兄而不得立，與涓奴加各將下戶三萬餘口詣康降，還住沸流水。降胡亦叛伊夷模，伊夷模更作新國，今日所在是也。拔奇遂往遼東，有子留句麗國，今古鄒加駮位居。（《三國志·東夷傳》高句麗條）

在上引記載中，首先①所述王位繼承紛爭和③所描述的是同一事件，而且伊夷模與延優，發岐與拔奇被證實為同一人。然而如果我們取信《三國志》所傳王系，則繼承伯固（新大王）王位的，便是其子山上王，那麼這與高句麗方面的傳承就整整相差一代。因此，要想即要承認《海東古記》等文獻所載王系，又要與《三國志》上的記載達成一致，最簡單的辦法就是採用「或云」這種形式，把《三國志》裏記載的王名，在原有傳承的王名上一代代溯及並附記，進而把兄弟間的王位繼承紛爭，記述成故國川王代和山上王代分別都有發生。《三國史記》裏的就是這種記述。

在《三國史記》故國川王繼位條中，故國川王被稱為南武或云伊夷模，接著把《三國志》裏的發岐與伊夷模的紛爭紀實摘錄並插入其中。而且如同①裏所見，山上王繼位條中也有「諱延優，一名位宮」以及兄弟之間為王位繼承而進行紛爭的記載。但是位宮顯然不是山上王而是東川王。《三國史記》以及成為其範本的《海東古記》敘述，是企圖將兩側的傳承予以兩全的苦肉計而已。這樣只是把這些問題更加複雜化了，是沒有意義的，關鍵在於是否承認故國川王南武的實際存在上。也曾有把故國川王認定為虛擬之王的見解[109]，但是把故國川王南武排除以後，有關太祖王宮到東川王位宮的諸王存在本身，雖然在其系譜上呈現出一

---

[109] 池內宏，〈關於高句麗王家的上世的世系〉，《東亞學》三，1940（日文）。

些差異，但是《三國志》及《後漢書》所記載的與《三國史記》所記載的卻是一致的。在這種情況下，與其順應這些根據斷續的接觸及傳聞而著成的《三國志》中的王系，還不如順應根據高句麗自身的傳承而書寫的《三國史記》裏的王系更為合情合理。[110]故國川王死去以後，其弟弟們進行王位爭奪戰以及于氏和延優間娶嫂婚都是不爭的事實。

接下來探討的是，把娶嫂婚視為當時社會一種例外結合的問題。很早以前就開始注意這一娶嫂婚事例的各先知們，紛紛支持這種見解。[111]這些見解大體可以分成兩種。

第一種是設想家族及婚姻制度原形的立場。這種見解中帶有很強的倫理意識，作為親屬關係，從儒教社會的倫理觀上看，叔嫂間應該是一種非常嚴格而小心謹慎的關係，兄死娶嫂的娶嫂婚被認為是獸婚。所以在當時就有規定，兄、弟死去後娶其妻的行為，被視為與近親相姦，屬於同類，將被處以絞刑。[112]所以，對持有這種倫理觀的儒士來說，于氏的行為被視為是源自她淫邪的個人品行，是令人唾棄的行為，延優則是沉迷於眼前利益而背信棄義的蕪穢，這是理所當然的。[113]即便不以儒教倫理為據，單從一夫一妻制單婚家庭的倫理正當性和相信它帶有普遍性的觀念時，娶嫂婚則很容易被人視為是一種不正常的例外。

第二種就是具體引用相關史料來闡明在當時社會娶嫂婚的例外性。最具代表性的見解是，在①裏發岐認為于氏深夜來找他是一種非禮行為，在②的于氏遺言中，于氏認為自己「失行」而請求把自己葬在山上王陵墓裏。從這件事可見這種娶嫂婚雖然從上古社會開始，就被看做是一種遺習，但也可說明在當時社會中，

---

[110] 有關高句麗初期王系的構成的探討，詳見於本書第一章第二節。

[111] 金斗憲，〈朝鮮禮俗研究〉，《青丘學叢》24，1936。
張承斗，〈朝鮮原始諸種族的婚姻〉，《朝鮮》281、282，1938。
邊太燮，〈韓國古代的繼世思想及祖上崇拜信仰〉，《歷史教育》，3、4，1958。
李光奎，《韓國家族的史的研究》，1977，頁261。
秋葉隆，《朝鮮民族誌》，1954，頁63－64。

[112] 《增補文獻備考》卷一百三十九，刑考十三，絞不待時條。

[113] 《東國通鑒》卷三，三國紀，漢建安二年條。
請參看《東史綱目》卷二上，丁丑條。

就已經把它看做是一種例外。[114]

就此，首先探討一下史料①。①的內容很像是一部電視劇，富有戲劇性的場面展現在我們面前，似乎高句麗王位是由在深夜裏于氏和發岐的短暫對話中決定的。但是，從當時高句麗的政治構造和這以後一連串事態的展開中，就會看出于氏與延優的結合，是由各種不同情勢所造成的。沒有後嗣，卻又臥病不起，面對繼承人的位置，謀劃著與各種相關勢力相連結的諸王弟之間，都在暗自進行激烈的角逐。發岐妻族的出處並不十分清楚，發岐與召奴部相聯繫與新王派抗衡一下，就率領其三萬名下戶從中央政府脫離開來。另一方面，于氏出生的椽那部是從故國川王以後直至西川王代，一直維持著與王室世婚的關係，並總是在國相位置上佔有一席之地，其勢為之大振。[115]由此可見，與確立為現傳形態的相比，史料①則在某一時期就已經被壓縮，並加入戲劇性的因素。總之，①記載的焦點並不在於發岐的「非禮云云」這部分內容上，而在於延優和其兄嫂（王妃于氏）結合的實事。而這一事件被當時的人們如何去認識，才是關鍵所在。

但是從事件展開的形勢來看，兄死娶嫂的現象在當時社會好像並不被認為是非禮的。同是王弟的罽須也在諸兄的王位繼承紛爭中支持延優，國相乙巴素也在山上王王朝中一直擔任要職。發岐則由於「國人不附」而從首都敗退下來。這裏所提及的國人，其實體為何尚無法斷定，卻在《三國史記》中經常見到國人共立或廢立國王的描寫，可以把他們理解為諸加或桂婁部的重要人物。既然能夠得到他們的支持，那麼至少娶嫂婚在當時社會是可以被容忍的。

對當時社會組織及政治組織還尚不完備的社會來說，婚姻關係就與血緣一同為集團之間的團結以及人際關係的建立和維持，構成相當重要的脈絡。自然，維持其脈絡和秩序化的社會規範及禁忌都有嚴格的一面。王室是當時社會各種政治勢力糾合的象徵，是該集結體的巔峰。在這個巔峰上所展開的婚姻關係絕不能與其社會習俗相背馳。各部勢力各自都在維持著很大的獨自性，而且王室的宗族大加都豢養著家臣，並具有一定實力，形成多元化政治結構的社會情況下，如果娶

---

[114] 金斗憲，前揭論文（1936）以及《韓國家族制度史》，1969，頁387。

[115] 李基白，〈高句麗王妃族考〉，《震檀學報》20，1959。

嫂婚屬於那種必須要遭到唾棄的結合，那麼就新王的傳統性以及合法性來講，無疑是個致命的缺陷。然而，如上所述，其他的王弟和「國人」們反而都站在延優一方，說明不能那樣論定。還有在娶嫂婚中，娶亡兄之妻的順序是按兄弟間的年齡順序來定的。但是，如果弟弟未婚，對一般百姓來講，他有娶嫂子的優先權，貴族卻不受此約束⑯，可能是因為難以準備婚納金的緣故。據《三國史記》記載，發岐已婚，延優未婚。⑰從這一點上看，延優雖然越次娶了嫂子並同時得到王位，但這並不意味著娶嫂婚的習俗已被廢棄。

這樣看來，僅憑史料①就認為娶嫂婚只不過是當時社會的一種陋習，理由還不夠充分。

接下來看一下史料②，于氏的話已顯現出對娶嫂婚制消極的一個層面。而于氏本人則按她的遺言，被合葬在山上王陵。這分明與娶嫂婚的習俗不符。因為娶嫂婚是妻子在丈夫死後，無論和他的兄弟們結幾次婚，人們相信一旦該女人過世，她就會回到其「故夫」那裏，也就是她的第一任丈夫身邊。⑱財產及家譜也

---

⑯ 田中克己，〈北アジア諸民族におけるレウイレート〉，《北亞細亞學報》3，1944。

⑰ 在引文①中，發岐向延優發起攻擊時，要延優速降，如若不然就要「誅及妻孥」，據此也許可以認為當時延優已經結過婚了。然而接著記述延優是透過于氏才登上王位的，條件是「不得更娶，立于氏為後」。而且後來他們之間並沒有生下兒子，延優和他的酒桶村情人生下一子就是東川王。由此可見，①中所提的「誅及妻孥」就是大罪的一種表現形式。

⑱ 如果多次舉行娶嫂婚的時候，對有關女人死後歸宿問題的探討，很早以前就開始了。實行過娶嫂婚的希伯來人就曾把這一問題呈給耶穌，並向其提問。即撒都該人故意向耶穌提出這樣一個問題，如果有七個兄弟按次序娶了長兄的妻子，那麼這個女子在死後復活時，她將是哪一個的妻子？耶穌回答說：當復活的時候，人也不娶也不嫁，乃像天上的使者一樣。又，三世紀的烏桓族的婚俗中就有「父兄死，妻後母，執嫂……死則歸故夫」的說法。還有十三世紀到蒙古地區去旅行的 William Rubruk，在他的遊記中就記載了「娶後母為妻」的風俗，接著說這些人死後就會回到故夫的身邊，他們認為兒子這樣做不會給其父親帶來任何傷害，這是當時蒙古人的觀念。從這些事例可以看出，舉行過娶嫂婚的女子們普遍地認為在她死後就會回到故夫身邊。這種觀念與對死後世界的繼世的來世觀相結合在一起的。一方面 Evans-Prichard 主張，舉行娶嫂婚時的後夫（弟弟），其性質不過是前夫（哥哥）的代理人罷了。娶嫂婚也不是再婚。他還主張與嫂子結婚生下孩子後，根據該孩子所追隨的父姓（pater）為誰，該婚姻的性質有所不同。如果是前夫就是娶嫂婚，如果是後夫則是寡婦相續婚。

《新約聖經》馬太福音，22 章。

《三國志》魏書，卷三十，〈烏丸鮮卑傳〉。

要由和故夫一起生的子女們來繼承。可是于氏一反娶嫂婚的習俗，回到山上王的身邊。我們把于氏的行為及其「失行云云」相結合來看，權且先將她與山上王的結合看作是有違當時社會常規，故國川王托夢於巫師並借其口將憤怒表現出來的故事，則更證實這一點。

然而，我們有必要把巫師的這番話再次研究一番。葬禮舉行完之後，巫師上朝陳言，即對于氏與山上王合葬的事實，是當時人們意識的一種反映。但是巫師的話中，故國川王的憤怒是因「見于氏歸於山上」，而非因為娶嫂婚，是因為于氏死後與山上王合葬。身為一國之君連個王妃都沒有，其子民們看了都會覺得很不光彩的。巫師的話是當時人們對于氏的葬禮沒有按照娶嫂婚的習俗來舉行的一種疑懼心理的反映，也為了指明這一點，巫師便假託故國川王而表現出來的。這恰恰就表現出巫師功能的一個層面，即透過維護現有的習俗，緩和隨著新的變化而引發的社會上和心理上的衝擊，從而要維持其社會整體秩序。也正因如此，朝廷才會按巫師的話，在故國川王陵前種上松樹作為遮蔽之用。

由此可見，與其說我們從記載著于氏的遺言和葬禮等內容的史料②中，尋出娶嫂婚是一種例外的事實，還不如說確認到了在當時社會娶嫂婚作為一般的婚俗而流傳下來的事實。同時從于氏想與山上王合葬的行為上，還有從高句麗朝廷遵從于氏的遺言把她和山上王合葬的這件事上，可以看出他們試圖對現存習俗給予某種新的變化。可以感覺出新的倫理對娶嫂婚及其習俗進行挑戰，以及新舊思想之間有矛盾，從中可以理解于氏說「妾失行云云」這句話的苦惱，以及當時朝廷所採取措施的兩面性。[119]這與王室自山上王以後起，已完全確立了王位的父子繼

W. Rockhill (trans), *The Journey of William of the Eastern Parts of the World 1253-1255*, 1941, pp77-78.

E.E. Evans-Prichard, op cit., pp.112-115, 1951; "Marriage Customs the Luo of Kenya", in *The Position of Women in Primitive Societies and other Essays in Social Anthropology*, 1965.

[119] 四世紀初在前趙（南匈奴），繼始祖劉淵即位的其子劉聰將其父之妻單氏立為皇太后，生母張氏立為帝太后，把同父異母弟弟乂冊封為皇太子。劉聰按匈奴的風俗將單氏給蒸了。而已具有相當漢文化素養的乂對其生母單氏屢諫不止，後來單氏因羞愧自殺。這雖是四世紀匈奴族的事例，但說明了在娶嫂婚制流行的社會裏，新的倫理思想對其挑戰時，女人們所要感受到的心理矛盾和痛苦，值得參考。

承制，而諸王弟的地位卻相對趨於削弱這一背景有關。這至少說明包括王室在內的高句麗上流統治層中，娶嫂婚以及作為其背景的社會關係正在趨於解體。

這樣看來，延優和于氏的結合，與其說它本身具有獨特性和例外性，倒不如說在社會一角娶嫂婚習俗開始趨向解體的階段上所見的娶嫂婚個案而已。換言之，這意味著在高句麗的初期社會，從以前開始就廣泛流行娶嫂婚。這個事實在當時中國人也有記載。

在《三國志·東夷傳》扶餘條中，有「兄死妻嫂，與匈奴同俗」的記載，證明在扶餘社會就已經實行著娶嫂婚制度。同一部書在高句麗條中記載著「言語諸事，多與夫餘同」，這些證實了在高句麗也實行過娶嫂婚。而成為《三國志·東夷傳》範本的《魏略》中，也有「兄死亦報嫂」的描寫。[120]《三國志·東夷傳》高句麗條裏沒有關於這方面的具體記錄，可能是因為在〈東夷傳〉裏面，撰寫者為了避免同一事件重複記錄而運用的一種筆法。[121]因為《魏略》的編纂時期並不很明確，但作者所述記事的內容及至魏國末期，看來該書成書於晉初。[122]魚豢也不是自己直接訪問調查採錄的，而是撰輯別人的記錄，《魏略》記錄高句麗的事情大體是截止到三世紀前半葉，娶嫂婚作為高句麗婚俗曾廣泛實行過，就連那個時期的中國人也將其大寫特寫下來，由此可確認筆者在上文中對有關山上王與于氏相結合的解釋，並不為過。[123]

對娶嫂婚的考察應當注意的是，娶嫂婚只不過是當時社會的輔助性婚俗這一

《晉書》卷一百二載記第二劉聰。

[120] 《太平御覽》卷七八三四夷部東夷高句麗條所引魏略。《魏略輯本》裏稱「兄死亦殺嫂」，實際上應為是「報嫂」或「妻嫂」。《梁書·高句麗傳》以及《南史·高句麗傳》亦稱作「兄死妻嫂」。看來，兩書的此項記錄是依據直至當時尚在流傳的《魏略》內容而寫成的。

[121] 全海宗，《東夷傳的文獻研究》，1980，頁66－70。

[122] 全海宗，上揭書，頁41。

[123] 有關娶嫂婚的具體實例，唯山上王的只此一例。然而，史料中有關高句麗初期的婚姻關係，只有王室方面的，娶嫂婚並非成為當時社會裏最基本的一次性婚姻形態，只不過是一種輔助性婚俗罷了。而且丈夫死去之後，如果該女人年老或其所生子女長大成人，則可以拒絕娶嫂婚。所以，就連現代人類學者在進行現場調查時，除非剛好遇上娶嫂婚的實例，要不十分注意則很容易忽視掉娶嫂婚的習俗。（Elman R. Service, *Primitive Social Organization*, 1962, p.66.）所以，有必要重視特別記錄高句麗娶嫂婚的《魏略》和《三國志》。

事實。這不是社會中的標準婚姻形態，即第一次婚姻。從女子的立場上看，這實際上就是再婚。誠然，娶嫂婚不是前代延續下來而在社會一角普遍實行的婚姻樣式的一種殘渣，而是被當時社會理解為他們所希望的婚姻形態，而成為廣泛實行的選好婚，那就必須要和那個社會的其他婚俗有機地結合起來，至少不應成為倫理上以及社會上不相容的關係。為了更進一步瞭解高句麗初期的娶嫂婚制，有必要對當時的其他婚俗進行考察。

2.壻屋制和婚納金

在高句麗初期的婚俗中，最有名的非壻屋制莫屬了。關於壻屋制在《三國志・東夷傳》高句麗條中，有如下記載：

> ①其俗作婚姻，言語已定，女家作小屋於大屋後，名壻屋，②壻暮至女家戶外，自名跪拜，乞得就女宿，如是者再三，女父母乃聽使就小屋中宿，傍頓錢帛，③至生子已長大，乃將婦歸家。

以上記載是對當時高句麗實行的婚姻過程進行概述的。這個過程可分成三個階段來理解。第一、經過議婚再訂婚之後，女方家為了準備迎接新郎，建起壻屋的部分。第二、結婚當日舉行完婚禮以後，晚上新郎進入壻屋裏與新娘同宿的過程。在這個過程中，男方家把準備的錢帛交給女方家，將其放置小屋旁。[124]然後新郎

---

[124] 張承斗認為，這時的錢帛是女方家為其女兒和女婿二人事先準備好的婚資。作為其根據，他試舉了《三國志・烏桓傳》裏的，待女兒和女婿回歸夫家時，送給二人婚資的婚俗。然而該傳裏的烏桓婚俗中，也存在婚納金。上述錢帛具體為何物尚不清楚，但按當時經濟狀態作為考慮，一般來講，可能是家畜和穀物以及布帛類。也不知第一胎孩子何時出生以及等待他的成長之後，把此類物質長期存放在壻屋邊，著實是個問題。女婿在女方家時，不得擁有財物，而待其回歸夫家時，才賦予其婚資。在此之前，所有的財務，應屬於女方家的，為此，沒必要將其另分開來存放在壻屋邊。上述「錢帛」應視其為新郎家給新娘家支付的「婚納金」。此類婚俗也可在東北亞的其他種族中得到確認。例如，據《舊唐書・室韋傳》稱室韋族的「婚嫁之法，男先就女舍，三年役力，因得親迎其婦，役日已滿，女家分其財物，夫婦同車而載，鼓舞共歸」。女真人也具有同樣的風俗。男方為女方家支付婚納金後，便留於婦家執僕三年，然後以婦歸，婦氏以資遣之夫。（《大金國志》卷三十九婚姻條）

要經受恥辱，向妻子的父母哀求和新娘同寢。這一形式的受辱和考驗，新郎在妻子家逗留期間，要連續地經歷幾個回合。[125]一方面，通過這種考驗，新郎在培養自己將來成為一家之主以後所應具有的耐力和能力，同時妻家的人，也在觀察這位女婿的性格人品以及資質。而且在這些過程中也增進新郎與妻家成員之間的親密度。雖然這些側面被大大地簡略化了，仍從後來的「鬧洞房」以及東廂禮等部分婚俗中窺其殘影。第三、孩子出生以後回歸男方家的過程。第一個孩子出生之後，結婚才算是真正完整地成立。在古代社會婚姻並不只是意味著男女兩人的結合，基本上就是兩個集團的結合。以新郎新娘為象徵的兩個集團的結合，雖然先是以兩個人的婚禮為契機，但是兩種血緣集團卻因孩子的出生而融為一體。換言之，在孩子出生之前，兩個人的婚姻只能屬於暫時的結合。這樣相對來講，婚姻是很容易被廢除掉的。[126]允許孩子在外婆家出生，並且在一定期間內在那裏成長，是為了證明這個孩子是兩個集團相結合的產物，且繼續成為連結兩個集團的媒介，更為了關懷他與外婆家的人們更加親近所致。後來在半親迎婚俗被固定下來以後，第一個孩子出生在外婆家的風俗也被一直延續下來。第一個孩子出生長大以後，就要回到自己的老家。這時，妻子家裏的人，會根據情況把本應屬於女兒繼承的那部分財物，也就是把婚資分給她。這樣男方家也將她視為夫家的一

---

[125] 對此壻屋制婚俗，也有主張新郎並非居住在妻家一定期間，而是往來於夫家和妻家，只是在晚上才留宿於妻家。（李光奎，前揭書，1920，頁 148）事實上，僅憑上述高句麗傳記載，是難以確定它是繼續留居妻家的、還是往返於兩家的事實。然而根據當時與高句麗相鄰、並與高句麗婚俗相似的烏桓族示例以及注[124]中所說的女真族和室韋族，還有在高麗和朝鮮時代也一直盛行的、新郎在新娘家居住一定時期的婚俗上考慮，則不像是往來於兩家。

[126] 如果在新婚期間，新娘不幸被發現為不能懷孕的石女，該樁婚姻就很容易被廢除。雖非直接的事例，據 Rubruck 的遊記稱，十三世紀的蒙古人在新娘為懷孕之前並不把她視為己妻，若判明為石女可將其逐回娘家，而婚納金則需返還夫家。據說，到了近代在蒙古族裏，仍維持著女兒的婚資，待結婚後過上三年以後，由女方家支付的傳統。這段時期意味著期待新生命的出生，並新建家庭趨於穩定。像 Nuer 族在首胎孩子出生以前，女婿在妻家亦受到客家待遇，而女方家也是待到第一個孩子出生之後，才可以自由地處置男方家所支付的婚納金。

W. Rockhill (trans), op cit., p.77.

Evans-Prichard, op cit., 1951, pp.71-72.

後藤富男，《內陸亞細亞遊牧民社會的研究》，1968，頁 247－248。

員。由此婚姻的全過程才得以完全結束。

如此，大概再現了在壻屋制下的婚姻過程。這種說法如無大的差錯，上述記載中錢帛的性質應屬於婚納金，即不妨把它看作是一種新婦代（bride price）。[127]

在三世紀時期的韓國古代社會婚俗中，關於其婚納金的存在，可在扶餘和沃沮中查尋到。有關扶餘的婚俗在《三國志·東夷傳》扶餘條中有如下記載：

---

[127] 過去一般來說，把結婚時男方家向女方家支付的物質，稱為 bride-price，如將其直譯就是新婦代。然這新婦代一詞，很露骨地表現出，把女子當作非人格體的動產，而將其購買的意思。在一部分一夫多妻婚制中，時而有購買婚的層面，然在多數的一夫一妻婚制卻非如此。所謂新婦代普遍流行過的北亞地區社會裏，也有很多男人死去之後女人並不改嫁，卻作為家長領導其家族支撐下去。在非洲女性的地位是很高的。所謂新婦代實際上是確定兩家族結緣的一種物質性媒介體，是婚姻持久性的保障。男方家為兒子的婚姻而準備新婦代，女方家則把女兒嫁出去而得到並分配它，以此來圖謀親族間的團結。而過個一二代以後，該新婦代是通過迴圈返回來。在英語文字圈裏，近來用 bride-wealth 一詞來取代了 bride-price 一詞，也正因為意識到這層面。新婦代是一個並不十分恰當的用詞。

然而，比方說也有像 Trans Baikal 地區的通古斯族那樣，所謂新婦代和女子出嫁時所要帶去的婚資等價的事例，一般來講，新婦代比婚資高好幾倍。還有後來男方家給女方家送去的物品，逐漸變為僅僅帶有贈聘這一儀禮性的意思之後，在下層貧民之間，仍繼續存在「受先采而賣女兒」的買賣婚。童養媳制和率婿婚制的存在也帶有該層面。所謂新婦代，從整個社會，長遠來講可能具有互惠互利的一面，但從短期來說，還有當事者本身意識到的時候，便帶有一種對女方的歸屬發生變更的一種補償之意。尤其是婚姻帶有集團間結緣性質相對很濃厚的古代社會裏，作為一種由於女兒的離去而減少勞動力，而作出補償的意思很濃。當然這並不完全意味著非人格體的動產的買賣。帶有作為女兒出嫁的一種補償之意的用詞，過去在韓國社會裏的，中下層民當中往往使用婚幣金、先幣、先采等辭彙。其中先采是先幣的誤用，而婚幣金、先幣這些用詞本身，則更像是來源於《朱子家禮》的婚幣。這雖為借用當時的主流用詞，來表現出固有的習俗，卻無法無視該用詞當中，混在著兩者的意思之感觸。為此，在更加貼切之詞出現以前，筆者擬將此類帶有補償之意的贈答物，暫且命名為婚納金。

金斗憲，前揭書，1969，頁 426－427。

孫晉泰，〈朝鮮婚姻的主要形態——率壻婚俗考〉，《史觀》3，1933。

島田正郎，〈モンゴリア遊牧の民における家族〉，《法律論叢》31-1，1958。

S.M. Shirokogoroff, *Social Organization of the Northern Tungus*, 1929, pp.218-219.

Evans-Prichard, “The position of women in primitive societies and in our own”, in op cit., 1965, pp.37-47.

Murduck, op cit., pp.20-21.

男女淫，婦人妬，皆殺之。尤憎妬，已殺，屍之國南山上，至腐爛。女家欲得，輸牛馬，乃與之。兄死妻嫂，與匈奴同俗。

上面所提及的，因淫蕩或妒嫉而被處死的女人，她娘家的人若想把她的屍體找回來，就要送去牛或馬的事實，很有必要吟味一下其含義。這等於是把屬於婚納金的部分返還。剛結婚的時候，男方家裏把牛馬當作婚納金送到女方家，再舉行完婚禮之後，女人隨其夫到男方家住下之後，該女人就成為夫家的一員。為此像通姦和妒嫉一樣，與當時扶餘風俗、倫理不符的行為發生時，夫家具有對該女的處罰權和提出補償要求的權利。對妒嫉女人進行處罰，即意味著該女被夫家從其成員中排除，這樣她除了自己的娘家之外再無可歸之處。[128]

但是對該女子的屍體不讓進行葬禮，而是棄之使其腐爛，這從女方家的立場上看，等於是把其宗族的靈魂放棄掉。而全體宗族成員有義務幫助無處可歸的孤魂野鬼尋找其安息處，以及進行宗族報復（vendetta）。由於不管這些而招徠冤魂的詛咒是可怕的。[129]而且在進行懲罰以後，對女屍的管轄權還在男方，女方要給予男方牛馬換回管轄權之後，才可把該女屍收回並下葬。這是透過支付婚納金，把遷往男方家中的女子的歸屬權，予以找回的形態。這時牛馬的數量，一般來說是原婚納金成為標準，但生育等因素也作考慮並按慣例來決定。

從沃沮的童養媳制度中，也可確認婚納金的存在。女孩年幼時被養在男方家中，長大成人後就重新送回到女方家，然後男方家按照女方家的要求支付錢帛後，再把該女子帶回男方家並成婚。這種情況帶有很濃重的買賣婚姻色彩。婚納金不但在高句麗、沃沮、扶餘，而且在烏桓族、蒙古族、通古斯族、土耳其族、滿族以及西伯利亞各種族等，在北亞人之間廣泛存在。如果男方家中沒有能力支

---

[128] 女子嫁到男方家以後，她並非從娘家的親族關係中排除出去。一般來講，其關係是一直維持著的。在北亞諸種族中，婚後女子與娘家解除所有關係並完全歸屬於夫家的只有滿族。

Lawrence Krade, *Kinship Systems of the Altaic-Speaking Peoples of Steppe*, 1953, p.579.

[129] 琉璃王殺掉了砍傷郊豕的託利和斯卑之後，就生有疾病，巫曰：「託利·斯卑爲祟」。王使謝之即愈。這反映了時人對王者的怨恨和詛咒的觀念。（《三國史記·高句麗本紀》，琉璃明王十九年條。）

付婚納金，新郎就要去女方家中做一定期間的勞役作為代價，這種事例普遍見於Khants 族、Mansi 族等西伯利亞各種族以及蒙古族、通古斯族、滿族等社會中⑬⓪。直至近代，韓國的部分地區間或舉行的率壻婚也屬其例。⑬①

至此，重新回到原來的問題上來，讓我們觀察一下在初期高句麗社會中所見婚俗中，婚納金與娶嫂婚的相互關係。一般認為，婚納金和娶嫂婚，兩者的存在並不定非要一致。有婚納金但不實行娶嫂婚的種族也存在，單從物質這一層面上看，像 Ainu 族這樣處於比較低級階段的種族，雖不存在婚納金卻有娶嫂婚的事例。⑬②但在兩者共存的社會裏，從情形上看兩者間的關係是密不可分。所以，從婚納金試圖說明娶嫂婚的起源及習俗的主張就被提出來。如同 Ainu 族情況所見，從婚納金制中雖無法尋出娶嫂婚制的起源（在下一節中再議），但我們能很普遍地查看到，兩者共存時則有機地結合並融合成為一個婚俗。與高句麗和扶餘相鄰的北亞各種族的娶嫂婚習俗中，可以明確這一點。⑬③現在能夠體現出，高句麗初期社會裏娶嫂婚和婚納金關係的具體記載，雖然沒有流傳下來，但在這些方面，不妨理解為是相同的，即說明在高句麗的初期社會裏，娶嫂婚與作為一次婚的壻屋制有著相互有機的關係。換而言之，我們可以確認，關於娶嫂婚在當時社會被作為選好婚而存在的、間接的驗證中，並沒有發現被否定的一面。

那麼，娶嫂婚在高句麗的初期社會中如此的廣泛流行，在當時怎樣的社會形態中才有這種可能呢？就是說，該娶嫂婚所反映的是怎樣一個社會形態呢？為進一步理解娶嫂婚的歷史性質，下面看一下有關娶嫂婚起源的一般性議論。

---

⑬⓪ M.G. Levin and L.P. Potapov (ed.), *The People of Siberia*, 1956, pp. 533-536.
L. Krader, op cit., p.89.
S.M. Shirokogoroff, op cit., 1929, pp218-220; *Social Organization of Manchus*, 1926（大間知篤三、戶田茂喜共譯，《滿洲族の社會組織》，1967），頁 120。
秋葉隆，《滿蒙の民族と宗教》，1940，頁 70。

⑬① 孫晉泰，前揭論文。

⑬② N.G. Murno, *Ainu Creed and Cult*, 1963, p.147.

⑬③ 請參看注釋⑬⓪中，諸書的同一頁以及田中克己的前揭論文（1944）。

㈡娶嫂婚的性質

1.關於娶嫂婚的起源的各種議論

娶嫂婚的要點是婦人與亡夫的兄、弟結合在一起生活。自然，兄弟間會把彼此的妻子視為未來的伴侶。當考慮這種婚俗的起源時，最先可能提及的是集團婚遺制說。

白南雲在說明扶餘社會實行過的兄死娶嫂之婚俗時指出，這是「原始群婚的一種殘跡」。[134]這一觀點就如同他對韓國家庭體制起源的論述那樣，是襲用摩根（L.H. Morgan）的理論體系並加以解釋的。摩根之所以在《人類婚姻史》的序章中設想群婚這一形式，是因為把自己所聽到的夏威夷人的親族稱呼體系中所顯現的類別性，理解為它表現出該社會親族集團內部性關係的類別性，就是說它體現出同類親族輩之間實際發生的性關係的集團性。

對此出現了很多批判性的見解。比如，就親族的稱呼而言，它不一定非要反映在婚姻和血緣上與生物學關係相一致性；性關係也不是直接與婚姻和家庭關係相連接在一起；在集團婚中，孩子們自然就不會知道其父母為誰，而作為對該現象的說明，所謂「集團性母性」是不存在的。同時提出新的解釋方法，即對配偶稱呼的類別性起源於 levirate 和 sororate 的習俗而不是集團婚的結果。[135]

十九世紀後半以後，儘管進化論者們所主張的原始群婚制說，一直受到相當多的批判，卻仍被提及。其中與娶嫂婚制相關的主張較為引人注目的當屬羅伯特·伯瑞弗爾特（R. Briffault）的見解。他重視在兄弟型一妻多夫制（fraternal polyandry）以及姐妹型一夫多妻制（sororal polyandry）中，看到的各個兄弟姐妹間的性共有現象，提出以這種重婚制作為中間階段的人類婚姻制度的發展過程。他把一個集團內屬於同一類的男人們（tribal brothers）相互對對方妻子擁有「性接近

---

[134] 白南雲，《朝鮮社會經濟史》，1933，頁 159。

[135] 比如，對父親輩兄弟們均稱為父，這不是取決於實際性關係與婚姻關係具有類別的事實，而是在娶嫂婚制下，父親的兄弟們在他死去以後，就與母親相結合成為新父。在這種習俗之下，自然在親父在世時把父親的兄弟同樣稱之為父，用這種方式來說明親族稱呼的類別性。對於薩皮爾（E. Sapir）的這種主張，Murduck 則持有批判態度。他認為根據相對少數的二次婚習俗來決定整個社會的親族稱呼，這一假設本身就缺乏真實性。（Murduck, op cit., pp.122-124.）

權」的這種集團的、共有的性關係，規定為原始社會最基本的性關係形態。但他與設想集團婚的摩根不同，他認為從人類婚姻史的起源開始，就存在著互相具有特定關係的一雙伴侶，即夫妻。只是他在設想同一類的兄弟姐妹間，相互的性權利是得到認可的，即把性關係與婚姻關係加以分開來把握的。所以他把相類別的配偶稱呼視為不是現實中夫妻婚姻關係的表示，而是「性接近權」的表示。這種集團性的兄弟姐妹間性共有關係，留在家庭這一模式內的便是兄弟型一妻多夫制和姐妹型一夫多妻制；還有從這種兄弟型一妻多夫制和姐妹型一夫多妻制轉向兄弟姐妹間的性共有關係，只能在兄弟姐妹死後出現，而在其生前，這種性權利只能是一種潛在的形態，這便就是娶嫂婚或填房婚（sororate）。[136]

關於娶嫂婚起源的這種主張，首先，在人類婚姻發展史中作為重要階段而設定的兄弟型一妻多夫制，把它視為普遍的性質，而非特殊的類型，這還是個問題。迄今為止，polyandry 只不過是幾個罕見的事例而已。從其中典型的兄弟型一妻多夫制社會——印度的 Toda 族情況來看，他在地理與外部孤立，食物源時常不足，所以為了抑制人口增長，他們廣泛採取了殺害女嬰的辦法，這種風俗使男女性比例嚴重失調。一妻多夫制與當時的這種現狀是密不可分的。但在英國統治下，隨著與外部交通網的擴充，禁止殺害女嬰措施的實施，兄弟型一妻多夫制也漸趨消失。[137]

長期在滿族及西伯利亞地區進行現場調查的俄羅斯學者史祿國(Shirokogoroff)也透過親族稱呼的分析，把通古斯族的娶嫂婚設想成集團婚的殘影。[138]

---

[136] R. Briffault, *The Mother* vol 1, 1927, pp.653-654, pp770-776.
在理解 R. Briffault 之說時，可供參考的有江守五夫的下文。
江守五夫，〈逆緣婚について——その比較法社會學的研究〉，《法律論叢》39-4、5、6，1966。

[137] S.A. Queen, R.W. Habenstein & J.B. Adams, *The Family in Various Cultures*, 1961, pp.22-23, p.43.
Westermark 把一妻多夫制理解為由於兩性的不均衡、貧困、男子頻繁出門等而產生的比較特殊的婚姻形態。
E.A. Westermark, *A Short History of Marriage*, 1926（崔達坤、鄭東鎬譯，《人類婚姻史》，1981），頁 237－239。

[138] Shirokogoroff, op cit., 1929, pp214-217.

另外也有人提出，否定人類婚姻史上集團婚的存在，而從其他層面尋找娶嫂婚起源的見解。G.P. Murduck 注意在原始社會裏，不是正式夫妻，性交在親族關係上普遍被認可。他把它指稱為「特權性的親族關係（privilized relationship）」，並認為有關其事例，可從婦女與其丈夫的兄弟們以及夫和其妻子姐妹們的關係中找到。因為在性方面的特權關係，他們就成為潛在的伴侶（potential spouse），兄弟中如有一人死去，便可與其妻舉行正式婚姻，從而使娶嫂婚確立。[139]同時他也承認這種潛在的伴侶關係在兄弟生前也成為現實，並被認可，則由此發展成兄弟型一妻多夫制的可能性。[140]

但他否定了把這種兄弟姐妹的性共有關係視為是固有的，即來源於過去集團婚的看法。他把一夫一妻制視為婚姻形態的原型，而親族間的婚外性交權以及娶嫂婚、填房婚等都是一夫一妻制這一單婚擴大的輔助性形態。一夫一妻婚制中孕育的各種問題，如長期的、連續性的懷孕和養育而導致性禁制，以及因性功能差異而引起的性生活不滿等，都成為擴大的原因。為了滿足性欲望與自己的原配在社會上和肉體上近似的兄弟或姐妹發生性關係的事實得到認可。這樣待原配死去以後，便結為夫妻的娶嫂婚、填房婚習俗形成。[141]可見，這與前引拉德克利夫－布朗（Radcliffe-Brown）的觀點相似。

拉德克利夫－布朗注意到，在同一家庭中生育的兄弟間，是存在著很強的緊密而永久性的社會團結關係，他把它稱作「兄弟的社會同格原理（principle of the social equivalence of brothers）」。這種同格性致使在親族構成上形成相類別的體系，從而把所有父親的兄弟稱作為父，其子女之間相互以兄弟姐妹相稱。這樣他把娶嫂婚制理解為起因於兄弟同格原理，即在一個社會裏隨著夫妻和父子關係被固定下來而形成的安定，由於丈夫或父親的過世帶來結構上的動搖。為了使動搖最小化，試圖尋找一個從社會性上與亡者同格的兄弟來繼承其生前地位，這樣娶嫂婚

---

[139] Murduck, op cit., pp.268-270.

[140] Murduck, op cit., pp.29.

[141] Murduck, op cit., pp.268-269.

出現了。[142]

填房婚的情況也是如此，即娶亡妻的妹妹來接替亡妻，這樣姻族關係就沒有變動，而且對孩子們的母愛也容易承接下來，這樣不需要建立新的感情紐帶的過程，也能很自然地去迎娶後妻。[143]此即顯現出構造技能主義的視角。從一個社會的標準化行為樣式的意思上講，作為社會制度的習俗和儀式，其存在意義在於積極維護社會統一，至少要防止現有秩序的動搖和崩潰，使該社會構造持續下去。

2.娶嫂婚和共同體的紐帶

從上述關於娶嫂婚起源的各種言論中，可以發現互為相反的兩大潮流。[144]一是進化論的視角，另一個是構造技能主義的視角。娶嫂婚，是從一群男女們的集團性性共有狀態，逐步縮小到一對男女的排他性性獨佔狀態的、人類婚姻樣式發生質變的產物呢？還是設想成人類原初婚姻形態即一夫一妻的單婚作為一個基本單位，既要維持最基本的特徵，又要適應所處環境的過程中，派生出的諸多婚姻類型中的一類呢？本文絕無左袒任何一方加以談論的意思。只是筆者所注重的是，無論持何種立場，就其現象而言，娶嫂婚作為選好婚實行的社會裏，所存在的親族集團成員相互間的集團性，即共同體的性質。

首先把這個共同體性質從性關係的角度考慮，兄弟們各自對他們的妻子具有一種所謂的性接近權利。即使在生前這種性關係被禁止，但在兄死後弟把其妻娶過來是完全可以預想到的，為此他們實際上是處於預備伴侶的關係。然而在娶嫂

---

[142] A.R. Radcliffe-Brown, *The Social Organization of Australian Tribes III*, 1931, pp.428-429.

[143] Radcliffe-Brown, op cit., p.430; *Structure and Function in Primitive Society*, 1965（金龍煥譯，《原始社會的構造及功能》，1975（韓文）），頁76－77。

[144] 各代表兩大潮流的 R. Briffault 和 B. Malinowski 之間就人類婚姻史而進行的爭論是十分有名的。透過 BBC 電臺二人於 1931 年進行的爭論，後來在 1956 年被編輯成書籍而刊行。有關此可供參考的有江守五夫的下文。

Ashley Montagu (ed.), *Marriage: Pat and Present - A Debate Between Robert Briffault and Bronislow Malinowski*, 1956.

江守五夫，〈婚姻と家族の歷史に關するマリノブスキとブリフオ-ルトの論爭について〉《青山道夫教授還暦記念家族法社會學》1965；〈家族と婚姻の原史に關する一つの人類學的論爭〉，《法律論叢》38-4，1965。

婚事例中，多數為禁止兄娶其弟妹的 junior levirate，尤其在北亞諸種族幾乎全都如此。[145]自然在兄死後弟娶嫂子是一種權利，同時要對生活能力低下的寡婦和幼子進行撫養，從這一側面上講又是一種義務。這樣，嫂子與小叔子間在平時也是維持著一種非常親密的關係。像通古斯族，即便是在哥哥活著的時候，叔嫂間的性關係也是被默認的，在滿族也是如此。[146]不只是親弟弟，像從弟這樣的屬於弟輩的人也是被允許的，但屬父兄輩的則會被嚴格禁止。父親死後，孩子們稱與母親結婚的叔叔為父親，所以當父親還在，與從兄弟們在一起時就像親兄弟一樣，互相以兄弟相稱。

這種兄弟輩間的性共有乃至所期待的性共有關係，自然強化了兄弟輩與他的妻子以及他的子女間的感情紐帶，而且恰恰又是那種紐帶性的反映。這種相互的紐帶，即使在社會上，也能體現出兄弟輩以及親族間的集團性，被認為是具有類別性的稱呼體系，也與這些方面有關。

娶嫂婚制所包含集團性，不僅從性關係上而且從物質方面也可尋其端倪。在娶嫂婚與婚納金相共存的情況下，可從準備婚納金的側面觀察一下。首先，夫家在支付婚納金後把新娘迎娶過來，而這筆婚納金理應是從新郎的父親財產中湊出來，這時父親的兄弟輩等親族成員也都伸出援手，在父親不在世的情況下，則兄弟們從各自財產中攤出。[147]按照攤付婚納金的比例，把透過嫁出女兒或妹妹所得的婚納金進行分配。攤付和分配的比率，是根據當事者與親族關係上的親等順序決定，這也是弟弟或侄子娶寡婦時的順次。這樣透過兄弟們的財產或者將成為自己的那份父親財產，從廣義上講是用親族成員的財產把新娘娶了過來，因此這些

---

[145] 滿族和通古斯族實行 junior levirate，據克列多爾（Krader）稱阿勒泰語系的內陸亞細亞的諸種族中，唯有居住在甘肅地區的蒙兀爾（Monguor）族實行 senior levirate，除此之外，都實行 junior levirate。屬於藏語系的羌族則亦可娶弟嫂。（Krader, op cit., p.603）
《魏書》卷一百零一，〈宕昌國傳〉。

[146] Shirokogoroff, op cit., 1924, p.156; op cit., 1929, p.207.

[147] 擁有一百多家族成員的大家族制度的滿族自不必說，就通古斯族而言亦是如此。如果氏族無力補助 kalym（婚納金）的時候，其婚姻甚至往後延長好幾年。在蒙古支付婚納金時，親族成員的補助是一種義務。在十七世紀的衛拉特（Oirat）法典也明文規定如有違背者對其施以懲罰。孫賢淑，〈有關蒙古的相續習俗的探討〉，《東洋史學研究》16，1981，頁73。（韓文）

人當然可以主張對新娘有潛在的管理權。所以，有人強調把新娘當作財產的買賣婚層面，從而把新娘視作嗣承的對象，進而提出把娶嫂婚制的起源從中查尋的，即所謂寡婦繼承說。

十六世紀的人成俔在敘述當時女真族的風俗時說，

> 其婚姻，把數十頭的牛馬送過去表示訂婚。兄死則必娶兄之妻，但不能娶弟弟的妻子。對此，他們認為「弟弟就像是我的兒子一樣，所以怎麼能娶自己孩子的妻子呢？兄長就像我的父親一樣，父親的東西作為子女的怎麼不能繼承的呢？」在兄長在世時娶其妻（發生關係）的人也是有的。[148]

就是說因為是父親的東西（物）所以可以繼受，這說明他們把父親與哥哥視為同一類別，與此同時把嫂子稱為對象，則體現了把她當做繼承對象的意識。上引文中則體現了婚納金的存在。

雖然不能把娶嫂婚的起源尋自寡婦繼承說，然而由於娶寡婦和財產的繼承行為緊密結合在一起，所以也有實行娶嫂婚制的當事人從婚納金和繼承的層面，就娶嫂婚的習俗進行了說明。[149]但不論怎麼說，娶嫂婚在被作為選好婚而實行過的社會裏，在婚納金的攤派以及分配問題上，親族間相互協調是一種義務，不這樣做的時候他就被排除在親族關係之外了，這即意味著從社會關係上的斷絕與孤立。而且在夫家沒有適當對象的情況下，寡婦要想再嫁到其他氏族成員那裏，就要得到亡夫家親族們的允許，將她的後夫給她的婚納金支付給其亡夫家。這時該女子的婚納金和亡夫的財產，則歸於亡夫同輩兄弟等親族。娶嫂婚時亡夫（兄）的財產，待到孩子長大成人就由他們來繼承的，在孩子成人前的這段期間，是由

---

[148] 成俔，《慵齋叢話》卷十。

[149] 加利福尼亞的印第安 Shata 族，亡兄之妻由其弟來繼娶，若無弟弟則按親等次，由同一輩份的遠緣親族來繼娶。對此種娶嫂婚的習俗，他們說是既然婚納金由親族成員共同支付，那麼，他們當然也具有把寡婦娶過來的權利。東非的 Nuer 族也說，兄弟輩既然用「我們的牛」來支付婚納金後把妻娶過來，那麼兄之妻亦可稱為「我們之妻」。但只能在兄長死去之後才去娶嫂子。（R.H. Lowie, *Primitive Society*, 1920, p.31; Evans-Prichard, op. cit., 1951, pp.77-78.）

後夫（弟）保管，然而一般來講，是由他任意處分的。比這更具體的習俗還很多，所以不能一概而論。然而，至少在娶嫂婚作為選好婚而實行的社會裏，主要財產的所有者的主體也許是個人，但是對其運作卻可能是被同輩兄弟、親族集團干預，這就說明死者的財產，他的妻子以及他未成年的孩子不能獨自去繼承或處理。這就說明，如同同輩兄弟間對妻子的性權利得到潛在的默認那樣，對財產的運作與處理上，同樣內含著這一層面。

泰勒（Tylor）早就注意到在娶嫂婚制中的這種集團性，從而提出共同體主體說，即婚姻並不只是個人間的結合，而是兩邊的氏族以及以家庭成為主體的集團間的約定，為此即便是婚姻當事者死了也不算解除，所以人們希望這個寡婦與其亡夫的氏族成員或家庭成員再次進行結婚。⑮從共同體的立場來看，為了避免因丈夫死後、妻子離去，致使共同體受到損失，也需要這麼做。這種共同體主體說，倒不是說共同體所有成員都具備有作為寡婦再婚的對象的同等資格，而是根據與亡人的親等次來給其兄弟賦以優先權的。據此，有人指出難以把這視為娶嫂婚起源的主張。⑮

但是在共同體主體說的觀點中，值得一提的是，雖然按親等次序來決定寡婦的再婚對象，但如果她的亡夫的弟弟、從弟等同輩中無適當者，那麼她就要被比她低一輩的兒子或侄子娶過去（兒子所娶的母親不是親生母親，而是父親的後妻）。關於三世紀烏丸族的婚俗，《三國志·東夷傳》裏就有如下描述：

> 父兄死，妻後母，執嫂。若無執嫂者，則己子以親之，次妻伯叔焉。死則歸其故夫。⑮

上引記載集中體現出這一層面。⑮如果在近親中沒有適當對象，那麼即便是遠親

---

⑮ R. H. Lowie, op. cit., p.31.

⑮ 江守五夫，前揭論文。

⑮ 《三國志·東夷傳·烏丸鮮卑傳》。

⑮ 娶後母或伯叔母的婚俗在北亞遊牧民之間是常見的；《史記·匈奴傳》稱：「父死妻後母，兄弟死，皆取其妻妻之」。《北史·突厥傳》稱「父兄伯叔死，子弟及姪等妻其後母伯叔母嫂，

（遠緣）也要與其再婚。（當然如果孩子已經長大成人，則可以拒絕這等再婚，還可以像前面提到的那樣，得到夫家的同意並交換婚納金之後，方可再嫁給其他氏族成員。）此即說明在娶嫂婚中對某人的妻子可主張性管轄權的最大限度血緣範圍，同時也說明親族成員之間的集團性。

同時還要考慮的一點是，關於娶嫂婚的功能，最早予以肯定的人是，投降匈奴的漢人中行說。大漢使臣把匈奴娶後母和兄弟之妻為己妻的婚俗，辱罵為鄙陋之俗，中行說反駁如下：

> 父子兄弟死，取其妻妻之，惡種姓之失也。故匈奴雖亂必立宗種。今中國雖詳不取其父兄之妻，親屬益疏則相殺，至乃易姓，皆從此類。[154]

總之他認為娶嫂婚是為了避免種姓之失，尤其是經歷災難之後，也能即刻從宗種即在同一宗姓中推舉出新的頭領。這是把著眼點放在集團統帥權問題上的說明。頭領死了，弟弟把他的妻子娶過來並撫養他的孩子，這樣做是為了避免頭領的弟弟與頭目的孩子之間，有可能產生的矛盾而分裂，而父親死後娶後母，這樣可以使父親的妻妾和孩子們以及她們所生的孩子與長子之間的紛爭容易得到平息，從而更容易地維持集團成員整體的統合力。頭領的弟弟或眾妻子的孩子們各自與他的妻族及外族有聯繫的這一點考慮，則會更加突出這一層面的。事實上，這些層面源自當時的扶餘社會，儘管殉葬數百人以及使用很多金銀質的附葬品[155]，但其統治組織基本上是依賴於血緣，即姻緣的，而且社會分化，還沒有成熟到父子繼

唯尊者不得下淫。」根據《三國志·東夷傳·扶餘條》的「兄死妻嫂，與匈奴同俗」之記載，張承斗認為在扶餘也像匈奴那樣娶後母的可能性大有存在。通古斯族亦有娶後母之習俗。儘管如此還不能完全斷定扶餘也存在娶後母之婚俗。筆者曾經披瀝過娶後母的婚俗要比娶嫂的婚俗更為悠久的主張，現在看來分明是個謬論，至少在考察娶嫂婚的起源時是如此。為此聲明加以更正。

張承斗，前揭論文，1938；盧泰敦，〈三國的成立及其發展〉，《韓國史》2，1977，頁158。

[154] 《史記·匈奴傳》。

[155] 同上書。

承達到一般化的程度，共同體要素尚很濃厚的狀態。[156]在這種狀況下，中行說準確把握住娶嫂婚制所持有的、維持共同體的功能，從而在與漢朝使臣的對話中，大力開陳關於文化相對論的認識。總之，在中行說的主張中，所表明的娶嫂婚制所持有的、維持共同體和謀求政治安定的功能，還是值得我們注意。[157]

如此看來，在娶嫂婚作為選好婚而實行的社會裏，由於娶嫂婚而產生的性關係中的集團性質（雖為潛在的），以及由於婚納金的攤派和分配而體現的親族成員間補助與團結，還有與姻族的集團性結緣關係的維持等層面上考慮，認為親族成員之間的、共同體性質很強烈是無妨的。不同社會的有關娶嫂婚更具體的性質，可把該社會的歷史狀況相結合起來加以把握。[158]

3.高句麗初期的親族集團

以上推定了在娶嫂婚作為選好婚而實行的社會裏，同輩兄弟的親族之間持續著很強的集團性，即存續著共同體紐帶的事實。在高句麗初期娶嫂婚被廣泛地實行過，所以，可以說在當時社會的親族成員間也存有這種集團性。具體來講，當時族長之位兄終弟及的事實中亦可見其端倪，最典型的示例是從王位繼承形態中顯現出來[159]。

---

[156] 護牙夫，〈匈奴國家的構造〉，《岩波講座·世界歷史》4，1970。（日文）

[157] 李龍範，〈高句麗的成長及鐵〉，《白山學報》1，1996，頁82。

[158] 婚姻樣式是人類的諸多習俗中持續時間最長的習俗之一。實際上，直到後代，娶嫂婚在中國的農村地區仍以轉婚、兄弟轉婚、轉親等名稱進行。（仁井田升，《中國法制史》1963，頁255）然而，從很早開始在儒教的倫理中就使用禮來嚴格規定叔嫂關係的。《禮記·曲禮（上）》稱「嫂叔不通問」，而在〈檀弓上〉裏亦稱「嫂叔之無服，蓋推而遠之也」。而孟子在主張臨危時刻應無視常禮而隨機應變，作為其示例所提出的「嫂溺不援，是豺狼也」。從中亦能看出在平時叔嫂間的關係（《孟子·離婁（上）》。在唐律則是以法來禁止娶嫂婚（仁井田升，前揭書，頁255）。一方面，在日本直到1950年代為止還實行娶嫂婚。然而，日本的中世紀的武家法中也是嚴令禁止娶嫂婚的實行（江守五夫，前揭論文，1966）。該兩國到近代為止仍所見到的娶嫂婚，不過是在民間部分地實行著。不能以此來與娶嫂婚作為選好婚而實行的社會裏親族集團的性質進行比較論述。

[159] 有關高句麗初期的王位繼承為兄弟繼承的事實已經多有指出。
金洸鎮，〈高句麗社會の生產樣式〉，《普專學會論集》3，1937。
金哲埈，前揭論文，1956。
李基白，前揭論文，1959。

據《三國史記》所載王系，大武神王以後直至山上王的王位繼承顯現出兄終弟及的一面。這又可以分成三個階段：即從大武神王到慕本王為第一個階段，從太祖王到新大王為第二個階段，然後從故國川王到山上王時期為第三個階段。

首先大武神王死去以後，王位由其弟弟閔中王繼承，閔中王死後則由大武神王之子慕本王來繼承，從而顯現出兄終弟及類型。

然後，繼慕本王即位的是其從弟太祖王，這也屬於兄終弟及類型。但正如前文所指，其中有眾多疑問，比如，太祖王在位居然長達 94 年和壽長 119 年；有關再思這一太祖王之父、大武神王之弟的人物的記載可疑[160]；在《三國遺事》裏直至慕本王的王室的姓氏都是解氏，《三國史記》中也反映這一現象，這與太祖王以後姓高氏這一現象有差異[161]等。此即意味著慕本王與太祖王之間在王系上曾有過很多的變動。而且像太祖王、次大王、新大王等的王號，與他們的前代以及後來的故國川王代以後，所反映的與王的葬地（王陵）直接相關的現象不同。[162]然而不能僅根據這一現象，就把太祖王等三王的存在視為依據《三國志》和《後漢書》的記載，由後代補綴加入的王系。暫且把它認為是三王的王號亡失以後，由後人加以追尊的。即便如此，使用了太祖王、次大王這樣的王號，則很強烈地反映了追尊當時的王室，把太祖王代以後視為正統的意識。

但是讓人無法解釋的是，三個王代的其他事實均被流傳了下來，偏偏只有王號被遺失了？還有像新大王相傳其葬地是故國谷，那麼如果是後來所追封的話，理應像其他的王號那樣，按照葬地名起王號，但沒這樣做，是不是反而說明該三王的王號是當時就有的呢？即便不是該王當時，是不是下一個王代對前王就那樣稱呼的呢？即自稱新王統的，賦予了帶有第一代王、第二代王之意的王號，而後來把它用漢字表達為太祖王、次大王、新大王而流傳了下來。

無論如何，這些事實說明，由於在太祖王代，旁系新勢力登場，以及隨之而

---

[160] 據《三國史記》再思一直活到慕本王死去為止，但由於年事已高，由其七歲的兒子太祖王來繼承王位。太祖王與其弟慕本王之間有四十餘歲的年齡差異，而太祖王即位後，不是由其父再思而是由其扶餘人母后來垂簾聽政等。

[161] 金哲埈，〈百濟社會及其文化〉，1973；重新收錄於《韓國古代社會研究》，1975。

[162] 鄭早苗，〈高句麗王系小考〉，《旗田巍古稀記念朝鮮歷史論集》（上），1979。

來的動盪，展現在我們面前的是與前時代（前王朝）相異的某種斷層。看來，經過太祖王等三王的在位期間，新王室的勢力基礎普遍得到加強，同時又重新繼承了前代按照葬地來制定王號的傳統，自從山上王朝代以後一直進行下去。與此同時，在後來企圖把太祖王以後的王系與前此朝代從王系上加以一元化的過程中，把慕本王與太祖王連接起來，這樣才出現了太祖王在位期間變長等極為不自然的現象。在實際系譜上，作為其連接點再思這個人物登場，然而把他弄成是大武神王的弟弟卻是個疑問。而且在閔中王死後不是由其弟再思繼位，卻被其侄子慕本王繼承了，說明這對兄終弟及根本構不成問題。

從太祖王到新大王的王位繼承是由兄終弟及[163]，其後，從新大王到故國川王的王位繼承是父子相繼，然故國川王的王位卻由其弟山上王繼承，而後其王位由東川王繼承，又變成父子相繼了。就這一期間問題，將會在下一章節中再次論及，但它帶有從兄終弟及向父子相繼轉換的過渡期性質。

在初期的高句麗社會裏，從族長位的繼承上也能找到兄終弟及的一面。在高句麗官等名稱中所見的「兄」便在這一點上值得注意。「兄」有兄弟之兄的意思，在滿族語中意思為兄的單詞是「age」，同時也意味著年長者。Age 相當於赫哲（Goldi）語中的 aga，ブリヤト蒙古方言的 aka 以及蒙古語的 axa，也與通古斯語中把父系親族內的年長者全被稱作 aki 或 aka 的情形相似。[164]在四世紀的鮮卑語中，帶有兄之意的阿干也與 axa、aga、aka 等屬於同一語源，而阿干被作為兄之意的同時也作為長者、貴者之意使用。[165]而且在現代蒙古語中的，具有兄弟

---

[163] 有關高句麗初期的王系以及太祖王、次大王和新大王的關係，請參看第一章第二節。

[164] Shirokogoroff, op, cit., 1929, p.175.

[165] 《晉書》卷九十七，〈吐谷渾傳〉。「鮮卑謂兄為阿干，（慕容）廆追思之（吐谷渾），作阿干之歌，常歌之。」然在《魏書》卷十五，〈常山王　遵傳〉附〈可悉陵傳〉中，相傳可悉陵在十七歲的時候，跟隨世祖出外打獵，徒手打死一老虎。為此世祖給其除授了「內行阿干」。以此為據，成書於清乾隆年間的武英殿本《魏書》之考證為「阿干非必兄矣，蓋長者貴者之稱。內行猶今云內庭行走者也。」這很有道理的。若把阿干與 aga 等為同一語源的話，阿干既是兄之意，同時具有長者貴者之意。而且也可作為族長之意。吐谷渾從慕容廆集團分離出去的時候，他便是一千七百家的首長。

之兄的 axa，原來就帶有聯合家族的家族長之意。[166]

由此看來，作為具有普遍的社會意義的官等名稱而使用的「兄」，其原意來源於年長者、家族長[167]或作為親族集團頭目的長老這個詞。把親族集團之長稱為兄，意味著按世代和年齡來分類把握集團成員，而族長的地位由兄終弟及。即在一個親族集團裏，如果最年長者得到族長之位，那麼他就是他這一代的兄弟們輩中的兄（大哥）。他死後，即使由下一個弟弟繼承，他依然是他這一代中最為年長者，即兄。而且，如果沒有弟弟，則該地位由其伯兄的長子來繼承，他也是兄。這樣，是年長者同時是同輩兄弟中老大之意的名詞與親族集團的頭目之意又自然地融合並通用。後來這種繼承法消失後，便只剩下兄弟之兄的含義了。

作為官等名的兄，最初見於《三國史記·高句麗本紀》烽上王二年（293）條中，把來犯鮮卑族予以擊破的新城宰北部小兄高奴子，國王授予大兄之位。卒於永樂十八年（408）的德興里壁畫古墓主人公鎮，在生前所歷任的官等之一就叫做小大兄。還有卒於五世紀初的牟頭婁在其墓誌上，記述其先祖冉牟以及祖父曾為大兄。[168]蓋在三世紀後半就已使用「兄」這一官等。

而在《三國志》中只見使者不見兄這一官等名。對此曾有人主張《三國志》中所見的官等名，大部分是土俗語的音譯（音寫），其中優台就相當於兄，並認為它與《三國史記·高句麗本紀》一開始就出現的于台相同。[169]不論怎麼說，即便《三國志》摘錄的官名中，沒有相當於兄的官等，也很難認為兄之名稱與含義首次出現在三世紀後半葉以後。在古代國家裏作為基本官等名首次被採納時，一般來講都帶有很強的社會意識。兄之名稱並非採自漢語，而是把土俗語音譯成漢字來表現的，也就意味著該土俗語很早就已存在。兄是作為親族集團以及大家族

---

[166] 後藤富男，《內陸亞細亞遊牧民社會的研究》，1968，頁 241－248。在近代以前的蒙古社會裏，作為遊牧單位並作為一種大家族的親族集團——xodon 的長就是兄弟繼承的。而且在 xodon 裏則普遍地實行著娶嫂婚。

[167] 金哲埈，前揭論文，1956。

[168] 武田幸男，〈牟頭婁一族與高句麗王權〉，《朝鮮學報》99、100 合輯號，1981：重收錄於《高句麗史と東アジア》，1989。

[169] 金哲埈，前揭論文，1956。

之長的意思被一直使用，卻到這一時期被作為官等體系的基本名稱而被採用。一旦被作為官等名而使用以後，直至高句麗末期，儘管期間發生了諸多變化，兄之官等卻是一直沿用下來。總之，在考察「兄」的語源及來歷時，可以推論出在高句麗初期社會親族集團之長的地位是兄終弟及的。

王位的兄終弟及說明區分「嫡子」與「眾子」以及「本家」與「支家」的制度與意識並不十分清晰。這意味著即使現王還在位的時候，諸王弟們對王位也保有潛在的權力，而且這種權力在社會上也是被認可的。所以王弟們的地位相對高一些，也可積極介入處理國事。太祖王的弟弟遂成就是作為王弟很深地參與處理國事，在其王兄還在位時，他與其隨從們就非常露骨的表現出要繼承下任王位的欲望。

他後來接替王兄登基為王。根據《三國志》（記述了二世紀後半到三世紀初王族們的狀況）記載可知，王弟以及王子等王族大加們被稱為古鄒加，他們麾下都有家臣，勢力非常強大。[170]很自然，王不是君臨於這些王族大加們之上的絕對權力者，而是處在他們的代表者這樣一個位置上，所以在處理國家大事上，有很強的會議體制性質。非但只是桂婁部王室，其他部的情況也是基本如此。在部的構成中，部之下屬單位的各親族集團長的職位被兄弟繼承，而該稱呼後來漢字化，表現為兄，此即意味著兄弟輩的親族集團成員之間尚存集團性。統合仍具有很強的共同體聚集力的親族集團而成立的各部，在其運作和操作上，由親族集團的長們組成的會議發揮了重要作用。在由諸部的統合而成立的高句麗王國中，由各部的大加以及王族的大加們所組成的諸加會議，它的權能是非常強大的。這一點從根據「國人」或「群公議」就可以擁立或廢黜國王的事實中可以看出[171]，「有罪諸

[170] 《三國志·東夷傳·高句麗條》記載，「王之宗族其大加皆稱古鄒加云云。」但古鄒加具體為何等人卻未明記。現傳記錄中被稱為古鄒加的王族有太祖王之父再思，西川王之子美川王之父咄固，文咨王之父助多，還有就是拔岐之子山上王的侄子駮位居等四人。其中也許會有後來被追贈的，但大體上可以估知作為王族古鄒加的對象及範圍。被稱為古鄒加的王族大加都是王弟、王子以及已經旁系化的家系的長。

[171] 盧泰敦，〈三國的政治構造與社會、經濟〉，《韓國史》2，1978，頁212－216。

加評議，便殺之，沒入妻子為奴婢」[172]的記載中也反映出來，即不是在特定的官僚機構中依據實際法來執法，而是依據諸加評議來執行的。

這樣，在高句麗的初期社會裏，首長之位是兄終弟及的，這與當時娶嫂婚中娶寡婦的順序是在同一軌跡上。當然娶嫂婚與兄弟繼承並非必須在任何地域，都有著普遍的相互必須的關係。在娶嫂婚被作為選好婚而實行的社會裏，首長被選定的或是透過親族間的武力鬥爭來爭取的事例很多，有時也有父子繼承的情況。但是娶嫂婚制與首長位的兄弟繼承共存時，兩者則形成相互適合的關係，從而在其社會中強烈地維持著親族成員間的集團性，即初期高句麗社會的娶嫂婚制，是在當時尚存著親族集團共同體關係上得以廣泛實行的，而且也正是反映這種狀態。[173]

㈢娶嫂婚的消亡

在初期高句麗社會裏，被作為選好婚而廣泛實行過的娶嫂婚，後來逐漸趨於消亡。這不僅體現出婚姻風俗以及與之相伴隨的倫理觀的變化，還體現了成為娶嫂婚制社會基礎的、親族集團的集團性在逐漸弱化和變質。頻繁的征服戰爭以及社會分化的進展是構成它消亡的主要原因。隨著征服戰爭，族團之間形成了上下關係，其中劣敗的集團便成為戰俘，進而變成奴隸或徙居成為隸民。在成為奴隸或被分散徙居的情況下，親族集團本身就會解體，所以娶嫂婚也就無法實行，或

[172] 《三國志·東夷傳·高句麗條》。

[173] 在這裏的親族集團，並不是意味著家屬。娶嫂婚普遍實行的種族中，常見有擴大家族、聯合家族等大家族的類型。然小家族類型佔有多數的情況亦有之，所以不能一概論之。就高句麗而言，《漢書·地理志》中稱，玄菟郡的人口為 45,006 戶，221,845 名，即把當時家族把握成每戶約為五人的自然戶。然而這一數字是與同為該書上所記載的長城以南郡的每戶人口數是大同小異的，是當時漢人根據其社會基準與觀念把握的結果。它並不意味著當時高句麗社會是以小家族為單位，實行所有與分配以及生產與消費。即便是小家族在當時高句麗是具有重要意義的細胞單位，但根本性問題應為它與親族成員以及村落構成員之間，處於什麼樣的相互關係之下。在這種意義上講，《三國志·東夷傳·濊條》可作參考。當然當時高句麗與東濊之間在種族和地區發展等方面，具有不均衡性，然「山川各有部分，不得妄相涉入。同姓不婚，多忌諱（云云）」的東濊社會狀態，有助於我們理解三世紀以前高句麗社會的村落狀態。

則勉強地局限於在親兄弟之間舉行，為此娶嫂婚所帶有的社會性也就沒有意義了。不僅是處在最下層的奴婢們，即使在王族等的統治層中也在相對地加快了親族集團的分化進程。

就王族而言　正如前述，作為古鄒加的王弟、王子等大加們，其勢力非常強大。由於他們實行兄終弟及制，所以他們是潛在的王位繼承權者，並參與國家大事操作。隨著高句麗國的擴張，他們的財富以及權力也在增大。這反映了王室親族們所持有的集團性。一方面，王族大加們具有如此顯赫的地位和勢力，同時又具有促進王族間分化的兩面性。王族大加率領其家臣團在其麾下構築強大的勢力，這樣逐漸在他們之間甚至是與王室引發衝突。太祖王之弟遂成就深入參與國政，其麾下集結著包括非族團的（其他親族）關係的隨從。他在質陽和倭山等地打獵時，追隨其左右的就是這些人。[174]當時的狩獵除單純的動物獵取與遊樂之外，還成為聯合原有追隨者和聚集新的追隨者的契機。而對國王而言，狩獵更具有慰撫和爭取地方勢力的含義。總之，隨著遂成麾下的勢力日益強大，自然就會與對太祖王的忠心勢力產生摩擦。右輔高福章就向太祖王請求除掉遂成，就是個極好的例證。[175]

王族大加們的勢力，不僅隨著參與國政所獲得財富和權利的增大而擴大，有時是因為得到采領而增大。新大王即位以後，把拘山瀨和婁豆谷這兩處賜給次大王之子鄒安，被封為讓國君。這個鄒安的處境與山上王代的發岐之子古鄒加駮位居十分相似。被表述為讓國君的他，地位應視為是古鄒加。賜給鄒安的兩處地方理應是個采領，對采領的具體支配方式雖無法確知，但能感覺得到它與食邑相似。這種采領的賜予不可能只限於鄒安一人的特殊形態。駮位居和鄒安的處境大同小異，為此可以想像這種可能性。而對王族以外的人們，如建立有戰功則將會賜予一定的地域作為其食邑。而且拔奇在王位爭奪戰中退敗以後，便與消奴加一同各率領三萬下戶向遼東的公孫氏投降，並蟠踞在沸流水上游地區與中央政府進行對抗。消奴加率領的三萬口是由消奴部部成員和隸屬於消奴部的集團隸民組成

---

[174] 《三國史記·高句麗本紀》，太祖王八十年、八十六年、九十四年條。

[175] 《三國史記·高句麗本紀》，太祖王八十年、九十年、九十四年條。

的，但拔奇率領的三萬口應是由對桂婁部中央王室不滿的地方勢力和部分中央貴族勢力組成的。同時，他之所以蟠踞在沸流水上游地區，是因為消奴部就是沸流部，該區域就是沸流水流域[176]，而且在這地區有他的采領所致。還有他所率領的三萬口下戶中，也不能排除包括該采領居民的可能性。

反正，在王族大加們的麾下形成的勢力，隨著他們作為個別性集團而具有很大的獨立性，與此同時王族大加中的最大勢力，即王室的力量也在得到強化。因而兩者的矛盾逐漸激化，從而使王族整體的集團性，即共同體的聚集力也逐漸弱化。遂成雖然是透過兄終弟及而即位的，但他對兄王的幕僚不是殺死就是排除出去，並用自己的幕僚來取代，還除掉兄王的諸子。他這樣做使現有的王族間共同體的團結關係產生裂痕。

次大王三年七月，王去平儒原打獵，恰遇有隻白狐邊跟邊哭叫，次大王用弓箭射它，卻沒有射中。王覺得很蹊蹺，就找來巫師占了一卦，巫師如是說：

> 狐者妖獸非吉祥，況白其色，尤可怪也。然天不能諄諄其言，故示以妖怪者，欲令人君恐懼修省，以自新也。君若修德，則可以轉禍為福。[177]

巫師之言，是與同年三月，在次大王的逼迫下，其兄太祖王的長子被殺而次子被迫自殺之事有關。看來，巫師是想借此事，向打破王族間現有集團性的次大王的行為做一個警告。但次大王聽了巫師的這番話，反而把巫師給殺了，進而向伯固（弟輩）勢力施加壓力，因為按照兄終弟及習俗，他有可能就成為下任王位繼承者。次大王的種種措施，其目的在於透過對王弟等王族大加勢力的壓制，圖謀王權的強大化，這樣在王位繼承上自然就嚮往父子繼承制。

這勢必要遭到反抗的，上面的巫師之言中體現出來，最終次大王本身慘遭殺害。接著伯固透過「國民公議」被擁戴為國王。王位的兄弟繼承之習俗，再次得到實現。新大王即位之後，就對次大王之子賞賜了兩處采領，並封其為讓國君，

---

[176] 李丙燾，〈高句麗國號考〉，《韓國古代史研究》，1976。

[177] 《三國史記·高句麗本紀》，次大王三年條。

以此圖謀王族集團的團結。但是新大王把王位給其子故國川王繼承，這樣嶄新的父子繼承形態展現在人們面前。

另一方面，在基層社會中親族集團間的分化也開始出現。故國川王十六年，王在打獵的路上遇見貧寒的傭作農，他的存在正是展現了這一層面。為了防止這些貧民淪落為隸民，並把他們牢牢地栓在中央政府管轄之下，故國川王時制定了賑貸法，卻抵擋不住持續進行著的分化，部分貧農也逐漸淪落為隸民。故國川王十二年，左可慮與於畀留等王后的親戚強行霸佔別人田宅及妻小生起了事端，可見大加貴族們的豪奪也促進了分化進程。隨著這種現象發生，往後的趨勢就是親族集團的、共同體的團結力逐步弱化。

這種時代趨勢與王位繼承形態的變化也是相通的。由父子繼承而登上王位的故國川王，任用了家境相對寒微的乙巴泰，實施國相制和賑貸法等，致力於強化王權。但他死後，其王位則由其弟弟山上王繼承。這當然可以視作是起因於故國川王無子，但正如「兄死弟及為禮」這句話，國王死後繼承權不是他的下一代來擁有，而是被其同輩的王弟們公然地把持在手中，並相互展開殊死爭鬥的情形，不難確認兄弟繼承的習俗及觀念還深深地留在人們意識當中，這同時也表明諸王弟勢力的強大。然而山上王以後，由其子東川王繼位，從此以後，父子繼承就成為不可動搖的習俗。由此諸王弟的地位就相對地降低，他們的動向被嚴密注視，經常被懷疑謀反等而被處死。[178]

由此可見，從故國川王即位到東川王即位為止的這段期間，王位從兄終弟及轉變到父子相繼過渡，而它又經受陣痛，最終確立為父子相繼。這種變化意味著王室親族員之間的集團性，經受質的變化而變得弱化，自然親族員之間的集團性作為基礎的娶嫂婚也開始變形並走向消亡，隨後其倫理觀也發生了變化。在東川王代時期死去的于氏留下遺言，說不與故國川王而要求與山上王合葬，朝廷又遵從了這個遺言，從而娶嫂婚制習俗被打破，但臨終前于氏流露出的煩惱，也正是從這種過渡期狀況而起的。在三世紀前半葉的扶餘，雖然還沒有確立父子繼承

---

[178] 李基白，前揭論文，1959。

制，但亦可見其端倪。[179]

對王族來說，隨著財富和權力的集中，加劇了親族成員間的分化，而像戰俘及奴隸等則因於「他力」致使親族集團本身解體。所以對他們而言，娶嫂婚的習俗相對較早地消亡了。部的統治族團，儘管較之於王族要相對地緩慢些，但無疑也經歷了同樣的過程。由於參加戰爭，從而分得了戰俘和戰利品，統治族團員的個人財富增多了。王又對那些有非凡軍功者賜以食邑。該食邑的支配以及源於此的財富，並不只是建有軍功者獨享，而該族團部分成員也有參與享用的可能。然而，主要的享有者還是建有軍功者本人以及其直系家族成員。東川王代在擊退了毌丘儉的進攻之後，進行論功行賞時，把巨谷、青木谷作為食邑賜給密友；把鴨綠、杜訥、河原作為食邑賜給劉屋句。而且追贈紐由為九使者，由其子多優擔任大使者。[180]在這裏雖沒有給紐由食邑的記載，卻引人注意的是作為對紐由戰功的報答，是讓他的兒子當上大使者。由此可知，作為對戰功報答的食邑，是可以由其直系子女來繼承的。當然這並不意味著食邑的世襲。食邑的賜予即便是止於當代，由此食邑產生的利益是由當事者及其直系家族來享用。這使我們瞭解在部與部內部的統治族團內所進行的分化過程的一個層面。

就一般部落民而言，也許把部落共同體的要素和親族員之間的集團性一直維持到後期，但正如前面所提到的故國川王時期貧寒的傭作農例子來說，後來成為美川王的乙弗，為了逃避烽上王的迫害而躲進山谷時，曾在水室村陰牟家中傭作的事實[181]那樣，分化一直在繼續。由此在高句麗社會作為選好婚的娶嫂婚也在慢慢地消亡。

同時在這種娶嫂婚的習俗和倫理觀的變化中，不能排除已經採取以小家族為

---

[179] 據《三國志·東夷傳》記載，三世紀前半葉，扶餘的王位則呈現出，以簡位居——麻餘——依慮等順序，相連接的父子相繼的一面。只是因不傳有扶餘自身的記錄，所以無法弄清其具體面貌。而麻餘是被諸加共立為王的。在東川王時代曾經發生大使位居殺死作為牛加的其季父父子兩人之事。這是否可以這麼理解呢，原來位居之父是牛加，後來根據兄終弟及原則該牛加之位由季父來繼承，再後來位居與其季父之間產生矛盾，所以位居就殺害季父父子二人的。（金哲埈，前揭論文，1956）據此看來，該時期在扶餘的統治階層中，父子繼承還尚未牢固地確立。

[180] 《三國史記·高句麗本紀》，東川王二十年條。

[181] 《三國史記·高句麗本紀》，美川王元年條。

單位的父子繼承制度和與其倫理觀相同的漢族大規模地前來居住⑱，以及與中國頻繁的接觸等外在契機和影響等要素。

以上考察了娶嫂婚制在王室裏是三世紀前半就已消亡，後來漸漸成為一般化趨勢。三世紀以後，有關高句麗社會的婚俗並無特別記載，直到《周書·高麗傳》才見有如下記述：

婚娶之禮，略無財幣，若受財者，謂之賣婢，俗甚恥之。

在這裏，值得注意的是再無發現有關婚納金的敘述。《隋書·高麗傳》有如下記述：

有婚嫁者，取男女相悅，然即為之，男家送豬酒而已，無財聘之禮。或有受財者，人共恥之。

這也告訴我們同樣的事實，即男方家中只送去豬和酒就盡到全部的結納之禮。雖不是婚納金，但男方家送往女方家的物品一概沒有，這似乎不大可能。在朝鮮時代也能看到透過各種贈答禮儀把物品送到女方家的例子⑱；直至二十世紀為止，還能在一些偏僻山村發現率壻婚的存在。⑱從這些事實中考慮，在當時高句麗社會的所有階層都是那樣，尚顯可疑。

然而，以兩書中都有這樣記述的事實上看，至少在和中國人頻繁接觸的地區以及高句麗的中心地區裏，不存在所謂婚納金，這好像是個事實。這與《魏略》、《三國志·高句麗傳》中，所描述的狀態明顯不同。關於當時的喪禮是這

---

⑱ 為了躲避後漢末期的混亂，故國川王十九年及山上王二十一年很多流移民從中國前來居住。（《三國史記·高句麗本紀》，同王同年條）其後在晉末混亂時期也是如此，尤其是四世紀前半葉，隨著高句麗吞併樂浪地區並蠶食遼東，長期在中國支配下受其文化影響的居民也吸收進來，這在很多方面所能發揮的作用是可想而知的。

⑱ 金斗憲，前揭書，1969，頁426－427。

⑱ 孫晉泰，前揭論文，1933。

樣記載的：

> 父母及夫喪，其服制同與華夏。兄弟則限於三月。[185]

有關父親與兄各自的服（喪服或孝服）已有懸殊的差異，與把父親和兄視作同一類別的高句麗的初期習俗，有著根本性的差異。而且丈夫的服喪期和父母的同樣為三年，則顯示出妻子對丈夫極強的歸屬性。此即反映以家長為中心的、直系家族的倫理。

在初期高句麗社會的婚俗中，與娶嫂婚有機地結合在一起的婚納金消失以及以家長為中心的直系家族倫理產生，便意味著娶嫂婚制的消亡。

三世紀前半，首先在王室中廢棄，並逐漸在全社會裏消失的娶嫂婚，直至這一時期，也許在部分地區或部分農民層中仍在實行，但可以肯定在高句麗社會作為選好婚而實行的娶嫂婚已經不復存在。

㈣娶嫂婚的分佈

以上考察了在《三國史記》和《魏略》中所傳的關於初期高句麗社會娶嫂婚的概況。歸納其內容如下：

初期高句麗社會的娶嫂婚，並非只是作為之前時期婚俗的殘渣偶爾例外地存在的，而是當時人們所希望的婚姻形態，被當作選好婚而廣泛舉行過的。從女子的立場上看，這個選好婚實質上就是再婚，但卻與當時在高句麗社會流行的壻屋制婚俗有機結合起來。至少娶嫂婚和壻屋制的婚俗不是不相容的關係。這一點可以透過壻屋制的婚俗中，所能看到的婚納金的存在來確認。

有關娶嫂婚起源的相關論述從很早以前就有提及。由於娶嫂婚是設定關於人類婚姻史展開過程的理論體系的重要因素，所以在對起源的理解上出現互為相反的一面。一種是從集體婚乃至性共有關係上尋找其由來的立場，另一種是把它視為從一夫一妻的單婚制中派生的婚姻形態。但無論如何，娶嫂婚在那個社會被作

---

[185] 《周書·高麗傳》以及《隋書·高麗傳》也相傳有同樣的內容。

為選好婚而實行的狀態下，強烈地維持著那個社會親族集團成員之間的共同體紐帶，卻是個共同現象。

從娶嫂婚被廣泛舉行過的高句麗初期社會裏，也能找到一面。王位或親族集團之長的地位由兄弟繼承便是很好的反映。族長位原由兄弟繼承的順序與娶嫂婚制中娶寡婦的順序是一樣的。在當時的部體制下所見的王弟及王子等王族大加們的強大勢力以及決定政策中帶有濃厚的會議體性質等，都是從同一社會背景中出現的現象。

娶嫂婚在後來漸漸走向了消亡，它是隨著親族集團的逐步分化而出現的現象。戰俘、奴隸等下層隸屬民以及財富和權利都集中在王族中，以致這種親族集團的解體和分化更為迅速，所以娶嫂婚也隨之早早地消亡了。就拿王室來說，在三世紀前半葉就已廢棄了娶嫂婚的習俗。隨著社會分化的進展，整個社會也隨即步入此途。在這裏漢文化的影響也不容忽視。後來《周書·高麗傳》中關於高句麗婚俗的記載，不再有與娶嫂婚密切相連的婚納金，而且還呈現出以直系為中心的家族倫理。這說明在這個時期娶嫂婚至少已經不被作為選好婚而實行了。

最後要提的問題是娶嫂婚在韓國古代社會裏的分佈，即應該怎樣理解有關娶嫂婚的記述只見於扶餘和高句麗，而其他地區一概不見的現象呢？

就此首先可以提到的是對文化圈的理解，即把它視為由於高句麗和扶餘與北亞遊牧民族以及森林種族的文化圈相連接並受其影響而引起的現象。實際上，北亞遊牧民族和森林種族間，娶嫂婚作為選好婚在廣大範圍裏實行過，這一婚俗一直被延用到後代。[186]而且中亞的吉爾基斯族以及古代希伯來族等遊牧種族也曾廣泛地實行過娶嫂婚。[187]高句麗人和扶餘人雖然是土著農耕民，但在扶餘和高句麗

---

[186] 田中克己，前揭論文，1944。

[187] Krader. op. cit., pp.249-255, pp.544-548.
Oueen, Habenstein & Adams, op. cit., pp.154-155.

初期的社會中，畜牧和狩獵所占比重很大。[188]而且很早以前就與這些遊牧民族和森林種族建立了一種交涉關係。[189]高句麗與相鄰的遊牧民族之間的文化紐帶關係也很深厚，如三世紀的高句麗婚俗與烏桓族很相似[190]，在葬送禮儀上也顯示出極為類似的一面。[191]從這幾點考慮，把高句麗的娶嫂婚從文化圈的側面上加以理解是具有一定意義的。

當然並非畜牧經濟本身致使娶嫂婚的發生。在農業社會的中國和日本，直至近代，雖然不是被作為是選好婚，部分地區卻仍實行過娶嫂婚，在南太平洋的諸島嶼上以農耕為主業而生活著的居民之間，娶嫂婚被作為選好婚而廣泛地實行過。文獻上亦流傳著三世紀作為農業社會的交阯、九真等即現今越南北部地方，也廣泛實行過娶嫂婚。[192]

娶嫂婚作為在人類婚姻史中常見的婚姻之一，它分明不是與某一特定地區的文化圈相結合而發生。然而一般地認為娶嫂婚是父系社會的婚俗[193]，婚納金也是作為「父處制」社會婚俗的一部分而存在的。[194]而遊牧或畜牧社會作為父系父處制社會，實際上，其勞動效率性是隨著經濟的需要把幾家的家畜聚成一定的群而一起放牧和移動，草地是公共所有，所以父系親族員之間的共同體關係則很自然地維持到很晚。正是由於這種父系社會和遊牧經濟等要素與娶嫂婚的習俗結合成相互恰當的關係，所以在北亞各種族社會裏，娶嫂婚廣泛流行，並一直持續到很晚。這種與北亞各種族文化圈的親密的相互關係，則作為在初期的高句麗和扶餘

---

[188] 扶餘盛產名馬，以家畜名冠以官名。高句麗雖生活在狹隘的山間地區，但狩獵是他們生活的一部分，畜牧化也有相當的進展。把延優為了歡待深夜找來的于氏，親自為其切肉時誤傷手指的的記錄，解釋成高句麗社會的畜牧景象卻是很有趣的。（《關於三國時期的社會經濟構成的討論集》，1957）

[189] 請參看本書第四章第一節「六世紀中葉的政局變動」。

[190] 《三國志·烏丸鮮卑傳》序文中所引用的，《魏書》中所傳的烏丸的婚俗與或壻屋制婚俗具有很相似的一面。

[191] 齋藤忠，〈高句麗古墳壁畫にあらわれた葬送儀禮について〉，《朝鮮學報》91，1979。

[192] 《三國志》卷五十三，〈薛綜傳〉。

[193] 在母系社會裏偶爾實行娶嫂婚的事例，然而此屬一種例外。
D.M. Schneider & K. Gough (ed.), *Matrilineal Kinship*, 1961, p.421.

[194] Murduck, op. cit., p.20.

社會中，娶嫂婚得以廣泛地實行並維持下去的外界因素，其發揮的作用是可想而知的。可以說，此與由於同中國文化的接觸，而促進娶嫂婚婚俗的廢除，卻恰恰是相反的。

但是，立足於傳播論的文化圈說的觀點，不能就只在高句麗初期和扶餘初期所見這一分佈上的問題，給予充分說明。那是因為娶嫂婚的發生本身從根本上就不是文化圈的產物。在此暫看一下《三國志·東夷傳》的記載，關於東沃沮有「其言語與句麗大同，時時小異。（中略）食飲居處，衣服禮節，有似句麗」這樣的話。關於濊有「言語、法俗，大抵與句麗同，衣服有異」這樣的話。引用於《太平御覽》裏的《魏志》在言及濊的法俗時稱「嫁娶喪葬之法，有似句麗」。[195]關於《三國志·東夷傳》的有關各種族的論述，它本身不是各自獨立而成的分傳，而是互相連接的論述。所以對初次出現的記事進行詳細論述，而對重複出現的記事進行省略或用「有似……」的方式進行簡略化。[196]高句麗的情況也是這樣，如果在《魏略》裏不傳有原文，我們所能看到的僅僅是《三國志》的「言語諸事，多與扶餘同」的記載，卻看不到有關娶嫂婚的直接性言論。鑒於此，從上述的有關東濊和沃沮的記事中，可以推論出，當時在其社會裏也和高句麗一樣曾廣泛地實行過娶嫂婚。

這樣在東濊和沃沮也曾廣泛地實行過娶嫂婚，所以在三韓社會裏也能設想到其可能性。濊族的分佈已擴展到迎日灣地區。[197]但是看不到有關三韓社會裏實行娶嫂婚的任何傳承。在新羅和百濟也是如此，儘管在百濟王室中流傳著極具神話色彩的兄弟共妻之事例[198]，卻不見有關於娶嫂婚的傳承。對此我們不能把其原因統統歸結為有關記錄的亡失。事實上娶嫂婚雖然是一種很普遍的婚俗，但並不是

---

[195] 《太平御覽》卷七百八十，蕃夷部濊貊條。
有關該《魏志》的性質是眾說紛紜莫衷一是。有與現行本魏志（《三國志·東夷傳》）不同的異本魏志說，魏志草稿本說，魏志要約本說，魏志、魏略引用說等。
佐伯有清，〈太平御覽所引魏志〉，《旗田巍記念朝鮮歷史論集（上）》，1979。

[196] 全海宗，前揭書，1980，頁55。

[197] 迎日郡新光面馬助里出土的「晉率善濊伯章」便是個例證。
梅原末治，〈晉率善濊伯章銅印〉，《考古美術》8-1、2，1967。

[198] 參看注釋[108]。

在所有的種族中都實行過。即便是相毗鄰的種族也有可能有分為把娶嫂婚作為選好婚而實行的種族和不這麼做的種族。一旦透過現有的文獻來考察時，三韓及其後的新羅和百濟社會裏沒有娶嫂婚的記載，是否說明，至少在這兩個國家裏娶嫂婚並沒有作為選好婚而實行過的呢？

此即說明在韓國古代社會裏，娶嫂婚的分佈反映了濊貊族系統和韓族系統之間，略微的文化差異。

第三章
領域國家體制的形成與對外關係

一、地方制度的形成及其變遷

三世紀中半以後，隨著五部的自治力走向消亡，部體制逐漸走向解體。而與之相反的是，王權強化和中央集權漸漸地使新的制度和組織成型。那就是以兄類和使者類為骨幹的一元化官等制的制定，與地方統治組織的構築趨向具體化。地方制度就是為了由朝廷來直接掌握，包括在高句麗領域內的各地區和對人民的支配力而創設的統治組織。它的形成便意味著帶有各級自治體聯合政體性質的部體制的告終。

在這一節裏，要闡述的是高句麗地方制度的形成及其構成，從而考察四世紀以後進行的中央集權制領域國家體制的一個側面。對這一問題進行考察時，首先要探討的是，成書的時期分明、同時又是高句麗支配層直接來參與製作的《三國史記・地理志㈣》中，所傳的「目錄」的記事。透過它來把握高句麗最末期的地方制度的這一層面以後，以此為基礎，透過對中方史冊中所傳片鱗記載的探討，重新架構六世紀後半以後的高句麗地方制度。接著察看一下，在五世紀作為地方制度——郡制的存在及其構成，最後將郡制的形成過程，即高句麗地方制度的成立過程作一大致的瞭解。

㈠對《三國史記·地理志㈣》「目錄」的探討

1.「目錄」的成書時期及其性質

在考察高句麗後期地方制度的時候，值得注意的是記述有關鴨綠江以北諸城的《三國史記·地理志㈣》之「目錄」。收錄於〈地理志㈣〉裏的「目錄」以及與之相關的記事，按記載順序加以引用如下：

(A)①又總章二年，英國公李勣奉勑，以高句麗諸城，置都督府及州縣。②目錄云「鴨淥以北，已降城十一。其一國內城，從平壤至此十七驛。」③則此城亦在北朝境內，但不知其何所耳。

(B)總章二年二月，前司空兼太子太師英國公李勣等，奏稱「奉勑高麗諸城，堪置都督府及州郡者，宜共男生商量准擬，奏聞件狀如前。」勑「依奏。其州郡應須隸屬，宜委遼東道安撫使兼右相劉仁軌。」遂便穩分割，仍總隸安東都護府。

(C)①鴨淥水以北，未降十一城。北扶餘城州，本助利非西。節城，本蕪子忽。豐夫城，本肖巴忽。新城州，本仇次忽（或云敦城）。秭城，本波尸忽。大豆山城，本非達忽。遼東城州，本烏列忽。屋城州，白石城，多伐嶽州。安市城，舊安寸忽（或云丸都城）。

②鴨淥水以北，已降城十一。椋嵓城，木底城，藪口城，南蘇城，甘勿主城，本甘勿伊忽，凌田谷城，心岳城，本居尸押，國內州（一云不耐或云尉那嵓城），屑夫婁城，本肖利巴利忽，朽岳城，本骨尸押，檪木城。

③鴨淥江以北，逃城七。鈆城，本乃勿忽。面岳城，牙岳城，本皆尸押忽。鷲岳城，本甘彌忽。積利城，本赤里忽。禾銀城，本召尸忽。犁山城，本加尸達忽。

④鴨淥以北，打得城三。穴城，本甲忽。銀城，本折忽。似城，本召尸忽。

其中(B)所記載的是總章二年，即高句麗滅亡第二年，669 年唐朝把高句麗的領域分成若干塊並設置都督府和州縣的事情。在唐朝的首都，李勣和男生首先制定出方案，唐高宗接受該方案並按此方案分定州郡，而該方案的具體執行則委任給駐紮在平壤的劉仁軌來實施。我們雖無法知道當時李勣等人所制定方案的具體內容，但是在高句麗故地所設置的九都督府四十二州一百縣❶，很可能就是按照那個方案來實施的。

在(A)中，①是依據(B)記事來記述的；②是引用了「目錄」中的部分內容；③記述了把國內城理解為位於北朝（遼）境內的《三國史記》作者的見解。(C)則是「目錄」記事的轉載。

把上引文中的各部分內容按照它在《三國史記》中記載的順序來看的話，(C)記事給人一種感覺是它顯示了 669 年以後即採取(B)措施之際，高句麗地區的狀況。669 年以後高句麗的裔民展開了轟轟烈烈的復國運動，這是不可爭辯的事實，但鴨綠江以北地區仍有如此之多的城池沒有向唐軍降服卻是難以想像的。說明它所記載的應是 668 年以前的狀況。

具體來看一下該記事的內容，在鴨綠江以北的高句麗城池中，有叫新城的被列入未降城之列。該新城是在 667 年 2 月被李勣所率的唐軍包圍，並於同年 9 月失陷。❷此即意味著「目錄」中所載內容，其時間下限為 667 年 9 月以前。而且言及打得城和逃城，看來所傳的是遭到唐軍進攻之後的情況，但在思考其進攻時期為何時的問題時，應注意作為已降城而提到的國內州等各城。在新城失陷以前，比新城更東邊的高句麗乃至更遠處的國內城等向唐軍投降的話，這肯定是與男生的背叛有關的。

縱觀當時男生的行跡，淵蓋蘇文死後，儘管男生成為最高集權者，卻在與諸弟進行的權力鬥爭中失利，於是就在國內城造反了。他以國內城為據點向西南方向進軍攻擊了烏骨城，並派遣大兄弗德赴唐請兵。但對烏骨城的進攻卻失敗了，於是他又經西北方向的蘇子河流域進軍到渾河方面，並再次派遣大兄冉有赴唐。❸接著 666 年夏天，派遣其子獻誠至唐一再請求援兵。唐朝廷一看男生來投

---

❶　《新唐書》卷二百二十，〈高麗傳〉。

❷　《舊唐書》卷一百九十九，〈高麗傳〉。

❸　〈泉男生墓誌銘〉，《譯註韓國古代金石文》Ⅰ，1992，頁 494。

降，便派遣契苾何力等救援男生。唐軍在 666 年 9 月渡過遼河攻破高句麗軍之後就與男生的軍隊匯合。❹那時男生舉以哥勿、南蘇、蒼岩等城向唐投降。❺ 667 年初，男生親自前往唐朝首都向唐降服，在得到唐的官職以後，又重新回到其大本營國內城地區。❻南蘇城和國內城見於「目錄」裏的十一個已降城之列，哥勿城和蒼岩城是與已降城中的甘勿主城、椋嵓城屬同一實體。而唐朝抓住這一絕佳之機，於 666 年 12 月以李勣為司令官統率一支大規模遠征軍，第二年 2 月大軍渡遼河向新城發動攻擊。

如此看來，上面「目錄」中的記事應該說是從 667 年 2 月到 9 月間由唐軍所制定的。❼此時的打得城還不過是三個，由此看來它所反映的應是李勣唐軍來犯初期的狀況。

「目錄」中把城的名字叫作「本什麼什麼」等都附記有高句麗語的名稱，表明它的制定是立足於詳細情報之上的。據此可以估計參與制定「目錄」的人中間定有當時出任唐軍嚮導的男生方面的人。「目錄」即是把鴨綠江以北各城進行分類的「城之目錄」，其中打得城、已降城、逃城等是表現出唐軍所獲之成果，未降城則是往後唐軍所要攻略的對象。可以說它是開戰初期在李勣的陣營裏所制定出的一種「戰況表」。

看來「目錄」被制定之後是由唐朝傳送給新羅的。當時新羅和唐朝結成了非常親密的關係，既然在對高句麗的作戰中雙方採取了共同作戰的形式，則兩國間相互進行情報交換和軍事要員的交流是必不可缺的。667 年李勣的唐軍進攻遼東的時候，新羅派出波珍飡智鏡和大阿飡愷元前往遼東戰線，並從唐軍那裏受到發兵至平壤的邀請。❽當時唐軍把他們自己大致的作戰計劃通報給新羅以後，並定下軍期兩軍要在平壤城中匯合。這樣新羅朝廷便決定由文武王配合唐軍，於是在

---

❹ 《新唐書·高麗傳》。

❺ 《新唐書》卷一百一十，〈泉男生傳〉。

❻ 與前注❸相同。

❼ 池內宏，〈高句麗討滅の役に於ける唐軍の行動〉，《滿鮮史研究》（上世）第二冊，1949，頁 193。

❽ 《三國史記》卷六，文武王七年七月條。

同年九月向漢城停進發並集結兵力於國境上，等待唐軍如期來到平壤附近。❾正是 667 年初以後兩國間的這種往來過程中，把「目錄」傳送到新羅朝廷那裏。在此以後的 667 年 10 月，供職於李勣軍營中的新羅人江深把李勣催促軍期的書函給帶來❿；668 年初，新羅朝廷把大監金寶嘉透過海路派到李勣的軍營協議作戰一事；五月劉仁軌過來與新羅軍一同向平壤進發等⓫，隨處可見兩國間曾經進行具體的交換情報的事例。

上引(B)的記載則很有可能是新羅透過其他管道弄到手的。自平壤城失陷之日起，新羅為準備將來與唐朝進行決戰而密切注視唐朝對高句麗領域所採取的措施，透過派往唐朝的新羅使節和前往平壤城安東都護府的新羅人弄到手裏的。

除此之外，在《三國史記·地理志㈣》的尾部緊接著上引文記載了「都督府一，十三縣……東明州，四縣……支潯州，九縣……」等有關一都督府七州以及其領縣的記事。這是唐朝在百濟故地設置的熊津都督府所屬有關州縣的記載⓬，也是新羅朝廷為了掌握唐朝的熊津都督府的情況而收集的資料。

關於這些與唐朝關係的一系列檔案，作為一級機密文書被當時新羅朝廷保管，這其中的一部分後來一直流傳到《三國史記》編纂的時候，在對此進行整理時，首先收錄了總章二年（669）這一紀年較為確切的(B)之記事，接著把「目錄」和熊津都督府管轄內州縣的記事收錄下來。「目錄」所收城名上注有「或云」細註，想必就是《三國史記》編纂者們加注的。⓭

正如(A)之②中所載從平壤到國內城的十七個驛站的事實上來看，好像「目錄」上原本就各城池之間的驛站數及其距離都有過記載。雖然這些記錄一直流傳到《三國史記》被編纂的時候，但對於連國內城的位置都不甚清楚的《三國史記》編纂者們來講，談論關於鴨綠江以北主要城池間的驛站或者主要城池與平壤

---

❾ 《三國史記》卷六，文武王七年九月條。

❿ 《三國史記》卷六，文武王七年十月條。

⓫ 《三國史記》卷七，文武王十一年七月二十六日條所載「答薛仁貴書」。

⓬ 池內宏，〈百濟滅亡後的動亂以及唐羅日三國關係〉，《滿鮮史研究》上世，第二冊，1949，頁 178－184。

⓭ 池內宏，注❼論文，頁 335。

之間的驛站，無疑是非常煩瑣的事情，所以在(C)中被省略掉。但無論如何，目錄是把高句麗最末期的狀況給予記錄下來，而且是在高句麗最高執權者男生方面也參與的情況下製作的。從這一點上講，「目錄」具有很高的史料價值。它把高句麗末期，鴨綠江以北地區的各城池比較集中地記錄在一起，尤其引人注目的是把各城中特定的城記錄為「州」，這為瞭解高句麗地方制度提供了重要的線索。

但是「目錄」並沒有把當時鴨綠江以北的高句麗各城全部論及。「目錄」中被涉及到的城一共三十二個，迄今為止，所殘存的城址遠比記載上的要多得多。⑭可以設想「目錄」只是把鴨綠江以北的各城池中達到一定級別的城提出來，但好像又不是把達到一定級別的城全被羅列。史書中所見的著名城池中，比如像建安城就不見於記錄，便是個佐證。看來「目錄」中的內容應是根據某一狀況或方針，從主要城池中選擇一部分以作記載的。如若這樣，要想透過「目錄」來理解當時鴨綠江以北地區城池的分佈狀況或與之相關的地方制度的一個側面，就有必要弄清收錄於「目錄」中的各城池都帶有何種性質。而且在高句麗後期，把大的城池表記成州的唯一事例就是「目錄」。而被表記為「州」的城池中，像多伐嶽州這樣的城卻不見於其他記載中。州與其他的城有何不同，則需要我們就此進行確認。為了探討這些層面，下面就把「目錄」上所載城池的面貌和位置以及分佈範圍，與當時目錄被制定的戰況、還有現存城址相結合進行分析。

2.「目錄」中的州和城

「目錄」中鴨綠江以北的城被分作四個種類加以記載。首先，觀察一下打得城類。穴城、銀城、似城便屬此一類。其中，像銀城就有這樣的記錄，645 年唐太宗發動進攻的時候，唐軍在安市城附近擊敗由高延壽、高惠真率領的高句麗中

---

⑭ 現存於鴨綠江以西地區的高句麗城址之數尚不很明確。王綿厚認為共有 71 座。（〈鴨綠江右岸高句麗山城綜合研究〉，《遼海文物學刊》1994，二期）徐吉珠則認為 103 座。（《高句麗城》，韓國廣播公司，1994，12）而辛占山稱，如若把周長 100－200 米的帶有軍事哨所之性質的小城也計算在內則僅遼寧省內就可達 100 座以上。（〈遼寧境內高句麗城址的考察〉，《遼海文物學刊》，1994，二期）據「1983 年文物普查材料統計」僅丹東地區就有大小 30 餘座高句麗山城。（崔玉寬，〈鳳凰山山城調查簡報〉，《遼海文物學刊》，1994，二期）

央軍之後，銀城、後黃城等城主舉城來降。⑮據此有人就把銀城比定為安市城鄰近的海城、岫岩之間。⑯也許安市城東北方一百餘里有一座銀山的記載⑰可作為其旁證。但從「目錄」中看，當時新城和遼東城並未落陷。鑒於這種情況，很難想像唐軍已「打得」位於比它更南邊的安市城附近之城。當時從遼西到遼東的交通路線之中⑱，李勣的唐軍選擇了北路，即經過現在的新民縣通定鎮渡過遼河而包圍了新城。由此，把銀城等「打得城」視為位居於新城鄰近的地域是比較合理的。像 645 年的情況，唐朝的營州都督張儉率領胡兵，首先經由南路渡過遼河向建安城發動攻擊，而張亮率領海軍進攻卑沙城打亂了高句麗的防禦系統。一方面，李勣的先頭部隊經由北道渡過遼河攻陷玄菟城，致使新城吃緊，然後揮師南下攻擊蓋牟城（現瀋陽市南邊蘇家屯的塔山山城），再與由中路進軍的唐太宗大本營匯合攻陷遼東城、百岩城等，並向安市城推進。⑲在蓋牟城中駐紮了一部分唐軍與鄰近新城方面的高句麗軍進行交戰。⑳在這種情況下，在安市城附近高句麗中央軍大敗的消息傳開，離蓋牟城唐軍的佔領地北端不遠處的銀城居民棄城避難去了。此外，雖無法弄清穴城和似城的具體所在地，但從 667 年唐軍進攻的路線上看，可能是遼河與新城之間的地域或是附近。

屬於「逃城」一類的共記七座城。「逃城」是面臨唐軍的進攻，為了把防禦力量集中於更有利的地方，或者面對唐軍的突襲棄城而逃的。七座城中聞名於其他地方的有兩座，就是犁山城（本加尸達城）和積利城。關於前者，645 年進行戰爭的時候，有從加尸城派遣七百名兵力去蓋牟城的記載。㉑大規模編制兵團派遣

---

⑮　《新唐書·高麗傳》。

⑯　池內宏，〈高句麗討滅の役に於ける唐軍の行動〉，前揭書，頁 349。

⑰　《翰苑》高麗條。

⑱　從遼西的營州（今朝陽市）到遼東的交通路共有三條。一是經由燕郡城——汝羅守捉到達遼河下游東岸的漢代之遼隊，此為南路；二是經由燕郡城——懷遠鎮再過遼澤到達遼東城，此為中路；北路是從燕郡城往北經過通定鎮進入新城玄菟（撫順）方面的路。（王綿厚，〈唐「營州至安東」陸路交通地理考實〉，《遼海文物學刊》1986，一期）

⑲　《資治通鑑》卷一百九十七，唐紀太宗貞觀十九年條。

⑳　《舊唐書》卷七十七，〈韋挺傳〉。

㉑　《舊唐書·高麗傳》。

遠征軍的情況是要從各地徵集兵力的，但是在開戰初期為了支援守城而緊急派遣小規模的兵力，則是由其鄰近城中派遣的可能性很大。高句麗語中「達」是山的意思。看來加尸達城是位於蓋牟城東邊山地上的城池。關於積利城，647 年 7 月，唐朝海軍曾偷襲過石城，接著又攻擊了積利城。㉒ 666 年 12 月，與李勣一起遠征高句麗的唐朝海軍總指揮郭待封是「積利道行軍總官」㉓，這便意味著積利城位於遼東半島南海岸或離此不遠的地方。看來，積利城是 667 年初遭受到唐朝海軍的突襲後自棄的城池。郭待封把這件事向總司令官李勣做了報告並把它作為逃城而記錄下來的。㉔除此之外，有關其他逃城的位置，現無法確知。只是從當時唐軍的進軍路線和上面兩座城池的位置上來看，可以設想為新城鄰近或遼東半島南部海岸地帶的各城。

下面我們來看一下「已降城」，它們是：椋嵓城，木底城，藪口城，南蘇城，甘勿主城（本甘勿伊忽），淩田谷城，心岳城（本居尸城），國內州，屑夫婁城（本肖利巴利忽），朽岳城（本骨尸押），櫟木城等。其中的九座城是 666 年秋男生向唐朝投降時所降之城。有關投降時的情況，男生墓誌上記載：

公率國內等六城十餘萬戶，書籍轅門，又有木底等三城，希風共款。

這裏把九座城池分別以國內城等六座和木底城等三座加以敘述，值得注意的是，它把六座城很明確的說成是在男生支配之下。然而 667 年秋唐將軍契苾何力和薛仁貴率領部隊發動進攻，攻陷了「南蘇、木底、蒼岩」等三城並與男生軍匯合。㉕之所以向一年前就已投降了的木底城等重新發動進攻，可能是因為在這段期間木底等城重新叛離或者是由男生的高句麗中央政府重新把它們控制在手中。

㉒ 《新唐書·高麗傳》，《資治通鑑》卷一百九十九，唐紀太宗貞觀二十一年七月條。

㉓ 《新唐書·高麗傳》，《資治通鑑》卷二百零一，唐紀乾封二年九月條。

㉔ 史料上相傳有郭待封向李勣陣營往去有關軍事方面書函的示例。

《舊唐書》卷一百九十，〈元萬頃傳〉。

《資治通鑑》上述之記事。

㉕ 《資治通鑑》卷二百零一，唐紀高宗乾封元年九月條，《舊唐書》卷八十三，〈薛仁貴〉。

木底城和南蘇城位於蘇子河流域，蒼岩城亦應如此。㉖當時從新城（現為撫順）通往國內城的主要交通路線，是沿渾河逆流而上到永陵鎮或旺清門附近，往東南越過山脈進入渾江流域，經由桓仁到達新開河上游之後，再翻過板叉嶺至集安的路線。這條路線是毌丘儉以及慕容皝進攻時走過的路線。屬這條路沿邊地區的蘇子河流域和渾江流域中，前者與新城連接屬新城圈域，渾江流域就屬國內城的圈域了。從高句麗國的形成和發展過程上看是如此，從自然地勢上看也是如此。即666年和男生一起向唐軍投降的九座城中，蘇子河流域的三座除外，其他六座城都屬於國內城的圈域。上面男生的墓誌上記錄的把男生統治下的六座城與木底等三座城區分開來，並對其表述上的差異也是與此有關的。其中位於蘇子河流域的木底等三城重新脫離，致使以國內城為根據地的男生軍與以新城為大本營的唐軍隔離並孤立。為了克服這一情況，薛仁貴等的唐軍才向這三城發動攻擊。十一座已降城中的其他兩座是什麼樣的城尚不清楚，但很有可能是與上面的九座城相鄰接的。

十一座「未降城」分別是：北扶餘城州（本助利非西），節城（本蕪子忽），豐夫城（本肖巴忽），新城州（本仇次忽），秭城（本波尸忽），大豆山城（本非達忽），遼東城州（本烏列忽），屋城州，白石城，多伐嶽州，安市城（舊安寸忽）等。其中北扶餘城州是原扶餘國後期的都城所在地，即今農安附近。㉗近來有人提出農安是扶餘府址，而高句麗的扶餘城是在比它更南邊的遼寧省西豐縣城子山山城之說。其主要論據是在農安一帶沒有發現高句麗城址，而且在高句麗千里長城遺址或西豐縣以北的地區也無法確認其存在。㉘然而農安一帶為渤海扶餘府址是確鑿無疑的。渤海時期由賈眈所著的《古今郡國志》中提到，渤海的扶餘府地域以前

㉖ 木底城往往被比定為木奇鎮一帶；南蘇城則比定為渾河與蘇子河匯流處東邊的鐵背山城；蒼岩城被比定為頭木砬子山城或二道河子的舊老城。有關這些城址位置的各種說法，請參看余昊奎的〈三世紀後半葉至四世紀前半葉高句麗的交通路及其地方統治組織〉，《韓國史研究》91期，1995。

㉗ 請參看本書之補論第一節。

㉘ 王綿厚，〈東北古代夫餘部的興衰及王城變遷〉，《遼海文物學刊》1990年，二期，1990。梁振昌，〈高句麗千里長城考〉，《遼海文物學刊》，1994年二期，1994。

曾屬於高句麗的領域㉙，所以不能輕率斷定農安一帶沒有高句麗的城址。也有人主張千里長城的遺址可在西豐以北地區確認。㉚有關千里長城的遺址有待今後更細緻的調查，但迄今為止，認為北扶餘城州的位置在農安一帶是較為妥當的。

農安一帶是西部的遊牧民和東部的半農半牧的森林民，以及南部的農耕民錯綜雜居的地區。為了北部國境地帶的安全，也是為了隔斷契丹族和靺鞨族之間的聯繫，高句麗把眾多城池建立在此。薛仁貴攻擊過的扶餘川一帶的三十或四十多座城㉛就是那些城，而北扶餘城是其中心地，而且北扶餘地區又地處一個戰略要地。當中國王朝之軍隊侵攻遼東地區的情況下，可以從北邊壓迫敵軍，而敵人縱深進入到高句麗境內時又可以猛擊敵後方。所以在 667－668 年當唐軍把新城攻佔之後，之所以一面往平壤城方向進軍，一面又派遣薛仁貴率一支軍隊向扶餘城發動進攻，就是由於他們熟知這種形勢和高句麗的戰略。

接下來，在確認節城和豐夫城位置的時候，需要留意一下「目錄」中記載未降城的順序。其中比較重要的城池，從北扶餘城州開始以新城州，遼東城州，烏骨城州，多伐嶽州，最後是安市城這一順序記載。除了迄今還不知其具體位置的多伐嶽州之外，從北邊的北扶餘城州開始逐漸往西南方向依次記載。此即意味著目錄上所記述的屬於未降城的「州」與「州」之間的諸城，其位置也在兩「州」之間。即節城和豐夫城位於北扶餘城和新城的中間。

新城州位於現在的撫順市北部週邊的高爾山上。至今還留有其遺址，城牆沿著高爾山的稜線而建，其長約 4 公里，在高句麗的山城中屬於大型的。新城位於從遼東的平原地帶進入東邊山地的要道上。新城背靠渾河上流和蘇子河流域，前面是廣闊的遼東平原。此地是高句麗勢力西進或者遼西、遼東方面的勢力向國內城方向進攻時必經之路。所以很早開始在史書中就把新城列為高句麗西北方的重

㉙ 《三國史記·地理志㈣》。

㉚ 李健才，〈東北地區中部的邊崗和延邊長城〉，《遼海文物學刊》1987 年，一期，1987。王健群，〈高句麗千里長城〉，《博物館研究》1987 年，三期，1987。

㉛ 《舊唐書》卷八十三，〈薛仁貴傳〉和《資治通鑑》卷二百零一，總章元年二月條裏稱作四十餘城，《新唐書·高麗傳》則稱為三十餘城。而《冊府元龜》卷九百八十六，外臣部，征討五則稱扶餘州有四十餘城。

鎮。在高句麗遷都平壤以後，新城依然是防禦西部地區的核心城。[32]

在對未降城的記載中，繼新城州記述的是遼東城州。遼東城是漢代的襄平城，西元前開始就是遼東地區的中心城。透過在平安南道順川郡發現的「遼東城塚」的壁畫可知，這座城是四方形的平地城，由內城和外城構成。但是「目錄」中，在新城與遼東城之間卻全然沒有其他城的記載，也不見有史書中所傳的蓋牟城和白岩城的論述。這可能與 645 年唐太宗發動進攻時這些城池就失陷，而唐軍敗退時把這些城的居民強制遷徙到唐內地的史實有關，即隨著城廓破壞和居民移居，這些城逐漸喪失了作為主要城鎮的實際意義。

接下來屋城州作為烏骨城[33]就是現在的鳳凰城。位於靉河流域的該城沿著陡峭的山勢構築其城牆，長達 15 公里，城內有廣闊的平地，是遼東地區的高句麗山城中最為雄偉的。烏骨城位於從遼東城到平壤的交通要道上。從遼東城經過白岩城進入到現在的本溪方面，越過山脈沿靉河流域往下就可以到達鴨綠江下游的路線。611 年隋煬帝率領一百一十萬大軍進攻遼東城沒能成功，宇文述、于仲文率領三十萬人的別動隊直取平壤。當時宇文述等人就是沿著這條路線進攻的。[34]而且在唐太宗進攻的時候，為救援白岩城，從烏骨城中派遣了一萬名士兵。[35]648 年薛萬徹帶領的唐朝海軍向位於鴨綠江下流地區靉河河口的泊汋城發動攻擊，隨即烏骨城和安地城就派出三萬軍隊來對付唐朝海軍。[36]從烏骨城出兵是沿著白岩城——烏骨城——泊汋城的道路行進的。烏骨城可謂是掌管連接平壤和遼東交通路的中樞部，是鎮護靉河流域的中心城。[37]而且從這座城還有一條往東北方向通往桓仁和集安即國內城地區的交通路。從這些方面以及至今遺留下的城址

---

[32] 667 年初李勣包圍新城後曾如是說：「新城是高麗西境鎮城，最為要塞，若不先圖，餘城未易可下。」（《舊唐書·高麗傳》）

[33] 《翰苑》所引「高麗記」中的「焉骨城」和《三國史記》文武王十年三月條記述的鴨綠江以北的「屋骨（城）△△」以及屋城均為同一個實體，是烏骨城的另一種音寫。

[34] 《隋書》卷六十，〈于仲文傳〉。

[35] 《資治通鑑》卷一百九十七，唐紀貞觀十九年四月乙未。

[36] 《舊唐書》卷六十九，〈薛萬徹傳〉。

[37] 《翰苑》「高麗記」就有如下記述：「焉骨山在國西北，夷言屋山……高麗於南北硤口，築斷為城，此即夷藩樞要之所也。」

的雄偉面貌上來看，烏骨城在「目錄」中被記載成「州」是極其自然的事情。

屋城州之後是對白石城的記載。有關此城，值得留意的是《三國史記》的下列記述：

> （文武王十年）三月三月，沙飡薛烏儒與高句麗太大兄高延武，各率精兵一萬，度鴨淥江至屋骨△△△，靺鞨兵先至，皆敦壤待之。夏四月四日，對戰，我兵大克之，斬獲不可勝計。唐兵繼至，我兵退保白城。

上引記事把月、日都清楚的記錄了下來，成為該記事範本的可能是新羅朝廷擬就的年代紀記事，所以其史料價值是很高的。在此所傳的屋骨△△△就是烏骨城。新羅軍和高句麗裔民軍在烏骨城附近的皆敦壤把靺鞨兵擊敗後，唐軍蜂擁而至便退往白城，該白城是不是就是「目錄」中所提到的白石城呢？㊳還有 611 年隋軍的三十萬別動隊退敗途中曾被高句麗軍圍困在白石山。㊴當時隋軍要從遼東城經過烏骨城越過鴨綠江直攻平壤城，敗戰後急忙按來時的路線往回退敗。由此可知「白石山」和在「目錄」中記載的白石城是同一地區。

多伐嶽州既然被表記為「州」，那麼一定是個很重要的城。但在「目錄」以外的記載中卻全然不見，所以很難比定其具體位置。在此，有必要重新對「目錄」中未降城這一項目所具有的性質進行進一步思考。目錄就是一種戰況表。目錄上記載的「未降城」並沒有把鴨綠江以北的未降城全部記載。像建安城這樣的重城都沒有被論及，可見也不是所有重要的城都給予論及的。「未降城」只記載了成為唐軍攻擊對象的主要城池。很顯然，當時唐軍最終的作戰目標是平壤城，

㊳ 池內宏把白城視作白水城進而認為它是黃海道方面的城（注❼之論文）。然而其主張所依據的是，把上引記事中的鴨綠江推定為浿江之誤，從而假定此次作戰所展開的地方是大同江流域。既然烏骨城分明是位於鴨綠江以北，那麼則沒有理由把鴨綠江看作是浿江之誤。（請參看盧泰敦的〈對唐戰爭期（669－676）新羅的對外關係和軍事活動〉，《軍史》34，1997）

㊴ 《隋書》卷六十五，〈薛世雄傳〉。「遼東之役，以世雄為沃沮道軍將，與宇文述同敗績於平壤，還次白石山，為賊所圍百餘重，四面矢下如雨，世雄以羸師為方陣……賊稍卻……遂破之而還。」

在大規模的正規戰中，軍事作戰的展開與交通路線是密不可分的。看來這條交通路線與未降城有著很密切的關係。

作為當時遼東地區的中心，遼東城有三條道路可通往平壤。第一條是連接遼東城——新城——蘇子河流域——渾江流域的卒本（桓仁）——國內城的路線。從國內城到平壤有兩條路線可走。一條是渡過鴨綠江溯禿魯江而上到清川江上流再進入平壤的路線。㊵這條路要經過狹彎的山間地帶並大大地迂迴，平常並不作為連接平壤和遼東的交通路線。另一條是從國內城重新往桓仁方向出來，在此前往鴨綠江的下流或者順著鴨綠江沿岸地域到達其下流，再從此通往平壤的路線。666 年男生在國內城舉起反旗向烏骨城發動進攻時，走的就是這條路線。667 年 9 月新城被攻陷後，契苾何力率領部分唐軍經由蘇子河流域和渾江流域向國內城進軍與男生軍匯合，然後「回軍」並向鴨綠江河口的大行城㊶進發，在那裏與李勣率領的唐主力軍再次匯合。㊷在此「回軍」並不是意味著契苾何力的軍隊重新回到遼東，而後在那兒前往鴨綠江河口。看來他們到達國內城後就沒有再往東渡過鴨綠江向前進軍，而是向桓仁方面往回走，從這裏再向大行城進軍。無論如何，遼東城——新城——國內城——大行城——平壤城的路徑還是太繞了，所以在平時它作為連接遼東地區和平壤的交通路線意義不大。在 667 年至 668 年的戰爭中，這條路則因國內州一帶的男生麾下各城向唐投降這一特殊事件才被選為作戰路線的。

第二條是經過遼東城——白岩城——烏骨城前往鴨綠江河口的路線。這條路是從遼東到平壤的捷徑。所以，正如前所述 611 年，三十萬的隋軍別動隊企圖通過此道直取平壤城的。但是隨著這條路從遼東向平壤縱深進攻的話，所要承擔的

㊵ 據《翰苑》「高麗記」記載，國內城位於平壤城東北 670 里處，距離烏骨城西北 700 里處。因此，如果是從平壤城經由鴨綠江江口並從此進入到國內城的話，其間距離不只是 670 里。此即說明從平壤還往國內城另有一條交通路，說是往東北 670 里，可以設想一下，從平壤往北到達清川江下游地區，再從此往東北進入江界方面的道路。雖為後代之事，約在 1750 年製作的「大東總圖」中可以確認這條路線，與現在的滿浦線鐵道方向基本一致。

㊶ 648 年唐將薛萬徹從海路對大行城進行襲擊之後便向泊汋城進軍（《唐書》卷九十四，〈薛萬徹傳〉）。由此可見，大行城要比泊汋城更近於鴨綠江河口。

㊷ 《舊唐書》卷一百零九，〈契苾何力傳〉。

危險非常大。即在遼東城的南邊的安市城和建安城以及北邊的新城尚未被攻破的情況下，進攻軍的供給道路和退路很有可能被切斷。645 年唐軍在安市城附近大敗高句麗中央軍以後，得以向安市城進攻卻沒有成功，於是唐軍首腦召開了戰略會議。在此會上已降服的高句麗軍將帥高延壽、高惠真等，提出不要再向安市城進行攻擊而是掉轉方向攻克烏骨城後直接平壤城。㊸但是在新城和建安城裏還駐有大量高句麗軍的情況下，如果冒然取烏骨城路線向前進軍的話，供給線就有可能被切斷㊹，所以這個方案被否決了。接著繼續對安市城施以強攻。對於唐軍來講，不能不把隋軍的大敗作為前車之鑒。

第三條是連接遼東城——安市城——岫岩地區——鴨綠江河口的路線。從遼東平原地帶前往岫岩方向去，就要經過東邊的山地地帶的路口要道，而安市城就位居此入口處。645 年遼東城失陷以後，為了反擊唐軍，平壤方面派遣了高延壽、高惠真等率領十五萬高句麗中央軍進行反撲時走的就是這條路線。㊺唐軍把這十五萬的高句麗中央軍擊敗後，全力以赴地進攻安市城，就是因為安市城具有如此重要的戰略位置。攻不下安市城，就無法穿過岫岩地區向鴨綠江河口前進，而且很難杜絕高句麗中央軍會通過這條路再行反擊的可能性。

那麼 667 至 668 年唐軍選擇了哪條路來發動進攻的呢？唐軍從開戰伊始，就以新城一帶作為橋頭堡而展開作戰。新城被攻陷以後，契苾何力率領一支軍隊沿著第一條道路經過國內城往鴨綠江河口的大行城方向進軍。與此同時，一方面又派遣薛仁貴去攻打北扶餘州，以此來消除有可能來自側面的威脅，確保從遼西經由通定鎮到達新城的供給路線的安全。

問題是李勣的主力部隊到底選擇了哪條路線。李勣從新城出發連攻 16 座城

㊸ 高延壽等人稱烏骨城一旦陷落，「其餘當道小城，必望風奔潰」。（《資治通鑑》卷一百九十七，貞觀十九年九月壬子）他所說的「當道」並非特指某行政區域，而指經由烏骨城前往平壤城的交通路。

㊹ 《冊府元龜》卷九百九十一，外臣部三十六，貞觀十九年。

㊺ 攻陷遼東城和白岩城之後唐軍揮師南下向安市城北部靠近，那時高延壽等高句麗的中央軍便是由安市城的東南方向進軍而來的。（《冊府元龜》卷一百二十六，帝王部，納降，貞觀十九年九月）其進軍路線就是經由岫岩地區的。

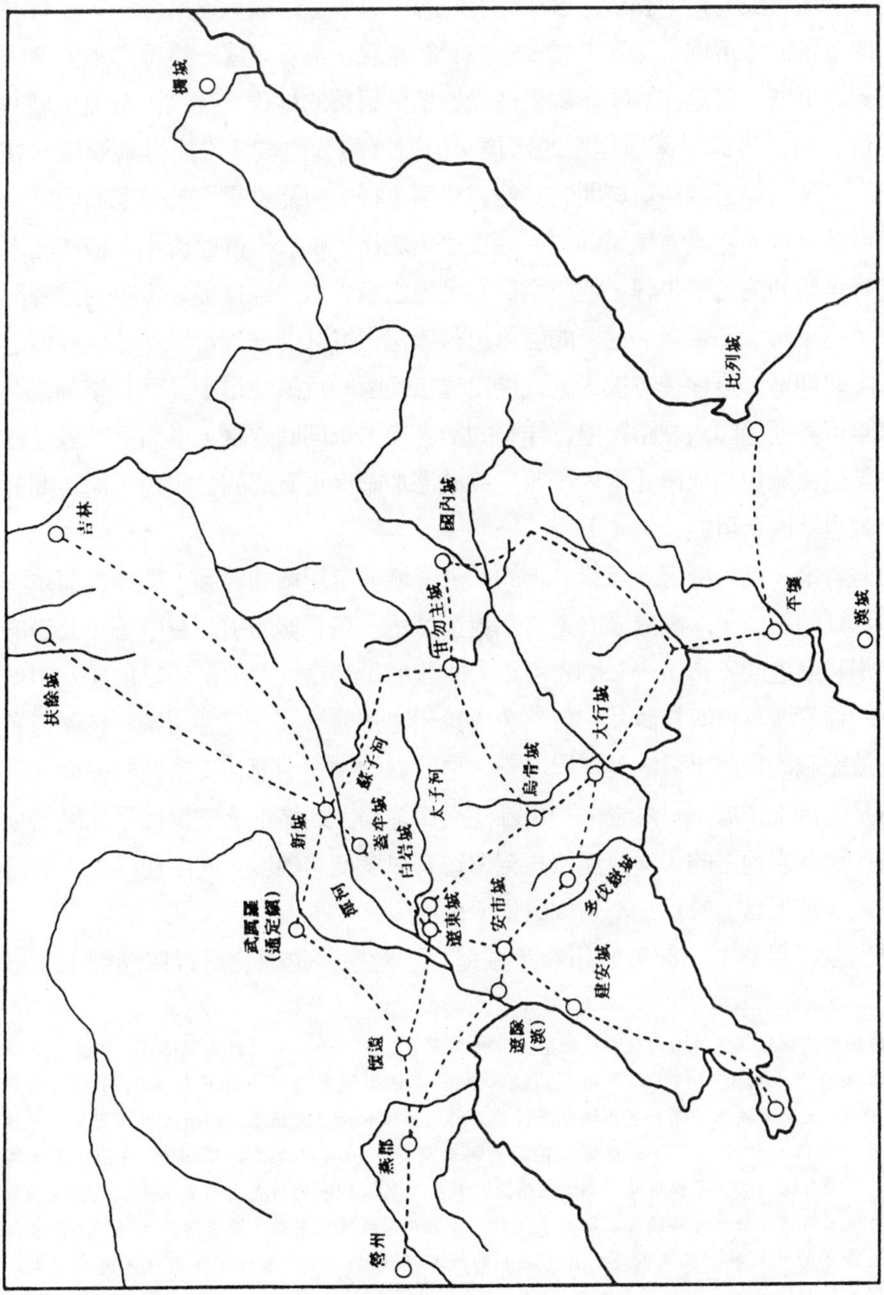

五至七世紀高句麗的地方制度

後，在大行城與契苾何力匯合。㊻當時李勣的唐軍所選路線是遼東城——烏骨城路線，或者是從遼東城——安市城——岫岩的路線。無論走哪一邊都必須要拿下遼東城。遼東城一帶是在645年戰爭時受破壞最嚴重的地帶。後來因為遼東城的中心地位，所以得到了某種程度的修復，但附近的其他城卻沒能得到恢復。在「目錄」中，對遼東城與新城間的其他城隻字未提，可能就是因為這個原因吧。自然遼東城一帶的防禦力是脆弱的。進攻遼東城後，關於李勣的唐軍所取的進軍路線沒有具體的論述。也許，他所選擇的是經由烏骨城這條捷徑。當時的這條路與645年進軍時大不相同。此時的唐軍已經確保了從其北部到新城和北扶餘城這一片廣闊的地區，這樣後方被擾亂或供給線被切斷的危險性很小。而且李勣軍選擇這條路可與通過國內城路線進行作戰的契苾何力軍同時進軍，從而把鴨綠江以北的高句麗領域切割成南北兩片，並能夠縱深地確保更廣泛的佔領地，兩軍間的協同作戰也就成為可能。

如此看來，就可把握「目錄」上的「未降城」所記載的範圍，即作為唐軍主要進擊路線的新城——國內城的道路和遼東城——烏骨城的道路為中心，北邊的北扶餘州和南邊的安市城——岫岩沿路上的諸城是其論及對象。所以位居安市城西南側的建安城等沒有被論及。自然多伐嶽州也是屬於這一範圍的城。具體從多伐嶽州被記載的順序來看，是在屋城州、白石城的後面，而在安市城的前面。多伐嶽州是連接安市城——岫岩——鴨綠江河口道路上的城池。它應該是在岫岩地區的城。現岫岩地區的大洋河流域一帶遺留有很多高句麗城，其中規模最大的娘娘山城或「舊土城」被比定為多伐嶽州。㊼

以上就「目錄」上記載的州和諸城進行了考察。透過它可以確認到如下幾

㊻ 大行城位於鴨綠江下游泊汋城鄰近地區。（《新唐書》卷九十四，〈薛萬徹傳〉。）

㊼ 岫岩城境內大約有 20 多個高句麗山城。其中娘娘山城有內城和外城構成，內城周長為2,835m，是岫岩境內的高句麗山城中規模最大的。山城的南邊有條老龍河流入大洋河裏。（楊永芳、楊光，〈岫岩境內五座高句麗山城調查簡報〉，《遼海文物學刊》，1994 年，二期）。而另據 1875 年編撰的《岫岩志略》記載，「舊土城」的周長是八里，是該地區規模最大的城，所以該城也有可能被比定為多伐嶽州。只是此城現已不存，孫永鍾推測 1780 年在該地區修築的「新城」就是搬運「舊土城」的城石而建的。（孫永鍾，《高句麗史研究》，1987，頁 169）

點。第一，已降城主要分佈在從蘇子河流域到國內城的地區。未降城也記述十一座。與已降城相比，相對來說，未降城只是涉及規模較大一些的城。在「未降城」裏包含有五個州，與之相比的「已降城」裏只包含有一個州也說明這一層面。還有「目錄」裏所記載的諸城，都呈現出同一等級以及城的數位，並不反映當時鴨綠江以北地區的城池的分佈密度。這就意味著「目錄」裏並不含著與州級以下諸城的編制相關的具體情報，由此可知，透過它來重構當時高句麗地方制度是有局限性的。

第二，可以確認州所在城池本身的大小以及在戰略上的位置、歷史來歷等方面上，都比其他的城處於較為優越的位置。六個州當中就多伐嶽州和屋城州的情況來看，州的分佈是以首都為中心的交通路以及防禦戰略有著密切關係。

第三，州在一定的圈域中，是處於中心位置的城。這時州與其圈域內的其他城之間呈現出上下領屬關係的一面。在男生支配下的國內州等六座城就是如此。當然這雖然是戰爭等非常時期出現的特殊情況，但在平時也不能排除有這種可能性。有關這一層面和當時地方制度的構成，可透過對其他資料的探討進一步瞭解。

㈡六至七世紀地方制度的構成

1.褥薩、處閭近支、婁肖

作為高句麗後期地方制度的概述，下列記載很早就被論及：

> ⒟①其大城置褥薩一，比都督。諸城置處閭區，亦號道使比刺史。道使居處謂備。諸小城置可邏達，比長史。又置婁肖，比縣令。（《翰苑》所引高麗記）
>
> ②外置州縣六十餘城。大城置褥薩一，比都督。諸城置道使，比刺史。其下各有僚佐分掌曹。（《舊唐書・高麗傳》）

在《新唐書・高麗傳》和《通典・高麗條》中也記載著與⒟②相同的內容。⒟②是以《新唐書・藝文志》中所見「奉使高麗記」為依據的，而該書與《翰苑》中引用的和「高麗記」似為同一實體[48]，這裏視褥薩為中國的都督。相傳高句麗城的首長為褥薩，可試舉烏骨城事例。[49]烏骨城在「目錄」中是被作為州記載的。自然「目錄」中記載的其他五個州的首長也是褥薩。實際上正如前一節中所見，州就是大城。柵城曾為豆滿江流域的主要城，相傳其城主被叫做都督[50]，所以該城當然也是個州。另外，漢城也應屬於州一級的城。漢城就像首都一樣設置了五部。[51]從黃海道新院郡遺址上看，方圓 10.5 公里的長壽山城和其山城下面建成的土築平地城以及墳墓等，遺跡規模充分顯示它作為別都的面貌。[52]國內城是州，所以曾經作為別都的漢城理應也是州。[53]還有在 666 年淵淨土率領麾下十二城向新羅投降的比列忽地域也應是屬於州級（後述）。漢城和比列忽是從新羅地區到平壤的主要交通要道的路口，從這一點中也能估量出它所占的比重。此外，曾為前期扶餘國首都的、松花江流域的吉林龍潭山城以及遼東半島的建安城也應屬州級城。還有就是像多伐嶽州那樣，在「目錄」以外無任何記載的城也存在，為此不可完全排除為我們所不知的主要城池的存在可能性。無論如何，州數不會超過九個。從這一側面中值得注意的是平壤城失陷以後，唐朝在高句麗領地上所設的州縣數。

唐把高句麗的五部一百七十六城劃分成九都督府四十二州一百縣。當時設置州縣的方案，正如前所述是李勣和男生商議決定的，事實上是以男生的意見為中心而決定的，不妨認為它與原有高句麗的地方行政規劃並沒有太大的區別。唐一邊設置州縣，一邊把高句麗的有勢力者任命為都督、刺史和縣令，並與唐人一同進行統治，這是所謂的羈縻州體制。據稱李勣和男生制定的方案轉遞給駐守在平壤的劉仁軌並由其執行，在具體執行的過程中有所修改的可能性也不可排除。但

---

[48] 吉田光男，〈翰苑註所引高麗記について〉，《朝鮮學報》85，1977。
[49] 《資治通鑑》卷一百九十七，貞觀十九年九月壬子。
[50] 〈高慈墓誌銘〉，《譯註韓國古代金石文》I，頁 510－511。
[51] 〈丙戌銘平壤城石刻〉，《譯註韓國古代金石文》I，頁 112。
[52] 安丙燦，〈有關長壽山城一帶的高句麗遺址及遺物〉，《朝鮮考古研究》二期，1990。
[53] 《三國史記》裏有記述成漢城郡的示例，對此將會後述。

是劉仁軌在第二年正月因疾病而致仕54，安東督護薛仁貴也在 670 年 4 月出征吐蕃，在當年 8 月因慘敗而被免職55，所以在 669 年末，再怎麼也應回到了唐朝，更重要的是從 669 年起高句麗展開了轟轟烈烈的復興運動，新羅與唐朝之間也展開了戰爭。從這些層面加以考慮，則原來的方案在執行過程中是無暇進行大修改的。所以可以認為九都督府四十二州一百個縣在大體上應是原案。56

668 年以後，唐所取用的這種都督府州縣的體制和數字，有助於我們對高句麗地方制度的理解。都督府相當於褥薩的城，州相當於處閭近支的城，縣相當於婁肖的城。九個都督府也可以和上面提到的十餘個褥薩的城相對應。57一百五十一個州縣也和高句麗的一百七十六座城，在數字上沒有太大的出入。隨著戰亂、荒廢化以及脫離等事件的發生，也許主要是縣一級的單位被縮減了。在(D)②中稱高句麗的州縣有六十多個。58此時所謂州縣是指大小地方行政單位總稱的一般名詞。這六十多個地方單位是由褥薩和處閭近支作為城主的諸城。褥薩級的城有十餘座，處閭近支級的城有五十餘座。那麼婁肖級的應是這一百七十六座城中減去六十多座的約為一百一十座左右。

如此看來，上引文中可邏達的性質就成了問題。縱觀高句麗的記事就有「諸

---

54 《舊唐書》卷八十四，〈劉仁軌傳〉；《資治通鑑》卷二百零一，唐紀高宗咸亨元年正月條。

55 《舊唐書》卷八十三，〈薛仁貴傳〉，卷九十二，〈魏元忠傳〉；《資治通鑑》高宗咸亨元年四月條。

56 有關此，百濟的情況可作為參考。百濟滅亡之後，唐在其地設置了五都督府，各自統治其轄下州縣。據《舊唐書·百濟傳》稱百濟滅亡時是五部三十七郡二百城。「唐平百濟碑」則稱五部三十七郡二百五十縣，在此所謂州縣與百濟的郡城應為同一個實體，即把百濟原有五方和郡城當作五都督府和州縣的。唐的這種措施因百濟的復興運動和與新羅的關係等因素不得不發生質變。把扶餘隆加封為熊津都督以後，轉變成熊津都督府麾下設置州縣的形態，此即前述《三國史記·地理志(四)》的都督府隸下設置七個州的形態。從百濟這一例子上看，669 年大唐所採取的安東督護府隸下設置九都督府等舉措，基本上也是繼承了高句麗原有地方制度的。唐的這種舉措也像在百濟裏那樣因高句麗遺民的抵抗和新羅的攻勢下不得不發生質的變化。其結果便是以遼東地區為對象而設置的《新唐書·地理志》裏所傳的安東督護府隸下都督府和州的形態。

57 《新唐書》卷四十三，〈地理志〉（三），河北道條記載，作為由隸屬於安東督護府麾下的高句麗人所構成羈縻州的九都督府和十四州之名。但它所傳的是 676 年安東督護府遷往遼東之後的狀況，與 668 年所劃定的九都督府四十二州一百縣是無直接關係的。

58 《新唐書·高麗傳》則稱六十二個。

小城置可邏達，比長史」之語。在這裏如把重點置於「城」，可邏達則可以理解成某種地方編制單位的首長。反之如把重點置於「長史」，可邏達則可以理解為與都督、刺史相對應的褥薩、處閭近支的屬僚。㊾前者又可分成兩種見解：其一是重新檢視〈高麗記〉中記載的地方官的順序，從而把可邏達理解為位居處閭近支和婁肖之間的地方官㊿；其二是把可邏達視為與婁肖同等級的地方官，是以鎮堡等帶有軍事目的的城池之長[61]，或掌管褥薩、處閭近支的直轄地的縣令一級的地方官員。[62]事實上僅依此記事是很難作出斷定的。但是〈高麗記〉中的上述記事是七世紀前半，出行至高句麗的唐朝使臣把自己所見高句麗地方編制單位與唐朝的進行對比而製成的一種報告，記述的著重點是要使唐人理解高句麗的制度。在這些記載中值得注意的是，並沒有把可邏達記述成在唐朝也有的「鎮長」或「戍主」，而是比喻成都督、刺史的幕僚之長，即長史。總之可邏達是褥薩和處閭近支的高級輔佐官。但從長史的主要任務為武事的層面加以考慮的話，可邏達也有可能掌管褥薩或處閭近支的管區內的特殊軍事單位，即鎮、堡、戍、關等諸「小城」的任務。上述〈高麗記〉的記事也反映了這一層面。透過現在遺留下來的城址可以確認，當時高句麗以州城為中心分佈著那些小規模帶有軍事目的的小城。[63]

接下來探討一下褥薩和處閭近支的關係。〈高麗記〉中把兩者分別比喻成中國的都督和刺史。就中國的情況而言，隨著州刺史掌握地方的兵權並兼任「使持節都督某州諸軍事」，從而成立的都督府在魏晉南北朝時期長期管轄幾個州的軍政及民政事務。北朝時都督府被改稱為總管府，而隋朝時又隨著兵權歸屬於中央，總管府被廢棄。唐朝在統一全國的過程中，在各地設置了多個總管府。但唐朝為了加強中央集權，於貞觀元年（627 年）廢除總管府，只在略微大一些的州和邊境的軍事要地上設立都督府。以後唐的地方制度基本上就是州、縣兩級制。州

㊾ 武田幸男，〈六世紀における朝鮮三國の國家形成〉，《日本古代史講座》4，1980。

㊿ 盧重國，〈有關高句麗律令的一考察〉，《東方學志》21，1979。

[61] 李承赫，〈關於高句麗的州·郡·縣〉，《歷史科學》87 年，一期，1987。（朝文）

[62] 林起煥，〈高句麗集權體制的成立過程研究〉，慶熙大學博士學位論文，1995，頁 154。

[63] 有關這一層面，可供參考的有本章注⑭中所提到的辛占山的論文。

刺史只掌有民政權，像都督的正式官銜是「使持節都督某州諸軍事」，顧名思義是他掌握一個或幾個州的軍權，但是在實施府兵制的地區，地方軍移管到折衝府直屬中央的十二衛，由此都督府所持有的有關軍事部門的許可權也就不得不消失了。在府兵制尚未實施的地區，都督的軍權也大幅縮小，「都督諸軍事」逐漸名存實亡。[64]此時，在唐朝內地都督府實際上已不再具有作為州的上級機關的意義。

那麼，高句麗的褥薩和處閭近支的情況會不會也是如此呢？從外形上來看，褥薩和處閭近支各自管轄的城有大小之差，從這一點上，把他們用唐朝的地方官即都督和刺史來作為對比是可以理解的，但是不能斷定兩者的性質和相互關係，便與唐朝的完全一致，所以不能不透過高句麗的具體狀況來進行研討。

645 年唐軍進攻時，遼東、白岩、蓋牟、磨米、稗苑、卑沙、橫山、麥谷等八城被唐軍攻陷，而銀城和後黃城則棄城去避難。[65]當然這些城除卑沙城以外，大部分位居於新城和安市城之間地區。其中遼東城、白岩城、蓋牟城被唐分別設置為遼州、岩州和蓋州，這是因為這三座城較之其他的城既大又重要。遼東城是大城，在「目錄」上被稱為遼東城州，是褥薩之城。遼東城失陷的時候，城中有人口四萬、兵士一萬、粗糧五十萬石。而與此相比，蓋牟城只有人口二萬和粗糧十萬石，白岩城有人口一萬、兵士兩千四百名[66]，在規模上較遼東城小得多。既然遼東城是褥薩之城，不妨把蓋牟城和白岩城看作是處閭近支之城。此外，在遼東半島的南端至今還遺留著較大規模的城址，從城池失陷時被活捉八千名男女居民情況上來看，卑沙城也應是處閭近支之城。645 年在安市城發生了決一雌雄的戰役，而該城在「目錄」上並未記作是州，由此可見，它也是個處閭近支之城。

有關這些城在中國史書上所傳的，儘管它記述的是在戰爭狀況下所展開的事，但從把褥薩表記為軍主的情況上來看，可知褥薩不僅掌握民政權，而且還掌

---

[64] （清）黃本驥編，《歷代職官表》，上海古籍出版社，1965，頁 8－18。
和田清，《支那官制發達史》，1942，頁 154－163。
嚴耕望，《中國官制發達史》（上編）㈣，1963，頁 505－535。

[65] 《資治通鑑》卷一百九十七，太宗貞觀十九年十月條。

[66] 人口在《新唐書·高麗傳》寫成戶；《舊唐書·高麗傳》寫成口；《冊府元龜》寫成口（卷一百一十七，帝王部，親征貞觀十九年條）。在此是依據《舊唐書》的記錄。

握著軍事權。處閭近支也是如此，比如就安市城而言，其城主指揮自己麾下的軍隊來有效防禦唐軍的進攻。淵蓋蘇文發動政變的時候，他也是對淵蓋蘇文軍隊的攻擊進行了有效防禦，從而使淵蓋蘇文認可了他的城主地位。[67]這就是說處閭近支對自己管轄內的將士們持有統帥權，不能把它說成是僅限於安市城的一種例外。645 年戰爭時，白岩城的情況也是這樣，其城主即使在途中向唐軍投降，但在守城時卻也發揮主導作用。從這些層面中可知，褥薩和處閭近支各自掌握著軍事權。此時兩者之間事實上並沒有上下的領屬關係。〈高麗記〉中把兩者比喻成唐朝的都督和刺史，但從褥薩和處閭近支不僅掌有民政權而且還掌有軍事權這一點上來看，這個比喻就不相符了。兩者各自掌管的城雖有大小不同的差異，但作為地方官之間沒有領屬關係，從這一側面看，又可以說是相一致的。

褥薩和處閭近支的麾下置有若干座婁肖級的城。作為具體事例，可試舉 666 年向新羅投降的淵淨土麾下曾擁有過的十二城。與此事件相關記錄有如下：

(a)高句麗貴臣淵淨土，以城十二戶，七百六十三口，三千五百四十三來投。淨土及從官二十四人，給衣物、糧料、家舍，安置王都及州府。其八城完並遣士卒鎮守。（《三國史記·新羅本紀》，文武王六年十二月條）

(b)三月，置比列忽州，仍命波珍湌龍文為總管。（同王八年三月條）

(c)二十二日，府城劉仁願遣貴干未盻，告高句麗大谷△，漢城等二郡十二城歸服。（同王八年六月條）

(d)假軍師比列忽世活，平壤少城戰，功第一，授位高干，賜粟五百石。（同王八年十月二十二日）

(e)夏五月，泉井、比列忽、各連等三郡民饑，發倉賑恤。（同王九年五月條）

(f)又卑列之城，本是新羅，高麗打得三十餘年，新羅還得此城。移配百姓，置官守捉，又取此城，還與高麗，且新羅自平百濟，迄定高麗，盡忠效力，不負國家，未知何罪，一朝遺棄。（同王十一年七月條中收錄的〈答薛仁貴書〉）

---

[67] 《新唐書·高麗傳》。

依據(f)可知，曾為新羅領域的安邊一帶的比列忽城地區，在三十多年前的 630 年代末期被高句麗攻佔㊽，而新羅又重新把該地區奪了回來。(b)的 668 年設置比列忽州的事，就是與這一史實相關的記載。關於當時新羅把該地區重新奪回的具體事因沒有直接論述，但值得注意的是(a)的記事，666 年 12 月淵淨土舉十二城向新羅投降。

但是第二年文武王配合唐軍對平壤進行攻略戰的時候，新羅的西北國境線是臨津江一線。㊾這說明淵淨土的十二城不是位居在西北方國境上，而是在另外的地區。一方面在(f)中，唐朝企圖把比列忽地區從新羅奪回以後，要送還給高句麗，文武王對此表示抗議。這與唐在高句麗領域設置各級羈縻州，並將其置於安東都護府隸下的舉措有關。新羅朝廷把唐朝的這一措施看作是，把扶餘隆加封為熊津都督，並把在百濟領域內設置的唐朝羈縻州，置於其隸下，從而使扶餘隆與新羅王相並立，實屬同一性質。

那麼，唐朝為什麼唯獨把比列忽地區認作是高句麗的故土，並要從新羅奪回呢？這是因為該區成為新羅領域的時間並不太長。這一點和(b)的記事相互有關聯。該地區應該就是淵淨土的十二城所在地。㊿唐朝把高句麗領域按州縣來劃定的方案是由男生和李勣制定的。而且淵淨土投降新羅之後，於 668 年春，來到唐朝，並在此停留。所以，唐在準備劃定州縣的方案裏，把比列忽地區看作是高句麗的領域而要設置羈縻州了。

㊽ 看來這是 643 年新羅向唐求援訴說高句麗和百濟攻佔新羅數十座城的事件相應的（《舊唐書·新羅傳》）。

㊾ 該年七月新羅軍北進攻略高句麗的七重城。七重城位於京畿道連串郡積城面，屬臨津江江邊地區。（《三國史記》文武王十一年七月條之「答薛仁貴書」）

㊿ 池內宏曾把淵淨土的十二城推定為南漢江以北鐵嶺以南地區。（〈真興王の戊子巡境碑と新羅の東北境〉，《滿鮮史研究》（上世），第二冊，頁 39）然而在以後發表的論文中他卻把新羅奪回該地區的時期說成是 668 年。即把薛仁貴攻佔的扶餘城視為咸興一帶，而且就在此時新羅軍利用唐軍勝利之際佔領了該地區。但我們不能把扶餘城視為咸興一帶。這主要因為把《舊唐書·薛仁貴傳》裏的有關薛仁貴「並海略地」的敘述中的「海」看成是咸興灣一帶所致。（〈高句麗討滅の役における唐軍の行動〉，前揭書，頁 375－376）但此時的「並海略地」並非是特指某一特定地區，它只是一種修飾之詞而已。

(e)中記載的應是十二城的具體內容。㉑比列忽在安邊，泉井郡在德源，各連郡在淮陽，該三個地區相互連接著，是現在的江原道北部和咸鏡南道南部地區。與淵淨土一起歸服的該地區的部分人士在此各自被安置下來，其中如(d)中所見，像世活這樣的人還參加了平壤城的攻堅戰並立下戰功。㉒還有(e)新羅中央政府對十二城地區的居民做了安撫工作的記事。此與在(f)中記載的「新羅還得此城，移配百姓，置官守捉」相呼應。當時淵淨土的麾下有十二城，所以可視淵淨土為褥薩或處閭近支。他麾下的十二城中至少也有二個婁肖級的城。

接下來在(c)中稱有大谷城、漢城等二郡十二城向熊津都督降服。大谷城在平山，漢城在新院郡長壽山一帶，兩處均為高句麗南部地區的主要城。大谷城是阻止越過禮成江向北進犯的新羅軍的要衝，而漢城是高句麗的別都。兩城城主至少也是處閭近支一級，而漢城的城主為褥薩級的可能性已在前面論及。在兩城屬下的十城中，會有婁肖級城的可能性是完全可以預料的。

此外，雖然沒有關於對直接管轄之下的城的論述，但是從其情況來看，管轄內的確有可推斷為婁肖級的城。譬如像遼東城，645 年失陷於唐軍時，城內有軍士一萬和男女居民四萬。軍士中雖有從其他城中派來支援的，但多數為遼東城的居民。當時遼東城是個行政、軍事城市，所以在平時城內不會居住這麼多人。多數是在附近的田野裏種田耕作，是在非常時期才進入城中的。與其說這五萬名民眾全部由遼東城直轄的，倒不如把他們當中的相當數歸屬於遼東城管內的婁肖級行政單位更為合理。而且在 645 年遭唐軍攻擊的新城和安市城之間的遼東平原地帶的諸小城中，一部分就是在遼東城褥薩管轄之下。

另外，在婁肖級城的管轄下還有作為最下層行政單位而存在的諸多小城。高

㉑ 據《三國史記·地理志（二）》，井泉郡條記載，新羅是在文武王二十一年佔據了該地區的。這是把本紀中的「是年，派沙湌武仙，率三千士兵鎮守該地」的事實給誤記下來的，並非在此時首次佔領此地區的。

㉒ 所謂軍師是指地方上村主一級的人士。（盧泰敦，〈有關三國時代部的研究〉，《韓國史論》2，1975）然而把世活稱為假軍師，是因為他不是率領正式的由該地域民編制而成的軍隊來參戰，而是與投降新羅的比列忽出身的一部分人一同以個人身份參戰的。這也說明比列忽剛剛歸附於新羅的事實。

句麗在滅亡時有一百七十六座城，其中婁肖級約有一百一十座，這在前面已經推論。只是淵淨土的十二城，大谷城和漢城的十二城，唐帥薛仁貴攻擊的扶餘川一帶的四十或三十多座城，僅把這些加在一起也有六十多座了，這個數字中還含有小於婁肖級的小城，僅在中國遼寧省和吉林省一帶已確定為高句麗城址的也不下百數十個⑬，這其中也有周長不過幾百米的小城。這些城址中純屬軍事目的，只駐紮有軍隊的城池為數不少。即便如此，山城與下面的村莊相連著，作為在非常時期入堡的方式，在很多情況下往往是山城和村莊就構成一個生活空間，鑒於此，推論多數小城是與某種形態的編制單位相關聯的。這些小城是婁肖級以下的單位。下面更加具體的瞭解一下淵淨土的十二城的情況。

淵淨土的十二城所處之地在(e)中所傳的泉井、比列忽、各連等三郡地區。關於這三郡在《三國史記·地理志》的記事中載有如下領縣。

> 連城郡，本高句麗各（一作客）連城郡，景德王改名，今交州，領縣三。丹松縣，本高句麗赤木鎮，景德王改名，今嵐谷縣。軼雲縣，本高句麗管述縣，景德王改名，今未詳。狶領縣，本高句麗豬守峴縣，景德王改名，今未詳。
>
> 朔庭郡，本高句麗比列忽郡，……。景德王改名，今登州，領縣五。瑞谷縣，本高句麗原谷縣，景德王改名，今因之。蘭山縣，本高句麗昔達縣，景德王改名，今未詳。霜陰縣，本高句麗薩寒縣，景德王改名，今因之。菁山縣，本高句麗加支達縣，景德王改名，今汶山縣。翊谿縣，本高句麗翼谷縣，景德王改名，今因之。
>
> 井泉郡，本高句麗泉井郡，文武王二十一年取之。景德王改名，築炭項關門，今湧州，領縣三。蒜山縣，本高句麗買尸達縣，景德王改名，今未詳。松山縣，本高句麗夫斯達縣，景德王改名，今未詳。幽居縣，本高句麗東墟縣，景德王改名，今未詳。

---

⑬ 與注㉔相同。

《三國史記·地理志》中，本來是高句麗和百濟的什麼郡或縣的記錄不可全信。就〈地理志㈢〉而言就有「本百濟某某郡（縣）」這樣的記錄，而大多數實際上是在景德王時期改名以前，進入統一新羅時期就被新羅所命名的。[74]上面所引用的郡縣名稱也不能排除這種可能性。但在(e)中記載，文武王八年（668年）三月曾賑恤過上面這三個郡。考慮到此乃剛合併之後所採取的措施，該三個郡的地名則沿用高句麗的可能性很大。「忽」和「連」是高句麗的地名中常見的一種。[75]至少那個地區的劃分範圍是沒變的。

據地理志記載，三郡之下有十一個領縣，加起來一共有十四個行政單位，比淵淨土的十二城還要多出兩個。如(a)中所見，已在淵淨土歸屬的時候，也許因某種紛亂致使戶口離散等，所以只有八個城是完整的。而且進入統一時期後，隨著新羅在該地區築起了炭項關門作為北方防禦的據點，因而戶口被入植於此地的可能性也是有的。由此，縣之數字有所變動也是在所難免。但無論如何，統一時期的十四個單位中至少有八個是從高句麗時就開始有的。這三個郡的領縣中能看到多個在高句麗的地名中以「達」、「谷」為結尾的名稱，這一定與此有關。大體上在淵淨土的十二城中，淵淨土所在的主城和其下的兩座婁肖級城便是〈地理志〉中所傳之郡，而剩下的九座城中多數與地理志中的縣相應。

婁肖級以下的不一定只是以城作為其單位的，其中有的並無修建城池而只是以村或谷為單位來設定。只是在高句麗末期的長期戰亂期間，在這種小單位裏往往也有很多築城的情況。

此外，從武厲邏[76]和赤峰鎮[77]的事例中看，還有在軍事據點裏設置的像邏和鎮這樣的特殊單位。這些單位和其他的烽燧、戍[78]等是由褥薩或處閭近支麾下的

---

[74] 盧重國，〈三國史記的百濟地理關係記事檢討〉，《三國史記的原典檢討》，韓國精神文化研究院，1995。

[75] 比列忽在廣開土王陵碑上則是碑利城，陵碑中還見有「背連」、「安夫連」等地名。

[76] 《隋書·高麗傳》。

[77] 《新唐書》卷三，高宗顯慶三年六月壬子，「程名振及高麗，戰于赤峰鎮，敗之」。

[78] 下面是有關高句麗烽燧的具體示例：「李勣自通正濟遼水，至玄菟，所經烽戍皆下之。高麗大駭，城邑各閉門不敢出」（《冊府元龜》卷一百七十七，帝王部，親征二，貞觀十九年四月條）。

可邏達來統一管理的。

如上所見，在高句麗後期的地方制度中，褥薩和處閭近支基本上是並列存在的，他們各自的麾下有婁肖，婁肖轄下有小城或村莊等。

但是前面提到的「目錄」中的「州」不僅僅只是大城，而且還處在具有一定圈域的中心位置上，像其中的國內（城）州，就呈現出它對該圈域內的六座城具有一定控制力的一面。當然，這六座城與男生一起作出統一行動是在非常情況下出現的事情，可以認為這並不反映國內城在平時也對其附近的城具有控制力。如果是這樣，則與六城一樣，蘇子河流域的三城也是在那種非常情況下才與男生一起投降的。但是關於這九座城，前面引用的男生墓誌上，明確地表現出國內城等六座城是在男生支配下的城，較之蘇子河流域的三座城在表現方法上略微有所不同。實際上，在此後的動向中，蘇子河流域的三座城即刻脫離了。這些都使我們聯想到國內城圈域裏的諸城和國內城之間有一定的領屬關係。

當然，如果男生麾下的除國內城以外的五座城全部是婁肖級的城的話，褥薩麾下就有可能會有多名婁肖，所以就沒什麼特別的了。但是男生麾下的六座城中，哥勿城卻在 676 年以後成為安東都護府轄內的九都督府之一。[79]此前，在談及 666 年男生向唐投降時一起投降的諸城的同時，也對九座城中的南蘇城、哥勿城、蒼岩城等三座城名做了記錄。[80]南蘇城和蒼岩城位於蘇子河流域，這也說明哥勿城在國內城圈域內是僅次於國內城的重要城，關於這座城的具體位置在何處沒有直接的記載。國內城圈域內的桓仁是高句麗的第一個首都，在高句麗後期也是國王為參拜始祖廟而經常訪問的地方。近年來在這一地區發現的大型壁畫古墓也說明該地區的重要性。如此看來，把哥勿城的位置確定在桓仁地區也無不可。[81]哥勿城在 668 年以前也是重要的城池之一，所以很難把它當作為婁肖級的城，不妨把它視為處閭近支級的城。向唐投降的當時，國內城圈域內的六座城的戶口在男生的墓誌上有「十餘萬戶」的記載。這麼說雖然有點誇張的層面，但國內城長

---

[79] 同注[56]。

[80] 《新唐書·泉男生傳》。

[81] 張正岩、王平魯，〈新城道及新城道上諸城考〉，《遼寧文物學刊》1994 年，二期，1994。

期以來都是高句麗的首都，至今在集安遺留的像五盔墳那樣的高句麗後期壁畫古墳，它的存在也顯示了國內城在遷都平壤之後作為別都也曾繁盛過的面貌。從這幾點考慮，國內城一帶確實有相當多的人口生活過，即國內州統轄著包括有處閭近支級的城在內的六座城和大量的人口。

這與前面提到的褥薩和處閭近支是並列存在的說法相違悖。但是對此還有其他想法。在高句麗末期戰爭的長期化和激烈化，尤其是唐在645年敗戰以後改變以往的戰略而採取了長期的消磨戰，以相對小規模的兵力從水陸兩方面隨時向任意地區使用打完就溜的戰術，主要把遼東平原地區和海岸地帶作為其攻擊對象，這種進攻沒有一定的戰線和戰時。自然高句麗人就不能享有其正常的生活，這無疑給高句麗一方巨大的打擊。[82]為了應付這種變化，高句麗方面也需要一個像作戰區域這樣，可作為防禦的地方，即某一城在遭到偷襲時需要一種在附近地域能夠緊急出動加以支援的體系。自然要以主要城為中心集結圈域進行防禦，這樣在一定圈域內成為中心的城，對其他各城的控制力逐漸強化，至少在軍事側面上，這種趨勢是不可避免的，也就是說更加廣域上的軍事區域形成了。男生率國內城等六座城，而淵淨土率領其麾下十二城投降唐朝，就是以平時的這種關係為基礎才得以實現的。

如果這種趨勢持續下去了的話，全國就被分為若干個廣域的行政、軍事區域，州則會明顯帶有作為中間行政機構的面貌。雖然無法弄清在高句麗末期，州究竟實行到何種程度，卻也顯示出這種趨勢的層面。這樣，現有的褥薩之城，其比重則將會擴大。反之，處閭近支的城和婁肖的城之間的等級差異就會縮小。從這些層面中可以重新認識到，在「目錄」中州以外的各城並未重新加以區分，而

---

[82] 下例記載雖屬唐朝的記錄，卻反映著唐的戰略變化和因之而來的結果。這種狀態在此後持續了二十餘年。

「朝議以為，高麗依山為城，攻之不可猝拔（中略）。今若數遣偏師，更迭擾其疆場，使彼疲於奔命。釋耒入堡，數年之間，千里蕭條，則人心自離。鴨淥之北，可不戰而取矣。上從之。」（《資治通鑑》卷一百九十八，唐紀，太宗貞觀二十一年二月條）

「帝與長孫無忌計曰，高麗困吾師之入，戶亡耗田，歲不收，蓋蘇文築城增陣，下饑，臥死溝壑，不勝敝矣。明年以三十萬眾，公為大總管，一舉可滅也。」（《新唐書·高麗傳》）

全部只是以城來表記的含義了。

一方面也曾有人主張，在高句麗後期就把全國劃分成若干個區域，即比州上一級的、具有常時性的廣域區劃單位的存在。接著就此進行探討。

2.內評、外評、五部

在討論比州上一級的地域規劃單位存在與否的問題時，常被提及的便是五部。具體與之有關的《隋書・高麗傳》中，記述高句麗地方制度有如下記錄：

> 官有太大兄、次大兄，（中略）次仙人，凡十二等，復有內評外評五部褥薩。

由於上引記事非常簡略，因而圍繞它的解釋眾說紛云。在此有關內評、外評和五部的後半部敘述是問題所在。「評」是古代韓國語，而不是漢字語，有關其語源卻是議論紛紛。不論怎麼說，在《梁書・新羅傳》裏稱「在內曰啄評，在外曰邑勒，亦中國之言郡縣也。國有六啄評，五十二邑勒」，由此可見，評應為古邑之意，即外評是週邊的古邑之意。

按照內評、外評、五部、褥薩之順序記錄的上引文將應如何解釋呢？對此曾有以下幾種見解。第一，把內評、外評合在一起的全國分為五部，有五名褥薩。這時作為首都的內評就相當於全國五部中的內部。[83]第二，在內評（王都）和外評（地方）各自有五部，一共有十名褥薩。[84]第三，首都有五部，畿內（內評）和地方（外評），有不詳其數的褥薩。[85]那麼首先察看一下，在當時把全國分為四

---

[83] 池內宏，〈高句麗の五族および五部〉，《滿鮮史研究》（上世），第一冊，1949，頁 331－345。

[84] 山尾幸九，〈朝鮮三國の軍區組織〉，《古代朝鮮と日本》1974。
林起煥，〈有關高句麗集權體制成立過程的研究〉，（慶熙大學博士學位論文）1995，頁 152－153。

[85] 武田幸男，前揭論文，1980。
（朝）孫永鍾，〈高句麗的五部〉，《歷史科學》84 年，4 期，1984。
（朝）李承赫，前揭論文，1987。
金賢淑，〈高句麗後期中央執權的地方統治體制的發展過程〉（第九回韓國古代史研究會綜合

五個具有常時性質的、某種廣域的、地域區劃單位是否存在的問題。

主張廣域的、所謂全國五部存在的學說，可用下例記事作為其具體證據來提示：

> 高麗北部褥薩高延壽，南部褥薩高惠真率高麗靺鞨之眾十五萬來援安市城。（《舊唐書・高麗傳》）
>
> 高麗位頭大兄、理大夫後部軍主高延壽，大兄前部軍主高惠真等（中略）率眾來降。（《冊府元龜》帝王部，來遠，貞觀25年5月條）

即645年為了迎擊唐太宗率領的遠征軍而出征的高句麗軍司令官高延壽、高惠真等，他們所持有的官銜，即南部、北部的褥薩就是表現一種具有軍管區性質的全國五部長官。

但褥薩是大城的首長之職，645年，當時烏骨城城主就是褥薩。烏骨城就是「目錄」上的屋城州。屋城州如同上一節所見，是鴨綠江以北的六州之一，當時在全國有十餘個州，即存在十餘名褥薩。如果當時存在著把幾個州的置於其屬下的、具有常時性質的廣域的區劃單位，而645年當時高延壽和高惠真果真為那個單位之首長，那麼褥薩下面就應配有若干名褥薩。從官等的側面上看，柵城的都督即褥薩就是位頭大兄。[86]不過高延壽和高惠真的官等不是與此相同就是在其之下。由此褥薩下配有幾名的褥薩就成了問題。[87]當然如果達到一定以上的官等，在當時貴族制層面很強的社會裏，可以認為官等的高下不應成為大問題。然而在就任官僚制度的運作中常設的地方單位之長——即便他屬於是軍管區性質——的時候，卻不能完全無視官等的高下。而且「廣域的地方行政區域」之長和隸屬於其下的大城城主，都持有褥薩這個同一個職位名是極其不自然的。645年高延壽和高惠真並不是因其北部和南部褥薩之位，而只是在非常時期出於需要從最高集

討論會發表文），1996年2月。

[86] 〈高慈墓誌銘〉，《譯註韓國古代金石文》I，頁511。

[87] （朝）孫永鍾，前揭論文，1984。

（朝）李承赫，前揭論文，1987。

權者那裏被授予臨時的軍令權而成為十五萬大軍的司令官，也就是說全國五部並不存在。

接下來關於內評則可設想有如下三種可能性。第一，是對首都平壤城和別都國內城以及漢城的指稱。第二，在首都的附近一帶設定像畿內這樣的地區，而作為特殊行政區域化的。第三，內評即首都之意的立場。首先探討一下第一種可能性。當時在漢城另設有五部，國內城也應是這樣，因此作為別都的這兩座城在高句麗則是尤為被重視的地區。不過引人注目的是「目錄」上把國內城叫作國內州的事實，即與其他地區的大城在行政單位的名稱表現上是沒有什麼不同。這是否意味著國內州不是以特殊的行政單位來區分的，而是把它視作與其他地區一樣，作為一般地方編制的一個單位呢？

第二，關於是否在平壤的附近地區設定有畿內，除上引文之外，再無與之相關的記錄。[88]所以儘管難以作出斷定，但值得注意的是在上引文中先提到內評和與之成對比的外評，接著提到五部的存在。這裏所說的五部，正如前所述，因為並不存在所謂「全國五部」，所以它不是「外評的五部」。那麼劃底線的部分就不是「內評和外評裏有五部」這樣的意思了。而且如果內評意味著首都，則五部和內評就意味著同一個實體。如果這樣，則稱五部和週邊區分開來不就行了嗎，還有把內評和外評區分開的事實提及以後，再去記述五部的必要嗎？從記錄的順序上看，也是記為內評、外評、五部之順，所以跳過外評把內評和五部連接從而解釋為「外評和內評的五部有褥薩」是很難成立的。如此看來，內評就是畿內的古邑，與之對比的外評就是週邊的古邑的意思。[89]

---

[88] 《三國史記·高句麗本紀》故國川王十三年條裏，記有故國川王時期動員畿內兵馬之事。然而此時較具體系的地方制度尚未成立。看來這裏的畿內並非是具體行政體系上的、作為制度的畿內，而是指首都及其鄰近地區的一般意義上的概念。

[89] 從這一點上，把平壤鄰近分佈著壁畫古墳的地區設定為王畿的見解別有一番情趣。（東潮，〈朝鮮三國時代における横穴式石室墳の出現と展開〉《國立歷史民俗博物館研究報告》47）一方面，高句麗滅亡當時，全國由五部 176 座城組成。（《舊唐書·高麗傳》）這是因為把全國劃分成首都和地方把握，從而記述從簡所致的呢？還是在《隋書·高麗傳》編寫時的七世紀初的狀況得以改變從而畿內制廢止所致的呢？現無法斷定。對其副都並沒有進行任何言及的情況來看，前者的可能性較大。

在此重新看上引文，該記事在記錄高句麗的十二官等之後稱「復有內評外評五部褥薩」。值得一提的是還多一個褥薩官職。所以如按此文理，在褥薩之前提到內評、外評、五部，其意就應解釋為「內評和外評和五部裏還有褥薩」。但就內評而言設有褥薩的具體事例無從查考。下面分析一下該時期五部的性質。

試看高句麗後期有關五部的記錄，每年三月三日在樂浪平原舉行的圍獵中，有五部之兵來參與，把繳獲物用來祭祀天和山川的諸神。[90]由高延壽和高惠真來作褥薩的南部和北部就是這五部中的一部。高延壽和高惠真的職銜為褥薩即軍主的事實，說明五部也是軍事性的編制單位。在每年三月三日的圍獵中，有「五部之兵」來參與也顯示了這一面。作為五部所屬之兵究竟有多少尚不可知，但不妨參照一下百濟的情況。當時百濟的首都五部裏各自有五百名士兵，其首長就是達率。而且在地方的五方方令，其官等也是達率，據說其麾下有七百至一千二百名的軍隊歸其統帥。[91]這一面與高句麗五部的情況相同。尤為值得注意的是，在百濟五部之長和五方之長的官等是相等的。而在高句麗，就官等而言，作為五部之長的諸褥薩之間也有一定差異，並不一致，也不存在像百濟五方那樣的全國五部，但五部和地方大城的首長全是褥薩，這一點卻是相同的。

我們不妨設想一下，直至這一時期五部構成員之間仍存在著族的關係，而作為其編制的基準發揮作用。如果認同這種視角，則《翰苑》中的如下記載值得注意。

> ①部貴五宗。②《魏略》曰，其國本由五族，有消奴部、絕奴部、順奴部、灌奴部、桂婁部。本消奴部為王。稍微弱，今桂婁部代之。③五部皆貴人之族也。一曰內部，即《後漢書》的桂婁部，一名黃部；二曰北部，即絕奴部，一名後部，一名黑部；三曰東部，即順奴部，一名左部，一名上部，一名青部；四曰南部，即灌奴部，一名前部，一名赤部；五曰西部，即消奴部，一名右部。其內部如燕內部（椽那部：筆者），姓高即王族

---

[90] 《三國史記》卷三十二，祭祀志，卷四十五，〈溫達傳〉。

[91] 《周書·百濟傳》。

也。④高麗無稱姓者，皆內部也。有內部雖為王宗，列在東部之下。其國從事，以東為首，故東部居上。[92]

這裏，①之「部貴五宗」作為「官崇九等」的對句，是由張楚金敘述的，而②、③、④是由雍公叡加以注釋的。在《新唐書·高麗傳》和《通典·高麗條》中，也可見到與③中的內部以下相同的內容。而且《翰苑》在其他地方所引用的〈高麗記〉中有關官等的記事也見於《新唐書·高麗傳》和《通典·高麗條》。由此可見，上引文中③以下記事的出處也應來自「高麗記」。若按③中的「五部皆貴人之族也」的表現，五部的人就是貴族集團。還有④中的記事雖然其意思比較模糊，但從中也能夠感覺到部具有某種血緣集團的性質。也就是說高句麗末期五部的性質並不只是停留在地域區劃或者是行政單位之上，在地域區分單位這一外形的內部隱含著作為族的編制單位的性質。

然而高延壽、高惠真都姓高氏，各自所屬於北部和南部，由此可見，部不是血緣集團，從高句麗初期開始部就已經不是血緣集團了。[93]而且如同高句麗末期的全國「分為五部和一百七十六城」[94]的記載所見，就五部而言，有關其具體性質的解釋雖有不同的見解，但都不得不承認首都具有行政區劃單位的面貌。在首都生活著各種階層的人們，所以官員或貴族所屬於五部是事實，但五部之人並不全是貴人。所謂「五部皆貴人之族也」，從引用了《魏略》記事的②記錄來看，可以理解為〈高麗記〉的作者根據自己透過《魏略》記事所得到的，有關五部的成見來加以敘述的。[95]而且也可能是前往高句麗的使臣，他所看到的官員或貴族都在冠稱部名，於是就認為五部之人全部是貴族而如此記錄下來的情形也說不定。

無論如何，上引文在說明其來歷時，把當時的五部與高句麗初期的五部連接起來，似乎是把當時的五部記述成繼承悠久族的傳統的實體。但是初期的固有名

---

[92] 在原文中筆者認為是衍文或誤字則予以校正。

[93] 本書第二章第一節。

[94] 《舊唐書·高麗傳》。

[95] 池內宏，注[83]的論文，前揭書，頁337。

部是隨著高句麗向中央集權制國家發展，其自治力也逐漸走向削弱乃至滅亡，而各部的支配層便移居首都編制方位名部。按當時編制的基準，他們所持現有固有名部裏的所屬關係，可能是得到一定的考慮。但是隨著高句麗領域的不斷擴大，新的政治勢力多數歸屬於五部；隨著王權和集權力的強化而發生的變化，在固有名部下面所具有的成員之間的相互關係，再也不能成為規定方位名部性質的本質性要素，自然是一個進展，特別是在平壤遷都以後更是如此。反之，同屬於一個方位名部並隨著它的活動而形成的紐帶具有現實的意義。在上引文④中被稱東部的較之內部處於上位，並敘述這主要起因於當時高句麗在行事時重視東方的習俗，像烏丸、柔然、突厥等遊牧民也是以東為貴的。[96]

但是高句麗後期墳墓的枕向大都是南向，從把南部稱為前部的情況上看，倒不像是在四方中僅僅重視東向的。這是不是與淵蓋蘇文的父親和祖父歷任莫離支一職等淵氏家族世代顯貴有關聯呢？淵蓋蘇文之父曾任「東部大人」，淵蓋蘇文也接替其父之職出任東部大人[97]並調動「部兵」發動政變從而執掌大權。（參照第四章第二節）[98]即反映著東部所屬的人們在政治上所佔據的優勢。即便這樣也是起因於政治脈絡的，部也並不是起因自身所固有的某種族的集團性。在上引文中把當時的五部與已成為歷史殘渣的高句麗初期的五部聯繫起來，加以說明其來歷，這只是一種好古的癖好而已，並無特別的意義。

---

[96] 《後漢書》卷九十，〈烏桓傳〉，「隨水草放牧，居無常處，以穹廬為舍，東開向日。」
《北史》卷十三，北齊，〈郁久閭后傳〉，「蠕蠕俗以東為貴，後之來，宮幕戶席，一開向東。」
《周書》卷五十，〈突厥傳〉，「可汗恒處都斤山，牙帳東開，蓋敬日之所出也。」
《遼史》卷一百一十六，國語解，禮志，祭東，「國俗，凡祭皆東向，故曰祭東。」
樹立於蒙古高原鄂爾渾河北邊的古突厥碑文中「前」也是東邊的意思。（小野川秀美，〈突厥古碑文譯註〉，《滿蒙史論叢》4，1943，頁 33；Talat Tekin, *A Grammar of Orkbon Turkic*, 1968, p.264）

[97] 《舊唐書·高麗傳》裏稱為西部大人，《新唐書·高麗傳》裏稱作東部大人。據《資治通鑑》，營州都督張儉報告高句麗政變時稱「東部大人淵蓋蘇文」云云。（貞觀十六年十一月條）《三國史記》裏稱作為東部大人。理應重視都督張儉的報告。

[98] 《新唐書·高麗傳》稱說糾集「諸部」發動了兵變，而《舊唐書·高麗傳》和《資治通鑑》裏則稱說是動員了「部兵」。即便是動員諸部的兵力，而成為其中心的理應是東部之兵。

高句麗後期五部的基本性質是首都的行政區域單位。別都裏也有五部，但就漢城而言，如同「漢城下後部」[99]之表現所見，這是把屬於漢城這一地方編制單位的地區和居民加以區劃的下層行政單位。高句麗滅亡後，安勝率領高句麗裔民所建立的報德國中也設有五部，其官員們都冠稱以部名[100]，這五部也是行政、軍事性的編制單位。但在高句麗後期，首都平壤和別都國內城以及漢城的五部是貴族們集中居住的地方，這些人置原籍於五部，並冠稱部名，以顯示自己為支配層的一員。從這種意義上講，五部事實上還具有作為貴族的組別編制單位的意思。[101]但此時編制的基準並非是某種族的，而且當時五部的成員也並不只有貴族，像五部中的一般人而言，他們居住在首都，或者從事於國家組織或者透過與貴族的關係來提高自身地位和身份的機會還是相當多的，儘管只局限在一定範圍之內。從這種意義上來看，五部之人較之地方民眾，相對來說是處在優越位置上。但類似於新羅的那種在原則上把京位只授予六部之人的制度，在高句麗和百濟卻無從查考。

以上考察了高句麗後期地方制度的構成。當時處於領屬關係上的褥薩、處閭近支和婁肖之間，前者對後者所行使的統轄權究竟達到什麼程度現無法確知。只是在軍事部門作為上級機關具有一定控制權，這一點是可以設想的，但在一般行政部門則是由婁肖來直接與朝廷取得聯繫的。[102]

一方面，存在著一種儘管處在高句麗的支配下，卻不為其地方官所直接統治的集團。靺鞨族和部分契丹族就屬此類。[103]這些人以部族別的小單位享有自治的同時，又透過其族長間接地接受高句麗國的支配，他們用馬或毛皮等特產品向高句麗國進貢，戰時則還要向高句麗提供軍事援助。[104]

---

[99] 與注[51]相同。

[100] 《日本書紀》卷二十七，天智天皇十年正月條；卷二十八，天武天皇元年五月，二年八月條。

[101] 今西龍，〈高句麗五族五部考〉，《朝鮮古史研究》1937，頁441－442。

[102] （朝）李承赫，前揭論文，1987。

[103] 本書第四章第一節。

[104] 有關這一層面，遼國對隸屬於自己版圖內的女真人集團（熟女真）所行使的支配形態可作為參考的。（盧泰敦，〈渤海國的住民構成和渤海人的族源〉，《韓國古代國家與社會》1985，頁248－252）

在《周書·高麗傳》中有褥薩的存在，據此可以認為這種地方制度至少是在六世紀後半已經成立。那麼在此之前的地方制度是怎樣的一種形態呢？關於這一面，則透過探討「郡」這一地方行政單位的存在與否來分析一下。

㈢地方制度的形成過程

1.郡制的實行

在談論郡作為一種行政單位是否曾經存在過的這一問題時，首當其衝的討論對象就是《翰苑》所引〈高麗記〉中的如下記事：

> 其武官曰大模達，比衛將軍，一名莫何邏繡支，一名大幢主。以皂衣頭大兄以上為之。次末若，以中郎將，一名郡頭，以大兄以上為之。其次領千人，以下各有等級。

在此稱大模達和末若各自可與衛將軍和中郎將相對比。中國首次設置衛將軍是在漢代，統管首都的諸軍，是保衛王室和首都的一種禁衛軍司令官。在晉代被分化為三衛，到隋代變成了十二衛，唐代也是如此。在〈高麗記〉中所提到的衛將軍就類似於隋唐的十二衛。唐代的十二衛對宮廷進行警衛並統管中郎將府和地方的諸多折衝府。中郎將率其麾下的兵卒擔任著守備宮門和城門等各種宿衛任務，而在皇帝巡行時，是執行車駕的衛護和儀仗隊任務的武官。[105]高句麗的大模達、末若和唐的衛將軍、中郎將，既然兩者所活動的歷史背景不同，他們的具體性質也不可能相同的，尤其像唐朝實施了府兵制而高句麗卻沒有，這樣大模達和衛將軍的作用只能是不一樣的。

但〈高麗記〉的作者還是把大模達和末若做了那樣的比喻，那是因為至少在外形上看，其地位和執行的職責上，兩者之間被判斷出具有一定的類似性。首先，大模達是由五部兵為中心的兵力構成的首都駐屯軍（大幢）司令官。而末若則其麾下有軍隊，承擔著宮廷的宿衛和首都治安以及車駕護衛的任務，發揮著與

---

[105] 《舊唐書》卷四十四，〈職官志〉，武官條。

中郎將相類似的作用。在高句麗從大對盧到皂衣頭大兄的上位五個官等，其貴族們總管兵馬的徵用以及官吏人選等軍國機務，好像運行著一種會議體，而該會議成員中的一員來兼任大模達一職。

末若又被稱為作「郡頭」。所謂「郡頭」可以理解為是郡的地方官之意，但考慮到末若是個武官，還是把他理解為在郡一級的地方上駐紮的軍隊之長。那麼與中郎將相比肩的記錄就有些不符了。需要注意的是末若是統領一千名兵士的指揮官。對此是否可以這麼設想呢？在動員大規模兵力的行軍系統中，末若是由郡一級所動員兵力的首長，或者是因為在郡一級的地區駐紮的兵團的指揮官的地位和末若的相應，所以才被那樣稱呼呢？如此說來，則等於是說在高句麗實行了郡制。總之，透過確認「郡頭」的存在，可知「郡」這一用詞在高句麗時期就已使用。但既然末若是個武官職位，那麼為了確認作為地方行政單位的郡的實在性，就有必要對其他的記錄進行進一步研討。

《三國史記·高句麗本紀》中，關於郡等的地方行政單位的記事有如下：

①大武神王九年，冬十月，王親征蓋馬國，殺其王，慰安百姓，毋虜掠，但以其地為郡縣。

②安臧王三年，夏四月，王幸卒本，祀始祖廟。五月，王至自卒本，所經州邑貧乏者，賜谷人三斛。

③平原王二年，二月，王幸卒本，祀始祖廟。三月，王至自卒本，所經州郡獄囚，除二死，皆原之。

④平原王二十五年，春正月，遣使入隋朝貢。二月，下令減不急之事，發使郡邑勸農桑。

其中於西元 26 年設置郡縣的①中的「郡縣」不能完全信之。而且②至④中的「州邑」、「州郡」、「郡邑」等好像是以地方古邑之意這一般性的意思來使用的，很難把它斷定為是顯示當時地方行政單位的特定名稱。

能夠呈現出在高句麗實行「郡制」蓋然性的具體記事見於《三國史記·新羅本紀》和《日本書紀》之中。

⑤十二年辛未，王命居柒夫（中略）等八將軍，與百濟侵高句麗。百濟人先攻破平壤，居柒夫等乘勝取竹嶺以外高峴以內十郡。（《三國史記·新羅本紀》真興王十二年條，同居柒夫傳）

⑥是歲，百濟聖明王，親率眾及二國兵，往伐高麗，獲漢城之地。又進軍討平壤，凡六郡之地，遂復故地。（《日本書紀》卷十九，欽明天皇十二年是歲條）

⑦府城劉仁願遣貴干未盻，告高句麗大谷△，漢城等二郡十二城歸服。（《三國史記·新羅本紀》，文武王八年六月二十二日條）

據此則可以認定在高句麗實行了郡制。但如此斷定還是有令人躊躇的一面。有關551年高句麗喪失漢江流域領土的一事在〈高句麗本紀〉中有如下記載：

⑧秋九月，突厥來圍新城，不克，移攻白岩城。王遣將軍高紇領兵一萬，拒克之。殺獲一千餘級，新羅來攻取十城。（《三國史記·高句麗本紀》陽原王七年條）

在這裏把「十郡」稱作為「十城」。建於551年的明活山城碑[106]上刻有「郡中上人」之表現，由此可知，新羅在551年當時就已實行郡制。所以如果對上述記載予以重視，則也可以作如下解釋。當時高句麗以城為單位，把漢江流域加以編制，但這一地區被新羅佔據之後，城就被命名為郡。這一層面對於上述⑥的記事同樣可以適用。看來該記事原典所依據的是百濟系統的史傳。當時是往泗沘城遷都以後的時期，百濟正實行方郡城制。[107]漢江流域被高句麗佔據之後，在其統治下所行使的城這一編制單位，卻被百濟按照他們的標準而將其記錄為郡也說不

---

[106] 朱甫暾，〈明活山城作成碑的力役動員體制和村落〉，《趙恒來教授華甲紀念韓國史學論叢》，1992。

[107] 《周書·百濟傳》。

定。[108]⑦中的記事也應順著這樣的思路去理解，即原屬於漢城和大谷城這兩座城的行政區域十二城歸降之後，熊津都督府這邊則把高句麗的這兩個行政區域單位，根據以前百濟所採用的地區行政單位來理解，從而表現其為「郡」。667 年從新羅投降過來的淵淨土麾下的十二城在被記錄時並沒有涉及到郡；在「目錄」中也沒有郡這一表現；而別都漢城如按「目錄」上的標準則相當於「州」一級的城，看來與大谷城是有差異的，卻把此兩者都以郡來表示，都證明這種推論的合理性。

然而，即便是認為高句麗在 551 年並無使用「郡」這一行政單位名，但是百濟和新羅在 551 年所攻取的「六郡」和「十郡」，並不是他們把漢江流域按照各自的基準來重新編制的結果。只不過是把這一地區現存的在高句麗時編制的十六「城」改稱為「郡」而已。郡是把一定的地區空間進行區劃並使其行政單位化的。在郡內包括有若干個下級行政單位。十六城的「城」也帶有這一層面。漢江流域裏有超過十六個的城池和村莊等，它們在高句麗被編制為十六個地區。這十六座「城」之一的地方官在中原碑上被叫做「古牟婁城守事」。

古牟婁城守事的官等是大兄。歷任令北扶餘守事的牟頭婁其官等是大使者，而曾經鎮守過北扶餘地區的其祖先冉牟的官等也是大兄。在牟頭婁墓誌上，除此之外作為與北扶餘地區相關聯的人物還見有兩名大兄，看來他們也是與北扶餘地區的鎮守相關的人物。[109]大使者在高句麗官等體系中是處於第六等級，雖然比七等級的大兄高一級，但其墓誌上所記錄的大使者卻是牟頭婁的最高官等。牟頭婁在廣開土王時期就任令北扶餘守事一職，在後來的長壽王時期也一直為官。[110]所以牟頭婁在任北扶餘守事期間有可能就是大兄，即守事在一般情況下是由大兄官

---

[108] 這一層面又可以從把新羅突襲佔領百濟所占漢江下流地區的事實記述成「是歲，百濟棄漢城與平壤，新羅因此入居漢城。今新羅之牛頭方，尼彌方也」（《日本書紀》卷十九，欽明天皇十三年條）之中可見到。該記事也是根據百濟系統的史料而作成的，把新羅的佔領地以百濟式來表現，稱作「牛頭方，尼彌方」。此時的「今」為何時尚不清楚，只是提供了用百濟式來記述其他國家地區的一個示例。

[109] 武田幸男，〈牟頭婁一族と高句麗王權〉，1981；重收錄於《高句麗史と東亞》，1989。

[110] 《牟頭婁墓誌》49－51 行，《譯註韓國古代金石文》Ⅰ，頁 94－95。

等的人物來就任的。

可是新城太守高奴子的官等也是大兄。⑪太守的「守」字就是守衛國王的國土，即替國王治理該地區的意思；守事也是治理該地區的各種事務的意思，兩者可謂有同樣意思的名稱。兩者的官等也是相同的，也就是說把兩者看作是有相同性質的地方官也無不可。太守是郡的長官，所以守事治理的地區也可能就是郡。新羅和百濟佔領了包括古牟婁城在內的漢江流域十六城以後，將其稱為「郡」，並非出於偶然。

實際上在高句麗把守事的管轄區域叫郡的例子具體存在。撰刻於五世紀的牟頭婁墓誌的冒頭就有如下記載：

> 河伯之孫，日月之子，鄒牟聖王，出自北扶餘，天下四方，此國郡最聖……。

在此儘管對「郡」字的判讀上有不同的意見，但還是像「郡」字。過去還曾把該字判讀為鄉、都、郡等。⑫透過觀察墓誌的照片⑬來看，該字很顯然不是「鄉」字。而都和郡兩字中，從文脈上看郡好像更合適。「此國郡最聖」。即表現了以鄒牟王誕生的地方北扶餘以及鄒牟王的後孫統治的高句麗國最為神聖。墓誌的後半部也有四世紀中半慕容燕向「河伯之孫，日月之子，所生之地」的北扶餘發動進攻的記載。如果上面的字為「都」，則指的就是國內城，但這樣就與墓誌上所要強調的，鄒牟王的出生地以及牟頭婁家族在此世代為地方官的北扶餘地區不相符了。對牟頭婁之墓所居首都的修飾，實際上在「此國郡」的「國」裏面已經被

---

⑪ 《三國史記》烽上王五年條。

⑫ 請參看《譯註韓國古代金石文》I，頁92－98。

⑬ 收錄在池內宏的《通溝》（上），1938。

包括，在墓誌的第六行也可見到「郡」字。⑭

這樣看來，五世紀的前後時期在高句麗實行郡制的事實是可以被認同的，這在《翰苑·高麗記》中也流傳「郡頭」一詞可得到證明。進而可與中郎將相比肩的末若這一中央武官，具有與「郡頭」這一地方行政單位（郡）相關的名稱，說明某一時期郡制在全國範圍內曾廣泛實行過。

另一方面，如此推論也許會遭到質疑。第一，如果實行了冠以郡為名稱的編制，為什麼在《三國史記·高句麗本紀》陽原王七年條的記載中稱為十城；在「目錄」中也沒有郡的出現呢？第二，是在古牟婁城守事和令北扶餘守事的職稱中無「郡」字。換言之，刻記在牟頭婁墓誌上的「郡」並非是當時地方行政單位的名稱，而是作為「古邑」這樣的一般名詞性的意思而被刻記的呢？

首先看一下前者，值得注意的是不僅僅是郡，就是「守事」這樣的職稱也不見於六世紀後半以後的各種記錄裏。傳有各級地方官名稱的「高麗記」中也不見守事一詞。褥薩這樣的職稱在《周書·高麗傳》中出現，看來處閭近支和婁肖這一職稱也在六世紀後半被使用過。守事，假如就「令北扶餘守事」這一職名而言，他所管轄的區域至少也達到處閭近支級的，看來在六世紀後半守事這一職稱已經不再被使用。所以在守事這種地方官的職稱被改換的同時，郡的名稱也不再被使用。郡只是在武官末若的別名「郡頭」中留下它的痕跡。如此說來，在「目錄」中沒有郡這樣的名稱也是當然的事情。

接下來，看一下上引文⑧中的陽原王七年（551）條的記載。在這裏把突厥的進攻和導致十城喪失於新羅，記述成具有某種因果關係。但在551年當時突厥向高句麗發動進攻是不可能的事情，突厥來侵記事流傳的應是後來的某一時期在兩國間發生武力衝突的史事。但是突厥來犯之事之所以記述在551年條裏，是因為圍繞陽原王的繼位原所發生的貴族間紛爭的餘波，而551年被新羅和百濟搶佔了漢江流域。出於顧忌才把其原由和突厥的進犯結合起來記述的。這一記事的原典

⑭ 此外，德興里古墳的墓誌裏將墓主幽州刺史鎮的出生地記為「△△郡，信都縣，都鄉，中甘里」。有關鎮的出生地過去眾說紛紜（徐永大，〈德興里古墳墨書銘〉，《譯註韓國古代金石文》I，頁79－88），但根據墳墓裏的墨書銘，他理應是亡命到高句麗的漢系統人員，自然「△△郡」也不是高句麗的地區名稱了。

也許就是圍繞陽原王繼位而產生的紛爭，執權的貴族勢力以此為契機，於600年編纂的《新集》，或者是該系統的史傳。⑮那時是不使用郡之名稱的時期，自然就用城來代替了郡這一名稱。

再看一下後者，非但只守事，在當時的高句麗言及其他地方官的官名時也不是非要冠稱以其管轄的行政區域單位的名稱來稱呼的。通常來講，把各級行政單位都是以「古邑」之意思而稱作城（忽）。譬如在「目錄」中就記述成遼東城州、新城州、國內州等，而在史書中卻只記作「某某城」。在記述該城城主的職稱時也是以「某某城褥薩」或「某某城處閭近支」的方式來表現。⑯該古邑的大小和行政體制上的等級是透過城主的職稱來體現的。這樣看來，則可以理解牟頭婁的職稱裏為什麼沒有「郡」這個字的現象了。

如上所述，五世紀時期郡制在高句麗實行是可以被確認的。下面就分析一下，在五世紀郡的構成是怎樣的，實行的程度又是如何呢？

2.郡制的內容

有關五世紀郡的規模和構造沒有具體的記載。但是透過漢江流域情況可以類推出郡制的一些內容，因為在該地區可以確認出設有郡的長官即守事這一事實。

551年，居柒夫等率領的新羅軍佔領了竹嶺以北的高峴，即鐵嶺以南地區的十個郡⑰，而百濟軍則佔領了漢城和南平壤（包括楊州地區在內）的六個郡。新羅在512年就已經設置何瑟羅州，由此看來，沿東海岸方面的新羅北上在此前就已有了相當的進展。所以，551年佔領的十個郡，看來是在漢江流域。新羅和百濟所佔據的這十六座城（郡）是由高句麗設置的，網羅了整個漢江流域的地區。在《三國史記·地理志㈡》的漢州和朔州的管轄區域中，把該地區理解為相當於臨

---

⑮ 本書第一章第一節，第四章第一節。

⑯ 關於645年當時的戰況，下列記述就是其具體實例。

「烏骨城褥薩老耄，不能堅守，移兵臨之朝至夕克」（《資治通鑑》卷一百九十七，唐紀太宗貞觀十九年八月）。

⑰ 《三國史記》卷四十四，〈居柒夫傳〉。

551年居柒夫等北進的時候，是否也佔領了咸興平原無法確實。至少在居柒夫傳中所傳的十郡裏是沒有被包括的。看來該地區是551年以後佔領的。很有可能是根據553年初前後時期，新羅和高句麗之間所締結的密約，由新羅來佔領該地區的。

津江以西和小白山脈以南除外的地區也不相違悖。在漢州和朔州的地區中各自有郡十七個和十個，縣三十四個和二十三個，小京各一個。若把州的治所和小京包括在內，則該地區就有三十一個郡和五十七個縣。把這些除以十六的話，在高句麗時期的一個郡裏面，按照統一新羅時期的行政單位則相當於兩個郡和三個縣的古邑。當然這期間也曾有過戰亂、人口的變動以及開荒等狀況的變化，所以八世紀的古邑和六世紀的古邑不可能是一成不變。即便是考慮這些因素，高句麗的郡也是比新羅的在規模上要更大一些，這一點可從淵淨土的事例中也能看出。雖不能斷定他的職位到底是褥薩還是處閭近支，但是其麾下的十二城卻被新羅編製成三個郡。但不能推斷高句麗的郡比新羅的郡在行政體系上要多一個階段。是否可以這麼理解呢：在郡下面有縣一級的城，比新羅郡的領縣規模也大，數量也多。

在縣級城的下面還有村子。據廣開土王陵碑的記載，396 年高句麗軍向百濟發動攻擊，奪下五十八座城七百個村子。古牟婁城就是這五十八座城中的一座。把它們平均計算的話，一座城裏大概有十二個村子。高句麗並沒有把這五十八座城按其原來的地方支配單位來編制。比如，從廣開土王陵碑上的有關守墓人煙戶的記述上看，其中像「百殘南居韓」這樣的單位不是百濟時期的，而是高句麗佔領百濟首都的南部一部分地區之後，把這裏的村落編成若干個而設定了新的單位。但是韓、濊族的守墓人煙戶出身地區的地名有三十六個，其中被叫做某某城的有三十一個，其絕大部分是屬於此五十八座城的。這五十八座城，在 396 年以後大部分被沿用下來，成為高句麗統治該地區的單位。[118]這五十八座城的具體的位置雖無法確知，但這五十八座城後來被編製成為漢江流域十六個郡的一部分，這一點還是可以認同的。那時這五十八座城中，大多數是屬於縣一級的城，還不能確證高句麗時期真的使用過縣這樣的名稱。相反在通常情況下，往往是使用某某城、谷、連、吞等名稱。但確確實實使用了郡這樣的名稱，所以即便是在郡下面行政單位的正式名稱不被稱作為縣，但在行政體系上其性質與縣的位置是相同的，這一點還是可以認同的。而且在它的下面還附屬有村落。即以郡——縣——村的形態來編制的。此時，該地區的村落就是繼承百濟時的村落，而與當時新羅

[118] 武田幸男，《高句麗史和東亞》，頁 44－54。

的村落在性質上也無太大的區別。當時編制幾個自然村而後設置的長，想必是由當地的有權力者來擔任的。

四世紀末以後，高句麗並沒有把所佔領的漢江流域立即編制為郡。和百濟的爭鬥還在繼續，國境本身還處在流動的狀態下，對佔領地的統治大體上還是沿用了現有百濟的方式，即以城為單位。韓、濊的守墓人煙戶被遴選的地區名大部分是百濟的，新編制的「百殘南居韓」這個單位，如同其名稱本身所顯示，它還不是作為地區單位的，而只是臨時性的居民集團單位的一種編制。在這一過程中，隨著高句麗對漢江流域地區支配力的日益堅固，把幾座城連起來編成相對更廣大的行政單位。這一點從中原高句麗碑上也可查尋到。

由於中原高句麗碑本身磨損的厲害，所以不能詳細瞭解其內容，但透過可以被判讀的部分來探尋，便可知此碑是為了紀念，把新羅寐錦叫往於伐城地區後，重審與高句麗的上下級關係、締結謀求隣好的會盟而建造的。在碑文中可以看到「大王國土」、「寐錦土」、「新羅土內衆人」、「新羅土內幢主」等與領土標示相關聯的記述多次出現。看來當時兩國之間已確定了領域的界限，並解決了與之相伴的、譬如把居住在邊界線對方的部分居民予以送還等問題。這裏「大王國土」、「新羅土」等字眼均顯示領域國家的領土概念。「大王國土」是指高句麗國王的統治力未能直接涉及到的地域空間，具體來講就是地方官代替國王按一定的律令對該地區居民以及土地進行統治的地方。正如「新羅土內幢主」的表現所見，即使是被高句麗軍駐紮並勢力擴展到的地方，若這種支配未能貫徹到的地方，那麼它就不是大王的國土，而是「新羅土」。就是說對地方的支配，並不是對「據點」和與之相連接的交通路「線」加以支配的形態，而是中央政府的力量一直滲透到村落裏的一種「面」的支配。在中原碑中呈現出了地方官守事的存在，不妨把漢江流域高句麗領土理解為編成幾個像郡一樣的行政單位。

五世紀時期在高句麗領土內曾多麼廣泛地實行過郡制呢？目前還沒有發現其具體資料，但是很難把編製成十六個郡的漢江流域視為特殊的例外。如前所見，最晚也是在五世紀初，北扶餘地區（即現在的吉林市一帶）曾經存在過作為高句麗地方官的守事。四世紀中葉，高句麗掌握這個地區之後，朝廷就派軍隊在這裏鎮守。在 340 年代對該地區發動進攻的慕容燕軍隊，被大兄冉牟擊退事實便是例

證。[119]接著對該地區實施領域支配，五世紀初的牟頭婁墓誌上的記錄就說明這一點：[120]

39行 □ □ □ 祖 大 兄 冉 牟 壽 盡
40行 □ □ 於 彼 喪 亡 紗 由 祖 父
41行 □ □ 大 兄 慈 □ 大 兄 □ □
42行 □ 世 遭 官 恩 恩 畈 祖 之 □
43行 道 城 民 谷 民 並 領 前 王 □
44行 育 如 此 遝 至 國 罡 上 大 開
45行 土 地 好 太 聖 王 緣 祖 父 個
46行 介 恩 教 奴 客 牟 頭 婁 □ □
47行 牟 教 遣 令 北 夫 餘 守 事 河

在此記述的是，自牟頭婁的先祖大兄冉牟以來，由其家族世代出任北扶餘地區的地方官。43 行的城民、谷民是北扶餘地區的居民，「並領」他們的當然是鎮守北扶餘的地方官了。接著記述了牟頭婁就任令北扶餘守事的經過。由此可見，高句麗對此地的支配並不只是局限在把此地作為軍事上的據點而已，而是在此地設定包括多數城和谷的、廣義上的行政區域，然後由北扶餘守事來支配這種地區單位的形態。牟頭婁墓誌上把這一地區稱為郡，絕非出於偶然，實際上正在實行著領域支配。這種支配，在牟頭婁就任北扶餘守事之前就已經存在。很可能從四世紀後半開始這種形態的支配就已經實行了。[121]

五世紀初，在西北韓地區也能發現試圖實行郡制支配形態的痕跡。德興里古墳的墓誌上記載著，永樂十八年（408）十二月被安葬在這裏的墓主所歷任的官

[119] 武田幸男，前揭書，1989，頁 332－335。

[120] 《譯註韓國古代金石文》I，頁 94。

[121] 正如前引文所見與牟頭婁一起□□牟被派遣為令北扶餘守事。就是說地方官有兩個人，在百濟也有三名「郡長」的事例，作為當時郡制實行的記錄值得注意。但是關於此再無其他的記錄可確認，也就無法看到其具體的面貌了。

爵。關於其墓主鎮的出身還是議論紛紛，應該把鎮看作是來自中國的亡命客。[122]按墓誌上的記載，他從高句麗朝廷那裏得到的官等是「小大兄」。關於小大兄這一官等在其他的記錄中全然不見，所以在理解其實體時遇有很多困難。但是和他屬於同類型的官等在別處找到一個實例。在籠吾里山城的磨崖石刻上，記載著建造該山城的負責人的官等是「小大使者」。[123]這個小大使者不是小使者和大使者的合稱，而是把當時建城的負責人的官等記錄下來的，也就是說「小大兄」不是德興里古墳的墓主所得到的小兄和大兄官等的合稱。把小大兄認為是太大兄和大兄之間的，像位頭大兄那樣的官等也是難以成立的。這種推論若要成立，則小大使者的情況也應如此，但太大使者和大使者間卻沒有其他使者類的官等。可以設想一下，小大兄是與太大兄相對比的表現，是大兄的別稱。要是這樣，則小大使者也就是大使者的別稱了。而且小大兄是屬於「大兄」一級的官等，不過比大兄要處於附從的位置。這種設想也未必是不可能的。但是與德興里墓誌同一時期刻記的牟頭婁墓誌上，只記有「大兄」和「大使者」，除此之外在金石文或其他的文獻中找不到小大兄的存在，所以很難斷定他的存在。總之，無論是哪一種，小大兄的官位看來是大兄這一等級的。

如此看待小大兄的時候，值得注意的是北扶餘守事和古牟婁城守事的官等是大兄級的，新城太守高奴子的官等也是大兄級的事實。[124]鎮的職稱相當於守事，高句麗朝廷把他這個來自中國的亡命客，任命為統治樂浪郡故地部分地區的官吏。他的管轄區域是當時位於高句麗邊境上的新領土。這與「北扶餘守事」、「古牟婁城守事」、「新城太守」等官等出現在記錄上的時期，他們所管轄的地區為邊境地帶的事實相通的。鎮所管轄的地區是怎麼構成的、又是怎樣統治的，現無從考證，但從德興里古墳的規模上，可以推知，他所統治的地區範圍應該是相對廣闊的。

透過對至今遺留下來的各種記銘塼等進行分析，可知當時在平壤一帶和黃海

---

[122] 與注[114]相同。

[123] 《譯註韓國古代金石文》I，頁118。

[124] 《三國史記》烽上王二年七月條。

道地區居住著很多中國系的居民。所以把安岳 3 號墳視為冬壽墓，從而認為中國系居民在該地區的社會中仍然具有相當強的勢力。之後試舉出德興里古墳的壁畫中畫著具有濃厚中國色彩的內容，進而主張在高句麗朝廷的管制下，鎮領導著一種自治體性質的集團。[125]事實上，當時在這個地區還殘留著很多中國郡縣的遺跡。

即便是承認這一地區作為樂浪、帶方故土的特殊層面，但是，鎮不過是一名來自中國的亡命客而已，卻能夠成為該地區的守事，這完全是由高句麗的國家權力所決定的。所以基本上可以把他理解為受命於高句麗朝廷並對該地區進行管理的高句麗地方官。高句麗朝廷之所以任命他為地方官，是因為他們認為對這個地區定居的漢人們進行統治時，與其用當地漢人，還不如利用中國系亡命客來進行管理更加有效。鎮作為該地區之長而活躍的時期，高句麗朝廷僅在平壤就創建了九座寺廟，在南部地區築有城牆；還在這個地區的南部與百濟展開抗衡[126]；399 年國王親自巡行平壤[127]等，發揮著極強的中央政府的影響力。也就是說，鎮對該地區的統治權是受命於高句麗朝廷的，並不存在所謂的自治體。德興里古墳壁畫上所呈現出的濃郁的中國色彩，以及鎮的墓誌上記錄著的長長的中國式的官爵，都體現了儘管是因亡命來到高句麗並成為高句麗的地方官，但其內心深處還存有那種漢人所特有的自尊意識。總之，透過確認具有「小大兄」的官等的鎮這一人物的存在，可以推知，在四世紀末至五世紀初的西北韓地區，已經劃定外形上與郡相類似的、廣域的地方統治單位。

另一方面，高句麗朝廷在四世紀末至五世紀初正式對以平壤為中心的樂浪、帶方故地加強其統治力。這一點可透過廣開土王時期實行的築城事業中略知一二。即廣開土王三年「築國南七城以備百濟之寇」，十八年七月「築國東禿山等六城」以及八月國王向南部地區巡行等，在《三國史記》裏均有記載。我們無從得知當時被修築城的具體位置，但廣開土王三年所築城大體上可以認為是設在黃

---

[125]　（日）岡崎敬，〈安岳 3 號墳（冬壽墓）的研究〉，《史淵》93，1964。
武田幸男，前揭書，1989，頁 89。
孔錫龜，〈關於高句麗領域擴張的研究〉，《韓國上古史學報》6，1991，頁 206－236。

[126]　《三國史記》廣開土王二年，三年，四年條；〈廣開土王陵碑〉永樂十四年條。

[127]　〈廣開土王陵碑〉永樂九年條。

海道方面，十八年所建各城估計設在漢江上流地區和東海岸地區。築建這些城需要巨大的勞動力和物資，而籌集這些則必須以有組織的武力作為後盾。所以說在哪個地區有築城行為，這便象徵著國家權力在該地區得到了擴展。歷經廣開土王時期之後，中央權力在黃海道方面的作用則更加深了，隨之對該地區的編制也更具體地實行。這種趨勢在長壽王時期也繼續下去，在漢江流域設置的十六個郡就是在這一延長線上設立的。

此外，在五世紀時期作為實行過郡制的地區，不得不設想一下遼東地區。有關當時該地區是怎樣被編制的記錄並沒有流傳下來。但是從築城與地方制度的實施所具有的密切關係上考慮時，至今還遺留著的眾多高句麗城值得我們注意。現在僅就可確認到的城址而言，從西豐縣的城子山山城開始往西南方向直至遼東半島南端的卑沙城，依次設置很多大城。而且正如前所見，通往東方的主要交通路線上設有各類城。遼東地區的城雖也有像遼東城那樣，是從漢代以來就一直被使用的平地城，但為高句麗吞併這一地區之後，多數新建造的具有高句麗特色的山城。可以看到即使從漢代以來就存在的平地城，高句麗也不再使用，而是另建新城，或者在平地城附近新建造的城成為該地區中心城的情況。比如說位居現今海城英城子的安市城是高句麗時修建的山城，漢代的安市縣城屬於平地城，其遺址可在其他地方確認。[128]位居𩨑河下流的漢代西安平縣城，雖然在高句麗時期也被繼續使用，但在其附近的被推定為泊汋城的山城[129]，卻在高句麗後期成為該地區的中心城。

高句麗城中絕大多數的山城是有純粹軍事作用的，比如說建造在山頂上的霸王朝山城、黑溝山城、轉水湖山城等，是為了控制敵軍向首都入侵而建造的，或者是作為攔截通往首都交通路的攔路城，發揮關塞作用的關馬場山城、望波嶺山城就屬此類。還有多數衹在非常時期居民才可以入居其中，以作避難的山城。

與此類山城不同，有些山城人們平時也常住在那裏。在歷史上已著稱於世

---

[128] 閻萬章，〈漢代安市縣與高句麗安市城非一地考〉，《地名學研究》1，1984；重收錄於《遼寧省博物館學術論文集》第一集（1949－1984），1985。

[129] 王綿厚，前揭論文，1990。
魏存成，《高句麗考古》，1994，頁37－39。

的，有遼東地區的名城有新城、白岩城、蓋牟城、建安城、烏骨城等以及在牟頭婁的墓誌上所載的北扶餘龍潭山城（吉林），都屬此類型的山城。這些城就是所謂栲栳峰式或抱谷式的山城。山城的三面是沿著高聳的山勢建造城牆，一面則低矮，與平地相連接，在此建造的城門成為主通道，所以儘管是山城，卻與外部的交通聯繫並不困難。城內確保有小溪及井、池塘等水源，還有存放糧食和武器的倉庫。⑬⁰儘管還有像烏骨城（鳳凰城）和建安城那樣城內有廣闊的平地的城，但大概是不算寬闊的一些平地，並由城牆處向城內緩慢地傾斜著。主要從這種傾斜的臺地上發現瓦礫和建築址，得知這個地方曾是官衙和地方官等官員們的住所，即這些山城是統治該地區的地方官的治所。⑬¹

關於遼東地區的這些城的建造時期，除了新城修建於故國原王五年（335）的事實之外，再無具體的年代可尋。只是按照廣開土王陵碑的記載，永樂五年（395）大王對稗麗親征後，經過陽平道對遼東地區進行了「遊觀土境」。廣開土王十四年和十五年，後燕軍進犯高句麗的遼東城和木底城，卻「未果而敗退」。⑬²這些事實說明在四世紀末至五世紀初，高句麗已經確保了遼東地區。此後陽原王三年（547），《三國史記》記述有「改築白岩城，葺新城」。由此可知，白岩城是在547年以前築成的。看來包括白岩城在內的該地區的大城，其中大多數是在五世紀高句麗佔據了遼東平原時建造的。同時這些大城按照一定的距離依次分佈，而

---

⑬⁰ 下面就屬此例。鐵嶺地區的催陣堡山城周長為5032m的大城，城內有直徑5－10m，深1m的大土炕有好多個。當地人們把這些坑叫做「高麗坑」，但這些坑被推測為是用作軍事上的半地下式構造物。

曹桂林，王鐵軍，〈鐵嶺境內五座高句麗山城簡介〉，《遼海文物學刊》1994年，二期。

⑬¹ 集安的山城子山城是典型的山城。規模遠比它大的平壤的大城山城也是同一個類型。集安和平壤因為是首都，所以人口較為密集，平時的居住地是以國內城和安鶴宮城為中心的平地上的都市，而這個山城子山城和大城山城是在非常時期入住的地方。別都漢城的情況，由於長壽山城下面的都市遺址得以確認，從而也顯示出相同的一面。但不是首都也不是別都的新城、安市城等城在平時是發揮了作為地方官的治所的功能。與之相關，需要留意的是在《舊唐書·高麗傳》中的「其所居必依山谷」的記事。看來這不像只限於一般民眾的情況．三上次男曾提出遼東的高句麗山城作為治所而發揮作用。（〈塔山の山城〉，《學海》4卷5號，1947；重收錄於《高句麗と渤海》，1990。）

⑬² 《三國史記》廣開土王十四年，十五年條。

這些城又很像是地方官的治所，這些都說明已把遼東地區劃分成若干個地方行政單位。此時，這些城的首長則如同其他地區是守事。這些城在六世紀後半以後就成為如前所述的褥薩或處閭近支的城了。

這樣，高句麗五世紀在主要地區實行郡制，但不能斷定在高句麗領域內的所有地區都實行了郡制。地域間的發展很不平衡，而且還包括有眾多族類，所以不可能所有的地區和居民都按郡制來編制，並受到律令的支配。在這種意義上有必要注意《三國史記》中的如下記載：

> 陽原王四年（548）春正月，以穢兵六千攻佔百濟獨山城，新羅將軍朱珍來援，故不克而退。（高句麗本紀，陽原王四年條）

> 真興王九年春二月，高句麗與穢人，攻百濟獨山城，百濟請救，王遣將軍朱玲，玲勁卒三千擊之，殺獲甚眾。（新羅本紀，真興王九年條）

這裏所說的穢是曾在江原道或咸鏡道地區居住的居民，雖然這一地區從整體上來看，早已歸屬於高句麗的「大王國土」了，但依然稱其為穢而加以區分，說明在這個領域內的部分居民之間仍然未能充分融合。同時對穢族部分集團的支配形態也不是立足於律令上的郡縣制，而可能是附以邑落為單位把其集體隸屬之後，透過其土著首領來進行間接支配。總之當時地域間的發展仍然不均衡，這種現象在高句麗領域內的其他地區也有可能存在。此外，對其他種族像靺鞨和契丹則不是以郡縣制來管治的。對於他們，則如前所述雖附屬於高句麗，但是透過其頭領來進行間接統治的。

五世紀的時候，高句麗在主要地域實行了郡制，它到底何時才轉變成《翰苑·高麗記》中所載那樣形態的呢？在五世紀，郡的長官是守事，像褥薩（都督）或處閭近支（刺史）這樣的地方官的名稱卻無從所見。相反地，在六世紀後半以後的史書中卻不見有守事這一地方官名稱。在《周書·高麗傳》中才首次出現褥薩這一名稱。這意味著在六世紀的某一時期裏，包括地方官的名稱也在變更，地方制度有了很大的變化。查不到能夠提供該時期為何時的直接性記錄。但如有地方制度改變的變動，這是不是與當時高句麗中央政界的重大變化一同發生的呢？所以不得不對六世紀中葉所展開的對內對外的一系列的巨變加以注意，即圍繞著陽原王的即位，在貴族間展開了長期的紛爭，接著被百濟和新羅聯軍奪去漢江流域，還有來自北齊和突厥的威脅等。

為了克服這樣的危機狀況，高句麗的貴族們終止了他們之間的爭鬥，而建立起選任出大對盧這一實權者的貴族聯合政體。而對外則與新羅定下密約，安定南部國境之後，就致力於阻擋新興遊牧民帝國——突厥的進攻。這種政策取得了預期的成果，擊退了突厥的進攻，並恢復了內外的安定。[133]在這一連串的變動中對郡制也做了一些修整。地方官名稱的變更也是在同一脈絡。對以上變動的內容及動機無從所知，只是值得注意的是褥薩和處閭近支雖然並列存在，但他們所管轄的城的大小是有差異的。

在五世紀的郡制中，無從查考郡以上單位的存在。在六世紀後半以後褥薩和處閭近支的「城」，實際上也是最大的地方單位。就是這些褥薩和處閭近支的「城」，它們的前身正是五世紀的郡。然而在郡制中的各郡，換言之，守事基本上是屬於同級別的。但是郡被設置以後，隨著時間的流逝以及遷都平壤之後與首都的關係，自然在實際上各郡之間的格差逐漸變大。譬如像遼東平原這樣肥沃的農耕地帶，隨著長期戰亂的終息以及長久的和平，使這塊土地上設立的郡其勢力較之其他地區的郡要強很多，應該說這是很自然的進程。這樣，承認郡之間的這種格差從而把地方官的官級和名稱加以改變更是現實的事。歷經政治上劇變之後的六世紀後半以後，對地方制度進行一定的修整時，這些方面也許會被反映出來的。

如前所述，高句麗最末期把褥薩的「城」叫做州，從而帶有與處閭近支的「城」加以區別的層面，呈現出州朝著甚至把處閭近支級的城隸屬於麾下的，更加廣域的行政單位發展的可能性。然而這種可能性還未制度化，高句麗就滅亡了。那麼六世紀後半以後，是否以地方官名稱的變更為象徵的某種變化對地方制度的運行及其性質引起了根本性的變動了呢？為此，下面簡單分析一下六世紀後

[133] 本書第四章第一節，第三章第二節。

半以後地方制度運行的一個層面。

六世紀後半葉以後，在貴族聯合政權體制下，國家的主要機務和官吏人選等的主要事務，是由貴族會議體來作出決定的，其成員則由身居大對盧以下、皂衣頭大兄以上的五個官等的少數高層貴族們組成。所以褥薩以下各級的地方官的任命也應該是由他們主導的。當時褥薩和處閭近支等地方官的麾下有僚屬，由他們輔佐褥薩和處閭近支並分擔處理事務。[134]可邏達就是這些官員中的首席官員，即像幕僚長一樣的官職。645 年曾發生過這樣的事件，就是遼東城的長史即可邏達被其部下殺害，省事保護可邏達的家屬來到白岩城躲避，但白岩城被唐軍攻陷後他們就成為俘虜，接著唐軍就放了長史的家族去了平壤。[135]省事是屬於地方官的下級吏屬。有關該事件的始末雖無法詳知，但可以知道作為褥薩和處閭近支的僚屬，像長史這樣的高級官員是由中央派遣的。低級的官員是從當地的居民中任用。

關於當時地方官的任期現無史料可查。只是可以設想一下，既然主導人事權的大對盧每三年選任一次，那麼各級官吏的任期是否也是以三年為基準的呢？當時在百濟官吏的任期就是三年。[136]在新羅的王申誓記石和南山新城碑等上面也能看到約定的三年任期，在關於嘉實和薛氏女的愛情史話中，也傳有服役期限是以三年為原則。[137]但是關於大對盧的交替，有記載稱「三年一代，若稱職，不拘年限」。[138]所以地方官的任期也隨著政治環境等因素，其期限有時也可以不被遵守。這是在六世紀後半以後的貴族聯合集權之下不可避免的現象。譬如 642 年的軍事政變當時，曾站在反對淵蓋蘇文一方的安市城城主，經過雙方的妥協後來繼續出任安市城主，645 年還阻止了唐軍對安市城的進攻，等於是在任三年以上。

但是地方官的職位不是世襲的。在高句麗後期世代顯貴世家出身的高慈，觀看其墓誌上所載其祖上的官職，其曾祖父出任莫離支，祖父出任柵城都督，父親

---

[134] 《舊唐書·高麗傳》。

[135] 《資治通鑑》卷一百九十八，唐貞觀十九年六月丁酉條。

[136] 《隋書·百濟傳》。

[137] 《三國史記》卷四十八，〈薛氏女傳〉。

[138] 《舊唐書·高麗傳》。

出任將軍一職。[139]將軍屬於中央軍的武官職位，莫離支是高級官等，可以說他們位居中央官職。其祖父曾任柵城都督，但沒有被世襲。當然從四至五世紀的牟頭婁家族與北扶餘地區間的關係上來看，由於某一貴族家庭在特定的地區具有很深的關係，從而經常被派遣到這一地區作地方官，這在六至七世紀也會有的。在貴族聯合集權體制下這種現象更是經常發生的，但是地方官一職不被世襲而是由中央任命。在貴族聯合政權體制下，中央集權體制也是一直維持著，地方制度也有些變動，但其性質基本上是前一時期的延續。

以上考察並確認了五世紀在高句麗實行郡制。那麼這種郡制成立於何時，其實行的程度又如何呢？下面簡略地分析一下。

3.郡制的成立過程

《三國志·東夷傳》階段，即從二世紀後半到三世紀前半之際，高句麗的國家構造基本上是以王室為中心，由五部和被服屬集團等各級的自治體層層相結合的形態。[140]在這種構造下，雖有地方支配，但就嚴格的意義來講，很難說其地方制度的存在。據《三國史記》記載，太祖王四年征討東沃沮，並把該地區作為「城邑」。此時所謂的城邑，正如《三國志·東夷傳》沃沮條所見，它實際上就是邑落，是把它隸屬於高句麗之後，使其渠帥自治，並徵收其貢納的形態，在後來時期編纂史書時被如此記錄了下來。太祖王四十六年條和五十五年條中也見有柵城守吏和東海谷守。前者可能是在北沃沮地區，後者也可能在東沃沮或北沃沮地區。守這個名稱，本身就有可視其為地方官官職名稱的一面，但從《三國志·東夷傳》的關於東沃沮和北沃沮的記載來看，他不是由中央派遣過來的地方官。是不是把高句麗所委任的「使者」，即該地區的邑落渠首給如此記述的呢？地方制度是為了把散居在各地區的具有一定規模和統合力的——要比幾個邑落連在一起的還要大的——被服屬自治體加以解體，而且中央政府企圖透過地方官來直接控制該地區的土地和人民而成立的。透過派遣常駐地方官的事實可以確認地方制度的成立過程，透過中央集權化的進展也可推知其發展趨勢。

---

[139]〈高慈墓誌銘〉，《譯註韓國古代金石文》I。

[140]本書第二章第一節。

《三國史記·高句麗本紀》裏記載著三世紀後半以後地方官存在的資訊。首先考察一下其中三世紀末的史實：

> 始就水室村人陰牟家，傭作。（中略）周年乃去。與東村人再牟販鹽，乘舟抵鴨淥，將鹽下寄江東思收村人家。其家老嫗請鹽，許之鬥許。再請不與。其嫗恨恚，潛以履置之鹽中。乙弗不知，負而上道。嫗追索之，誣以廋履，告鴨淥宰。宰以履直，取鹽與嫗，決笞放之。（中略）是時，國相倉助利將廢王，先遣北部祖弗，東部蕭友等，物色訪乙弗於山野。至沸流河邊，見一丈夫在舡上，雖形貌憔悴，而動止非常。蕭友等疑是乙弗，就而拜之曰。（後略）[141]

該史料記載著後來成為美川王的乙弗為了逃避其叔父烽上王的迫害而躲避到山野裏的故事。在此引人注意的是鴨綠宰和北部、東部的存在。鴨綠宰的所在地是在鴨綠江流域的某處，應是在原五部的地域。五部儘管在外交、貿易、軍事權上是受制於王權，但直至三世紀初對其內部的事務上仍維持著相當的自治力。然而這種自治力卻逐漸削弱了。這樣五部的貴族們逐漸遷移到首都並居住下來，中央以方位名五部把他們重新編制。上引文中所見北部和東部就屬此類，國相倉助利是南部所屬。

據《三國史記》記載，方位名部始見於二世紀末[142]，原來的固有名部是在三世紀後半葉的西川王時期以後便不再出現。這是否說明，實際上三世紀後半葉固有名部真的已經解體了呢？固有名部的解體，即意味著構成部的部內部這樣的下級地區單位由中央政府對其進行直接管轄。鴨綠宰就是為了統治這樣的地方單位而派遣的地方官。鴨綠宰管轄的範圍並不很大，與此同一級別的新城宰，其官等是小兄[143]，由此可見。鴨綠宰的管轄區域是鴨綠江沿邊上幾個谷中的一個。應該

---

[141] 《三國史記·高句麗本紀》，美川王即位年條。

[142] 大武神王十五年條裏出現「南部」這一方位名部。然而這是後代的史實被投影的，很難把它看成是事實。（本書第一章第二節）

[143] 《三國史記》烽上王二年條。

看到，在貴族們現有的利害關係仍起作用的地方，實行行政區域的編制和派遣地方官，在剛開始時是以較小規模來進行的。看來谷就是這種小規模的單位。作為高句麗的發祥地，原五部地域是山間地帶，適合人們集團性地居住的空間應該是川谷平原地帶。這一地域的谷，一般呈現出細長形狀，村落分別形成於河川的上流和下流地帶。[144]而且谷的四面環山，這樣很自然地沿著河川居住的谷民之間相互有了交流。因此谷形成一個地域集團是很自然的現象。在高句麗成立時期所見的「那」，也是在這種川谷上形成的地域集團，多數的那，即若干個的谷經過相互統合的過程形成了五部。隨著部的解體，谷便成為行政單位了。

另外以城為單位的行政編制，好像是在邊境地區首先設定的。以下的記事就顯示了這一面。

①西川王七年（276），夏四月，王如新城。或云，新城，國之東北大鎮也。獵獲白鹿。秋八月，王至自新城。

②西川王十九年，夏四月，王幸新城。海谷太守獻鯨魚目，夜有光。秋八月，王東狩，獲白鹿。九月，地震。冬十一月，王至自新城。

③烽上王二年，秋八月，慕容廆來侵。王欲往新城避賊，行至鵠林。慕容廆知王出，引兵追之，將及，王懼。時新城宰北部小兄高奴子，領五百騎迎王，逢賊奮擊之，廆軍敗退。王喜，加高奴子爵為大兄，兼賜鵠林為食。

④烽上王五年，秋八月，慕容廆來侵。至故國原，見西川王墓，使人發之。役者有暴死者，亦聞壙內有樂聲，恐有神乃引退。王謂群臣曰「慕容氏，兵馬精強，屢犯我疆埸，為之奈何？」國相倉助利對曰「北部大兄高奴子，賢且勇，大王若欲禦寇安民，非高奴子，無可用者。」王以高奴子為新城太守，善政有威聲。慕容廆不復來寇。

⑤美川王三年，秋九月，王率兵三萬，侵玄菟郡，虜獲八千人，移之平

---

[144] 現在村莊也是以這種形態分佈著。至今也因這種自然條件，而「某某溝」式的「溝」仍成為下級行政區劃單位。

壤。

⑥故國原王四年，秋八月，增築平壤城；五年，春正月，築國北新城；十五年，冬十月，燕王皝，使慕容恪來攻，拔南蘇，置戍而還。

①中的在西川王時期登場的新城並不是撫順的古爾山城，看來是鄰近大海的東北地區豆滿江流域設置的城。征服該地區之後就地築城，並駐紮軍隊，作為統治據點。②中的「海谷太守」不像是地方官，新城是這一方面的中心據點，而「海谷太守」是比他下一級單位的首長。稱其為太守使人質疑。他應該和太祖王時期出現的「東海谷守」一樣是當地土著的首長，而不是地方官。

④中烽上王五年條的新城既然是作為防禦慕容氏進攻的，發揮一線基地作用的城，它理應位於西側。在邊境地帶築城並作為據點，把它稱作「新城」，後來把它用漢字來表記，這樣在東西各有一座同名之城出現了。另一方面這又意味著在邊境地帶築城並駐軍、從而加以支配的事情並不很普遍。由大兄高奴子出任太守的新城，比他以小兄官等曾經出任過宰的東北方新城要大的多。此時他的職銜是太守，但其管轄區域究竟是否與領有縣級以下的單位的郡相同呢？就不得而知了。與其理解為已具備了一定體系的郡縣之貌，還不如說是在重要而相對又大的城的首長之意上才叫做太守的。就是說尚屬據點支配形態，而不像是領域支配形態的地方制度已經整備。

⑤之故國原王五年（335）條中也可見築造新城的記事。把這座新城看作是現在撫順的古爾山城是沒有異議的。十五年條中記燕軍攻陷南蘇之後還留駐守備軍，說明在此之前高句麗就已經在南蘇設置城池了。為了在渾河流域設置新城，就必須先掌握蘇子河流域，所以蘇子河流域的南蘇城應該是在建造新城的前後時期營建的。

一方面，由於佔據了新城地區和蘇子河流域，高句麗就確保了可以對扶餘國施加壓力的戰略性位置。以吉林為中心地的扶餘國自漢代以來，就透過經蘇子河流域到達撫順的交通路與在遼東的中國郡縣勢力相結合而對抗高句麗[145]，就是這

---

[145] 余奎昊，前揭論文，1995。

條交通路，現在高句麗把它給掌握了。接著到了四世紀前半葉高句麗就佔領了吉林地區。[146]高句麗對吉林地區的管治並不只是局限於確保軍事據點，還對該地區的城民、谷民進行行政上的管治，最晚也在四世紀末至五世紀初就已設置郡。

從吉林地區的事例上來看，較早時期便已築城的新城地區，以及直至四世紀末至五世紀初的廣開土王時期才完全歸屬於高句麗領土的遼東平原地帶，最晚也在五世紀就已開始實行郡制，這還是可以猜測到的。而且在廣開土王時期透過活躍的築城事業而加強其管治的樂浪、帶方地區以及漢江流域，在五世紀以後也開始實行了郡制。

以上考察了高句麗的地方制度。所遺留下的史料性質和為了便於論議的進展，採取了首先對高句麗末期的狀況進行考察，然後逆向考察高句麗地方制度展開過程的方法。現把地方制度的展開過程按時代順序重新加以概括。

朝廷派遣官吏到地方始於三世紀末期。作為原五部地區，在鴨綠江流域一帶隨著五部自治力的削弱，其下級單位谷就作為被派遣的地方官的對象。另外隨著四世紀領土擴大，部分邊境地區築起城郭，以城為中心，並更廣泛地設定地方統治單位。而且從四世紀末以後到六世紀前半葉，郡制雖不是在高句麗的全部地區實施，但也相當廣泛地實施過。這個時期郡制的實施，可以透過牟頭婁墓誌上有郡這一記載、漢江流域十六個郡的存在以及高句麗後期「末若」這一武官職的別稱為「郡頭」等事實，而得到確認。而且可以確定在郡之下還有幾個下一級別的城，城下面還有村等。

地方制度的實施意味著中央政府對該地區具有一定的支配權。律令頒佈下來以後，地方官就根據律令對其地區居民實行統治。這意味著高句麗的地方支配從貢納制轉換為租稅制。另外處在高句麗勢力下的靺鞨族和部分契丹族，則生活在地方制度的週邊，高句麗透過其族長對其進行間接統治，要向高句麗提供貢納和軍援。

六世紀中葉以後中央政界發生了巨大的變化，貴族聯合政權體制成立。這一時期地方制度也發生了變化，諸如「郡」和「守事」等名稱再沒有出現，取而代

---

[146] 本書補論第一節。

之的是褥薩、處閭近支、婁肖等作為新的地方官名稱而出現。褥薩和處閭近支雖然在各自管轄城的大小上有差別，但並不處在上下領屬的關係上，而基本上是並列存在的。其下有婁肖為長的屬於縣一級的行政單位，婁肖之下還有小城、村、谷等。這種構成和郡制的構成是相通的。而且在貴族聯合政權下也仍然維持著中央集權體制。由此可見，六世紀後半葉以後中央政界裏的變動沒有使高句麗國家體制發生根本性的變化。

褥薩和處閭近支同時具有軍政權和民政權，他們的治所多半是設在山城內，這帶有很強的地方制度與軍事制度密切相關的軍事國家面貌。

在高句麗末期戰爭持續不斷地進行的狀況下，隨著構築廣域的地域別（分地域）防禦體制的必要性逐漸增大，呈現出以褥薩的城為中心來統管多數的城，這樣出現更多廣域的行政、軍事區域編制的傾向。從男生麾下的國內州中可管窺到這些層面，如同667年製成的「目錄」所見，意指褥薩的城為「州」的新名稱出現，也體現了與之相關的一面。但隨著高句麗的滅亡，沒有得到更進一步的發展，可是這種趨勢在統一新羅時期便以「州郡縣制」固定下來了。

二、五至六世紀東亞國際情勢與高句麗的對外關係

縱觀五至六世紀高句麗的對外關係，首先，如下幾件事實，作為現象突出呈現出來。第一，是與國境相臨的北中國的勢力與蒙古高原的遊牧民族國家之間長期和平共處。在406年與後燕發生過戰爭以後，直到598年爆發麗·隋戰爭為止，近兩百多年的時間裏和北中國方面的國家沒有發生過一次戰爭。當然，這期間也有過相互之間的矛盾和對立，但至少沒有發生過直接的武力衝突。與蒙古高原的勢力之間，則直到六世紀後期隨著新興突厥的東進而發生衝突之前，在長達一百五十年的歲月裏一直維持著良好的關係。這種情況與五世紀以前和六世紀中半以後的情況是截然不同的。

第二，與中國的南北朝展開了更加持續的相互交流，採取了朝貢和冊封為中心的形式。當然，之前中原王朝與高句麗之間也有過這種形式的交流。但那也只

是間斷性的進行，而且，直至晉代，與中國王朝的交流實際上大部分是和中國王朝的邊郡進行的。到了五世紀以後，兩國間的交流主要是連接雙方首都的國家與國家之間的正式交流。例如，五世紀中期以後和北魏之間的交流，高句麗的使臣幾乎每年都會被派往北魏的首都，而北魏的使節同樣也常常訪問平壤。這反映著兩國之間以朝貢和冊封為基礎的交流漸漸步入軌道，成為了後來數百年時間裏中、韓兩國關係交流的典範。並且經過四世紀的動盪期，中國以外地區的國家開始在國際舞臺上嶄露頭角，並與中國南北朝進行著相當活躍的交流，其交流形式就是以朝貢和冊封為基礎的。為此，高句麗和中國王朝之間進行的交流，成為瞭解南北朝與其鄰國之間所進行的以朝貢和冊封關係為主的交流以及東亞國際關係性質的一個主要類型。尤其是高句麗與北朝相鄰，所以可把它視為這一時期朝貢、冊封關係的「名」與「實」的極好示例。

第三，高句麗積極推進了南進政策，427 年遷都平壤可謂是象徵性的事件，三國之間的相爭和交流也因此變得異常活躍起來。高句麗的擴張對新羅、百濟兩國產生了巨大的影響，頻繁的戰爭帶來了領域的變動和人口的移動以及文化交流，大大增強了三國居民之間在社會上、文化上的同質性。

這些事實與四世紀之前是有著明顯差異的，為了更好地瞭解高句麗的對外關係和東亞國際關係的性質，有必要再次回顧一下。而且一個國家的對外關係所具有的根本性的意義，即對國內社會發展的影響，從這個角度分析也有必要重視這個時期高句麗的對外關係。這一時期，高句麗透過四世紀以來的擴張，把其合併的各勢力集團加以解體，進而擴充了以大小之城為基本單位的地方統治組織，這樣促進了其領域內各種族之間的融合。這段時期與前後充滿戰爭的兩個時期的狀況是有所不同的。與具有相異文化和社會體制的中國、蒙古高原的各國之間沒有發生軍事衝突，以及由此可能引發的具有原心分離性質的外勢之壓迫，這些都對高句麗國內的社會發展具有重要意義。不能忽視大陸勢力介入是促進這一時期半島內三國關係的重要因素。大體上來講，對外關係的關心往往是在動盪年代，即相互對立和相爭的時期。而本文中卻注目於長期的（至少在表面上是維持著和平關係的）與大陸勢力之間的關係上，其根本動機也源於此。

五世紀以後，高句麗的對外關係上所呈現的三個突出現象是相互聯繫而又相互制約的。譬如，與大陸勢力長期維持和平關係是高句麗積極推進南進政策時的必要條件之一。反之，南進政策的積極推進也促進和維護與大陸勢力之間的和平關係。這一節首先圍繞著與大陸勢力的關係來把握高句麗的對外關係，這是為了在當時東亞國際局勢之下瞭解高句麗的對外關係。

那麼，具體來說，高句麗能夠與相鄰的大陸諸國在百年間維持和平關係，其根源在哪裏呢？對於這個問題，首先應該從當時的國際形勢和與之相應的高句麗的對外政策中尋找答案。

本章節將重點討論高句麗與其相鄰、交流最為頻繁、時而發生尖銳對立的北魏的關係。首先，分期考察一下與北魏的交流狀況，然後再分析當時東亞國際形勢的性質，這可能成為促進兩國關係進展的背景。最後透過對六世紀中期以後形勢變動的分析，來把握下一階段的國際關係進程。

一個國家長期維持下去的對外關係，是伴隨著國際形勢這一對外條件和國內社會的各種條件的相互有機地結合而走向具體化的。但在這一節中，有關它的考察基本被限定在國際形勢側面上，所以不得不先聲明其局限性，並在此前提下，首先從對外的側面，分析和把握高句麗對外關係的梗概。

㈠高句麗的對外關係

1.圍繞北燕的國際紛爭

高句麗和北魏之間的第一次交流，是長壽王十三年（425）高句麗曾派使臣前往北燕，但這種交往卻沒有繼續下去。兩國間關係的正常化是以北燕的紛爭為契機的。首先，詳細分析該紛爭的始末。

430 年以後，北魏制服北中國諸國，並揮師向東，這樣與當時佔領遼西地區和河北部分地區的北燕產生了衝突。在軍事上有優勢的北魏接二連三地退敗北燕，儘管已向北魏稱藩的北燕希望就此休戰，而北魏卻不鬆弛。[147]迫於形勢壓力，435 年北燕向南朝的宋國稱臣，請求支援。宋國首先冊封馮弘為燕王，從而

[147] 《魏書》卷四上，太武帝延和元年（432）七月條，二年正月條，三年正月，六月條，太延元年（435）六月條。

在外交上給予聲援。[148]另一方面，北燕又派尚書陽尹邀請高句麗援兵，並請求在局勢不妙時可以逃往高句麗境內。對於高句麗來說，427 年才遷都平壤不久，新興的北魏勢力攻擊與自己關係友好的北燕，正可謂對自己的安危構成極大威脅。[149]為了應付這種形勢，高句麗於 436 年 6 月向北魏派遣使臣。北魏也派李傲冊封了長壽王。[150]這年秋天，高句麗又派使臣到北魏，以朝貢和冊封的形式，兩國間進行使臣互換的目的是為了試探對方的真意和虛實。

一方面，北魏在對北燕最終攻打之前，為防範於未然，與一直爭戰不休的北方柔然於 434 年締結和親關係。[151]這是北魏為了防止在其東進之際，後方遭到偷襲。實際上，其間柔然趁北魏軍事作戰的空檔而偷襲北魏，以前就發生過好幾次。[152] 436 年 2 月，北魏派使臣前往高句麗等東方各國詔諭。[153]可以說這是北魏不讓其他國家阻撓他在東方的作戰而去支持北燕，在外交上所採取的一種威壓手段。隨後北魏軍向東進發，然而由葛盧孟光[154]率領的數萬高句麗軍隊卻向西進軍了。

436 年 5 月，以北燕的首都（和龍城：現在的朝陽）為界，北魏軍和高句麗軍進入了對峙狀態。此時在和龍城內，親高句麗派和親北魏派之間發生了內訌，相互爭著要把駐紮在城外的與自己友好的部隊引入城內。以尚書令郭生為中心的親北魏派試圖率先打開城門來迎接北魏軍，但北魏軍因起疑心而拒絕進入。趁此機會，親高句麗派突入城內掌握了主動權，接著帶著北燕皇帝馮弘和大部分軍民往

[148] 《十六國春秋·北燕錄》，大興五年四月條；《宋書》卷五，文帝元嘉十二年正月條。

[149] 建立北燕的馮跋是高雲的部下，高雲被殺之後便繼承其位。高雲得到了馮跋的支援，繼慕容熙成為後燕的天王，廣開土王則派使臣表示「宗族間的友誼」，高雲也派答使要兩者一直維持友好關係，馮跋的弟弟馮丕也逃亡高句麗，直到其兄即位之後才歸國，在北燕存續期間兩國一直維持著友好的關係。

[150] 《資治通鑑》卷一百二十二，文帝元嘉十二年六月丙午條；《魏書》卷一百，〈高句麗傳〉。

[151] 《魏書》卷一百零三，〈蠕蠕傳〉。

[152] 請參看圖表二。

[153] 《魏書》卷四上，太延二年二月條。

[154] 《魏書》裏稱作葛謖盧，《十六國春秋·北燕錄》則稱作葛居孟光，《資治通鑑》又稱作葛盧孟光。《三國史記》裏則取了後者觀點，所以筆者亦取之。

東回軍。可能是被高句麗軍的士氣震住了，北魏軍竟然不敢發動攻擊。兩國軍隊雖然處在一觸即發的狀況，但最終沒有發生直接的軍事衝突。⑮

隨即，北魏派使到高句麗要求送還馮氏集團，但遭到拒絕。為此，北魏世祖動員隴右一帶的兵力試圖對高句麗進行大規模的遠征，但遭到樂平王比等人的強烈反對而告終。另一方面，這一年柔然趁北魏遠征北燕，把其戰略中心放在東方，取消了兩年前的和親，進攻北魏的北境，重演了兩國間的戰爭。⑯這是北魏朝廷中反對遠征高句麗的一個重要原因之一。⑰另一方面，高句麗即刻派遣使臣（437年2月）向北魏朝貢，以便探察北魏的政策。⑱

對於遷往遼東的北燕皇帝馮弘，高句麗朝廷並不是以客禮相待的，而是說什麼「龍城王馮君爰適野次，士馬勞乎」，以臣屬待之。⑲對此，馮弘強烈抗議。這樣高句麗就把他與北燕的亡命集團分離，另行安置起來。一方面反映了高句麗在其領域內絕不容忍有獨自勢力的存在，同時對馮氏集團試圖得到高句麗的支援捲土重來的意願表明了態度，即表明了在北魏軍回避與高句麗軍的衝突，且在沒有積極東進拓展的情況下，高句麗沒有必要惹起與北魏的衝突，而且也沒有幫助北燕亡命集團進攻遼西地區和北中國方面的意圖。

見到高句麗的這種立場越發明顯，馮弘就與南朝的宋國取得聯繫，邀請宋國軍隊介入。宋國把這次當作是千載難逢的好機會，於438年派出以王白駒為首的七千人兵團通過海路進入遼東。其意圖也是很明顯的，就是要聯結馮氏集團，威

---

⑮ 《十六國春秋·北燕錄》，大興六年條。

⑯ 《魏書》卷一百零三，〈蠕蠕傳〉。

⑰ 對於高句麗的遠征計畫，《資治通鑑》卷一百二十四，宋紀五，太祖元嘉十三年九月條就有「劉絜曰，秦隴新民，且當優復，俟其饒實，然後用之。樂平王比曰，和龍新定，宜廣修農桑，以豐軍實，然後進取，則高麗一舉可滅也」這樣的記載。都以新征服地的情勢為由予以反對。然而自一開始高句麗遠征所需的軍隊就是在隴右這個地方動員的，並沒有在北魏的中心地和其精銳部隊所在的平城等沿長城地域籌兵，是因為對柔然的顧慮。432年出兵攻打北燕時，一方面又屯兵漠南以備柔然。434年與柔然和親之後才最終攻擊了北燕。由此可見，北魏之所以要回避與需要持久戰的高句麗進行作戰的理由再明確不過了。438年，在展開對柔然的大規模攻擊時，以主將身份出征這場戰役的人物，就是436年曾經反對遠征高句麗的樂平王比。

⑱ 《魏書》卷四上，太延三年二月條。

⑲ 《魏書》卷九十七，海夷，馮跋傳。

壓高句麗，並在北魏的側面建立一個根據地。在南中國的王朝與北中國國家相對峙的狀態下，這種企圖在戰略上是行之有效的。而且對於缺少馬匹供應的南中國來說，這無疑是確保了其供給地。三世紀初期，吳國為了與遼東的公孫氏進行合作，並進行馬匹貿易，派遣了一萬多人的兵團。[160] 234 年，吳國又通過鴨綠江下游的西安平與高句麗建交，冊封東川王為單于，並進行過馬匹貿易。[161] 438 年，待到宋國軍抵達，高句麗就殺了馮弘一家，從而阻斷了兩者的結合。接著與宋軍衝突並擊退了他們。至此，北燕問題被擴大成為高句麗和宋國的紛爭。[162]

但事實上，對高句麗構成最大威脅的是與其相鄰接的北魏。在這麼強大的敵人面前擴大與宋國的紛爭是很不明智的，因此，把活捉的宋國將軍王白駒押送回宋國，並要求予以處罰，試圖想用這種處理方式來避免與宋國的關係破裂。其實這正中宋國下懷，宋也就順勢答應了高句麗的要求，以此來維持與高句麗的關係。而且當時的宋國也正在準備北伐，就向高句麗請求戰馬，439 年高句麗就送給宋八百匹戰馬。[163]

另外，高句麗在同年派使臣到了北魏[164]，可能是試圖借通報誅殺馮弘一事來觀察對方的反應。而這一時期，北魏於 438 年對柔然御駕親征[165]，接著於 439 年攻滅北涼，並與南進的柔然發生了激戰[166]等，北魏正全力於西北方面的戰爭。高句麗的政策和北魏的這種狀況無疑是避免了兩國間發生軍事衝突。

從以上 430 年代圍繞北燕問題的一系列的紛爭中，可以發現此後國際關係與高句麗對外政策展開方向上的幾個層面。首先，這一時期國家之間的紛爭不僅止於直接當事國之間的問題，還導致列強介入，使主要紛爭在東亞國際舞臺上展開，自然，主要國家之間的外交半徑也就被更進一步地拓寬，進而呈現出各國家

---

[160] 《三國志》魏書，卷八，公孫淵傳；吳書，卷二，嘉和二年三月條。

[161] 《三國志》吳書，卷二，嘉和二年三月條中所引「吳書」之記事。

[162] 《宋書》卷九十七，〈高句麗傳〉。

[163] 《宋書》卷九十七，〈高句麗傳〉。

[164] 《魏書》卷四上，太延五年十一月條。

[165] 《魏書》卷一百零三，〈蠕蠕傳〉。

[166] 《魏書》卷九十九，〈沮渠牧牛建傳〉。

之間加強相互聯繫的趨勢。雖然還不能清楚地看出國際性連結網的形成和隨之帶來的連動性，卻也展現出國際力學關係的端倪。幸虧北燕是個小國，所以對他的攻略戰在短時間內就結束，並沒有擴大成國際紛爭，但如果是大國之間的戰爭則會更加突顯這一層面的。

而且，此次紛爭顯露出各國的動態，比如，雖然在 435 年高句麗向北魏朝貢、接受冊封，並在 439 年初迎接了詔諭使節，卻即刻派兵到北燕以示對抗北魏。而後又向南朝宋國朝貢，420 年和 423 年又接受了宋國的冊封[167]，但從 438 年消滅了派往遼東的宋軍一事中可見，朝貢、冊封關係並不是一種儀式化的秩序，而是呈現了各國間的利害關係和相互間以現實政治為基礎的面貌。

而且，從此次北燕事件中，也可以看出雖然高句麗致力於確保東北亞方面的獨立勢力，積極制止其他勢力對該地區的侵略和威脅，卻並不想積極主動地西進到北中國方面去。這與 427 年遷都平壤之舉，一同表現出之後高句麗對外政策的基本方向。

但這幾個方面都不過是短暫的國際紛爭中投影出的一個斷面。在這個時期的政治趨勢中，這幾個方面會不會繼續顯現出來呢？則需要具體研討。

2.與南朝以及柔然的聯合

在圍繞北燕問題的紛爭告一段落之後，高句麗和北魏的關係一直處在緊張和對立的狀態。439 年到 462 年，兩國之間連一次使臣往來都沒有，就足以證明這一點。

437 年北魏之所以終止對高句麗的遠征計畫，是因為當時面臨著與柔然等國的關係以及新征服地的安置問題。此後，北魏一直把高句麗視為最主要的敵人。450 年與南朝宋國交戰之前，北魏太武帝發給宋文帝的國書中就提到如下內容：

> 彼往日北通蠕蠕，西結赫連蒙遜吐谷渾，東連馮弘高麗，凡此數國，我皆

[167] 《宋書》卷九十七，〈高句麗傳〉。

滅之。以此而觀，彼豈能獨立。[168]

可以看出此時的北魏是如何看待一直與宋保持聯繫的高句麗。

五世紀中葉，北魏一直向外擴張。439 年一舉殲滅了北涼，446 年又攻擊吐谷渾掃蕩了其根據地。[169]面對著這個既好擴張又是敵對的鄰國，高句麗不可能不提高警惕。不採取那種積極西進敢於同北魏發生衝突的政策，則自然就和那些與北魏處於敵對狀態的國家加強了聯繫，採取包圍和牽制的政策。這種政策很容易就與企圖同北魏這個當時東亞最強大勢力相抗衡的國家的政策相連結起來。

宋國圖謀與北魏相鄰之國家聯結起來的事實，已在上引北魏太武帝的國書中看出來。這種政策在後來的南朝諸王朝中始終追求不已。西部的吐谷渾、宕昌國，仇池的氐國[170]，北邊的柔然，東邊的高句麗等與北魏相鄰的諸國一起構築環狀的包圍圈。南朝對百濟、倭、新羅、加羅的冊封也是這種外交政策的一個環節。[171]南朝的這種政策，其最終目的是為了殲滅北魏，統一中國，雖然與高句麗的目的有所不同，但事實上，至少在抵制和包圍北魏的側面上，兩國的利益是一致的。因此，直到六世紀末兩國一直維持著良好的關係。

而且高句麗和柔然的聯合關係也是在這個時期結成的。柔然原屬於鮮卑族拓跋氏的附屬民。以郁久閭氏族為中心的柔然的產生，就是透過與拓跋氏北魏的對抗而形成的。393 年柔然的社崙可汗時期脫離了北魏的支配，一邊把根據地移向了漠北，一邊征服了丁零，從而使自己的領域迅速膨脹起來。西到塔里木盆地和天山南北一帶，東及興安嶺，成為內陸亞細亞草原的霸王。[172]柔然繼續向南擴張，與北魏在陰山山脈和長城一帶爭戰不休。隨著兩國間對峙的長期化，柔然為

---

[168] 《宋書》卷九十五，〈索虜傳〉。

[169] 《魏書》卷一百零一，〈吐谷渾傳〉。

[170] 以仇池為中心的氐族其國名是沒有固定的，389 年仇池的酋長定自稱為隴西王，此後，從北魏和南朝那裏被冊封為仇池王、南秦王、武興王、武都王等。本書根據中心地域的地名稱之為仇池國。

[171] （日）坂元義種，《古代東亞的日本與朝鮮》，1978，頁 253－254。

[172] 《魏書·蠕蠕傳》。

了攻下宿敵北魏，便與吐谷渾、北涼、夏等國聯結，又派使臣多次到南朝，希望從南北夾擊北魏。⑰³這種情勢下，為了對付北魏，柔然和高句麗自然就聯結起來。

關於高句麗和柔然的交流始於何時，因無史籍可尋而無從所知。但柔然的解律可汗於414年向北燕求婚，於是締結了解律和北燕皇帝馮跋互娶對方女兒為妻的和親關係。但隨著解律在國內失去地位，這場和親也就喪失了意義。[174]但這種交流關係無疑就成為柔然和遼海地區的國家進行交流的契機。後來，在432年，北魏攻擊北燕時，為了防止柔然借機入寇，便在漠南實施屯兵。[175]而且在434年2月北魏與柔然結成和親之後，在4月就攻擊了北燕。[176] 436年當對北燕進行最終攻擊時，正如前所述，柔然斷絕了與北魏的和親關係，並攻擊了北魏。當時，從北燕向高句麗和一海之隔的宋國請求援助的事情中看來，他對柔然大概也是如此的。432 年以來，從北魏所採取的對柔然的措施中可知，這個時期北燕和柔然之間肯定存在著某種形式的相互聯繫。這一點從北魏攻擊的夏、北涼等國與柔然的關係中來看[177]，大有這種或然性。

圍繞著北燕的國際紛爭，柔然與北魏發生了爭鬥，這使柔然去尋求與其處在相同立場上的高句麗建立關係。高句麗也是如此。如此看來，高句麗與柔然之間最晚也在430年代末就已開始交流了。

高句麗一直維持與北魏的對立狀態，不僅與宋、柔然聯結，而且還仲介了宋與柔然間的交流。463年宋國對長壽王的冊封文中有如下記載：

> 高句麗王、樂浪公璉，世事忠義，作藩海外，誠係本朝，志剪殘險，通譯沙表，克宣王猷。宜加褒進，以旌純節。可車騎大將軍、開府儀同三司，

---

[173] 《宋書》、《南齊書》、《梁書·芮芮傳》。

[174] 《晉書》卷一百二十五，馮跋載記。

[175] 《魏書》卷四上，延和元年（432）六月條。

[176] 《魏書》卷四上，延和三年二月，四月條。

[177] 請參看圖表二。

持節、常侍、都督、王、公如故。[178]

這裏應注意到「通譯沙表，克宣王猷」這一句。若當時的宋國透過高句麗向沙漠地區的遊牧民集團傳達了其意，具體來說，宋國會在政策上向哪個集團接近呢？五世紀中葉，存在於蒙古高原和高句麗之間的遊牧民族估計有契丹、奚、地豆于、烏洛侯等。他們當中卻沒有一個集團擁有可以統治其內部所有集團的權力。在沒有「大君長」的情況下，這些種族以小集團的形式自治。能被遠在大海那邊的宋國清楚地認識，並試圖在政策上接近的集團，實際上並不存在。而且在《宋書》、《南齊書》、《梁書·東夷列傳》和〈北狄列傳〉中一概不見有關這些種族的記載，在〈梁職貢圖〉裏所列舉的 32 個國名中也沒有。[179]這個「沙表」所指稱的應是柔然。[180]有關「克宣王猷」的具體內容雖無從所知，但是宋國和柔然之間的交流主要是為了對付北魏[181]，所以也就能大概預料到「王猷」的內容。從高句麗成為他們的仲介者這一點上，也能估量出其內容的大概。

高句麗和柔然的交流後來也一直繼續。472 年，送到北魏的百濟的國書上一面請求援兵，一面誹謗了高句麗的對外政策。

高麗不義，逆詐非一，外慕隗囂藩卑之辭，內懷兇禍豕突之行。或南通劉

---

[178] 《宋書·高句麗傳》。

[179] 金維諾，〈職貢圖的時代與作者〉，《文物》1960-7，1960。
李弘稙，〈梁職貢圖論考〉，1965；重收錄於《韓國古代史研究》1971。

[180] 479 年，柔然的相國在送到南齊的國書中就建議「漢」和「吳」協力消滅北魏。柔然自稱（沙）漠，與上面提及的沙表是同一種表現。柔然向南朝派遣使臣時「常由河南道，而抵益川」，即採取了經由吐谷渾的西路線。文獻上第一次記載南朝派使臣到柔然的事件是 478 年派遣王洪軌通過西路。但是，就北魏而使兩國之間的關係變得如此密切與頻繁的情況上來看，在 478 年以前宋也有與柔然交流的試圖。可以說以海路通過高句麗來與其進行間接接觸，是個很好的例子。請參看《宋書》、《南齊書·芮芮傳》。

[181] 《宋書》、《南齊書》、《梁書·芮芮傳》。

氏，或北約蠕蠕，共相脣齒，謀陵王略。[182]

這雖然是為了刺激北魏，圖以得到援兵而寫成的。但也說明當時高句麗與宋及柔然之間聯合的事實已經傳到了鄰近的其他國家。接著 479 年，高句麗與柔然就企圖分割掉地豆于。[183]地豆于大致是以陶尒（洮兒）河為其北限，與室韋相接，往南在西哈穆淩河流域與奚、契丹等接壤，往西在興安嶺與柔然相接的、居住在東部內蒙古的遊牧民族。[184]柔然和高句麗企圖分割地豆于的事實，表明這個時期兩國就保持良好的關係。

這樣，圍繞北燕的紛爭以後，為了應付與北魏的尖銳矛盾，高句麗想出一則聯合南朝和柔然牽制北魏的策略。這種政策在與北魏的關係得到改善之後也一直持續著。

3.與北魏改善關係

462 年高句麗派使臣來到北魏，這是自 439 年以來的第一次。看來是為了改善與北魏關係，同時也借此來打探一下對方的情況。接著從 465 年以後起，高句麗每年都派出使臣，而北魏使臣也頻繁來訪，兩國間的關係迅速得到了改善。對於相互對立二十年以上的敵對國，而在 460 年以後關係變得如此密切的具體原因不得而知。但是 465 年以後，每年派出使臣的高句麗於 472 年 2 月和 7 月前後兩次派使臣到北魏，並且說「自此以後，貢獻倍前，其報賜，亦稍加焉」。[185]就在這年 8 月，百濟的使臣到達北魏，控訴高句麗的壓迫，並以此為由請兵。這兩件事情不可能是偶然的一致。百濟在此之前跟北魏從沒有往來過。

自 436 年出兵北燕從而制止北魏的東進勢頭以來，高句麗一邊與北魏對峙，一邊又與宋、柔然聯合起來牽制北魏。這是為了封鎖北魏對東北亞方面的介入，確保獨立的勢力範圍。高句麗執行該項政策二十年以後，想透過改善與北魏的關係來鞏固。與北魏相連結的西部安定，可說是高句麗向南部和西北部方面擴張的

[182] 《魏書·百濟傳》。
[183] 《魏書·契丹傳》。
[184] 白鳥庫吉，〈東胡民族考〉：《塞外民族史研究》上，1970，頁 185。
[185] 《三國史記·高句麗本紀》，長壽王六十年條。

至關重要的對外條件。475 年對百濟首都慰禮城的進攻和 479 年對地豆于的分割，就說明了高句麗致力於與北魏改善關係的主要目的。此後，為了維持東北亞地區的霸權，尤其是掌握了漢江流域這個土地肥沃的農耕地帶，從而擴大高句麗在半島內的支配領域，而且隨著與新羅、百濟的鬥爭越來越激烈，高句麗則更希望能夠與北魏維持友好關係。462 年以後直至北魏陷入內亂前的 523 年，高句麗派使臣到北魏的次數竟多達 57 次。與同期派往南朝的使臣次數只有 9 次相比，可以看出為了改善與北魏的關係以及維持友好關係的高句麗有多麼的熱忱！

一方面，就北魏而言，他於 437 年被迫放棄對高句麗遠征的周邊局勢依舊沒有改變。437 年以圖後舉而休戰，但後來北魏與柔然及南朝的對峙狀態一直沒有發生根本性變化。宋國和柔然、吐谷渾等一直希望對北魏採取包圍政策，特別是柔然圖謀與南朝協力夾擊北魏（在下一節論述）。在這樣的周邊政局下，改善與東方高句麗的關係，對北魏來說也是很有利的。

兩國重新建交之後，北魏派遣到高句麗的使節次數之多，在北魏對外派遣使臣的對象國中僅次於南朝。[186]而且在冊封各鄰國國王的位階當中，高句麗王的位階一直是最高的，被派往高句麗的北魏使臣的官位也是與派往南朝的使臣相等的「員外散騎侍郎（縱三品，上）」或「散騎侍郎（正二品，下）」。[187]並且從迎接外國使臣的宴會，入場的順序或為外交使節提供的住宅等方面，高句麗使臣也是僅次於南朝使節而受到優待的。[188]這根本上的緣由正如當時北魏人所說的，高句麗國力「方強」。[189]同時也表明北魏已意識到與高句麗關係的重要性，從而對高句麗在政策上所採取的姿態。這樣，460 年以後，兩國隨著互相之間的必要性而進行密切交流。但兩國間的關係並不是始終友好和順利的，而且按照以朝貢、冊封關係作為象徵的某種理論，兩國關係也不是只有進展的。

重新建交之後，兩國之間產生的第一個摩擦就是圍繞著百濟問題而展開的。

---

[186] 462 年以後北魏一共向南朝派遣使臣二十二次，而派往高句麗的可確認的有十三次。（日）三崎良章，〈北魏的對外政策和高句麗〉，《朝鮮學報》102，1982。

[187] 徐榮洙，〈三國與南北朝交涉的性格〉《東洋學》11，1981；三崎良章，上揭論文，1982。

[188] 《南齊書·高句麗傳》。

[189] 《資治通鑑》卷一百三十六，齊紀，武帝永明二年十月條。

472 年北魏收到百濟的援兵邀請後，欲派遣使者到百濟去，並與百濟使臣同行，由陸路經高句麗境內前往百濟。這刺激了高句麗，並被高句麗拒絕入境。於是北魏就把帶有譴責內容的詔書發往高句麗。[190]北魏在給百濟的答書中，雖然明確表示沒有要介入高句麗與百濟之間紛爭的意思，卻對高句麗採取這等伎倆，是想讓這個與宋國、柔然聯合起來對自己堅持採取不友好態度的高句麗，再次認識到北魏的強大，從而要達到牽制高句麗的目的。

接著北魏朝廷建議迎娶長壽王之女為顯祖的後宮。長壽王原本想答應這門親事，但有反對意見認為，和北魏的婚事有可能導致高句麗內政洩露，於是就拒絕了。北魏的婚姻使節團在邊境處被拒絕而回國，隨後北魏又派使臣來責難高句麗，並再次強請婚事。但這一次高句麗則採取了扣留北魏使臣的強硬措施。這門婚事問題與年前百濟使臣事件一起，使高句麗懷疑北魏是不是有往東北亞方面擴張勢力的意圖。北燕與北魏結成婚事以後，北燕遭到攻擊的前車之鑒也成為高句麗朝廷反對這門親事的原因之一。兩國建交伊始，雙方關係陡然緊張起來。

與北魏關係的日趨惡化，對於南進攻打百濟的高句麗來說無疑是個重負。如前所言，472 年高句麗兩次派遣使臣到北魏和以後「貢獻」加倍於前之舉，看來就是他的應急措施。若不打算往北中國方面發展，那麼與北魏關係的惡化是不利的。同時為了對付北魏和百濟聯合起來並介入到東北亞方面的可能性，高句麗就提前實施了對宿敵百濟的攻略戰。475 年，向百濟發動進攻，攻陷其首都慰禮城，殺死了蓋鹵王，但沒有繼續南進追攻文周王，而以班師來告一段落。在此次戰役中，高句麗所動員的兵力還不及廣開土王時期派往洛東江流域的五萬步騎，而僅有三萬。看來高句麗是考慮到了當時與北魏的緊張關係，即考慮到如果進行長期戰爭，北魏有可能會捲進來。這種與北魏緊張的關係，隨著 476 年顯祖過世一直懸而未決的婚事問題得到解決；高句麗又釋放了被扣壓的北魏使臣程駿，而使關係暫時得到了緩和。[191]

另外在 470 年代中期以後，以北滿州東流松花江流域的阿城為中心興起的勿

[190] 《魏書·百濟傳》。

[191] 《魏書》卷六十，〈程駿傳〉，卷一百，〈高句麗傳〉。

吉多次與高句麗紛爭，延興年間（471－476）勿吉則頻頻向北魏朝貢。太和初（477年），勿吉向北魏派使臣，並告知自己正與高句麗相爭，而且陳述了與百濟聯手攻擊高句麗的意圖[192]，即請求北魏的支援。雖然無從考證北魏與勿吉之間交流的詳細內容，但勿吉向北魏頻繁朝貢的事實，早晚會被高句麗知道的。百濟和勿吉試圖與北魏聯結的動向，根據北魏的相應政策有可能會對高句麗的安危產生極大的危險。504 年，高句麗的使臣芮悉弗向北魏的世宗打探了有關百濟和勿吉的動向以及北魏對其有何看法[193]，高句麗的疑慮和警戒心可見一斑。這樣，國境和勢力圈相鄰接的兩國之間有很多時候都會因相互的利害關係而發生衝突，所以北魏一直被高句麗視為是潛在的危險勢力而加以警戒的。460 年代中期高句麗與北魏關係改善後，仍繼續與南朝和柔然交流，實際上就是為了防止這種潛在的危險發生。只是與圍繞北燕的紛爭的時候有所不同，這個時期高句麗是以加倍貢獻和頻繁派遣使臣等外交活動來試圖緩和與北魏的摩擦。

另一方面從北魏的立場來看，高句麗也是主要的潛在敵對勢力。因為高句麗一直與北魏的宿敵柔然和南朝加強聯繫，且來往於南朝和高句麗間的使臣也時常漂落在北魏的海岸上。[194]這大大刺激了北魏，為此向高句麗表示極其強烈的不滿，並提出了抗議。

479 年隨著高句麗和柔然試圖分割地豆于，怕遭到侵襲的契丹族一部分勢力遷徙到北魏境內請求保護。[195]而且地豆于族的一部分逃亡到奚族一帶進行掠奪，接著奚族也奔入到北魏境內，因此，北魏的北邊十分混亂了起來。[196]對此，北魏

---

[192] 《魏書·勿吉傳》。

[193] 《魏書·高句麗傳》。

[194] 五世紀末，長壽王派往南齊的使臣和六世紀初南朝的冊封使漂落在北魏的光州海岸。而且在 467 年，高句麗的使臣漂落在北魏的東萊而被扣留，是宋軍將其救出，並護送到建康的。《南齊書》卷二十七，〈劉懷珍傳〉；《魏書·高麗傳》。

[195] 《魏書·契丹傳》。

那時高句麗和柔然要圖謀分割地豆于不僅止於計劃。雖然不知道具體的內容，但好像是以某種形態而被實際實施過。所以，地豆于的一部分百姓往南逃到了奚族地域，還有契丹族的一部分人也感到威脅而逃到了北魏領域等，這些地方發生了連鎖性的紛亂。

[196] 《魏書·庫莫奚傳》。

採取了消極的對策，只是阻止奚族的進入，並致力於安頓北境，沒有積極統治和保護其周圍的種族，只採取了一些對本國有利的措施，這使北魏失去了其在東部內蒙古一帶的影響力和威信，尤其像興安嶺東北部地域乃是建立北魏的鮮卑族的發祥地。1980 年夏天，在齊齊哈爾北邊的鄂倫春族自治旗阿里河鎮的西北嘎仙洞裏，發現了 443 年北魏派出中書侍郎李敞等，向拓跋鮮卑族北魏王室的祖先祭祀時所刻的祝文二百餘字。[197]但由於高句麗圖謀分割地豆于，北魏先祖的發祥地和北魏就此被隔斷開來。高句麗在東部內蒙古的這種活動，而且與柔然聯手的活動，使北魏深感威脅和挑戰。

接著 491 年長壽王死去，由文咨王繼位。北魏朝廷便要求剛剛即位的高句麗國王的親朝或王子入朝。但高句麗朝廷置之不理，只是派去了大臣從叔。對此，北魏的孝文帝不以為然，再次要求高句麗至少也要派遣高句麗國王的弟弟過去，如若不然將對其進行軍事打擊，以示威脅。北魏是想借此國喪之際挫挫高句麗的銳氣，但被高句麗朝廷再次拒絕了。[198]兩國間內在的緊張關係一直維持著，北魏對高句麗國太子的冊封直到文咨王七年（497 年）才得以實施。

494 年，北魏的孝文帝想遷都洛陽，並向重臣們徵求了意見。此時燕州刺史穆羆反對道：

> 北有獫狁之寇，南有荊楊未賓，西有吐谷渾之阻，東有高句麗之難，四方未平，九區未定，以此推之，謂為不可，征伐之舉。[199]

在北魏朝廷裏的反對遷都論，雖然是與傳統的鮮卑貴族們的利益息息相關，是屬北魏國內的政治問題，但值得注意的是，與高句麗重新建交已有三十年的北魏，卻依然把高句麗同柔然、南朝一同視為主要的敵對勢力，很難說這只是個穆羆的個人見解。

---

[197] 米文平，〈鮮卑石室的發現與初步研究〉，《文物》1981-2，1981。

[198] 此時由北魏發往高句麗的國書見於《文館詞林》。有關它的探討，請參看朱甫暾，〈文館詞林所見的有關韓國古代史的外交文書〉，《慶北史學》15，1992。

[199] 《魏書》卷十四，武衛將軍，謂傳 附 丕傳。

這樣高句麗和北魏一方面透過朝貢、冊封的形式維持著密切的外交關係，另一方面又都把對方視而潛在的敵對勢力而加以警戒和牽制。在作為連接兩國間關係的基本形式——即外交禮儀上——也常因為高句麗王拒絕對北魏使臣拜禮以及北魏皇帝詔書的親受而產生摩擦。[200]儘管如此，兩國之間一次戰爭也沒有發生過，一直保持著和平友好的關係。直接的原因前面提到過，高句麗並沒有打算進出北中國以及北魏也沒有向東北亞擴張的意圖。北魏拒絕了 472 年百濟的請兵和 484 年勿吉的支援邀請，從而失去了有可能進入東方的好機會。可以看出，兩國都承認各自的勢力圈，並致力於兩國並存的事實。

那麼，至少在理念上，作為天子之國並希望一統天下的北魏不得不這麼做的原因何在？這應該首先從當時以兩國國力為基礎的相互力學關係上來分析。但兩國的力學關係不是單純地只是以兩國國力為基礎，只作用於兩國之間。而是在當時東亞國際政治圈中，幾個並存國家之間的相互關係而決定的。

那麼作為這種諸帝國之間力學關係上的相互控制，是以什麼樣的形式表現的呢？如果在歷經百年後仍具有實際意義的話，是不是在說明當時東亞國際關係中的根本性質呢？對此，有必要把這一時期高句麗的對外關係投影到整個東亞國際關係當中去進行分析。

㈡五至六世紀國際關係的性質

1.國際力關係的連動性

五世紀以後，在東亞國際社會中主導著中國，以及包括蒙古高原在內的大陸政局變動的主要國家，是柔然、北魏和南朝。這三個國家一直不斷地進行戰爭和連衡。但在這三國關係中值得注意的現象，是他們所呈現出的力學關係上的連動性，即隨著某一個國家的動向，另一個國家或兩個國家也會對此做出連鎖的反應。而事實上在國際力學關係中的連動性，是在任何一個時期都有可能發生的。但是國際關係如果被其中心的某一大國所主導時，新的變化趨勢會被中心國所阻斷或緩和，從而不易產生各國間的力學關係的連動性。另外，當強大的新興勢力

---

[200] 《魏書》卷三十二，〈封軌傳〉；卷七十二，〈房亮傳〉。

對中心國予以衝擊或中心國被滅時，其影響將直接或間接的波及鄰國，產生連鎖的波動，使國際關係發生新的變化，這種情況也可以稱作是連動性。但這往往是短期性的。

但如果力學關係的連動性，在幾個國家當中長時間在反復作用，而且對國際關係不能帶來新的變化，反而在維持原有的狀態，那麼這個連動性會成為決定當代國際政局性質的重要因素。引人注意的是，就是這一層面在五世紀以後將三國間力學關係的連動性中體現出來。

具體分析的話，首先在南、北朝的關係中，雙方各自稱對方為「島夷」、「索虜」，並都以自己為中華的正統自居，渴望統一中國。因此兩國間的戰爭也開始頻繁起來。420 年代後半期，以河南地區為界的兩國戰爭就如同「越變越南」之表現，也就是說在兩國間的國境變得越來越往南移的形勢，北魏佔據了優勢。兩國間的對峙以淮河線為中心漸漸進入了僵持狀態。這條淮河線是稻作地域和田作地域的邊界線，也是以騎兵和水軍各自為長的兩國在軍勢上佔據優勢的分界線。實際上，擁有絕對的人口優勢[201]和強大騎兵隊的北魏不能突破此線，很明顯，其中很大的原因是因為長江天險和魏軍不善水戰。而且具有如此優越條件的北魏卻不能克服自然條件所帶來的制約和困難，更重要的原因是，國際政局上的制約使其不能對南朝的征討展開長久戰，即北魏依舊存在著來自於漠北的威脅。

柔然的興起過程是為了擺脫北魏的約束而進行對抗的延續。柔然擺脫北魏的約束以後，勢力得到擴張，在稱霸西起焉耆，東至興安嶺的北亞地區之後，大部分時期還是繼續與北魏戰爭。在兩國的對抗中，有時是柔然軍攻擊北魏首都，也有時是北魏經過戈壁沙漠深入到柔然的腹地進行追擊。柔然的存在，尤其是在 493 年遷都到洛陽之前，北魏的首都平城因鄰近長城地區，所以他直接影響到北

---

[201] 南朝的人口在宋大明八年（464 年）時達到了 90 萬 6870 戶，468 萬 5501 名，陳向隋投降時（589 年）是 60 萬戶。北朝的人口，即北魏全盛時期正光年間已達 500 萬戶。這個數值雖然因隱戶和流民以及軍人另有兵籍等情況，使其準確性出現問題，但這一點南、北朝的情況都差不多，所以可以大體上瞭解南、北朝之間的人口比例。（傅樂成，《中國通史》，辛勝夏譯，頁 332－334）且把南朝中央政府所掌握的以上的戶口數和高句麗的戶口數進行對比，相信也不是毫無意義的。失去了人口密集的漢江流域以後，高句麗末期的人口是 69 萬餘戶。

魏的安危。北魏在向南進行擴張時總得顧忌來自北邊的威脅，更何況柔然與當時和北魏處在敵對關係上以南朝為首的幾個國家，都有著密切的聯繫，北魏也清楚地認識到這一點。

下面就以 450 年戰爭作為反映北魏、柔然及南朝的相互力關係的具體事例來分析。448、449 年北魏向柔然進行了大規模的遠征。[202]趁北魏的此次北征，宋國把他一直在策劃的北伐計劃具體化了。對此，450 年 4 月，北魏的太武帝給宋國遞去一封國書，強烈譴責宋與柔然及高句麗交結的行徑，並對宋示意警告。[203]但這年 7 月，宋文帝頒佈了北伐詔書，列舉柔然和北魏進行著連年的戰爭，柔然的使臣來朝請求，要與宋國形成犄角之勢等，並豪言宋會取得勝利。[204]北魏擊退北進的宋軍以後，當年 9 月，北魏太武帝一邊親征宋國，一邊又派皇太子屯兵於漠南防禦柔然[205]的進攻。12 月北魏軍大破宋軍，長驅直入到長江北岸，直接威脅到宋的首都，但卻在次年 1 月與宋和好，並撤軍了。這時北魏撤軍的最主要原因是，宋軍憑藉長江天險，負隅頑抗，而且像盱眙這樣，宋軍在江北的一些要塞，儼然處於北魏的背後。[206]

但應該注意的是 450 年 12 月，身在長江北岸的北魏皇帝擔心柔然入寇，重新封孫小為左衛將軍，並把他派往北部邊境[207]，撤軍以後，緊接著在 7 月和 10 月先後兩次巡行陰山一帶，對柔然進行武力示威。[208]從這些事實看，北魏軍在大勝宋國之後，又馬上撤軍的重要原因之一，是意識到與宋國進行持久戰，則柔然的動向實在令人擔憂。448、449 年大規模征討的結果是「意存休息，蠕蠕亦怖

[202] 《魏書·蠕蠕傳》。

[203] 《宋書·索虜傳》。

[204] 《宋書·索虜傳》。

[205] 《魏書》卷四下，太平真君十一年九月條。

[206] 班師時雖對盱眙施以攻擊，卻未能把它攻陷下來。
《宋書》卷九十五，〈索虜傳〉；卷七十四，〈藏質傳〉。

[207] 《魏書·孫小傳》。

[208] 《魏書》正平年間七月，十月條。

威北竄，不敢復南」。[209]此後不久，北魏仍然採取這些措施，是因為他感覺到柔然的威脅。這時期北魏斷絕了和高句麗間的外交關係，並一直處在對立的狀態，正如前所述，北魏不敢東征的理由則更加明顯了。而且五世紀後半期北魏即便是與柔然沒有發生戰爭，也時刻提防柔然進攻。尤其從天高馬肥的季節直至冬季，是遊牧民活動的旺盛時期，北魏才採取在漠南駐紮軍隊，直到次年春季才撤軍的政策。[210]

對於柔然的威脅，北魏一直以積極的姿態對應，即展開大規模的征戰。但事實上，這個時期北魏對柔然的攻略戰，不僅僅只是出於依靠軍事行動來消除這種威脅為目的的。換句話說，漠北對於北魏來說，除了軍事方面，如防止抄略、應徵等意義之外，是沒有任何用途的地域，所以認為他沒有對其徹底的征討是不確切的。429 年北魏不顧宋的威脅而北伐，朝廷內的議論就說明這一點。太史張淵站在反對北伐的立場，根據西漢中期以後一直成為中國對外政策主流的、傳統的「羈縻不絕之誼」說道：

> 蠕蠕，荒外無用之物，得其地不可耕而食，得其民不可臣而使，輕疾無常，難得而制。有何汲汲而苦勞士馬也。[211]

對此，贊成北伐的崔浩則說，漠北之地水草豐美，有利放牧，百姓善於騎馬，而北魏擁有優秀的騎兵，所以征服他。[212]這個漠北有用論是經過五胡十六國時代，漢人當中對遊牧民的武力和遊牧經濟有了很深的印象和理解之後的產物。而且由於北魏本身就是胡族出身的王朝，所以就更具有了現實政策的基礎。同時中國人的關於「天下」的認識與前代不同，呈現出更加開放、更加向整個東亞擴大的趨勢，成為先導隋、唐代「天下觀」的一面。總之，北魏根據崔浩的主張，當年秋天開始進行北伐。

---

[209] 《魏書·蠕蠕傳》。

[210] 《魏書》卷四十一，源賀傳「是時，每歲秋冬遣軍，三道並出，以備北寇，至春中乃班師」。

[211] 《魏書》卷三十五，〈崔浩傳〉。

[212] 同上書。

這樣，北魏雖然對遊牧地區採取了積極的評價和對策，但始終沒有在短時間內終止與柔然的相爭。429 年 5 月，北魏在開始的攻擊中取得了大勝，卻沒有把柔然追擊到漠北更深處，並於 10 月返回首都。北魏應乘勝追擊遠遁的敵兵，並以長期的遠征，對柔然進行連續性的打擊，但北魏卻沒有這麼做。之所以如此，是因為在軍事上尚存著來自南邊的威脅。而早在當年出征前，就有人開始提起了反對論。

今吳賊南寇，而舍之北伐，行師千里，其誰不知，若蠕蠕遠遁，前無所獲，後有南賊之患，危之道也。[213]

這一年雖然宋國沒有北伐，但南朝的存在卻制約著北魏的行動。而次年 8 月，宋大舉北伐。[214]

此後，北魏和南朝之間的對峙形勢在沒有根本性變化的狀態下一直持續著。柔然繼續與南朝的宋、齊、梁等國聯結，尋謀一同挾攻北魏的方法，如表一所示頻頻向南朝派使臣。這也表明柔然使臣千里迢迢來到南朝的前後時期，北魏與柔然、南朝與北魏之間一直在戰爭。特別是 471 年，柔然使臣於 3 月和 6 月兩次抵宋，在前一年的 470 年 8 月和 9 月柔然和北魏之間有過交戰，471 年 10 月又發生了宋的北伐。次年 472 年 2 月、6 月、10 月，柔然對北魏進行攻擊。而且當年 11 月，柔然的使臣來到了宋。雖然沒有留下關於當時派遣使臣的具體目的的記錄，但可以充分體察到柔然派使臣的目的。而南朝也回應了柔然，提議共伐北魏。具體的事例如下：

昇明二年，太祖輔政，遣驍騎將軍王洪軌，使芮芮，尅期共伐魏虜。建元元年八月，芮芮主發三十萬騎南侵，去平城七百里。魏虜拒守不敢戰……上初踐阼，不遑出師。二年、三年芮芮主頻遣使，貢獻貂皮雜物，與上書

[213] 同上書。

[214] 《宋書·索虜傳》。

欲伐魏虜，謂上足下自稱吾。[215]

而且此時柔然的國相也上奏表文，提議和（沙）漠與吳國聯手共滅北魏。[216]

表一

年度	柔然	北魏	南朝	高句麗以及其他
470	8月 攻擊北魏。	2 月藉不修職貢為由攻打吐谷渾。9 月又親征柔然。	擊退孫恩的叛軍。	4 月被北魏軍擊敗，吐谷渾王遠遁。
471		擊退了宋軍	3、6 月，柔然使臣到來。10 月北伐。	
472	2、6、10 月攻擊北魏。	10 月親征北伐，攻擊柔然。	11 月柔然使臣到來。冊封楊文度為仇池國的武都王。	高句麗：2、7 月向北魏朝貢，貢獻加倍於前。 百濟：8 月向北魏遣使請兵。
473	7、12 月攻擊北魏。	5月攻擊吐谷渾。 8 月魏帝向河西御駕親征。與吐谷渾和約。*北魏在秋冬期，屯兵於漠南地區以備柔然，至次年春才撤軍。		吐谷渾：4 月攻擊北魏，卻敗北。8 月與北魏和約，以後向其朝貢。 仇池：10 月武都王在宋軍的援助下攻擊並佔領仇池國。魏軍再次進攻仇池。 高句麗：拒絕北魏使臣與百濟使臣一併由陸路通過高句麗領內。
474	7月攻擊了北魏	7 月冊封楊文度為仇池國的武都王	5 月柔然使臣到來。	吐谷渾：2 月將王子派往北魏入侍。

[215] 《南齊書·芮芮傳》。

[216] 同上書。

475				高句麗：拒絕北魏的婚姻邀請，並扣留其使臣。百濟首都漢城失陷。同年 2、8 月派使到北魏，朝貢。
476				高句麗：釋放北魏使臣。2、7、9月朝貢北魏。
477		11 月興兵攻打楊文度，12 月陷落仇池，殺死其王。	10 月支援楊文度。加爵。	仇池王楊文度。10 月攻擊北魏。
478	2月向北魏求婚。	與柔然和約。7 月魏軍投入到仇池，擊退宋軍。	7 月宋軍進駐仇池。立楊文弘為武都王。楊即刻棄宋與北魏聯結。9 月柔然使臣至宋。派王洪軌至柔然，圖謀伐北魏。	吐谷渾：幫助柔然與宋使臣的往來。
479	8 月大舉攻伐北魏。		4 月齊國建立。因王朝的更替而未能北伐，5 月派使臣王世武到柔然。	吐谷渾：向宋使臣提供物資和糧食。高句麗：與柔然合謀企圖瓜分地豆于。
480	派使到南齊，提議共伐北魏。	10 月南征。	正月攻擊北魏。8 月齊軍攻打仇池。立楊後起為武都王。	
481	派使到南齊，提議共伐北魏。	正月擊破南齊軍。	9 月柔然使臣到來。10 月冊封吐谷渾王為河南王。	新羅：與百濟、伽耶援軍一同擊退高句麗軍。

* 此表乃根據《宋書》、《南齊書》、《魏書》、《三國史記》而製。

北魏知道柔然和南朝聯結，對柔然的攻擊自然就不能實行持久戰。486 年 8 月，北魏的朝廷中有人提出趁柔然與高車丁寧相爭之機，對其實施大規模進攻。對此，高閭表示反對：

昔漢時，天下一統，故得窮追北狄。今南有吳寇，不宜懸軍深入。[217]

對遊牧民國家的攻擊應該是在其中心勢力遠遁的時候，對其進行徹底追擊包圍和消滅，但目前情況下是不可能的。高閭的這種主張在北魏與南朝相對峙的情況下，應該說是正確的判斷。

柔然、北魏、南朝之間的力學關係的連動性，相互制約著某一個國家，尤其是當時最強大、地理上處於中央位置的北魏的擴張。

為了對應北魏的行動，而使鄰近的國家介入，制止北魏的力學關係的連動性，在北魏統一華北的過程中也出現過。如表二所見，夏、北燕、北涼的合併過程中突顯該層面。當然這種連動性不是隨時都能即刻發動，並帶來連鎖性的介入。

表二

年度	柔然	北魏	南朝	高句麗以及其他
427	7 月為救援夏而攻北魏。	5 月親征夏，一面屯兵漠南，以備柔然的侵攻。		高句麗：遷都平壤。
428	8 月攻擊北魏。		柔然的使臣至宋。	
429		4 月攻擊、大破柔然。		5月攻擊夏軍、北魏。
430		10 月對宋軍予以反擊，奪回河南，在漠南進行大規模閱兵式，威脅柔然，12 月攻略夏都。	8 月大舉北伐，佔領河南。	夏：連結宋和柔然對抗北魏。 9月攻擊夏軍、北魏。 12月夏滅亡。

---

[217] 《魏書》卷五十四，〈高閭傳〉。

432		6月攻擊北燕，一邊屯兵於漢南，以備柔然入寇。		
434	與北魏和親。	2月與柔然和親。 6月攻擊北燕。		北燕：上表北魏，稱藩乞和。
435		6月攻擊北燕。 派使到高句麗，冊封長壽王。	冊封北燕皇帝馮弘為燕王。	北燕：稱臣於宋，請求救援，向高句麗請兵。 高句麗：6月向北魏朝貢。
436	廢棄與北魏間的和約，攻擊北魏。	2月向高句麗派遣詔諭使。攻擊北燕。5月佔領龍城，要求高句麗送還馮弘，遭到拒絕。討論征討高句麗事宜。	誅殺了宿將檀道濟一派。	高句麗：向北燕派遣援軍。 5月將北燕皇帝以下軍民遷徙到遼東。
438		7月大規模征討柔然。	派七千士兵至遼東，冊封吐谷渾王。	高句麗：殺死馮弘，擊破宋軍。將宋將王白駒押送到宋。
439	為救援北涼而攻擊北魏。	5月攻擊北涼，併吞漢南以備柔然。	準備北伐，向高句麗請求戰馬。	高句麗：給宋八百匹戰馬，向北魏朝貢後兩國斷絕外交往來（440－461）。 北涼：與仇池、吐谷渾、柔然連結，對抗北魏。 吐谷渾：見北涼滅亡，便遠遁。

實際上，夏、北燕、北涼等是被北魏合併的。看看這種事實的具體例子，430年，在北魏和夏、宋、柔然等錯綜複雜的國際局勢下，北魏朝廷就圍繞著先攻擊夏或宋哪一方的問題，發生過議論。

世祖聞赫連定與劉義隆懸分河北，乃治兵欲先討赫連。群臣曰：「義隆猶在河中，舍之西行，前寇未可必克，而義隆乘虛，則失東州矣」。世祖疑焉，問計於浩。浩曰：「義隆與赫連定同惡相招，連結馮跋，牽引蠕蠕，規肆逆心，虛相唱和。義隆望定進，定待義隆前，皆莫敢先入。以臣觀之，有似連雞，不得俱飛，無能為害也……赫連定殘根易摧，擬之必僕克定。[218]

就是說，雖然各國為對抗北魏而相互聯繫著，但實際上他們之間的行動卻是不一致的。實際上，北魏根據崔浩的主張一舉消滅了夏，但宋國並沒有馬上介入，這說明崔浩的判斷還是正確的。即使不考慮各國的內部情況，當時情報和通訊手段缺乏、軍隊機動力也不佳，很難期待各國會按彼此的利害關係而連續地介入紛爭，並把紛爭擴大。

但同時也應該注意到，當時的夏就像「殘根」一樣，此前一開始就多次遭到來自北魏的短期性攻擊，是個漸趨衰落的小國。如果不是像夏、北燕、北涼那樣相對的小國，大部分居民為漢族，地形又平坦而適合作為短期征伐的對象的話，情況可能會有所不同。相對來說，敵國是大國，或地形險峻、且距離遙遠，需要打長久戰和動員大規模兵團，鄰近國連續性介入的可能性會比較大。即使實際上未能介入，也總要考慮到其可能性，自然某一強大國富有擴張性的征服戰爭會受到一定制約的。實際上這一面正如我們前面所看到的。結果在北魏統一了華北以後，大陸形勢是在列強之間的勢力均衡狀態下持續維持著。

在這樣的國際形勢下，也有部分集團利用大國之間的勢力均衡，透過與這些大國多方位的接觸，既維持了其周邊小國的命脈，又謀取了本國的利益。吐谷渾、宕昌、仇池等就是這樣。這些勢力的共同點在於他們都蟠居在地勢險要處，所以透過短期作戰是很難征服他們的。

吐谷渾原是鮮卑族慕容氏的一派。四世紀初，其始祖吐谷渾與同母異父兄弟慕容廆發生紛爭之後，他率領著分離出來的集團西遷到了現在的青海省一帶，並在此紮下了根。此後其勢力越來越大，430 年被南朝冊封，透過朝貢結成了親密的關係。[219] 431 年捉拿了被北魏擊敗而逃跑的夏王赫連定，並把他送還北魏。以此事為契機，與北魏正式建立友好關係。一旦形成這種友好關係後，吐谷渾便與

---

[218] 《魏書》卷三十五，〈崔浩傳〉。

[219] 《宋書》卷九十六，〈鮮卑吐谷渾傳〉。

北魏達成了朝貢、冊封的關係。但是 439 年北涼被北魏消滅後，北魏勢力對其構成直接的威脅。439 年北涼滅亡之後，吐谷渾王就逃到了西部，從而避開了北魏的鋒芒。雖然此後兩國關係間有好轉，但北魏還是間接或直接地對吐谷渾施加了壓力。不久北魏使吐谷渾內部發生分裂，接著在 446 年北魏軍發動了攻擊。吐谷渾根據地被攻破之後，其王就向西遷移到塔里木盆地，攻克了於闐國並佔領其地，次年又重新回到了故土。[220]面對著北魏的壓迫，吐谷渾更加鞏固了與南朝的聯繫。

正如 450 年北魏太武帝給宋國的國書內容所見，北魏對吐谷渾的這種動向早就一清二楚。450 年 6 月北魏再次發動攻擊。雖然 452 年透過北魏的冊封，兩國關係再次好轉，但兩國的對立局面還是在暗暗的持續著。460 年吐谷渾同時受宋國和北魏封賜。這一年北魏對吐谷渾雖然再次發動大規模的遠征，但還是未能給予決定性的攻擊。在這樣的形勢下，吐谷渾仍然透過與南朝、柔然的聯合，努力抵制北魏的壓迫，另一方面又試圖擴大對其周邊小集團的影響力。尤其是隨著支配塔里木盆地的南部地區，掌握了通向西亞的通商路，這樣他與北魏的對立更加激化了。為此，北魏在 470 年以「不修職貢」為由對吐谷渾發動攻擊。北魏雖然也取得了像吐谷渾王的從弟等投降的成果，但還是沒能取得決定性勝利。這是因為吐谷渾作為遊牧民國家，一看形勢稍微不利就逃之夭夭，而北魏則沒能窮追不捨和連年打擊。這主要取決於勢力均衡下力學關係的連動性。具體來講，470 年 2 月北魏一攻擊吐谷渾，吐谷渾王就逃之夭夭了[221]，而柔然在 8 月攻擊了北魏。[222]於是 9 月北魏皇帝御駕親征，大破柔然。[223]次年 473 年吐谷渾反過來攻擊北魏，北魏派出遠征軍對吐谷渾加以反擊。雖然擊敗了吐谷渾的攻擊，但還是沒能給予致命的打擊，而就在 7 月，柔然又攻擊了北魏的敦煌一帶。[224]於是北魏皇帝親征河西即甘肅省地區，8 月接受了吐谷渾王的「謝罪」，並與其和解，然後

---

[220] 池培善，〈有關吐谷渾和北朝的交涉〉，《歷史學報》98，1983。

[221] 《魏書·吐谷渾傳》。

[222] 《魏書》卷六，獻文帝，皇興年四年八月條。

[223] 《魏書》卷六，獻文帝，皇興年四年九月條；卷一百零三〈蠕蠕傳〉。

[224] 《魏書》卷七上，孝文帝，延興三年七月條。

撤軍。㉕這是由於北魏和柔然、南朝的關係，使之不能與吐谷渾進行持久戰。如果細看一下當時南朝與北朝、北朝與柔然之間戰爭爆發的時期，這一事實就更加明確（參看表一），即起因於圍繞北魏的周邊國家之間力學關係的連動性。

473 年吐谷渾被北魏打敗之後，就派其王子入侍北魏，每年朝貢，以此來盡臣子的禮儀；但另一方面仍企圖跟南朝、柔然聯合。這時期柔然借道吐谷渾，頻繁的派使臣到南朝，企圖夾攻北魏。接著宋國和齊國也在 478 年和 479 年各派王洪規和王世武到柔然約定夾攻北魏。當時南朝的使臣也是路經吐谷渾，而吐谷渾則給他們提供了物資和糧食。㉖雖然吐谷渾與北魏達成朝貢、冊封關係，但北魏依然是吐谷渾的主要敵對勢力。如同程駿在 480 年上奏孝文帝的表中所說，北魏也把吐谷渾當成是與柔然一樣的敵對勢力。

> 今天下雖謐，方外猶虞，拾寅僥倖於西南，狂虜伺釁於漠北。㉗

兩國間的這種局面後來也一直持續著。494 年，穆羆以柔然、南朝、高句麗以及西部吐谷渾等敵對勢力尚存為由㉘，來反對孝文帝遷都洛陽的計畫。這充分反映了北魏對吐谷渾的認識。然而 473 年以後北魏卻沒有對吐谷渾進行攻擊。雖然 492 年因吐谷渾對北魏的使臣不恭，在禮儀上產生了摩擦，北魏對吐谷渾征伐的呼聲很高，卻都沒被採納。㉙

另一方面，雖然吐谷渾依然跟南朝持續著朝貢、冊封的關係，但實際上並沒有被南朝支配。490 年吐谷渾王無法忍受齊國冊封使丘冠先的無禮取鬧而將其殺掉㉚，對此齊國根本拿不出什麼相應的對策。這也是因為要從各方面考慮與北魏的現實關係。雖然在《南齊書·芮芮虜、河南、氐、羌傳》的末尾裏有贊曰：

㉕ 《魏書》卷七上，孝文帝，延興三年八月條。

㉖ 《南齊書·河南傳》。

㉗ 《魏書·程駿傳》。

㉘ 《魏書》卷四下，太平真君十一年九月條。

㉙ 《魏書·吐谷渾傳》。

㉚ 《南齊書·河南傳》。

「宕宕、河南（吐谷渾）同出胡種，稱王僭帝，擅彊專統」，以此來傾訴對吐谷渾的不滿，在當時的國際形勢下，只憑藉南朝國力是無可奈何的。

而吐谷渾恰恰利用柔然、北魏、南朝等相交融的國際力學關係，求得了自存，進而侵吞凌駕於周邊小國，逐漸建立其獨自勢力。

> 伏連籌內修職貢，外並戎狄，塞表之中，號為強富，準擬天朝，樹置官司，稱制諸國，以自誇大。[231]

這段記載就明顯地說明當時吐谷渾的情況。宕昌國稱吐谷渾王為大王，兩國間的交涉也採取了上下關係的形式。[232]

宕昌國是以現在的甘肅省東南部地區為中心的羌族國家。[233]他同時向北魏和南朝朝貢，並接受冊封。對吐谷渾，他也行使了臣禮。宕昌國恰恰利用威脅自國的這三國，尤其是利用其中的北魏和吐谷渾間的勢力均衡，來謀求自存。他有時是憑藉著北魏的威勢來緩和吐谷渾的壓迫，有時又借助北魏的軍事力量來抵擋吐谷渾的侵略。[234]在勢力均衡的國際關係下，宕昌國的存在又給我們提供另一種類型。

而仇池國的情況則更為露骨。仇池國是以現在甘肅省成縣西部地區為中心的氐族國家，曾經一度把勢力擴張到漢中地區。仇池國受到南北朝的冊封，並向他們朝貢。仇池國雖說是小國，但他正好處於北魏想把勢力擴張到四川地區的，反過來又是南朝想要進入關中地區的必經之路上，因此具有很重要的戰略位置。北魏和南朝為了席捲該地區而頻繁地投入兵力，有時還利用仇池國的國內紛爭擁立了自己一派的王。然而當一方發動進攻時，就利用另一方的援助而加以反擊，有時在得到一方的支持成為了王之後，就利用另一方的支持從其統治下

---

[231] 《魏書·吐谷渾傳》。

[232] 《魏書》卷一百零一〈吐谷渾傳〉；〈宕昌羌傳〉。

[233] 有關宕昌國的位置，《梁書》卷五十四，〈宕昌國傳〉中有記載稱：「在河南（吐谷渾）之東南，益州之西南，隴西之西。」

[234] 《魏書·宕昌國傳》。

脫離。[235]仇池國的這一生存模式，明顯地顯示出該時期大國周邊的小國，利用大國間力學關係的均衡來謀求自存的現象。

如上所見，五世紀初以後的國際形勢，呈現出相對穩定的勢力均衡狀態。就是在這種國際形勢和被南北朝人嗟歎為「方強」[236]和「強盛不受制」[237]的高句麗強盛國力相結合，高句麗因而和大陸勢力之間長達 150 年以上的和平才得以維持下來的。

高句麗並沒有為了維持國際形勢的勢力均衡，而積極地作出直接介入南北朝以及柔然之間紛爭的努力，卻為了調和宋國和柔然間的聯繫而作出努力，而且高句麗本身和南朝及柔然加強聯繫，從而在東北亞地區建立獨立強大勢力，為抵制北魏、維持勢力均衡作出了貢獻。至少高句麗是希望這種勢力均衡狀態能夠持續下去，因為這對於高句麗的安全是很有利的。而且在這種狀態下，他才能建立東北亞霸主地位。

但是南北朝和柔然等三國並非刻意地去阻止任何一國成為國際局勢的主導者，並把勢力均衡狀態視為理想的國際關係形態。至少中國的南北朝一直想稱霸天下。從理念上講，從沒變過。而且南北朝與周邊國的實際交涉幾乎全部是採取了朝貢、冊封為主的形態。尤其是高句麗和北魏間這種形態的交涉進行得最為頻繁。高句麗從 460 年代以後幾乎每年都派朝貢使，而北魏在高句麗王死去之後，舉哀、賜諡號、冊封新王。從表面上看，兩國之間似乎已經確立了穩定的「字小事大」體制。但這種朝貢和冊封，在外形上則是規定了當事國之間的上下關係，在國際上是表現了以冊封國為中心的國際秩序的交涉禮儀。如果說這個交涉禮儀所標榜的名分，對當代國際關係的變化具有實際意義的話，那麼這與前面所說的理論相衝突。為了確認這一時期國際形勢是以勢力均衡為特點，也應探討一下這一時期朝貢冊封關係所持有的「名」與「實」。

---

[235] 《魏書》卷一百零一，〈氐傳〉；《宋書》及《南齊書・氐傳》；《梁書・武興國傳》。
[236] 《資治通鑑》卷一百三十六，齊紀二，世祖 上之下，永明二年十月條。
[237] 《南齊書・高句麗傳》。

2.朝貢、冊封關係的「名與實」

因朝貢與冊封而使國家間的關係被規定下來，並以此為基礎形成一個國際政治圈，究其淵源可溯源於周代。西周時，統治著各自的領土和人民，從而具有獨立性的政治單位——小國以西周王室為中心建立上下關係，形成了一個宗法世界。而在這國際政治圈內，把周王室和小國之間的關係予以制度化的，就是朝貢和冊封。小國國君被周天子冊封，有五個不同等級的爵號，而那些小國則對周天子行朝覲和貢獻，形成了君臣關係。周天子透過他間接統治諸侯國。在黃河流域中以這種朝貢、冊封制度來建立的君臣關係，漢代以後卻適用於中國和周邊國家之間的關係。[238]

但是漢代以後，中國王朝和相鄰國之間的朝貢、冊封關係的性質，因各時期、各對象國的不同而呈現出多樣化。把西周的這種朝貢、冊封關係看成固定型態，把漢代以後各個時期朝貢、冊封關係的性質，理解為與西周的一樣，則不免失之表象化。雖然形式（名）的意義也極大，但更具本質的還是其實際性質（實）。只有透過對後者的具體分析，才能認識到近代以前的、關於東亞國際關係的本質，並從唯以中國史為中心的單一思路中解脫出來，從而掌握各時期東亞各國間交涉的性質和它在各國史上的意義，而這又意味著從「冊封體制論」[239]這樣偏離的歷史認識中解脫出來。所謂「冊封體制論」是把東亞歷史單純地理解成作為冊封國的中國歷史和附屬於他的被冊封國的歷史，並把與之相對比的島國日本歷史的獨立性加以突出表現，其結果把近代之前的整個東亞歷史，試圖以中國史和日本史為中心軸，加以架構起來。

中國王朝和周邊國之間的朝貢、冊封關係，在一定程度上具有制約著朝貢國動態的現實意義，所以要想成為主導當代國際秩序的規範理論，至少應該遵守以下這幾方面的因素：被冊封國在與冊封國的交涉中應先遵守作為諸侯國的上下禮儀；在對外關係方面最起碼不與冊封國的敵對勢力達成正式的友好關係；對與冊封國建有朝貢以及朝貢、冊封關係的集團不得擅自攻擊或附屬他；貢獻土特產等

---

[238] 金翰奎，《古代中國的世界秩序研究》，1982，頁133－150。

[239] （日）西嶋定生，〈六至八世紀的東亞〉，《岩波講座，日本歷史》（古代二），1962。

必要時還要甘於動員援軍。如果違反了這些，冊封國則應具有對其懲罰的實力。如果這些條件被遵守而維持相互關係，那麼，即使中國王朝不干涉被冊封國的內政，也能把他在國際社會中的位置固定到一定的架構之內，進而從整體上能夠維持以本國為中心的國際秩序。現就此觀點來探討一下五世紀以後中國王朝和各國間的朝貢、冊封關係的具體層面。

首先從高句麗和北魏間的事例來看，從禮儀的側面上，高句麗在 460 年以後，在頻繁地派遣朝貢使等正常的交涉中，大體上是行使著作為被冊封國的禮儀的。但這並不表示在禮儀上一點兒摩擦也沒有。對北魏皇帝的詔書，高句麗國王曾有過幾次拒絕對其行使親受的禮儀。五世紀末北魏使臣房亮還因此在回國後就被罷免。[240]其次在對外關係方面，可以看出與北魏的朝貢、冊封關係一點也沒發揮作用。如同前一節所見，高句麗還和北魏的敵對國南朝及柔然交結在一起，而且還攻略了向北魏朝貢的地豆于和契丹，將一部分勢力收羅到其麾下。在對待北燕的問題上，更是不顧北魏皇帝的詔諭，在高句麗領域之外與北魏軍進行正面較量。還有從 470 年代前葉，兩國圍繞著北魏皇室的求婚事件而發生的糾紛中，可以說北魏單方面的邀請以及諸如徵兵這樣的事情，則是根本沒有考慮的餘地。北魏政府對被冊封國高句麗的這種對應及政策並沒有訴諸武力來予以懲罰。

如此看來，高句麗與北魏之間的朝貢、冊封關係只不過是名目上的上下關係而已。但這種關係雙方卻都能夠接受而且一直維持下去，這恰恰是由雙方的現實必要性所決定的。高句麗為了減少和北魏發生武力衝突，進而更加鞏固地構築在東北亞地區的霸權，承認自己與執意要保持中華天子國優越性的北魏在名目上的上下關係，而且頻繁地派出朝貢使並積極引進北魏的文物。對北魏來說，他放棄了在現實上不太可能實現的對高句麗和東北亞方面影響力的滲透，而選擇了朝貢、冊封關係下的天子國的名分，進而想透過解除與高句麗的敵對關係，減少來自東部的威脅。兩國維持這種性質的朝貢、冊封關係的立場，從文咨王 13 年（503）高句麗的使臣芮悉弗和北魏世宗的談話中可以清晰地看出。

---

[240] 《魏書》卷三十二，封軌傳；卷七十二，〈房亮傳〉。

芮悉弗進曰：「高麗係誠天極，累葉純誠，地產土毛，無愆王貢。但黃金出自夫餘，珂則涉羅所產，今夫餘為勿吉所逐，涉羅為百濟所並，國王臣雲惟繼絕之義，悉遷於境內。二品所以不登王府，實兩賊是為」。世宗曰：「高麗世荷上將，專制海外，九夷黠虜，實得徵之。瓶罄罍恥，誰之咎也。昔方貢之愆，責在連率，卿宜宣朕旨於卿主，務盡威懷之略，揃披害群，輯寧東裔，使二邑還復舊墟，土毛無失常貢也。」[241]

這裏，芮悉弗是為了試探北魏對勿吉和百濟動向的政策而說這番話的。這時期高句麗還在跟百濟或勿吉相爭。在芮悉弗被派出的前一年，502 年百濟攻擊了高句麗的南部邊境。[242]高句麗知道 472 年百濟對北魏請兵的事件和 475 年以後勿吉不斷向北魏朝貢的事件，對他來講，北魏對此兩國的動向所做出何種反應和政策，是頭等關心的大事，也是其疑懼的對象。關於北魏的立場，世宗的話中已流露出，即高句麗一直統治著海外，也就是遼海以東的九夷，所以北魏壓根就沒有想介入到該地區紛爭的意思，不過也囑咐高句麗要繼續忠誠於北魏。在表面上看，他表現了兩國在朝貢、冊封禮儀這一名目上的上下關係，而實際上是採取了雙方彼此承認對方勢力圈的並存政策，從而維持友好的關係。

國境相接的高句麗和北魏的朝貢、冊封關係的性質尚且如此，那麼與高句麗一海之隔的南朝之間關係就更不用說了。高句麗與南朝和北魏兩國都進行交往，但南朝人的言詞中卻集中體現出他對哪一方都「強盛不受制」的。[243]

這一時期，與中國王朝的朝貢、冊封的關係所帶有的這種層面，不僅只局限於高句麗和南北朝的關係上，與其他國家的關係上也能看出類似的一面。吐谷渾與南北朝國家都結成了朝貢、冊封的關係。雖然北魏為了確立對吐谷渾名符其實的君臣關係，而以「不修職貢」為由數次攻擊，但其結果都很不理想。吐谷渾雖然以被冊封國的身份對北魏行使了朝貢的禮儀，但另一方面始終堅持聯合南朝和

---

[241] 《魏書·高句麗傳》。

[242] 《三國史記·高句麗本紀》，文咨明王十一年條。

[243] 《南齊書·高麗傳》。

柔然來對抗北魏的壓迫政策。而且對於南朝，吐谷渾王認為南朝使臣丘冠先放肆無禮而將其斬殺，但南朝方面對這一事件沒有作出任何的對應政策。[244]這事件明顯地說明這一時期兩國間朝貢、冊封關係的性質。在這樣的情況下，吐谷渾依然折服了周邊集團，從而獨樹一幟。這表明了吐谷渾與南北朝之間的朝貢、冊封關係，也只不過是名目上的上下關係。而這一名分的維持，事實上只是根據對等的、國家與國家之間的相互需要。

當然，這時期朝貢、冊封的關係並非都沒有伴隨冊封國的強制力。比如，仇池國就是被南朝武力介入並佔領之後，擁立新王又予以冊封。在這種情況下，就能形成具有強大統制力的上下關係。但隨即北魏介入，並趕走了這個新王。也有與此相反的情況，如借助南北朝中的任意一方力量登上寶座的王，其後為了排除幫助自己掌權的一方所施加的壓力，反過來與敵對勢力互相勾結[245]的情況亦有之。在這種狀態下，朝貢、冊封關係作為現實的、政治性的上下關係，並非是持續穩定的。進而，因為被冊封國是從南北朝雙方受到冊封，他的天下觀自然也不可能一元化。

另一方面，百濟、倭、加羅、新羅等國向南朝入貢建立了朝貢、冊封的關係。在六世紀後期，百濟和新羅對北魏也進行了幾次朝貢。這些國家與中國是隔著大海相距遙遠，所以與冊封國之間並沒有直接的利害衝突。他們憑藉中國王朝的冊封，對內提高了王權的權威，對外向周邊國炫耀自身的威勢。對先進文物的渴望也促進朝貢、冊封關係的達成。從南朝的立場上來講，對內能向其臣民顯示自己率領了很多朝貢國，來炫耀皇帝的威嚴與德望；對外能在南北朝對峙的狀態下，向北魏顯示其在國際社會上的相對優勢；還有雖不知有沒有實際意義，但南朝可能認為這樣能形成對北魏的包圍圈，所以他以更開放的姿態來對待與這些國家的朝貢、冊封關係。

值得注意的是，這些朝貢、冊封的關係並不是因冊封國直接或間接的壓迫，而是在身為被冊封國的這些國家自身的努力下而形成並維持著的，所以有時他們

---

[244] 《南齊書·河南傳》。

[245] 《魏書》卷一百零一，〈氐傳〉；《宋書》及《南齊書·氐傳》；《梁書·武興國傳》。

單方面中斷了這種關係。即在這種朝貢、冊封的關係中，需要說明的是，這些並不是源自中國勢力的膨脹，而是源自被冊封國的成長。這些國家透過朝貢、冊封的關係認識到在以中國為首的國際社會中自己國家的位置，從而瞭解到更廣泛的國際關係。而且他們依據自身的努力來吸收中國文物，以謀求自己社會的成長。這一時期這些國家的朝貢對象並不是中國的某一特定王朝，而是作為地大物博的文明古國，擁有悠久歷史的中國本身。因此這種朝貢、冊封關係並不拘泥於南朝頻繁的王朝交替而相持續，其結果形成了中國文化向外擴散和正式移植到周邊國家的趨勢，隨之以中國為中心的東亞文化圈也慢慢向外擴張開來。同時也表明這種因被冊封國的積極努力而形成的朝貢、冊封關係，其性質與由冊封國強制動員的、並在實際政治軍事方面主導著國際關係和政局的性質不同。

如上所述，朝貢、冊封關係作為五至六世紀東亞國際社會中，中國南北朝與周邊各國之間的交涉形態，從名目上看，雖然規定兩者間的上下關係，但實際在推動國際關係的時候，並沒有體現出其表面上所推崇的理論，即體現了名與實之間顯著的乖離。

同時若把理解這一時期國際形勢性質的重點放在朝貢、冊封關係上，那麼，就很容易忽視當時主導國際政局的主要勢力之一柔然的存在。這時期的國際關係中占首要地位的是政治軍事關係。雖然柔然是遊牧國家，但如同前面所見，柔然的動態直接或間接的對周邊國家產生影響。從根本上講，北亞遊牧民社會並沒有跟農耕社會相隔絕。他們之間不僅相互進行馬、鐵、穀物等的交易，還為從西域方面傳來的文化和交易做了仲介，這樣與周邊的農耕社會緊密地聯繫在一起。高句麗不僅從建國初期就跟遊牧民集團保持著緊密的關係，在這一時期跟柔然也維持了縝密的關係。

但是縱觀這一時期柔然與南北朝之間的交涉形態，則會發現南朝把柔然使臣的到來記述成朝貢。但柔然在給南朝的國書裏則以「吾」和「足下」來表現彼此，而且把自國稱為皇芮，還提議「漢」與「吳」要共滅北魏呢？[246]對此南朝方面認為，雖然柔然自稱大號與中國抗禮，但因其國勢殷盛，亦為北魏之宿敵，所

---

[246] 《南齊書·芮芮傳》。

以決定繼續維持關係。[247]實際上，兩國關係在其交涉形式是相對等的。

在和北魏的關係上，北魏輕視柔然，用蠕蠕這一在地上爬的帶有蟲子義的詞來稱呼他，並把其使臣的到來全部記述成是朝貢。但兩國間實際上展開了激烈的鬥爭和持續的對峙。北魏熙平年間（516－518），北魏朝廷針對柔然以抗禮形式書寫的國書，例舉西漢與匈奴關係的故事來回應。[248]雖然不太清楚該國書的內容，但很明顯，至少在形勢上雙方是對等的。接著在520年柔然發生了內紛，其可汗阿那瓌剛投奔到北魏，就把他冊封為「朔方郡、開國公、蠕蠕王」[249]，次年在北魏軍的支持下他返回本國。這樣北魏與柔然之間一時形成明確的君臣關係。但沒過多久，隨著北魏的內紛，柔然又再次強大了起來，因此這種關係很快就告吹。隨著柔然對北魏邊境的抄掠，兩國間相爭也重新展開了。如此兩國在大部分時期裏持續了相爭和對峙的狀態，其間偶爾進行的和親或交流，實際上還是對等的。對於柔然酋長的稱呼——可汗注有「魏言皇帝」的注釋[250]，可以說明北朝人對柔然認識的一面。

當時柔然一方面與南朝、高句麗、吐谷渾相交流，另一方面率領遊牧集團把塔里木盆地的綠洲小國歸為自己的臣屬，從而成為漠北的霸主。他還使用了中國式年號。[251]他建立起以本國為中心的勢力圈和國際交涉網，從而確立了在東亞國際政治圈中的獨立地位。與柔然締結友好關係，對於當時確立對外關係和天下觀的高句麗人來說，是擺脫以中國為中心的對外關係以及天下觀，從而維持獨立性的主要外在因素之一。而柔然和高句麗的關係，從兩國共謀分割地豆于的事件來看，應該是對等的。

從不受朝貢、冊封關係制約的柔然的情況來看，很明顯，在五至六世紀東亞國際形勢的性質與朝貢、冊封關係為象徵的以中國為中心的國際秩序，兩者間還相去甚遠。

---

[247] 同上書。

[248] 《魏書》卷二十四，〈張倫傳〉。

[249] 《魏書》卷九，孝明帝，正光元年十一月條。

[250] 《魏書·蠕蠕傳》。

[251] 同上書。

3.勢力均衡和字小事大

下文為瞭解五世紀初以後東亞國際關係的性質，探討了勢力均衡和字小事大這兩方面。在國際關係上，勢力均衡和字小事大在性質上可謂是二律背反的。如果說前者是把附屬國家之間對等的並存關係作為基礎的話，後者則體現出以一國為中心的國際秩序體制。如果說前者在國際關係上否定某一國家的支配地位，後者則把以一國為宗主形成的上下秩序化視為是正常的國際關係。兩者至少在理論上顯現出不相容的關係。但在五至六世紀的東亞國際關係中，這種矛盾的兩個側面是共存的。中國南北朝、柔然、高句麗、吐谷渾等國的相互糾葛，尤其是依靠前三者的力學關係的連動性形成了勢力均衡的狀態。在另一方面，他們各自以南北朝為中心而形成的朝貢、冊封關係，雖說是名目上的，但還是在實行著。

但是在勢力均衡狀態下的國際關係，並不意味著一個國際政治圈內的所有國家之間，都形成了實質性的對等關係。這歸根結底是以幾個主要大國間力學關係的均衡來維持的，而那些小國則是以這種結果或利用這些來謀求生存的國際關係。更明確地說，這是以複數的強國為中心的國際秩序。在這種狀態下，自然會依據現實的國力，形成國際社會各國間的等級，進而相關國家之間不管是實質的還是名目上的，總會形成上下關係。而這些層面，在前近代的東亞是以當事國之間的交涉禮儀上的差等形式來反映的。並且在整個東亞國際政治圈中，在與相對大的國家交涉禮儀上，處於下等地位的國家，卻在該地區國際政治圈內，與其他集團達成上下關係是完全有可能的。但是在以一國為中心的字小事大體制下，被冊封國想再次率領其麾下隸屬集團和周邊國家締結上下關係，從理念上，還有在實際冊封國的壓力或影響力下是很難辦到的。[252]

---

[252] 例如這一時期，吐谷渾和宕昌國，後者把前者的王稱為大王，來表示上下關係。然而隨著吐谷渾的壓迫越發加重，宕昌國便向北魏請求支援。北魏向吐谷渾聲稱兩者都是接受其冊封的諸侯國，即以兩國都處在同等位置上為由鉗制了吐谷渾。當然由於當時中國本身分裂，所以北魏的壓力沒能持續下去，但如果存在著一個統一中國的勢力，那其狀況就可想而知了，吐谷渾獨自勢力圈十有八九會被分解。高句麗的情況也是如此，譬如在隋文帝寫給高句麗的國書裏，曾指責高句麗說：「王既人臣，須同朕德，而乃驅逼靺鞨，固禁契丹，諸藩頓顙，為我臣妾，忿善人之慕義，何毒害之情深乎，云云。」由此也能看出相同的一面。

這樣看來，對五、六世紀東亞國際關係的這種兩方看似矛盾卻相互共存的現象就更能清楚地把握。這時期中國南北朝各自成為國際中心所進行的朝貢、冊封關係，就是在複數的大國勢力均衡狀態下，可能存在的國家對國家之間的上下關係的一種形態。只是在表示上下關係時，由於中華意識而採取了設想中國為中心的、一元化世界秩序的傳統的朝貢、冊封關係。從這一方面可以看出中國式的天下觀的堅韌和永續性。實際上南北朝都企圖建立以本國為中心的國際新秩序，並加以標榜，但是「名」與「實」的乖離是非常顯著的。

比如這一時期的國際形勢，不是以中國王朝的眼光，而是從整個東亞的角度來看，表面上，是披上一層以一國為中心的世界秩序——即「字小事大」體制、朝貢、冊封關係外衣，實際上卻形成勢力均衡的狀態。從這一點來說，該時期國際關係是很獨特的。

具體的說，這一時期東亞各國之間形成的上下關係，其中心並非單一而是多元的。而且形成上下關係的各地區的小國際政治圈，其成員國之間具有相互重疊的一面。例如，吐谷渾與南北朝雙方都結成了朝貢、冊封關係，但是另一方面又跟和南北朝有朝貢、冊封關係的宕昌國形成了上下關係，而且還凌駕於周邊小國之上。[253]高句麗雖然也被南北朝冊封，但另一方面跟新羅達成了朝貢、冊封關係，而且把曾向北魏進行一次朝貢的扶餘收為藩國[254]，還有部分契丹和靺鞨集團從屬於其麾下，並跟柔然一起圖謀分割地豆于。契丹和地豆于也都向北魏朝貢。

像這樣，隨著各地區小國際政治圈的成員國及種族集團的互相重疊，與其中心國的上下關係具有相當不穩定的一面。事實上，這一點恰恰又是處在下位的國家維持其生存的有利點。這樣一來，這些上下關係自然而然地未能以雙方都信服的「禮」來確立。上下關係的名與實的乖離程度，由上位國所具力量的實際作用程度來決定。在各地區，以主要國家為中心的小國際政治圈相互融合的情況下，形成了整個東亞國際政治圈。當時東亞政治國際圈的形勢，其實是以主要大國為中心的力關係的均衡來維持。在這樣的國際形勢下，各國為了本國的利益，敏銳

---

[253] 《魏書·吐谷渾傳》；〈宕昌國傳〉。

[254] 《魏書》卷五，和平三年十二月條。

地因應國際形勢，對外交涉的方向也會隨其而定。這個時期能左右國際關係，決定各國國際地位的並不是什麼理念、名目或傳統權威，而是各國之間現實的利害關係和力量。455 年左右北魏給宋國的國書中說「強者為雄」[255]，這雖然是在南北朝關係上北魏對南朝的一種表現，但依然適用於其他國家間的關係。例如 489 年，在北魏的元會（在首都召開的年會）中，針對北魏對南齊使臣和高句麗使臣的待遇，南齊使臣抗議：高句麗是「東夷小貊」和「邊境小狄」，又是受南齊所冊封的從屬國，憑什麼受到僅次於本國的待遇呢？[256]這時期北魏給外國使節宅邸的時候，把南朝使臣放在第一位，把高句麗使臣放在第二位。北魏之所以採取這種措施，是因為他們認為高句麗國「方強」。[257]這充分表明這些禮儀，並不是基於南朝提倡的傳統的中華威光或冊封國的權威，而是依據各國的國力和在國際關係中與本國的利害關係來決定對外國使節行使的禮遇。這是在勢力均衡的國際關係下形成的，在現實政治（real politics）理論中是極其自然的。

隨著東亞的這種勢力均衡狀態和與之相對應的高句麗對外政策，高句麗和南北朝以及柔然之間承認相互並存，從而維持了長時間的和平。這樣在中國和蒙古高原勢力的影響力被排除的情況下，高句麗在直轄領域週邊，把一部分契丹族和靺鞨族按集團分別將其歸於麾下；還圖謀分割地豆于，一邊向南室韋提供鐵，以此慢慢地向內蒙古東北部地區擴張勢力；並且把扶餘納入其從屬國；對新羅也已深深介入王位繼承的問題；對百濟也施加壓力；在東北亞地區建立一個獨立的勢力圈。這時期平壤是東北亞地區小國際政治圈的中心。在這種現實背景上，如同五世紀的廣開土王碑文、牟頭婁墓誌、中原高句麗碑等金石文上所見，高句麗人形成了以己國為中心的獨自的天下觀。

㈢六世紀中半以後國際形勢的變動

東亞國際形勢的勢力均衡狀態和高句麗在東北亞的霸權地位，在六世紀初也

---

[255] 《宋書·索虜傳》。

[256] 《南齊書·高句麗傳》。

[257] 《資治通鑑》卷一百三十六，齊紀二，世祖 上之下，永明二年十月條。

是在沒有太大變化下持續著，高句麗的對外關係也沒有什麼變化。與中國南北朝在名目上的朝貢、冊封關係也在持續，和柔然仍保持著的過去那種友好關係。在韓半島內的高句麗南進勢頭也被新羅、百濟或伽耶等聯合勢力抵制，大體上在牙山灣和小白山脈的一線上，南北勢力形成了僵持局面。

北邊勿吉勢力一時大增，侵略了高句麗北部邊境，而扶餘國王被勿吉驅趕到高句麗的內地定居，這樣扶餘國就徹底滅亡了。但此時的扶餘王是高句麗出於對北扶餘地區支配的需要而維持其命脈的，所以扶餘國滅亡本身並不能引起什麼變化。只是當勿吉的敵對動向與北魏相連的時候，也有可能成為影響高句麗安危的大變數而產生作用。但正如前所見，北魏對勿吉的態度是不冷不熱的。而且勿吉本身沒有大君長，致使每座邑落都有渠帥，所以未能形成統一的政治體制[258]，所以他們對高句麗邊境只是進行一些抄略行動，並未能展開連續性的、有組織的行動，從而對現存的政治形勢導致重大變化。

但是高句麗每年都向北魏朝貢，自 524 年起便突然停止。這主要源自北魏方面。493 年北魏遷都洛陽之後，朝廷實行全面的漢化政策，導致北部邊境鮮卑族武士們的地位突然一落千丈，引起他們反感，於是 523 年以沃野鎮叛亂為起點，發生六鎮叛亂。此次叛亂被鎮壓之後，528 年又發生了大範圍的內亂，此次內亂是宮廷內部紛爭與地方諸將的武力相聯合而成，致使北魏分裂成東西兩魏，高歡和宇文泰各自成為實權者。北魏的這種內部紛爭才是他與高句麗的交涉斷絕的原因。

但是一度最為強大的北魏，他的內部紛爭，馬上對當時的國際力學關係產生影響。梁國在 524 年和 526 年進行了北伐，在 526 年的北伐中佔領要塞壽陽（今安徽省壽縣）等地和淮河流域一帶。[259]出身北魏宗室的北海王元顥等於 528 年投降，梁國即刻把他封為魏主，並進行了北進，一時佔領了洛陽等地，從而造成了看似能引起改變南北朝之間已有的均衡形勢，但很快就敗退了下來。[260]此後梁國

[258] 《魏書·勿吉傳》。

[259] 《梁書》卷三，武帝 下，普通五年六月、十月；七年十一月條。

[260] 《梁書》卷三，武帝 下，大通二年四月、十月；大通三年四月、六月條。

再沒有積極策劃其他的北伐策略。547 年梁國本想利用從東魏投降而來的侯景勢力圖謀北進，侯景卻反而逆攻，致使首都淪陷，使梁國陷入了若干年的混亂之中。[261]東魏趁此機會把江北大部分土地奪走，西魏也佔領了益州和襄陽地區。[262]因此梁國勢力大為削弱，至 556 年陳霸先擊退越過長江來犯北齊軍[263]之後，便登基建立陳國。但此後陳國僅能利用北齊和北周之間的矛盾，來維持其在江南一帶的勢力。

就這樣，伴隨北魏的分裂，其影響波及到整個南北朝，從而呈現出看似要引起急劇形勢變動的態勢。但其結果是隨著出現三國鼎立的趨勢，而再次形成均衡狀態。北齊和北周是以洛陽附近一帶為界，分為東西兩側並相互爭鬥。兩國的交界為沒有大江大河或險峻山脈的平原地帶，而且兩國都繼承了北魏的基盤。北齊和北周相爭的這種局面和陳國的弱勢，使這三國間的均衡比起南朝和北魏間的均衡，呈現出相對不穩定的一面。

另一方面柔然雖然在 521 年被北魏冊封之後，處於臣屬地位，但借北魏的內部紛爭，再次強大起來，從而成為東魏和西魏競相爭取的力量。[264]此時吐谷渾也強盛起來，其王自稱為可汗，勢力大振。[265]

隨著北魏的內部紛爭引起的一連串大陸形勢的變局，致使北中國的大部分居

---

[261] 《梁書》卷五十六，〈侯景傳〉。

[262] 《梁書》卷五，元帝，承聖二年八月，三年十月、十一月條。

[263] 《梁書》卷六，敬帝，太平，元年六月條。

[264] 538 年西魏文帝廢了皇后乙氏，把柔然女迎為皇后。540 年皇后死後又派使到柔然求婚。東魏的高歡也把柔然女迎娶為夫人。這表現出東魏和西魏對柔然所持的態度。（《北史》卷五，西魏文帝大統四年二月條；《周書》卷三十三，〈楊薦傳〉）

[265] 《魏書・吐谷渾傳》，「伏連籌死，子呂誇立，始稱可汗。……其地東西三千里，南北二千里，官有王公、僕射、尚書、郎將、將軍之號。」可汗之號作為酋長的稱號在慕容、乞伏、吐谷渾等鮮卑種族中早已開始使用。但是正如上所述，與北魏的關係上和以前有所不同，在呂誇時代才第一次正式使用可汗稱呼，可見這時期的吐谷渾借著北魏的衰弱，使自己更加強盛起來。關於可汗稱呼的起源請參看，內田吟風，〈柔然族に關する研究〉，《北アジア史研究》，鮮卑柔然突厥篇，1974。

民逃難來到東面的高句麗等國，其餘波接踵而至。[266]北魏孝昌年間（525－528）高句麗軍還蹂躪遼西地區的朝陽一帶[267]，但卻沒有進一步向北中國方面擴張。如前所述，高句麗並沒有向北中國方面進出的意圖，加上在中國地區所展開的內紛和相爭並沒有影響到高句麗的安危，所以他選擇了旁觀的態度。534 年東、西魏分立以後，高句麗再次向鄰國東魏派遣使臣，展開交涉。

但是這一時期高句麗內部貴族間的矛盾也開始激化。531 年安臧王的被殺就能表明這一點。[268] 544 年在首都圍繞著王位繼承權，貴族間爆發了紛爭，敗下來的細群一方足有二千多人被殺害。[269]此次紛爭的餘波在 545 年以後也持續了相當一段時間。[270]隨著進入 550 年代，高句麗的對外形勢發生重大變化。

551 年在新羅和百濟同盟軍的攻擊之下，高句麗喪失漢江流域。接著 552 年和 553 年北齊在軍事、外交上的壓力越來越大，還有突厥消滅柔然，也影響到高句麗的西部和北部國境線一帶。隨著這種對內、對外狀況的進展和貴族們所採取的措施，六世紀後期以後高句麗的政治體制和對外關係上發生重大變化。（有關於此請參看第四章第一節）而且新興遊牧國家突厥的膨脹，也給這時期東亞的國際形勢帶來巨大衝擊。

在與中國王朝的交涉中，也可看出急劇的形勢變化使高句麗在東北亞地區的地位相對削弱。564 年新羅向北齊朝貢，北齊次年冊封新羅真興王為「使持節、都督、東夷校尉、樂浪公、新羅王」[271]，在這些爵號中，「東夷校尉」引人注意。曹魏時期消滅了遼東地區的公孫淵勢力，在襄平設置東夷校尉府。東夷校尉才開始發揮實際功能。[272]東夷校尉向歸附中原王朝的東方各集團綏撫、交涉，有

---

[266] 552 年北齊向高句麗施加壓力，把在北魏末避難到高句麗的五千戶居民遣還。內亂時期東奔到高句麗的北魏將軍江果等也是隨著北魏的內紛餘波才向東遷來的。（《魏書》卷四十五，〈江果傳〉；《北史·高句麗傳》）

[267] 朱子方、孫國平，〈隋「韓暨墓誌」跋〉，《北方文物》1986 年 1 期。

[268] 《日本書紀》繼體紀五年條。

[269] 《日本書紀》欽明紀六、七年條。

[270] 本書第四章第一節。

[271] 《北齊書》卷七，武成帝，河清三年十二月，四年二月條。

[272] 《晉書》卷十四，地理志上，平州條。

時在非常時期還可徵集夷族的軍隊，或支援與自己有朝貢關係的國家，並把居住在郡縣週邊的集團統轄起來，從而維持中國王朝在東北亞地區的影響力。比如，北扶餘在 285 年被慕容廆攻破時，西晉王朝罷免了沒能救援北扶餘的東夷校尉鮮于嬰的官職，而任命何龕。他派兵幫助扶餘復國。[273] 288 年、290 年、291 年，東夷各國歸附東夷校尉部[274]，就連從西晉接受鮮卑都督爵號的慕容廆也來到遼東的東夷校尉部行禮[275]，這都說明東夷校尉的作用及其地位。

但是從長壽王到安原王為止，北魏在冊封高句麗國王時，始終授予了具有與東夷校尉相同意義的東夷中郎將之稱號。北齊在 550 年對陽原王、560 年對平原王的冊封中，也都包含有東夷校尉的稱號。[276]當然統率東北亞地區各國的代表勢力這一地位並不是依據中國王朝的冊封而決定的。而且當時中國王朝所冊封的官爵也沒有完全反映其真正的實力，也非高句麗自稱其號並要求其冊封的。

這裏很重要的一點是，這正反映中國王朝對高句麗在東北亞地區中的位置的認識。中國王朝持續冊封高句麗國王為東夷校尉或東夷中郎將，表明把高句麗視為東北亞地區即遼海以東地區的霸主，並且象徵性地表明北朝的立場。[277]如前所見，北魏世宗的「高麗世荷上將，專制海外，九夷黠虜，實得徵之」，這一口吻就把他的立場表露無遺。但是北齊在 565 年冊封新羅王為東夷校尉，說明北齊對遼海以東地區的認識發生了變化，至少在東北亞地區裏，擺脫了過去只把高句麗作為交涉對象的模式。

百濟也在 570 年和 571 年得到北齊的冊封，並在 573 年對北齊朝貢[278]，兩國建立了友好關係。

新羅和百濟也從原先只同南朝往來的模式中解脫出來，試圖與北中國的王朝建立外交關係。北朝也開始關注處在高句麗背後的兩國，即北齊隔著高句麗而與

---

[273] 《晉書》卷九十七，夫餘國條。

[274] 《晉書》卷三，武帝，太康九年九月；卷四，惠帝，永平元年；卷九十七，馬韓傳。

[275] 《晉書》卷一百零八，慕容廆載記。

[276] 《北齊書》卷四，文宣帝，天保元年九月；卷五，廢帝，乾明元年正月條。

[277] 本書第四章第一節。

[278] 《北齊書》卷八，後主，武平元年二月；二年正月；三年十二月條。

新羅、百濟接觸，這可謂是國際關係中的一大變化，相對削弱了高句麗的國際地位。

就這樣，高句麗在550年以後受到南北夾擊，喪失了部分領土，並且與北中國王朝的關係日趨緊張，在對外關係上也面臨極大的危機。但是這一連串的變故漸趨穩定。大陸方面，他擊退了突厥的侵略，並阻止了其擴張，使高句麗又恢復原先的狀態。很久以來，高句麗對契丹族的支配權問題成為與突厥族的一個紛爭點，雖然在六世紀末兩國紛爭解決了，但高句麗仍置部分契丹族於其麾下，再次強化對靺鞨族的統治。[279]在韓半島內的三國關係中，隨著新羅和百濟之間激烈的競爭，高句麗南部國境也相對趨於穩定。另外高句麗欲透過同南朝的陳國建立外交關係來鉗制北齊。552 年至北齊滅亡為止的 25 年間，高句麗曾四次出使北齊，對南朝卻出使五次。比起每年或甚至一年二至三次進貢北魏，對北齊入貢的次數就相對少了許多，但對於陳來說是相當頻繁的了。

565 年北齊授予新羅王東夷校尉爵位之後，高句麗在 566 年、570 年、571 年先後向陳國入貢[280]，卻沒有對北齊派出一名使臣。可以看得出高句麗對北齊和新羅的連結有多敏感。另外，高句麗又試圖與長久以來沒有往來的倭國建立起外交，並在 570 年和 574 年之間向倭先後三次派出使者。[281]看來這也是為了鉗制新羅和百濟的外交措施。在這種情況下，高句麗和北齊都需要集中精力來對抗突厥，而新羅又把精力集中在與百濟的爭鬥上，所以高句麗才能夠同北齊和新羅維持安定的局勢。

當時的大陸形勢是突厥壓迫北中國，北齊和北周為了緩和突厥的攻勢，又為了自身的利益而爭先恐後與突厥和親，並向其提供物資。當時木杆可汗說：「我在南，兩兒常孝順，何患貧也？」從這句話就可以看出突厥和北中國王朝關係的

---

[279] 本書第四章第一節。

[280] 564 年高句麗與新羅各自派使向北齊朝貢。565 年 1 月高句麗向北齊朝貢，2 月北齊冊封新羅。該事件想必很快會傳到高句麗那裏的。

[281] 有關這一時期高句麗使節前往倭國的研究，請參看李弘稙的〈日本書紀所載高句麗關係記事考〉，1957；《韓國古代史研究》，1971，頁 172－189。

一斑。[282]但是突厥未能越過長城而席捲整個北中國，而在中國境內也形成北周、北齊、陳國相鼎立的局面。

六世紀後半期在大陸和韓半島各國之間的戰爭愈演愈烈，東亞國際形勢比以前不穩定。但從整體上看，沒有一個國家佔有絕對優勢，如此一來，從五世紀以來國際勢力均衡的形勢沒有發生根本性的變化。在這種形勢下，高句麗企圖透過克服各種危機，逐漸確立自己在東北亞的霸權地位和恢復他在國際上的形象。

但是國際形勢發生劇變：577 年北周吞併北齊，581 年隋朝建立，突厥分裂，隋朝擊破突厥，589 年陳國滅亡。從此中國和蒙古高原的所有勢力都被隋帝國統一。陳國滅亡的消息傳開以後，吐谷渾王呂誇則遠遁起來[283]，把國家中心轉移到更有利的位置，以謀求防禦；高句麗則採取了「理兵積穀」的防禦政策。[284]當時高句麗人隨即認識到統一大帝國的出現將會帶來什麼樣的波動。

隨著隋帝國影響力的擴大，高句麗屬下的一部分契丹族便投靠隋朝。[285]還有位於扶餘城西北地方的粟末靺鞨集團的一部分，在其酋長突地稽的帶領下，向隋朝的遼西地區投降。原來在高句麗支配下的靺鞨族逐漸背叛。[286]而百濟和新羅也開始向隋朝入貢，並建立友好關係。

隋帝國出現以後，徹底改變了五世紀以來的勢力均衡，這從根本上威脅了高句麗在東北亞的霸主地位。高句麗的對外關係也隨之經歷了急劇的變化及陣痛。隨著隋帝國壓迫的愈發加重，高句麗最終選擇了戰爭的道路。從 598 年高句麗和隋朝之間爆發戰爭以來，直至 668 年平壤城淪陷，兩國展開了長達 70 餘年的戰爭。實際上這是試圖把東亞國際形勢維持在自五世紀以來多元化勢力均衡狀態下，和要建立起以中國為中心的一元化世界秩序的一場命運之戰。

把以上考察的資料重新整理如下。

決定五至六世紀東亞國際形勢的主要因素，是中國大陸長期的南北分裂以及

---

[282] 《隋書》卷八十四，〈突厥傳〉。

[283] 《隋書》卷八十三，〈吐谷渾傳〉。

[284] 《隋書·高麗傳》。

[285] 《隋書·契丹傳》。

[286] 本書第四章第一節。

其他地區國家的成長。這時期的國際形勢是以中國的南北朝、蒙古高原的柔然、東北亞的高句麗以及吐谷渾等為中心的多元化勢力均衡狀態。根據這些國家之間的相互力學關係，特別是以勢力最強的北魏為中心的各國之間力學關係的連動性，不容國際形勢被某一國家單方面主導。另一方面各小國也在這些大國之間的力學關係下，主動利用他來謀求生存。在這一過程中各國為自身利益，反復進行聯合和對抗，各國對外關係的半徑也隨之擴大，國家和國家之間的往來也開始越來越頻繁。這顯示了東亞國際政治圈的逐漸形成，而其更為積極的動因在於中國以外地區國家的成長。

這時期中國的南北朝各自設想以自己為中心的一元化國際秩序，並以此為目的，在與他國的外交上主要採取朝貢、冊封形式。但是這種朝貢、冊封關係不僅不能包括整個東亞，在其「名」與「實」之間也呈現出乖離現象。這一時期的國際形勢在表面上看似標榜著以一國為中心的朝貢、冊封關係，但實質上卻展現了勢力均衡的獨特時代面貌。

五世紀初期以後，高句麗為抵制北魏勢力，與南朝及柔然建立了友好關係。根據這樣的對外政策和當時國際勢力均衡的形勢，高句麗得以同北魏及柔然等國維持長時間的和平穩定局勢，並且和東亞各國積極展開外交關係。於是，高句麗在東北亞逐漸建立起自己的勢力圈，最終成為霸主。這時期高句麗人以己國為中心的天下觀便基於此而產生，而且這種國際關係的背景對形成富有國際性、獨創性的文化具有深遠的影響。

最重要的是這時期高句麗在主要地區推行郡制，地方制度因之完備起來。把被征服集團內部事務交給其自治，並透過其支配層徵收貢品的以往模式，改由中央政府直接派駐地方官來統治土地和居民。這時期沒有從外部受到軍事、政治的壓力，對地方制度和中央集權體系的完備提供非常寶貴的客觀環境。

另一方面，自五世紀以來的國際關係，因六世紀中期北魏的分裂、突厥的興起、新羅的成長等因素而發生變化，但沒有引起根本性的變化。但是六世紀末，隋朝的統一和擊敗突厥，使原有國際勢力均衡的形勢發生根本性的變化。高句麗的對外關係也不可避免地發生劇變。

三、從金石文中看到的高句麗人的天下觀

「天下」是指普天之下，或者是指在天子權威下的整個世界。所謂「天下觀」就是對世界的構成、對自己國家在世界中的地位，乃至與相鄰集團相比，自己族類的特性如何等等的認識。「天下」在某種層面上與「世界」是相通的。把梵語的 lokadhatŭ 漢譯過來的「世界」作為世界觀的語源，它融入了過去——現在——未來相連的人世間變遷這一時間概念，更具有形而上學的一面。與之相比，天下觀首先含有在現世中對國內外的現實政治秩序的認識。而世界觀則為個人應該如何在客觀世界生存的問題，從而個人的體驗和決斷等主體性契機成為重要因素。因此，在同一時期、同一社會內部存在著多種多樣的世界觀。與之相比，天下觀是把客觀世界的現象理解為平面性的、集團性的單位。這樣，天下觀就可以成為個體世界觀形成的一個要素，但世界觀並不囊括在天下觀裏。

「天下」這個詞源於中國的春秋時代，後經過戰國和秦漢時代，慢慢形成為具有一定內容的概念，並且傳播到東亞漢字文化圈內的各個國家。當然，中國人的天下觀是以中國歷史的具體進程為基礎而形成的，所以其內容極具中國特色。因此，它並不能原封不動地被移植到其他國家。隨著各國對「天下」概念的基本認識不同，自然各國所持的天下觀的具體內容也是不同的。但中國的天下觀所提示的一定的概念框架，卻對東亞漢字文化圈內的各國解釋己國在國際社會中的位置以及與鄰國的關係具有深遠的影響。

我國先祖在每一時期也用「天下」概念詮釋了自己國家和世界的觀念。最早使用「天下」和相關的概念來解釋一定的「天下觀」的資料，便是流傳於五世紀由高句麗人遺留下的廣開土王陵碑、牟頭婁墓誌、以及中原高句麗碑等金石文之中。

五世紀正是高句麗對內鞏固中央集權的領域國家體制，對外主動參與東亞的國際舞臺、積極展開對外交涉的時期，同時又是三國之間透過「和」與「戰」來頻繁展開交涉的時期，更積極地說，三國居民——不管他們有無知覺到——逐漸步入統一國家的進程。

察看當時高句麗人的天下觀，可以說對理解那一時期的歷史具有重要意義。

本節試圖圍繞五世紀金石文裏的記載來理解當時高句麗人的天下觀。首先考察一下五世紀的高句麗人是怎樣設定自己國家的性質，然後再看他們是怎樣規定與鄰國關係的性質，進而考察高句麗人對己國在東亞世界中所處地位的認識，最後根據這種天下觀來推斷一下，高句麗人對三國居民之間的關係是如何認識的。

㈠天孫之國的意識

為了察看高句麗人的天下觀，首先要瞭解高句麗人使用「天下」一詞的例子。具體可在五世紀前期寫成的牟頭婁墓誌（以下簡稱為「墓誌」）中得到確認。牟頭婁是廣開土王時期被派到北扶餘地區活動的，之後在長壽王時期死去的高句麗貴族，其墳墓還遺留在國內城（現為集安）。墳墓由兩間石室構成，經過粉刷後，前室牆壁上寫有 81 行 800 餘字的墓誌，其中 200 多字已被判讀。墓誌的開頭如下記述道：

> 河伯之孫，日月之子，鄒牟聖王，元出北夫餘，天下四方，知此國郡最聖。㉘⑦

在此「天下」和「四方」同義，即表示包括高句麗在內的整個世界。這裏的「四方」和比墓誌較早時期寫成的廣開土王陵碑文第一面第五行「永樂大王，恩澤洽於皇天，威武振被四海」中的「四海」是同一個意思。㉘⑧四方和四海並不指代某一個國家而是指稱包括多數國家在內的廣闊空間時，此語本身就有設定中心國的意思。其中心國在空間上具有中央的意思之外，還帶有比周邊國家價值更優越、政治上處於上位的觀念。

上述墓誌中，關於始祖鄒牟聖王是「河伯之孫，日月之子」，所以此國最神聖的內容正是體現這種意識。以具有這種性質的高句麗國為中心的四方世界，稱

---

[287] 根據池內宏，《通溝》上，1938，頁 64 之中所收的照片整理的。儘管對「郡」字的判讀上異論紛紛，但還是覺得像「郡」字。（請參看本書第三章第一節）

[288] 陵碑文第三面第 5 行「王師四方合戰，斬煞蕩盡」中的「四方」，是以某一戰鬥地為中心的周邊地區之意，與上引「四方」或「四海」不屬同例。

之為「天下」。可把上述墓誌內容視為那一時期高句麗人把對自己國家和國王的性質抱有的某一觀念，集中在對始祖出身的傳承上表現出來。

這種意識和表現在陵碑中也依稀可見。陵碑的開頭說：

> 惟昔始祖鄒牟王之創基也。出自北夫餘，天地之子，母河伯女郎。剖卵降世，生而有聖德。

而且在陵碑的第一面第五行中也把鄒牟王稱作「皇天之子，母河伯女郎」。天帝是主宰萬物的絕對存在，即天神，皇天也具有此意，即鄒牟王是天子。墓誌中的「日月之子」，也因為日與月是天上的首要星座，所以它們的意思是一樣的。

根據北魏使臣李傲在435年訪問平壤後所留下的見聞記而寫成的《魏書·高句麗傳》中，相傳始祖神話，稱朱蒙是從河伯女受到日光而產下的卵中誕生的。這與《三國史記》的東明王朱蒙神話一致，即朱蒙為太陽之子的神話。

這些始祖神話雖然在細節上有少許的差異，但從基本構成上來看，都認為朱蒙是由日光和河伯女的結合而誕生的。它根植於古代人的「從光和水中產生萬物」的樸素的自然觀。把自然物的光和水神格化結合，在這過程中產生了日神和河神（河伯）相結合的形式。

朱蒙作為兩者結合的結晶，被認為是天地之間的媒介，有掌調風雨和豐凶的神異力量，即帶有巫師的性質。事實上不僅是朱蒙，從青銅器時代以來的韓國古代社會，族長和早期國家的君長們作為守護共同體安全的宗教首領，他們總是或多或少被刻畫成帶有薩滿教徒性質的形象。三世紀以前的扶餘國曾有這樣的風俗，因乾旱和洪水鬧饑荒，就把過錯轉嫁到王身上，或者把該王處死，或者把該王換下[289]。此外，作為新羅酋長的稱號次次雄，其意即祭祀長或巫師，脫解和伐

---

[289] 《三國志》卷三十，〈東夷傳〉，夫餘。

休尼師今被描寫為具有神奇能力的巫師等[290]，均屬此種例子。

不論如何，從很久以前流傳下來的這種神話，在五世紀王室紀念物陵碑和貴族墓誌中，以高句麗王室的始祖朱蒙的神話出現，以作為表明本國的神聖來歷和王室尊嚴的象徵而書寫，尤其當時非常強調高句麗王的超凡權力者的形象，所以日光被表現為皇天、天帝以及日月等。[291]

依此則高句麗王就是日神或天帝之子朱蒙的子孫，也就成為天孫，同時作為地母神河伯女[292]之子的朱蒙所特有的農業神的性質，也體現在高句麗王身上而被延續。因此，作為天孫的高句麗王在政治上是統治整個世界的最高權力者，而且具有作為最高司祭能夠聯繫天與地的性質。高句麗後期，國王的政治實權大為削弱之後，作為宗教最高司祭者，其職能和性質卻一直沒有喪失。[293] 654 年倭王孝德在呈遞給高句麗王的國書中稱高句麗王為「高麗神子」[294]，這表明倭國對當時東亞國際社會中高句麗國所占的位置有了一定的認識，同時也表明他對高句麗王作為神聖司祭的面貌具有了一定的理解。國王具有這種性質，他所統治的高句麗國是神聖之國，他的權威所及的空間便是當時高句麗人的天下。如按墓誌的表現方式，所謂天下就是知道高句麗為神聖國度的四方地區。

五世紀的高句麗人就是這樣認為本國是天下的中心。但是，不僅是天下這一用語，就是陵碑或中原碑中所見的天帝、皇天、朝貢、年號、華夷等概念和制度也是源自中國。所以高句麗人的天下觀分明是受中國天下觀的影響。但是高句麗人所持有天下觀的基底正如上述陵碑或墓誌所見，在於傳統的朱蒙神話。因此，

---

[290] 《三國遺事》卷一，脫解王。
《三國史記》卷二，伐休尼師今，元年。

[291] 武田幸男，〈牟頭婁一族及高句麗王權〉，《朝鮮學報》99、100 合輯，1981。

[292] 三品彰英，〈高句麗王的神話及儀禮〉，《古代祭政和穀靈信仰》，1973，頁 159－172。
金哲埈，〈東明王篇中所見神母的性質〉，《柳洪烈博士華甲記念論叢》，1971；重收錄於《韓國古代社會研究》，1975。

[293] 《舊唐書》卷一百九十九，〈高麗傳〉相傳作為最高司祭，高句麗國王每年十月向隧神進行祭祀之事。

[294] 《日本書紀》卷二十五，大化元年七月丙子。

兩者間存在的差異也不少，比如對於天的觀念就是如此。

產生天下這一用語的春秋時代以後中國人的天下觀是：天下是由承天命的天子代理上天，統治勢力所及的地區。不管當時的天是墨家所認為的支配萬物的絕對神上帝或天帝，還是儒家和道家的部分人視作是貫穿於宇宙的某種法則或規律，天不是只與某些集團具有特殊關係，而是被認為可以跨越時空，並對所有人發生作用，具有普遍性質的存在。天命作為天帝的意志或作為體現理法的象徵，是用來強調立國的正當性和支撐君主權力正統性的主要根據。天命在現實中具體化，成為君主必須遵守的道理，由此而生的政治理念也詮釋成多種形態。進而作為弄清天命所在的方案，重視民心的理論被提出來，這樣用天命攸歸與否，來把禪讓和征伐正當化，使王朝的交替合理化。由於天子是奉天承命統治天下的人，自然把奉天之命而在位的君主，稱為天子。

與之相比，陵碑中的天帝是王室始祖神之像。墓誌中雖用日月代替天帝，但其意義是一樣的。高句麗國王在血緣系譜上與天帝相連起來。在《三國史記》的朱蒙神話裏，這一層面表現得更加突出，在提到朱蒙誕生的前階段時說道：

> 其相阿蘭弗曰：「日者天降我曰：『將使吾子孫立國於此，汝其避之，東海之濱有地，號曰迦葉原，土壤膏腴宜五穀，可都也。』」阿蘭弗遂勸王，移都於彼，國號東扶餘。其舊都有人，不知所從來，自稱天帝子解慕漱，來都焉。[295]

對上面劃底線的部分，引用在東明王篇的《舊三國史記》中說：

> 解慕漱為天帝子來都，初從空中下，身乘五龍車，從者百餘人，騎鵠紛。

接著又說解慕漱與河伯女交媾後升天，而河伯女被囚禁在東扶餘國的宮室，後因受到日光照射而產下一卵，朱蒙就從此卵中誕生。這時日光象徵著解慕漱。這裏

[295] 《三國史記》卷十三，東明聖王元年。

天帝之子神人解慕漱登場，更表現出天帝與高句麗王室的系譜連繫更緊密的一面。

如此在五世紀高句麗人的天下觀念中，天不是自然現象或理法上的天，而是人格化的天帝，它始終被認為是始祖神。因此，構成中國人天下觀的天命說以及與之相關的儒教政治理念並不能被高句麗人深深地吸收。而且，在文獻中作為歷代高句麗王的稱號「天子」這一用詞，除了始祖以外再無其他用例，事實上也可能沒有使用過。天子這一用語只可能使用在始祖身上。如果使用過，與之對應的稱號也可能稱為天孫，事實上確有此類用例。[296]而且渤海國的第三代國王文王在八世紀中葉呈遞給日本的國書中也自稱是天孫[297]，這些都是延續了高句麗以來的觀念。

後來就連王族也被奉為神聖的天孫族，這種觀念可能就成了王族帶有身份優越意識的基底。這與新羅（比高句麗晚些確立古代國家體制）借助佛教觀念的真種神話，把包括王室在內的最高貴族稱為聖骨或真骨，以此來自我神聖化，可謂是一脈相承。

還有在《魏書·高句麗傳》和《三國史記》中所傳的朱蒙神話，則大幅借用了扶餘東明神話的情節。但是作為其核心內容，關於朱蒙誕生的部分——從日光和水的結合中，尋找生命根源的樸素的創意，從很早以前就已經存在於高句麗族社會了。具體來說，據反映二世紀末三世紀前半時期情況的《三國志·東夷傳》記載，在 10 月份舉行的一種帶有秋收感謝祭祀性質的東盟祭上，祭祀天神完畢後，在大穴迎接隧神，將其請到首都東邊鴨綠江水上，舉行祭禮。[298]隧神即水神，它具有農業神的性質。而這天神（日神）和水神則被奉為高句麗族全體的共同神。可以設想，不僅是桂婁部王室，就是其他各部也可能給二神舉行了某種形式的祭禮。

---

[296] 1988 年 6 月在咸鏡南道新浦市梧梅里寺洞遺址裏出土的金銅銘文板上有「願王之神靈，升入兜率天，見彌勒及所有天孫，云云」的句子。這是當時高句麗把王（族）稱為天孫的具體記事。（《譯註韓國古代金石文》I，頁 145）

[297] 《續日本紀》卷三十二，寶龜三年二月己卯。

[298] 《三國志》卷三十，〈東夷傳〉，高句麗。

但是在五世紀的陵碑和墓誌以及記載同一時期歷史的《魏書·高句麗傳》，都把這兩神視為桂婁部王室的始祖朱蒙之父母，而二神的結晶朱蒙則被強調為當時王室和王權的超強權威象徵。另外，日神和水神（隧神）的權能投射到朱蒙和其母柳花夫人身上，兩人成了兩神權力的化身，具有了人格神的特徵。這種觀念也有可能是隸屬於高句麗的諸多集團帶過來的，那種把日神、水神與他們的始祖相聯繫的傳承或提議是不容許的。而高句麗朝廷在各地建立起供奉朱蒙與河伯女的神廟，並設置管理廟祠的官司和官員專門守護。[299]隨後，朱蒙和河伯女分別作為登高神和扶餘神在高句麗人之間開始信奉。從另一方面來看，這意味著朱蒙已不僅是高句麗族的神，還成為包括多種血統與種族的整個高句麗國的神，即表明他已成為了超越種族的神。可以說，這是與原高句麗族的五部居民所佔有的、在高句麗國內的優越地位和五部各自的自治力已趨於消失[300]，中央政府為了直接統治被征服地區而制定的地方制度得到加強之後，強有力的中央集權制領域國家體制得到發展的政治局勢，相聯繫而產生的變化。

登高神和扶餘神雖然是高句麗王室的始祖神，但根本上，他在東北亞居民中一直具有日神和地母神的性質，因此他在各地居民中紮下根還是相對較容易的。朱蒙信仰體系把各地方留傳下來的土俗信仰的部分要素吸收進去。例如，七世紀初，遼東城遭到唐軍的攻擊，處於被攻陷危機時，曾向朱蒙祠祈求擊退來侵者：

> （遼東）城有朱蒙祠，祠有鎖甲、銛矛，妄言前燕世天所降。方圍急，飾美女以婦神，巫言朱蒙悅，城必完。[301]

這裏需要注意的是劃底線部分，把鎧甲和長槍當作神物而供奉在朱蒙祠堂裏。從青銅器時代以來，刀被巫師當做主要儀器來使用，尤其是具有特殊來歷的大刀，其本身被賦予神異的力量。[302]因此，像長槍和鎧甲等武器被奉安在朱蒙祠並不算

---

[299] 《周書》卷四十九，〈高麗傳〉。

[300] 本書第二章第一節。

[301] 《新唐書》卷二百二十，〈高麗傳〉。

[302] 三品彰英，《有關建國神話的諸問題》，1973，頁 304－305。

是奇異的事情。有人卻說這些神物於前燕時期就從天而降。前燕指的是戰國時期的燕國呢？還是指四世紀慕容鮮卑所建的前燕呢？現不得而知。從實物，尤其是鎧甲在七世紀初被奉安著的情況來看，理應為後者。但無論怎樣，這些武器與朱蒙是毫無干係的，遼東城也是如此。因此那些武器與朱蒙可能被連結起來的時期，應該是在高句麗四世紀末至五世紀初佔領遼東城以後。或許是鎧甲和長槍被認為是具有某種神異的來歷，因此在遼東城被奉為有靈驗的神物而開始崇拜。高句麗佔領該地區之後，隨著高句麗人移入朱蒙信仰，並加以傳播，而在某一時期，自前期以來被該地區人們所信奉的那些神物與朱蒙相聯繫而開始崇拜。可以說這是遼東城地區及其居民被高麗化的表現。

雖然無法瞭解各地區居民信仰朱蒙的程度，但從當時高句麗的主要大城都建立朱蒙廟的情況來看[303]，上述遼東城的情況也許不是特異的、例外的現象。高句麗末期，在馬多山（被認為是長白山地區）也盛傳著與朱蒙相關的神話。[304]高麗時代，在開京還有奉安河伯女神像的祠堂[305]，直至高麗中期，朱蒙在平壤的神祠還被崇仰[306]，而且從李奎報的「雖愚夫騃婦，亦頗能說其事」[307]這一描述中，也能感覺得到經歷統一新羅時期以後的高麗時代，東明王朱蒙的神話也在民間廣為流傳。所以高句麗末期，朱蒙神話在高句麗領域內的居民中，廣泛傳播開來的可能性是可以想像到的。此即表明，在陵碑或墓誌中描述的高句麗為天下中心的天下意識並不只局限在王室或貴族層。只是遼東平原和韓半島中部等主要地區，是在四世紀末以後合併到高句麗領內，並由中央政府直接統治，因此，還不能說這種天下意識在五世紀的高句麗全領域內的居民中間有了充分的發展。

---

[303] 《周書·高麗傳》，《冊府元龜》卷三百六十九，將帥部，攻取二，李勣條。
「（李勣）又率騎攻遼東城，城中有鎖甲、銛矛。高麗云：前燕時於天落下，以保佑其城。高麗大城皆立朱蒙廟，蓋其先祖，聞兵將至，粉飾美女，進朱蒙為婦。日搥牛以祭之。夷巫鼓舞云：朱蒙大悅，城必克全。」

[304] 《翰苑》高麗條；盧明鎬，〈百濟的東明神話與東明廟〉，《歷史學研究》10，1981。

[305] 《宣和奉使高麗圖經》卷十七，祠宇，東神祠。

[306] 《高麗史》卷十三，睿宗四年四月乙酉條。
崔滋，〈三都賦〉，《東文選》卷二，所收。

[307] 《東國李相國集》卷三，古律詩，〈東明王篇〉並序。

這種天孫國意識，對內是以強大的王權，對外則以國際社會中高句麗的實際地位和與鄰國的關係作為其後盾的。那麼有必要具體考察一下高句麗和其鄰國的關係，以及高句麗人對此的觀念。

㈡對周邊國家關係的認識：朝貢、守天、華夷

陵碑中把高句麗和與其鄰國的關係表述為朝貢關係，記述道：「百殘新羅，舊是屬民，由來朝貢」，而「東扶餘，舊是鄒牟王屬民，中叛不貢」，記述中顯然還帶著懲戒的味道。雖然在這裏稱百濟、新羅、東扶餘原來就是高句麗的朝貢國不免有單方面誇張的嫌疑，但他反映出當時高句麗朝廷對這些國家關係的一種認識。他把本國視為天孫國，而把鄰國當朝貢國，這在其意識上形成一種表裏關係。那麼先考察一下被記述成朝貢國的這些國家與高句麗的實際關係如何。

首先看一下高句麗與百濟的關係。兩國自四世紀中葉以來，圍繞帶方故地展開了激烈的爭鬥。初期，高句麗處於守勢的，就連故國原王也是在平壤城戰鬥中犧牲。但到了四世紀末形勢發生大轉變，高句麗掌握了戰爭的主動權。永樂六年（397）廣開土王的御征部隊包圍了百濟首都，百濟以王弟和大臣共十人作為人質請求與高句麗締結城下之盟以示臣服，但這不過是為了避開當前危機的權宜之策。百濟隨後立即對高句麗採取敵對態勢。以後兩國間的關係一直維持著對立的局面。因此，百濟和高句麗之間事實上並沒有成立朝貢關係。

東扶餘則在永樂二十年（407）的遠征中附屬於高句麗。這時的東扶餘是否已徹底滅亡而納入到高句麗的疆域了呢？尚難以斷定。但據 435 年前夕訪問過平壤的北魏使臣李傲的報告，則稱高句麗的疆域東及至柵城。[308]柵城位於豆滿江流域，是東扶餘的中心地區，也是後來渤海國時期東京龍原府的所在地。[309]而且 435 年前夕高句麗已在此設置了東北方重鎮。由此可見，407 年以後即便是高句麗與東扶餘之間結下朝貢關係，那也是暫時的，緊接著東扶餘地區就被編入到高句麗的領地。

---

[308] 《魏書》卷一百，〈高句麗傳〉。

[309] 《新唐書》卷二百一十九，〈渤海傳〉。

其次，北扶餘的情況又如何呢？正如牟頭婁在廣開土王時期作為領北扶餘守使而被派往北扶餘的事例中所見，四世紀後半期以後，北扶餘就成為高句麗的領土。但並不是北扶餘的整個地區都歸入到高句麗中央政府的直接統治之下。自從北扶餘國的原中心地區（吉林一帶）成了高句麗的領域後，北扶餘的王室向西遷移到了農安一帶維持了其命脈。也許對於高句麗來說，為了有效地統轄北扶餘，而有必要繼續維持這一具有悠久傳統的王朝的餘脈。一方面，北扶餘的王室也在那種情況之下為了謀求生存而進行了努力。457 年他派使臣到北魏，而獨自謀求對外交涉便是基於這種努力。[310]而派使臣到北魏也僅此一次，由此來看，那種自救政策好像並未奏效。之後由於勿吉的侵略，使高句麗北部的部分地區被蹂躪[311]，494 年北扶餘王室為躲避此劫而轉入高句麗內地，隨之也斷送了其餘脈。[312]其間，即從四世紀後半到五世紀末，可以說高句麗與北扶餘之間建有一種朝貢關係，該朝貢關係——上下關係——看來是具有相當的約束力。

再看新羅的情況。據《三國史記》記載，392 年新羅把實聖作為人質送往高句麗。這和陵碑中所傳那樣，這一年高句麗對百濟進行大規模的遠征，新羅方面倍感高句麗勢力的威脅而採取這一措施。此後高句麗在永樂十年（401）派遣五萬步騎擊破了侵入到洛東江流域的倭國勢力，救援新羅，從而擴大了對新羅的影響力。這一年新羅王親自向高句麗朝貢。[313]次年奈勿王過世，由實聖即位。他是 401 年從高句麗返回的，他代替奈勿王之子訥知而即位，想必高句麗的支援發揮一定作用。此後實聖王借助高句麗軍隊的幫助，企圖完全剷除掉訥知，但這次高句麗方面則支持訥知，結果實聖王被擊敗，訥知即位。[314]實聖王的母系昔氏勢力也隨之沒落了，從此昔氏一族在新羅的中央政界完全消失。[315]正如這種王位繼承

---

[310] 《魏書》卷五，高宗，太安三年十一月。

[311] 《魏書》卷一百，〈勿吉傳〉。

[312] 《三國史記》卷十九，文咨明王三年。有關扶餘國的變遷請參看本書補論部分第一章「扶餘國的疆域及其變遷」。

[313] 廣開土王陵碑，第三面第二行。

[314] 《三國遺事》卷一，第十八，實聖王。

[315] 金哲埈，〈新羅上代的 Dual Organization（上）〉，《歷史學報》1，1952。

紛爭中所體現出的那樣，五世紀前半葉，高句麗的勢力已深深地介入到新羅內部。從慶州出土了與廣開土王陵碑上的相同字體鏤刻青銅器皿壺杅，以及刻著可能是高句麗年號「延壽」這一銘文的銀製器皿，都象徵著當時高句麗對新羅的影響力。訥知王繼位以後，一方面與百濟建立關係，另一方面又把留在高句麗作為人質的弟弟卜好召回等，採取了一系列的措施，試圖從高句麗的影響力中擺脫出來。

但是高句麗的部分軍隊仍駐紮在新羅境內，高句麗在新羅的勢力依然很強大，所以與高句麗的朝貢關係不得不維持相當長的一段時期，這一事實從中原碑中能夠得到證實。新羅王根據高句麗方面的要求而來到了樹立著中原碑的于伐城地區，於是高句麗就賜予新羅王及其臣下衣服。此時的衣服，好像是高句麗官服，也就是說透過授予官服和拜受儀式來再次確認，新羅是高句麗的天下秩序體系內的朝貢國。透過賜予衣物來確認上下關係的儀式是中國王朝與其朝貢國之間的關係中，被廣為推行過的典型儀式之一。

從以上的高句麗與其鄰國間的關係上來看，可知北扶餘和新羅是比較長時期地與高句麗維持著朝貢關係。現存記載雖無法確知其具體面貌，但卻能根據幾個基本的朝貢關係瞭解到他的一面。

首先從禮儀方面，作為朝貢國的新羅和北扶餘分別向高句麗進獻珂和金這樣的特產品[316]，而且如同新羅的事例所見，其王親自到高句麗行君臣之禮。高句麗也會給他們一些物資作為對朝貢物的答禮。中原碑中提到的賜予服飾就包含了這一層面。

從軍事方面，當朝貢國面臨著危機的時候，高句麗就派出援兵進行支援。401 年倭軍侵入新羅時，還有四世紀後半葉慕容鮮卑向北扶餘發動進攻，高句麗都派出援軍。像後者，牟頭婁的先祖冉牟作為高句麗軍的將領向北扶餘方面進軍並與慕容鮮卑較量，這在墓誌中已有記載。[317]如果這種支援不勝利，就讓朝貢國

---

[316] 文咨王十三年（503）高句麗信使向北魏的世宗皇帝彙報說，因為百濟和勿吉，高句麗從涉羅和扶餘地區退出，所以原產於這些地區的金和珂不能再作為土產品向其貢獻了。此時的涉羅應該就是新羅。透過這一件事可知，此前北扶餘和新羅是向高句麗朝貢金與珂的。

[317] 武田幸男，前揭論文，1981；重收錄於《高句麗史與東亞》，1989。

的王室亡命逃到高句麗內地，494 年的北扶餘王室亡命便是其例。就是說高句麗對朝貢國的王室進行軍事援助，至少可以保障其安全，而高句麗則是想借此加強對朝貢國的政治影響力，從而維持以高句麗為中心的國際政治圈，在中原碑中就很明顯表現出這種意識。

> 五月中，高句麗大王相王公□新羅寐錦，世世為願，如兄如弟，上下相知（和？）守天，東來之寐錦……。

即高麗大王和新羅寐錦要像親兄弟那樣，上下和睦相處，共同來守天。[318]守天就是要把天道或者天帝之意捍衛下去的意思。此時守天的第一主體是高句麗王，新羅王是透過高句麗王來參與這個天的秩序，即以天孫之國高句麗為中心，由其周邊國家參與並形成一個上下序階化的國際秩序。五世紀的高句麗人把這種國際秩序的空間稱為自己的天下，在這天下之內，高句麗與其周邊國家的具體上下關係的形態就是以朝貢關係來表現的。

而且高句麗把與其鄰國結成朝貢關係，相應地稱作「華」和「夷」。中原碑把新羅稱為「東夷」，這是把高句麗當做是「中華」為前提的條件下所表現出來的。同理，把百濟視為「南夷」也未必可知。甚至是借用中國的「華夷」觀念，以此誇耀本國為天下四方之中心。

然而，從其原意來看，「華」與「夷」的對比，並非只是根據政治上的上下關係來區分的。「華」是包括社會、文化、地理、政治上與其他集團（夷）相區別的、具有優越價值的實體這樣一種概念。所以，漢代以後，中國人的天下觀中，「中華」是有別於其他集團的一個獨立的世界，對中國人而言，它本身就是一種天下。這時，「中華」與「天下」是一個意思，有時作為同一性質的歷史共同體，儘管它們具有前近代的性質，但作為和民族相同的概念來使用。[319]

---

[318] 這裏可把守天理解為高句麗國王從而把它讀成「守天東來之」。但是中原碑在其他地方把高句麗王稱作大王來記載的。惟在此把王稱為「守天」似不合情理。而且即便是把守天理解為高句麗王，它也與本文所說的內容有同樣的意思。

[319] （日）安部健夫，〈中國人的天下觀念〉，《元代史研究》〈附錄〉，1972。

在中原碑中真的是基於這種華夷觀而把新羅稱為「東夷」的嗎？重觀中原碑則發現它把高句麗和新羅稱作「大王國土」和「寐錦土」。那麼大王國土和寐錦土的居民之間真的存在著某種差異，必須得用「華」和「夷」來豁然區分開嗎？

筆者認為不能如此看待。如若這種假設成立的話，首先象徵為「中華」的高句麗領域內的居民集團得成為同質的實體，要與作為「夷」的新羅、百濟居民從社會、文化上存在著明顯的區別。然而，透過四世紀以來的擴張，當時的高句麗領域內，除了包括一些遊牧民和森林種族之外，還包括像滿族這樣的諸多居民集團。其中，濊貊、韓、朝鮮系統的集團居多，他們屬於同一個圈域。但是，當歸入高句麗領域內時，他們各有不同的歷史背景。例如，樂浪、帶方、遼東地區的居民數百年間被中國郡縣的統治，一部分韓、濊人還要受到百濟的統治。這些集團在高句麗的中央集權制的領域國家體制下，由於長期生活，互相慢慢融合。在遼東地區，朱蒙崇拜信仰的土著化也恰恰說明這一點。

但是，很難說那種進展在五世紀就已非常充分表現出來。陵碑把重新併入高句麗領域內的韓半島中部地區的居民，稱之為韓、濊。之所以用其種族名稱來記述新編入的居民，是因為長時間生活在高句麗領域內的舊民與他們有著一定的差異，而且高句麗人也認識到這一點。把高句麗東部地區的部分居民稱之為濊，直到六世紀中期還依稀可見。[320]

還有，五世紀初高句麗領域的東部、南部地區的居民主要是韓、濊人。儘管樹立中原碑的時候，其國境有所南移，但居民成分大致上沒變。而新羅的居民也是以韓族為中心，也有部分濊族在內[321]，所以基本上是相同的。

這些都說明在中原碑上把新羅稱為東夷，這並非依據當時居住在高句麗、新羅領域內的居民之間實際存在狀態的差異。那麼他們區分「華」與「夷」的標準是什麼呢？

---

[320] 《三國史記》卷四，真興王九年二月；卷十九，陽原王四年正月；卷二十六，聖王二十六年正月。

[321] 在慶北迎日郡神光面馬祖出土的、上面寫著「晉率善穢佰長」銘文的印章，證明三世紀時，在那裏居住的居民是濊族（梅原末治，〈晉率善穢佰長銅印〉，《考古美術》8-1、2，1967）。東海岸地區相對早一些被新羅合併了。

看來其基底還是在於中原碑中「大王國土」的表現上，即把高句麗大王的支配力所能達到的、如同陵碑所說恩澤治於皇天的地域，設想為中華。[322]進入五世紀，高句麗朝廷就開始把其領土劃分為郡和城這樣的地方統治組織，並派地方官，建立起一種像郡縣制的統治體制。[323]這種地區稱為「大王國土」，其週邊地區的居民就是「夷」了，高句麗大王透過朝貢關係間接地對他們統治。這種「華」與「夷」包括在內的空間便是高句麗人的天下。

在那種天下裏面，又根據「中華」概念所含有的原意「大王國土」，即高句麗領域本身又被五世紀的高句麗人設想為另一個天下。所以可把前者稱為高句麗人的第二性的天下，把「大王國土」稱為第一性的天下。

但是，第一性的天下正如前所述，還只是依據政治關係而設定的、是不安定的。假如，在之後高句麗領域內的各集團之間的相互融合得到進展，高句麗國的居民會成為與其相毗鄰的新羅、百濟居民，在社會、文化方面完全無區別的、一種具有深厚同質性的集團實體，從而比起高句麗人的第一性的天下會更具特性和安定性。實際上，高句麗領域內的居民之間的融合一直在進行著。但有了這種進展的同時，三國透過戰爭與和平都增進了相互交流以及部分領域的變動，三國居民之間在生活狀態上的同質化也一併向前發展，這是後來歷史展開的實際面貌。

以上是五世紀金石文上所見高句麗人的天下觀的一個層面，透過它考察了高句麗與其鄰近國的關係。那麼當時高句麗人是如何認識在更大的東亞世界中自己國家的地位呢？以下透過對君主的稱號來分析一下。

㈢東亞和高句麗人的天下：皇帝、可汗、大王

如上所述，五世紀裏刻寫成的陵碑、墓碑、中原碑等金石文上，高句麗人把自己國家稱為天下中心的天孫之國。對其始祖以「天帝之子」、「皇天之子」、「日月之子」等至高無上的詞語來讚譽。儘管如此，他們對國王卻始終以「王」來稱呼，當然為了誇耀國王的威嚴，在其前面附加大王、聖王、太王等首碼，但

[322] 陵碑第一面第5行，「二九登祚，號為永樂大王，恩澤洽于皇天，威武振被四海」。

[323] 參看本書第三章第一節。

始終都以王來稱呼。根據中國的天下觀，使用朝貢、年號等制度和觀念，甚至借用華夷觀來誇示自己國家的威嚴和獨立性，但是高句麗對最具有象徵意義的王，自始至終都以王來稱呼而非以皇帝來稱呼。

四世紀初以來，與晉帝國解體差不多同時崛起的遊牧民族所建的王朝，爭先進入北中國稱帝。高句麗與那些國家建立外交關係，時而進行爭戰，熟知當時非漢族出身的王朝稱帝的事實，甚至與北魏發生正面的衝突，把北燕皇帝馮弘[324]集團遷徙到高句麗在遼東的疆域內，接著還把馮弘稱為「馮君」，以屬君相待。[325]即使這樣，高句麗君主的稱號仍然為王。

當然，現存的文獻中也可看到一些貌似高句麗王稱帝的記事。如《三國遺事》〈紀異篇〉高句麗條中講：「國史，高麗本記云，始祖東明聖帝，姓高氏，諱朱蒙」。然而，金富軾的《三國史記》裏稱做為東明聖王，李奎報的〈東明王篇〉中也只是敘述看到了《舊三國史記》的〈東明王本紀〉，並不見有「帝」的記載。所以，很難完全相信上引《三國遺事》所引國史的記事。[326]

下面，看一下《隋書·高麗傳》中關於稱帝的記載。

> 位宮玄孫之子曰昭列帝，為慕容氏所破，遂入丸都，焚其宮室，大掠而還。昭列帝後為百濟所殺。

據上引記事，則昭列帝為故國原王並確有稱帝之事。但是《魏書·高麗傳》的記錄卻與此不同：

> (位宮) 其玄孫乙弗利，利之子釗。烈帝時與慕容氏相攻擊。建國四年，

---

[324] 馮弘是接替他的兄長馮跋登上天王之位的，次年封其妻為皇后。馮跋也是接著高句麗人高雲登上了北燕的天王地位，然後追尊其祖和父為皇帝，並稱其妻為皇后，追封高雲的謚號為皇帝。所以，馮跋和馮弘的謚號也是稱帝。（參照《十六國春秋》卷九十九，北燕錄一，馮跋；卷一百，北燕錄二，馮弘）

[325] 《魏書》卷九十七，海夷，〈馮跋傳〉。

[326] 梁起錫，〈四至五世紀高句麗王者的天下觀〉，《湖西史學》11，1983。

慕容元真率眾伐之……釗後為百濟所殺。

整體內容所傳的是，故國原王時期與慕容元的戰爭，還有與百濟之間的戰爭、國王被殺的事。兩本書是相同的，說故國原王是太祖王（位宮）玄孫之子的部分也是一樣的。但是《魏書》依北魏的紀年來記述高句麗和慕容燕的關係。北魏道武帝珪稱帝建元之後，推尊其祖（父）翳槐為烈帝。[327]上引《魏書》「乙弗利（美川王）之子釗（故國原王），烈帝時與慕容氏相攻擊」的記載中，若把釗和烈帝連著讀，就成為釗烈帝了。《隋書·高麗傳》裏的釗烈帝，看來是在編寫《隋書·高麗傳》時，把《魏書·高麗傳》或者其他範本的某種文獻錯抄所致。[328]

那麼高句麗國王為何沒有稱帝呢？有關於此，首先可以從與中國王朝間的關係上考慮，即根據朝貢、冊封關係，如果作為朝貢國的高句麗違悖禮節而稱帝，則會受到中國王朝的指責，高句麗人已認識到這一點；也根據作為被冊封國高句麗人所具有的天下觀，即皇帝國是天下之中心，在其下存在諸侯國並形成一個上下秩序。根據這種觀念，所以他們只能以王來稱呼。實際上，陵碑等刻寫成的五世紀，高句麗在長壽王元年（413）派使到達東晉，之後又與南朝，還有緊接著在五世紀中後期又與北魏建立了朝貢、冊封關係。與中國王朝的這種關係雖然經歷了種種困難，但一直維續到七世紀。

然而，當時的高句麗與中國南北朝的朝貢、冊封關係只不過是名目上的。實際從五世紀的狀況來看，高句麗與當時處於敵對狀態的南北朝都有來往。尤其對當時在東亞大陸上實力最強、又最具擴張性，而且又直接與高句麗相毗鄰的北魏，高句麗一方面維持著與其的朝貢、冊封形式上的和平交涉關係，另一面又與南朝以及柔然連結起來共同抵制北魏。有時派往南朝的高句麗使者飄流到北魏的海岸，引起北魏強烈的反抗。高句麗還與當時和北魏激烈相爭的蒙古高原上的柔然維持著友好關係，甚至在以北魏為共敵的南朝和柔然的連結中發揮仲裁者的作用。對於高句麗的如此對外政策，北魏是知道的。不僅如此，430 年代後半葉圍

---

[327] 《魏書》卷一，序紀，烈帝。

[328] 朴性鳳編，《東夷傳高句麗關係資料》，1982，頁 34 中指出《隋書》的記載是錯誤的。

繞著遼西地區的北燕所發生的國際紛爭中，高句麗立足於自國的利益，派兵到北燕的首都和龍城與北魏軍正面對峙。與南朝的宋國也是如此，為了介入這場紛爭，他殲滅了派到遼東的宋軍。當時高句麗是與北魏、宋國都建有朝貢、冊封關係的。這之後又將興安嶺東麓東部內蒙古地區的契丹、地豆于等遊牧民的部分集團納入高句麗的勢力範圍內，在這一地區繼續實行與北魏相對立的政策。[329]更何況東部內蒙古的北部地方還是北魏皇室祖先的發祥地呢！[330]

對於高句麗的這種對外政策，作為冊封國的北魏卻毫無控制力可言。南朝也是一樣的。這從當時的南朝人嗟歎高句麗「強盛不受制」[331]的話語，還有在 489 年北魏朝廷舉辦的宴會上接待外國使節團時，高句麗使者在座席的排列上僅次於南朝的使者，南朝對此進行了抗議，但北魏方面只說高句麗「方強」來應答的事實[332]中，也能夠看出這些首先是基於高句麗國力的強盛。與此同時，這也是與當時東亞國際情勢分不開的。即五至六世紀東亞的國際情勢是維持著以中國的南北朝、北亞的柔然、東北亞的高句麗、以及五世紀後半葉以後青藏高原西北斜面的吐谷渾等主要國家為中心的多元勢力均衡狀態。北魏、南朝、柔然之間力學關係的連動性，抑制著其中某一國來主導國際局勢。在這種情況下，高句麗在東北亞地區維持了獨自勢力圈將近二百年之久。[333]

基於當時國際形勢的性質與實際情況來看，對在高句麗國內所使用君主稱號的問題上，中國王朝的某種干涉和控制力發揮作用的可能性幾近於零。同時雖然高句麗沒有受到實際干涉，但由於高句麗人在觀念上把中國視為天下中心，所以自覺地把自己君主的稱號以下位的王號來使用，這也是沒有道理的。五世紀的高句麗人認為本國是天下的中心。更何況在陵碑或廟碑上描述的都是長壽王初期的情況，而在此之前的直至廣開土王末年（412），從美川王元年（330）開始歷經百餘年期間，與中國方面的王朝僅有過一次，也就是在 355 年與前燕建立了朝貢、

[329] 以上的內容在本書第三章第二節「五至六世紀東亞國際情勢和高句麗的對外關係」中論述了。

[330] 米文平，〈鮮卑石室的發現與初步研究〉，《文物》1981-2，1981。

[331] 《南齊書》卷五十八，〈高麗傳〉。

[332] 《資治通鑑》卷一百三十六，齊紀，世祖上之下，永明二年十月。

[333] 參看本書第三章第二節。

冊封關係。[334]那也只是為了取回 342 年前燕入侵後劫走的先王屍體及王母而暫時採取的苦肉計。自 355 年先王屍體和王母送還後，直到前燕滅亡為止，高句麗一次也沒有派出朝貢使，就是很好的說明。[335]即五世紀的狀況並非以統一中華帝國為中心形成一元化的國際秩序，從而各國君主稱號的等級具有現實意義，它又重新與國內的身分秩序和觀念體系有機地結合固定，成為當時人的天下觀。

但是，就四世紀以後非漢族王朝稱帝的狀況而言，領土都在長城以南中國佔有一隅之地。當他們在長城以外時，以他們的傳統稱號單于或者可汗為稱呼，但一旦進入中國北方、並統治該地方之後，就以帝自稱。這時王朝的中心將移到中國，絕大多數居民是漢族。這樣，他們必然與中國內的敵對國展開爭鬥，既為了王朝自身的生存，最終也要走向稱霸中國天下的道路。自然，中國成了他們的天下中心，其君主的稱號也採用了中國傳統的皇帝之號。塞外民族首次佔領中國的一角時，自稱王或者天王。但是，這只是因為他們的勢力還相對微弱，或者是由於遊牧民的支配集團本身所具備的族制性凝聚力而君主權受到制約的前提下，所採取的過度性措施，他是以下一個階段的稱帝為前提的。實際上，從天王之號發展到帝號的例子是很多的。[336]

那些繼續留在塞北的民族，則在建立了大帝國之後，其君主稱號也一直沿用傳統的單于或者可汗。這一點從西元前三世紀開始就一直是這樣的。匈奴如此，柔然和突厥也是如此。他們吸收中國文化並以漢文形式修飾其君主稱號，其音卻仍為單于或可汗。例如，匈奴給漢的國書中提到：「天地所生，日月所置，匈奴大單于敬問漢皇帝無恙」，或者「天所立匈奴大單于敬問皇帝無恙」。[337]這個國書是在充分地意識到，單于和皇帝乃是在兩個對等的世界裏，具有不同性質的最高君主而表現出來的。突厥給隋朝的國書中也提到：「大突厥，天下賢聖天子，

---

[334] 《資治通鑑》卷九十七，晉紀十九，康帝，建元元年二月。

[335] 根據《梁書·高句麗傳》，慕容垂的兒子慕容寶接替慕容垂登位後，396 年把高句麗王安（廣開土王）招為平州牧，封了遼東帶方二國王。這件事，從以後的兩國之間的戰爭來看，有可能是後燕的單方面的冊封。把其看成是兩國的正式的朝貢、冊封關係是不太可能的。

[336] 谷川道雄，〈五胡十六國·北周における天王の稱號〉，《隋唐帝國形成史論》，1976。

[337] 《史記》卷一百一十，〈匈奴傳〉。

伊利俱盧設莫河始波羅可汗送給大隋皇帝國書」[338]也說明了同樣的道理。還有，唐太宗剿滅了突厥的第一帝國之後，被北亞遊牧民酋長尊稱為「天可汗」。之後，唐太宗向中亞遊牧民君長們下令時，便自稱為「皇帝天可汗」，即統治中國和遊牧民社會的君主之意。[339]

君主稱號是該社會政治秩序的象徵性表現，也強烈反映了文化特性和自主意識。對於以單于或可汗為最高首長稱號的地區集團來說，他們的天下都只不過是中亞遊牧民社會。

與此相比，皇帝稱號是中國式君主觀的結晶。經過戰國時代而形成的郡縣制、君主權力的強化以及相關觀念體系的發展；秦帝國的成立，確立統一中華帝國的君主稱號之後，其後數百年間，皇帝成為中國政治秩序的標誌。漢朝的六璽制度中，三個皇帝璽在國內政治中象徵君主的地位和權威。三個天子璽是用在天地鬼神的祭事以及對外夷表現出中國君主的權威時使用的[340]，此即說明皇帝稱號與中國本身的統治有著直接聯繫。自然帶有這種性質的皇帝稱號很難直接移植到社會、歷史背景不同的中國以外的地區。同時，以君主的稱號來稱呼皇帝的事表明具有統治中國一部分領土、甚至一統中國天下的意志、欲望。五胡十六國時代出身胡族的王朝便很明顯地說明了這一點。[341]

進入四世紀，隨著高句麗合併了樂浪、帶方、遼東、玄菟等地區，佔據了自漢代以來的中國「天下」的一部分土地。然而，該地區大部分是原古朝鮮的地區，多數居民也是古朝鮮系的土著民。而且進入五世紀以來，高句麗也沒有表現出積極西進北中國的意圖。遷都平壤就是一個極好的例證。

同時，在陵碑上儘管也使用了皇天、天帝等中國式的用語，但透過對始祖出身地的表現來強調時王的性質，時人觀念的下意識裏主要的是朱蒙神話，即日神與河神結合後生下的神人——始祖的後孫，在政教兩方面都是至高無上的。

---

[338] 《隋書》卷五十，〈突厥傳〉。

[339] 《通典》卷二百，跋言。

[340] 西嶋定生，《中國古代國家和東亞世界》，1983，頁 78－82。

[341] 湖岩文一平也說過帝號的使用在五代以前是與漢土的支配有著密切聯繫的。（〈年號和帝號的制〉，《湖岩全集》4，頁 14－15）

這樣看來，對於五世紀的高句麗人來講，其君主已在很久以前被稱為王，沒有必要重新用皇帝這個奇怪的稱號來加以稱呼。

高句麗把君主稱作為王，最晚也能追溯到西元前後。關於此《三國志·東夷傳》高句麗條是這樣記載的：

> 王莽初發高句麗兵以伐胡，不欲行，強迫遣之，皆亡出塞為寇盜（中略）州郡縣歸咎於句麗侯騊（騶之誤寫）（中略）不聽詔，尤擊之。尤誘期句麗侯騊至而斬之，傳送其首詣長安。莽大悅，佈告天下，更名高句麗為下句麗。當此時為侯國，漢光武帝八年，高句麗王遣使朝貢，始見稱王。

高句麗在王莽時期是侯國，到了光武帝時期才成為了王國。死於王莽建國四年（西元 12 年）的高句麗侯騶，在《三國史記》裏卻被記述為「我將延丕」[342]，兩者存在著差異，即便把這個問題暫且擱置一旁，把這個時期的高句麗說成侯國本身就是個錯誤。上引記載是以《漢書·王莽傳》為依據的。王莽想依據《周禮》托古改制。他認為《周禮》中講到，王是至高無上的，外夷之君長使用王號是不容許的，所以把其稱號降格而引起事端。在那種狀況下，新朝有關高句麗的報告書或詔書就不得不把高句麗王記述為侯。《後漢書·高句麗傳》中這樣講到：

> 莽大悅，佈告天下，更名高句麗為下句麗（中略）建武八年，高句麗王遣使朝貢，始見稱王。光武復其王號。

這便是意識到那種層面，可謂是更加準確的記述。即說明了高句麗在與王莽政權發生紛爭以前，初期高句麗的君長就被稱為王。

在東北亞地區，君長的原來稱號是「加」、「干」、「旱」等。在這前面加一個首碼，用以某某加（干）等。把這些君長稱號開始改稱為王來使用的，出現在中國文獻上是在西元前四世紀前後。《魏略》對此解釋如下：

---

[342] 《三國史記·高句麗本紀》，琉璃王三十一年。

> 昔箕子之後朝鮮侯，見周衰，燕自尊為王，欲東略地，朝鮮侯亦自稱為王，欲興兵逆擊燕以尊周室。其大夫禮諫之，乃止。[343]

西元前二世紀初，衛滿往東來到古朝鮮並篡奪了王位，很顯然在此之前古朝鮮的君主就已使用王之稱號。所以，如上引文所見，朝鮮侯為箕子之後的部分、或者「逆擊燕以尊周室」的部分是後人加筆而成的，是不可信的。但西元前四世紀左右，古朝鮮與燕的國境相連，並互相爭鬥，他因受到燕的動向的影響，而有可能把其首長的稱號改稱為王。當時在中國還未使用皇帝稱號，所以王號是對君主的最高尊稱。一旦將表示最高君長的土著語某某加（ㅓ）改為漢字的王之後，王就成為君長的最高稱號。繼古朝鮮衛滿朝鮮，也繼續使用王號。衛滿朝鮮向外擴張把臨屯、真番納入附屬以後，繼而對濊君南閭集團施加了壓力。受到東北亞地區中最善戰的古朝鮮以及後繼衛滿朝鮮的壓迫和影響，周邊的集團是否也認為王號就是君長的最高稱號呢？高句麗初期王號也可從這方面來理解的。

而且自從漢武帝時期侵略東方以後，與中國王朝交涉過程中，王號的使用使雙方的摩擦減少了，在這種層面的複合作用下，王號的使用就成為一個傳統而傳承下來。後來，隨著中央集權制國家體制的擴充和王權的強化，為了顯示王的尊嚴，聖、太、大等形容詞隨之附加了起來。即五世紀金石文上所見的高句麗君主的稱號是王。事實上，它不只是出於與中國王朝的關係考慮，才以皇帝的下位來稱呼的。如上所述，不應忽略從西元前四世紀以來，古朝鮮就一直以王號為其君主最高稱號的歷史背景。以高句麗的王號與單于、可汗稱號的相互關係上來考慮就能得出相同的結論。

包括高句麗在內的濊貊、韓系集團中，族長及首長的稱號原來是以「加」、「干」、「旱」等來稱呼的，看來這些是與「汗」有著相同性質的用語。在五世紀，如從中原碑上所見，太子也被稱為「古鄒加」。高句麗後期，其居民所信奉的諸神中，雖不清楚其性質，卻也存在過可汗神。[344]還有如前所述，高句麗從五

[343] 《三國志》卷三十，〈東夷傳〉，韓。

[344] 《舊唐書》卷一百九十九，高麗傳。

世紀以來把契丹族等遊牧民集團中的一部分控制在自己的勢力之下。三世紀中期，中國南方的吳國皇帝孫權曾把東川王封為單于[345]，所以高句麗人對單于的稱號也是熟知的。看來，可汗、單于也完全可以用於高句麗君主的稱號上。但是，這等事沒有發生。最高君長的稱號一旦從「加」變成「王」，「加」是作為王子和貴族的稱號或官等名來使用的。

那麼從君主的稱號上所呈現的這一現象，說明五世紀高句麗人所具天下觀的哪一側面呢？

「墓誌」中稱謂高句麗是天下四方的中心。此時的天下其週邊會到哪裏呢？把高句麗的始祖稱為「日月之子」，如按此表現，天下應該是指整個世界。但是當時高句麗的勢力圈以外，還存在著把君主稱為「皇帝」或者「可汗」的國家和地區。王不能把皇帝或可汗納入其麾下的。從觀念上看也是不可能的。相反，如上所述，高句麗對與中國或北方遊牧民社會相異的實際基礎和傳統有了自覺的認識，才沒有用皇帝或可汗稱號，而一直使用王之稱號的。這也就是說高句麗很明確地意識到了以自己國家為中心的「天下」之外，還存在著與自己不同的以皇帝或可汗為象徵的中國或北方遊牧民社會。

換句話說，作為當時高句麗人天下觀的特徵，它表現出一種多重性，即高句麗為天下中心的意識便是其一。此時的天下是指高句麗王的統治力所及的地區或認為應該達到的範圍。另一種則是，就像文字本身，它意味著天之下的整個世界。這個天下是由幾個並列的地域圈所構成，而高句麗就是其中的一個中心。後一種認識中包含著前者，具有更深厚的根底。後者為前者規定了天下的實質性外延。這樣使人們在瞭解更加廣闊世界的基礎上去思考高句麗的天下的整體性，在對世界的認識上就更加開放、也更具有彈性了。

這時期的高句麗的對外政策也與這種天下觀緊密地聯繫著，即重視與中國的南北朝和蒙古高原的遊牧民國家是並存的政策，而在東北亞地區維持著霸權。所以在與東北亞地區的鄰國之間的關係上很自然把他規定為朝貢關係，作為「天孫」的高句麗王自命為是維持國家秩序的「守天」主體。高句麗也重視與北亞的

---

[345] 《三國志·吳書》，卷二，嘉和二年三月條細註。

柔然並存。479 年（長壽王六十七年）高句麗與柔然圖謀分割在西北滿洲興安嶺山脈東部地區的遊牧民族地豆于[346]，他們共同的目的是牽制當時最強大的北魏。因此，高句麗始終與柔然維持友好關係，這些都是這方面的具體實例。[347]

高句麗在與中國南北朝的關係中，至少在表面上維持和平關係，兩方實際上都認同對方的勢力圈並接受並存。[348]但是，兩國在上下外交禮儀上時而出現摩擦。因高句麗王拒絕北魏使者提出的無理要求，而引發的幾次事端，便屬其例。[349]

然而，當時高句麗人的天下觀是明確認識到除了自己國家的天下之外，還存在著另外的世界。高句麗根據自身的需要，在形勢上承認那個世界的相對優越性，特別是對地大物博的中國本身，則更是如此。所以，儘管是名目上的，這個時期高句麗與中國的南北朝建立起朝貢、冊封關係，但只要是中國的勢力不積極介入到東北亞，兩國雖然時時發生對立與摩擦，但還是能夠歷經二百多年的相安無事而一直維持到六世紀末。

以上以君主稱號問題為中心，考察了高句麗人如何認識本國在東亞世界裏的位置問題，就是說構成這個世界的有幾個並存著的天下，其中一個就是他們的天下。換而言之，這是高句麗式的天下整體性的認識，與中國或中亞遊牧民社會是不同的。如若這樣，當時高句麗人也許會對自認為是包含在自己天下中的那些鄰國居民具有一定的同類意識也說不定，尤其是對鄰接的農耕社會的居民更是如此。如此看來則陵碑上的幾個表現還是值得引人注意的。

㈣天下觀和同類意識

陵碑對百濟和新羅稱之「舊是屬民，由來朝貢」，對東扶餘也稱說「東扶餘，舊是鄒牟王屬民，中叛不貢」。這兩句具有前置文的性質，各自提示了永樂

[346] 《魏書》卷一百，〈契丹傳〉。

[347] 有關該時期高句麗的對外政策，請參看本書第三章第二節。

[348] 同上注。

[349] 《魏書》卷三十二，〈封軌傳〉；卷七十二，〈房亮傳〉。

六年和二十年高句麗軍進行遠征的理由。350該內容不像是歷史事實，它只是為了陵碑碑文構成的需要而敘述的部分，沒必要對該句子的具體表現賦予太多意義。

但是問題不在於該句子所反映的是不是歷史事實，而在與自古以來百濟、新羅以及東扶餘都是高句麗的屬民這一表現本身。換言之，五世紀的高句麗朝廷認為這些國家本應該就是要附屬於高句麗的。反之在陵碑上對稗麗（契丹族的一部分）和息慎（肅慎）以及征討倭的記述中很難找到相同之表現。351

如果對此認識的背景進行推測，首先從地理位置上，這些國家五世紀時與高句麗是相鄰的。且他們在相類似的自然環境中都以農耕為中心，自進入青銅器階段以來，都有相同系統的文化基礎。從居民構成上來看，東扶餘跟高句麗一樣屬於濊貊系，更有高句麗王室來源於扶餘的傳承意識。百濟的統治層是扶餘、高句麗系統的集團。而且高句麗在廣開土王時期佔領了韓半島中部地區百濟的部分領土，並把其居民韓、濊人納入高句麗領土內。所以，與由韓系和部分濊系的居民構成的百濟和新羅相比，在陵碑建造之際的高句麗統治層認識到可以把這些國家納入自己的勢力圈內，而且還可以把他們領域化，這是很自然的事情。實際上，那時候高句麗與新羅和東扶餘是透過朝貢關係來施加其影響力；對百濟的屢屢征伐以及對洛東江流域的縱深遠征，對韓半島中、南部地區和居民加深瞭解，因此那種屬民意識就越來越具有了現實感。

而且正如前所述，隨著高句麗擴大與中國王朝和遊牧民集團的交流，主動參與東亞國際政局的變動中，高句麗人在更為廣闊的世界中，意識到他們自己的圈域，與把可汗或皇帝視為至高無上的地域圈之間的區別。

在各種層面相互交織中，自認屬於高句麗天下的新羅、百濟、東扶餘等國的

---

350 濱田耕策，〈高句麗廣開土王碑文研究——以碑文的構造和史臣的史筆為中心〉，《朝鮮史研究會論文集》11，1974。

351 徐永洙教授注意到這一點說：「這說明了在韓國古代史的發展過程中，同一民族意識在孕育著。」並說廣開土王的南進政策是以統一意志來表現（〈新羅統一外交的展開及其性格〉，《統一期的新羅社會》，東國大學新羅文化研究所，1987，頁 265）但是，把廣開土王的南進政策看成是三國居民之間的同一體的意識，並稱是同一體政策的發起是不難的。根據遠征和交涉關係進展的結果，促進了新羅、百濟一定的「同類意識」的形成。

居民與高句麗居民之間存在同類性，高句麗具有了相當程度的自我意識。而就高句麗朝廷或統治層的立場上來表現這一意識時，就如陵碑上所示，把新羅、百濟、東扶餘看成是自古以來就一直是高句麗的附屬。

在陵碑上為何強調對倭國的征伐，並加以詳述呢？對此可以與高句麗人的天下觀聯繫起來考慮。倭國被看做是高句麗天下之外的一種異質體。所以，不管倭國以何種方式侵入，高句麗都對其抱著強烈的敵對感。因此，對異質的倭進行討伐，可謂是用來稱頌廣開土王豐功偉績的最好素材。

如此看來，五世紀的高句麗人的天下觀裏所包含的與新羅、百濟和東扶餘關係的意識，雖還不能說是同族意識，但可以將其看成是下一個時期即將出現的同族意識[352]形成過程中所呈現的一個樸素的原始形態。

以上圍繞著金石文探討了高句麗人的天下觀。這裏雖以高句麗人來稱呼，但從成為分析對象的材料性質上看，可以說它主要是高句麗朝廷和統治層的天下觀。把它以空間範疇的側面來考慮，則可概括如下。

高句麗的天下可分為三個層次。第一層次的天下是高句麗王「恩澤」直接抵達的「大王國土」。當時的高句麗王是政教兩方面的最高統治者。主宰萬物的神人——天帝被認為是高句麗王室的始祖神，立國和王權的正統性全基於神聖的血脈關係。這種天孫意識呈現出古代政治理念的特性，與中世紀的天命思想有著鮮明的差異。所以在聖王統治下的高句麗國，他作為天孫之國理應要比鄰接的其他國家具有更優越的價值。這個「大王國土」是地方官代理高句麗王，根據朝廷的律令統治居民和土地，但與不直接被統治的朝貢國是有區別的。

第二層次的天下在高句麗王的權威之下的，或者說把應該屬於高句麗王權威之下的周邊國家所合併成的空間。高句麗與這些周邊國家的關係是上下的朝貢關係。以高句麗為中心而形成的上下朝貢關係的國際形勢，稱為「守天」，即遵守天道或天帝旨意，高句麗王自命是這個「守天」的主體。高句麗及其朝貢國以「華」和「夷」來稱呼，但這只是依政治關係來區分的，並非因為「大王國土」

---

[352] 七世紀末，抬頭的一統三韓意識便是這個同族意識。（盧泰教，〈對三韓認識的變遷〉，《韓國史研究》38，1982；重收錄於《透過韓國史所看到的對我們和世界的認識》，1998）

居民的存在狀況與新羅、百濟居民的存在狀況，在社會和文化上有著顯著差異而被這樣記載的。

第三個層次的天下是指當時人們的世界，即意味著整個東亞。人們認為那個世界是由並存的幾個天下構成，其中一個就是以高句麗王為中心的。在這更為廣闊的東亞世界裏的他們自己的天下，即考慮到在本書中命名的第二層次的天下時，自然，對認為屬於高句麗天下內的新羅、百濟以及東、北扶餘的居民具有了與其他天下圈裏的居民加以區分的意識。這些與客觀存在的地理、文化、政治、以及種族系統等側面的諸要素相結合，而形成一定的同類意識。

第四章
貴族聯合政權的成立

一、六世紀中葉的政局變動
——以分析高句麗喪失漢江流域的原因為中心

從五世紀中葉以來，三國關係一直是由新羅、百濟、伽耶聯合對抗高句麗南進勢頭的形勢。兩邊的爭鬥大體上是以從牙山灣到小白山脈周邊為界線，保持著交錯狀態。在這種狀況下，發揮決定性變化的因素是，551 年百濟和新羅同盟軍奪取漢江流域的事件。從此以後，高句麗失去了以前獨具絕對優勢的地位，而新羅卻在 553 年從百濟手中奪取漢江下游地域，之後成為主宰三國關係變化的重要變數，三國間的抗爭從此進入白熱化階段。

那麼高句麗喪失如此重要的地區的原因何在？理所當然地將其歸結於新興的新羅國和百濟同盟軍所取得的赫赫戰績。但是在此以前高句麗強大的國力以及之後在對隋、唐一連串戰事中表現出的頑強的抵抗力，還有溫達的戰死、寶臧王時期監禁金春秋事件中，都不難看出高句麗欲取該地帶的堅定信念。所以把高句麗喪失漢江流域的原因完全歸結為新羅、百濟國力變強的結果是值得懷疑的。在此不能不推測一下高句麗內外發生了非常事態的可能性。再說新羅在 551 年聯合百濟擊破高句麗並佔領漢江上游地區後，僅過兩年，553 年又奪取了同盟國百濟所佔領的漢江下游地區，兩國關係趨於惡化，最終導致管山城戰鬥中百濟聖王戰死的結果。這些都說明高句麗面臨著極其深刻的內外紛爭——之前為了與強大的高句麗抗衡，新羅不得不和百濟結成同盟，現在雖說是擊敗了強敵，卻在還未完全決出勝負的情況下，新羅又與和自己保持一百餘年同盟關係的百濟挑起戰端，說明高句麗內部要麼因某種因素完全無力，要麼就是因受外侵無暇南顧，才使新羅如此從容。更有甚者，此時的新羅還對洛東江流域的伽耶諸國也確立牢固的統治權。❶

而且新羅的真興王深入到沃沮這個地區——很久以前就已歸於高句麗、並為平壤的背後腹地，進行巡狩，還親自樹立巡狩碑。這是在新羅完全奪取漢江流域的 553 年起，僅過 15 年以後的 568 年的事情。可想而知，侵襲高句麗的那場非常事態持續了多長時間。

在考慮那場非常事態究竟是何種性質的時候，首先引人注意的是，《三國史記》中有關高句麗喪失漢江流域的 551 年這一年份的兩條記錄：其一、〈居柒夫傳〉的記載。551 年，如同當時惠亮法師所說「今我國政亂，滅亡無日云云」中所見的高句麗內部政治紛爭。其二、〈高句麗本紀〉陽原王七年（551）條的「突厥來圍新城云云」等突厥來襲事件。以此為中心，本節就以 551 年為起點來研究一下引起漢江流域統治權變易的原因。❷同時察看圍繞著高句麗喪失漢江流域的一系列過程中，顯現出的對內外變化狀況。

㈠王位繼承紛爭和貴族之間的內紛

《三國史記》的記載疏闊，同樣在 551 年前後時期對三國政局的敘述中暴露無遺，三國本紀中哪裏也沒有提及高句麗的內部事情，只是在〈居柒夫傳〉中記載著一小段而已。

---

❶ 據《三國史記·新羅本紀》，真興王十三年（553），百濟聖王對新羅展開反擊戰的時候，伽耶軍加盟到百濟軍。同王十六年，在比斯伐（昌寧）首次設置了完山州。同王二十三年伽耶反叛，所以派異斯夫對其征討。說明直至真興王十四年，新羅尚未完全確立對伽耶地區的統治權。

❷ 對高句麗喪失漢江流域支配權的原因，往往是歸因於貴族間的紛爭而引發的國內分裂。
李丙燾，《國史大觀》，1955，頁 78。
李基白，《韓國史新論》，1966，頁 64。
韓沽劤，《韓國通史》，1970，頁 57。

（真興王）十二年辛未……百濟人先攻破平壤，居柒夫等乘勝取竹嶺以外高峴以內十郡。至是惠亮法師，領其徒出路上，居柒夫下馬，以軍禮揖拜。……（惠亮法師）對曰「今我國政亂，滅亡無日，願致之貴域」。於是居柒夫同載以歸。

在此，值得注意的是惠亮法師所說的，551 年高句麗正在發生政亂的事實。之前，居柒夫出於偵探的目的潛入高句麗的時候，曾在惠亮法師的門下作為沙彌僧侍講過，所以兩人互相認識。然而，居柒夫進軍的地帶是漢江上游十多處地方，惠亮卻在那裏帶著門徒在路邊迎接新羅軍的到來。這說明當時惠亮就住在這附近的寺院。❸惠亮的這番話中，可以感覺到那場政亂持續了相當長的時間，而且戰爭的餘波還波及到地方。

對於高句麗的這場政亂，日本方面有記載流傳下來。《日本書紀》欽明紀六年（545）條中的本文和引用〈百濟本紀〉的分註裏有如下記載：

是年，高麗大亂，被殺者無數。

據百濟本紀載十二月甲午，高麗國的細群和麤群大戰於宮門三日，細群敗北，斬殺其子孫。戊戌狛鵠香岡上王薨。

而且在欽明紀七年末又說到：

是年，高麗大亂。被殺者凡二千人。

---

❸ 551 年以前，居柒夫為了偵探潛入高句麗，並當沙彌，暫住於惠亮門下，以作掩飾。當惠亮識破其真實身份之後，就拜託他日後起兵攻打高句麗時，要保證自己的安全。基於居柒夫所偵探的地區和惠亮曾擔心新羅軍攻入後會危及自身安全，還有當時佛教寺院主要建於首都或大城裏等要素，惠亮所駐的寺院很有可能就在南漢江上游地區的國原城（現今的忠州），該地區位於連接漢江流域和嶺南地區的交通樞紐上。中原高句麗碑的存在以及高句麗把此地稱為「國原城」的事實，都說明此處乃高句麗當時的主要據點。新羅佔領該地之後，就立即設置小京，這也可以說是繼承高句麗城邑的措施吧。

> 據百濟本紀載，高麗在正月丙午立中夫人之子為王。年八歲。狛王有三名夫人，正妻無子。中夫人生有三子，稱（世子的）外戚為麤群。小夫人亦生有一子，其外婆家人為細群。及至狛王病危，細群與麤群各自推舉己出，從而發生紛爭。細群側被殺者凡二千餘人。

上引欽明紀七年記事是，在〈百濟本紀〉中敘述七年正月丙午（政亂發生後的第十二天）新王即位時，將前一年十二月甲午發生的兩大外戚勢力衝突事件給予敷衍說明，而在編撰《日本書紀》時，又重新把它登載上去的。❹

「狛鵠香岡上王」中狛叫「コマ」象徵著高麗，岡上意味著「原」，但是鵠香具有何意至今仍不得而知。但是從年代上看來，這個記事相傳是在安原王末期，以外戚為核心的中央貴族集團之間所發生的王位繼承紛爭。這個《日本書紀》中的記載，為理解551年前後時期高句麗政局提供了重要的線索。

另外，關於該史料是否具有真實性的問題，應該和《日本書紀》的全面考辨一同聯繫起來考慮。僅看上引史料中所傳高句麗的內亂部分，便可知該記事是透過引用高句麗的鄰國百濟方面的資料，把《日本書紀》所主張的大和政權與韓半島的政治關係毫無相干的事實加以記錄下來的。把該記事內容與前引〈居柒夫傳〉的記事內容相結合考慮，則其真實性還是可以認同的。

然而在《三國史記》中，有關陽原王即位的記述卻是這樣：

> 陽原王，或云陽崗上好王，諱平成，安原王長子。生而聰慧，及壯雄豪過人。以安原在位三年，立為太子，至十五年，王薨，太子即位。

既圍繞著他的即位並未發生什麼變亂，即位時他也已經長大成人。而且在《日本書紀》繼體紀五年二月中，引用〈百濟本紀〉的「是月，高麗弒其王安」之內容，流傳著安臧王被殺的事實；但是《三國史記·高句麗本紀》中卻沒有任何相關內容，只是說王薨無嗣子，兩種記錄有一定的差異。

---

❹ 李弘稙，〈日本書紀所載高句麗關係記事考〉，1954；重收於《韓國古代史研究》1971。

在此暫且瞭解一下高句麗史書編撰的情況。嬰陽王十一年太學博士李文真把《留記》一百卷刪修之後，編寫了《新集》五卷。到嬰陽王這一代為止，一直是陽原王的直系繼承了王位。而在圍繞陽原王即位的紛爭中，勝利的貴族勢力掌握了王權。❺所以在編寫《新集》的時候，可能刪除了有關圍繞陽原王即位發生內亂的記載。因為這個內亂對當時執權勢力來說，是恥辱的過去，而且也曾引起國家性的重大損失。即使在編輯《三國史記》的時候，並不流傳《新集》，但還是可以設想二手、三手史料來編寫的可能性。❻所以在探討陽原王七年條突厥侵攻記事之後，就會知道這種推測的可能性有多高。

再看一下《日本書紀》中所傳的關於高句麗貴族之間的內鬥記載。544 年末，首都發生中夫人一方和小夫人一方的武力衝突，經過三天的激戰，以中夫人側（麤群）勝利及其陽原王即位而告一段落。然而，在此之後鬥爭的影響可能還在全國各地持續了相當一段時間。政亂發生第七年，也就是 551 年，居住在地方的惠亮法師向居柒夫率領的軍隊投降時說過的那段話，也足可以證明這一點。在貴族間相對抗中，年僅八歲的國王想必無法收拾殘局，這也許是這場紛爭持續下去的一個原因吧。

高句麗的內鬥，對伺機收復漢江流域的百濟和企圖涉足該地區的新羅提供了絕佳時機。

㈡北齊的軍事威脅

對於 551 年，《三國史記·高句麗本紀》陽原王七年中有如下敘述：

> 秋九月，突厥來圍新城，不克，移攻白岩城，王遣將軍高紇領兵一萬，拒克之，殺獲一千餘級。

在《三國史記》對外關係的所有記載中，像這條記載一樣傳述著獨自的內容，而

---

❺ 本書第一章第一節。

❻ 李弘稙，前揭論文，1954。

非由中方史書的補綴而編寫，是極其罕見的。所以它一直備受國內外學者的關注。❼尤其是此年正是高句麗喪失漢江流域的年頭，就在此時有了突厥的侵擾事件，使人設想在高句麗的南部與北部國境線上發生某種情況的變化。但是考察突厥的發興年代就會馬上知道該記事不可信。

突厥作為蠕蠕的屬民，居住在阿爾泰山脈的西南麓，從事鍛鐵業，直至六世紀前葉，在酋長土門（Tümän，萬人長，Bumin）時期興起，發展成為一個獨立的勢力。545 年，隨著西魏正式向突厥派遣使節，突厥才開始在國際舞臺上展現其雄姿。緊接著，次年便合併了鐵勒諸部，進而在 552 年，在懷荒鎮（河北省張北縣）北部的內蒙地區擊破了蠕蠕，並殺死了其可汗阿那瓌。三年後的 555 年，完全消滅了蠕蠕，成為塞北的新霸主。❽所以在陽原王七年（551），還尚存著把突厥視為自己手下鍛奴的蠕蠕勢力❾，看來突厥尚未入侵到遼河以東的新城。由此，上引突厥侵入記載，可以理解為是虛構的。❿

---

❼ 津田左右吉斷定該記載是後人編造的（〈三國史記高句麗本紀の批判〉，《滿鮮地理歷史報告書》9，1922）。岩佐精一郎認為該記載雖然不可輕信，卻相傳著兩者間的交涉事實（〈古突厥碑文の Bökli 及び Par Purm について〉，《岩佐精一郎遺稿》，1936，頁 74）。日野開三郎同意岩佐的看法，並進一步斷定該記載的有關事件與 582 年隋文帝詔書中所說的「往年利稽察大為高麗靺鞨所破云云」的事實正相符（〈勿吉考〉，《史淵》35，1946）。護牙夫並未完全排除 551 年的可能性（〈突厥第一帝國における qaγan 號の研究〉，《古代トルコ民族史研究》，1967，頁 284－293）。李龍範則是把它理解為 551 年以後兩者間交涉的反映。尤其李龍範把該記載中提出的問題為基礎，試圖對高句麗與突厥交涉可能性進行了更廣範圍的探討（〈高句麗的遼西進出企圖與突厥〉，《史學研究》4，1959）。

❽ 《周書》卷八十四，〈突厥傳〉；《隋書》卷五十，〈突厥傳〉。

❾ 大統十二年（546）突厥降服了鐵勒諸部五萬餘落（《隋書·突厥傳》為五萬戶）之後，派去了請婚使，對此阿那瓌怒斥謂「爾是我鍛奴，何敢發是言也。」（《周書·突厥傳》）

❿ 護牙夫認為，既然突厥已於 552 年在戈壁沙漠的南部擊破了蠕蠕，那麼在此以前有沒有突厥已經進入沙漠以北地區，並於 551 年由其中的一支侵入高句麗的可能性呢？他在謹慎地提出這種疑問的同時，還試舉了 542 年突厥侵入中國邊塞（《周書》卷二十七，〈宇文測傳〉）的事例。雖然沒有趁機大力施加軍事壓力，但部分侵入還是有的，而且面對 551 年突厥的來侵，高句麗朝廷只派出一萬名士兵，由此看來，倒不像是大兵壓境。還有如岩佐所言，為了稱頌毘伽可汗和其弟闕特勤這兩位曾經居於 Orkon 河畔的英雄而樹立的兩個古突厥碑文中所記述的那樣，突厥的始祖土門和其弟室點蜜（Istämi）死去之後，前來問喪的各國中有個叫 Bökli 的。根據古土耳其語裏「M」和「B」音互換的通例，將其看做 Bökli＝Mökli＝貊句麗，那麼就可

但是，《三國史記》中有關高句麗與其他北方民族的交涉記錄是很少見的，而該突厥侵入記載也不會是在編寫《三國史記》時憑空揑造出來的，應該看成是轉載了傳承下來的史書記錄。雖然弄不清該傳承史書為何物，但再回味一下《三國史記》的陽原王七年條記載，可以看到在敘述突厥侵入記載之後，接著說「新羅來攻取十城」，這就是陽原王七年記載的全部內容。這兩件事件，從其文脈上看，像是在記述了相互間有著某種因果關係。即在這年高句麗失去了漢江流域，究其原因為突厥的侵攻，這便是陽原王七年記載的立場。這條記載同前引陽原王即位條記載一起，反映出在西元 600 年撰修《新集》時，高句麗統治階層的意圖。

551 年高句麗喪失漢江流域的內因，實際上在於貴族之間的內部紛爭。但是在《三國史記》中，拋開招致國家大損失的原因於不顧，反而歸因於 551 年不可能發生的突厥入侵上，其中自有某種原因。也許可以考慮，曾經確有突厥的威脅與侵略，影響到高句麗的政局變化。也就是說，雖然不是在 551 年發生的，但在之後與突厥展開的激烈戰爭，以及其在韓半島內高句麗對新羅、百濟的關係中發揮了巨大作用。是不是鑒於這種歷史經驗，才把其中與 551 年最近時期發生的事情記述在陽原王七年條裏的呢？

再進一步，還可以設想如下情景。大體上講，在 555 年之前，即突厥對菴羅辰（蠕蠕的末代可汗阿那瓌之子）為首的蠕蠕殘餘勢力全殲之前，突厥侵略並進入遼河流域是不可能的事。突厥侵略高句麗以前，即在 551 年前後，非突厥勢力的某種勢力確實威脅過高句麗的西部防線，並且該勢力的確分散了高句麗的全力去抵禦來自南部邊境的威脅。接著發生了突厥來侵事件，並成為高句麗長期的、更大

以認為高句麗與突厥在很久以前就有了來往。然而，〈宇文測傳〉裏的侵入事件，要是對與自己相毗鄰的西魏邊境進行抄掠是有可能的，但置宿敵蠕蠕於跟前而不顧，來個大迂回進入到遼東的可能性有多少呢？阿那瓌雖然在萬里長城附近的懷荒鎮北部擊敗，但很難把蠕蠕的勢力僅僅限定在戈壁沙漠南部。鑒於北魏分裂以後，阿那瓌勢力稍盛（《北史》卷九十八，〈蠕蠕傳〉）和要想侵入遼東平原，就必須路經契丹或室韋以及粟末靺鞨等國，所以 551 年的可能性是可以排除的。看來，土門是死於攻殺阿那瓌之後的 552 年，而室點蜜則是死於 576 年左右。

護牙夫，前揭論文，1967，頁 284。

岩佐精一郎，前揭論文，1936。

的威脅，所以把前段時期的事實和後面的突厥入侵聯繫起來，提出了把 551 年喪失漢江流域的原因歸結為突厥入侵。

兩種設想中，如按時間先後順序，設想後者的情況時，如下記載值得注意：

> 天保三年，文宣至營州，使博陵崔柳使於高麗，求魏末流人。敕柳曰：「若不從者，以便宜從事。」及至，不見許。柳張目叱之，拳擊成墜於牀下，成左右雀息不敢動，乃謝服，柳以五千戶反命。⑪

就是說在 552 年初北齊文宣帝完成了對庫莫奚的圍剿之後⑫，到達了距離高句麗西部邊境不太遠的營州，並派遣使節對高句麗施加外交壓力，最終帶回了為避開北魏末年戰亂而往東逃離的五千戶遊民。但是，在這個記載中，作為使節的崔柳的行為按常理來說是不可理解的，所以該部分很有可能是誇張的或虛構的，甚至整個事件本身的可信度都值得懷疑。

但是細想一下，當時高句麗剛剛進行完一場激烈的王位繼承紛爭，隨後又面臨著由南而來的新羅、百濟的軍事攻擊，所以高句麗盡可能要避開來自西北方面所挑起的新的軍事衝突的威脅。當時，北齊看穿了高句麗的內外弱點，採取了強硬的外交政策。面對這種壓力，高句麗朝廷和幼主可能表現出的驚慌是可想而知的。看來，即使存在著一部分誇張，但上引包括崔柳的行為在內的記載所反映的氛圍還是可以認同的，同時上引記述中所提到的北齊對高句麗施加外交壓力的事實本身還是有可信度。

北齊的壓力不僅只限於這樣的外交方面來表現。隨後在天保四年（553），文宣帝對契丹進行大規模的親征。天保三年（552）突厥擊破了蠕蠕，其殘餘勢力擁立俟利發（酋長或首長之意）注的兒子鐵伐為可汗向南遷徙，從而對契丹地區施加衝擊，引發連鎖性的混亂。於是契丹殺死了鐵伐，蠕蠕的殘餘勢力重新又北上引起紛爭。在這樣的混亂中，契丹的一部分族人又對北齊的北部邊境進行抄略，於

---

⑪ 《北史》卷九十四，〈高麗傳〉。

⑫ 《北齊書》卷四，文宣帝紀，天保三年正月條。

是 553 年，文宣帝對契丹地區實行親征，大破契丹並擄獲了十多萬頭牲口和十多萬隻雜畜。進而又在青山（遼寧省義縣東）⑬擊破契丹的別部，還親自巡視了遼河附近的昌黎城。⑭這樣的親征結果，必定震動了整個契丹族，這對這個地區一直有利害關係的高句麗來說無疑是重大的威脅（這一點在後面進行詳論），也是對遼河一線的直接軍事壓力。同時在這個時期，隨著被北齊追趕的蠕蠕的殘餘勢力逃到遼河以東，其波動直接衝擊了高句麗。

對於被突厥擊破的蠕蠕（Avar）殘餘勢力的動向，東羅馬帝國的史家席摩克他（Theophiractt Simocatta）在其記錄中說⑮：「他們逃到了 Tabgač（中國：北齊），在那裏又重新發動叛亂而遭到北齊的攻擊後，逃到了東邊的 Moukri，這個 Moukri 與中國相鄰接。Moukri 人具有堅強的精神力，他們每天都鍛煉身體，他們的鬥志非常高。」⑯

另一方面，《北齊書》卷四的文宣帝天保五年五月條裏說「北討茹茹（蠕蠕，柔然）大破之」。接著在六月條裏又說：「茹茹率部眾東徙，將南侵，帝率輕騎於金山下邀擊之，茹茹聞而遠遁」。這個記載是否與上引蠕蠕殘黨逃到 Moukri 的記載相應呢？還不太清楚。

蠕蠕的主力在 552 年被突厥在萬里長城附近的懷荒鎮北部擊破之後，便逃往契丹和北齊。因為突厥的發祥地是阿爾泰山麓，所以蠕蠕再次遭到北齊追逐，而遠遁的方向很可能就是東部方向。同時對於該 Moukri, Shavannes 把他比定為勿吉，內田吟風也把他比定為勿吉。⑰岩佐精一郎把闕特勒碑（Kül-Tegin）和毗伽可汗碑（Bilgä-kaghan）上所見的 Bökli 看成 Mökli＝貊句麗，又把 Moukri 解釋成貊句

---

⑬　孫進已，馮永謙編，《東北歷史地理》2，1989，頁 44。

⑭　《北齊書》卷四，文宣帝紀，天保三年、四年條。

⑮　560 年代後半葉以後，東羅馬與突厥建立了交涉關係，東羅馬人 Menandro 從往來於兩國的使臣那裏收集到相關資料並加以整理。席摩克他也許就是根據該資料留下了有關 Moukri 的討論。有關雙方的交涉請參看內藤みどり的〈有關東羅馬與突厥交涉的史料——Menandri Protectoris Fragmenta 譯註〉，《遊牧社會史探求》22，1963。

⑯　岩佐精一郎的前揭論文（1936）中，轉載了席摩克他關於對蠕蠕殘黨的記錄的部分法文譯文。本書參考的就是這段譯文。

⑰　內田吟風，〈柔然アウアール同族論考〉，《北亞史研究（鮮卑柔然突厥）》1975，頁 415。

麗，並根據被北齊驅趕的蠕蠕殘黨最後現身的地方，就是被營州刺史王峻擊破的朝陽附近（《北齊書》卷二十五，王峻傳）和宇文逸豆歸向東逃走的事實，推定貊句麗就是高句麗。⓲

據說，這個 Moukri 是中國的近鄰，蒙古高原於 552 年以後進入到突厥勢力的統治下。而且即便是把蒙兀室韋看成是蒙古祖先，但其名直到唐代才出現在中國的史冊裏⓳，所以，很難把他比定為蒙古國。那麼只能把他比定為東邊的勿吉或貊句麗。雖然不知道唐代「勿吉」的音韻是什麼樣，但就高句麗的情景而言，不僅前引古突厥碑文裏的「Bökli」的音韻方面，古代土耳其語中 B 音和 M 音相互轉換，而且，從碑文內容來看，跟隨唐朝皇帝（Tabgač kaghan）「往東遠征到日出的 Bökli」的句子⓴，也符合突厥出身的大將們參加唐太宗東征的事實，所以可以認定他是突厥方面指稱高句麗。㉑也就是說唐代的突厥人把高句麗稱為貊句麗。在音韻上，Bökli＝Mökli 和 Moukri 相似。在以後的一段時期裏，中亞人們把高句麗以及渤海稱為 Mugli、Mokuli；龜茲國出身的唐朝僧侶禮言編寫、真原校正的《梵語雜名》中，把高句麗稱為「畝俱理」，所以，Moukri 分明就是在稱呼高句麗。㉒透過席摩克他的記錄，可以確認出蠕蠕崩潰的波動直接影響到遼河以東地區的事實。

由於蠕蠕的滅亡而發生的一系列國際形勢的變化，以及北齊對遼西和契丹方面的壓力，雖然北齊面臨突厥的壓力，於天保五年（554）末開始在北部邊境構築長城，忙於防守㉓，而且自建國以來北齊就一直同北周進行著大決戰，沒有餘力介入塞外問題，所以其威脅還是暫時性的。但是這些動盪局勢使高句麗西部國境的局勢變得緊張起來，從而分散了高句麗南顧之力。這樣緊張的氣氛和與日劇增

⓲ 岩佐精一郎，前揭論文，1936。

⓳ 白鳥庫吉，〈室韋考〉，《史學雜誌》，第 30 篇 4 號，1919；重收錄於《塞外民族史研究》（上），1970。

⓴ 小野川秀美，〈突厥碑文譯註〉，《滿蒙史論叢》4，1943，頁 42。在這裏小野川秀美把 Bökli 視為高句麗。

㉑ 李龍範，前揭論文，1959。

㉒ 參看本書補論第二節。

㉓ 《北齊書》卷四，文宣帝紀，天保五年十二月條。

的威脅促使高句麗貴族們結束他們之間的紛爭，加緊對來自南面的新羅和百濟的壓力採取非常性措施，發揮積極作用（後述）。

㈢與突厥相爭

1.圍繞契丹族的角逐

因為北齊軍事威脅而造成的西部地區的緊張局勢，不久被新興遊牧帝國突厥的威脅所代替。這個漠北新強者的威脅比以前更廣泛、更持續的展開著。這個充滿活力的遊牧國家在制服了蒙古高原之後，越過興安嶺進入了遼河流域，並向高句麗進行挑釁，對高句麗的西部與北部地方構成強大的威脅。他首先迫使契丹和靺鞨脫離高句麗，又進一步攻擊高句麗本土的一部分地區，從根本上威脅高句麗在東北亞地區的霸主地位，兩雄之戰不可避免。雖然無法尋找出兩國之間交涉的具體記錄來支持這種臆測，但是透過幾個史料可尋出一些跡象。首先看一下圍繞契丹族這一在西滿地區最大的種族所進行的角逐。《隋書·契丹傳》記錄當時契丹族的情況最為詳細，其中有如下敘述：

> ①當後魏時，為高麗所侵，部落萬餘口求內附，止於白貔河。②其後為突厥所逼，又以萬家寄於高麗。③開皇四年，率諸莫賀弗來謁。五年悉其眾款塞，高祖納之，聽居其故地。④六年其諸部相攻擊，久不止。又與突厥相侵，高祖使使責讓之，其國遣使詣闕，頓顙謝罪。⑤其後契丹別部出伏等，背高麗率眾內附，高祖納之，安置於渴奚那頡之北。⑥開皇末，其別部四千餘家背突厥來降。

這是中國人客觀的見聞，記錄了大約從太和三年（479，長壽王六十七年）到開皇末年契丹族的動態。雖然很簡略，但憑這些就能大概估摸出圍繞契丹的西部滿洲一帶的國際關係方向。可以把上引記事①史料與《魏書·契丹傳》的下列記載相聯繫。

> 太和三年，高句麗竊與蠕蠕謀，欲取地豆于以分之。契丹懼其侵軼，其莫

弗賀勿于率其部落車三千乘、眾萬餘口，驅徙雜畜，求入內附，止於白狼水東。

該記載說明在470年後半期，高句麗的勢力已擴展到地豆于一帶。這個地帶北邊以陶爾（洮兒）河為界限，與室韋相接；南面在西喇木倫河流域，與奚、契丹等族相鄰；西邊到興安嶺的與蠕蠕相接的東部內蒙古地域。隨後因為高句麗的影響力滲透到地豆于㉔南部的契丹族地域，所以受到威脅的一部分契丹族人逃到南部，歸附於北魏。這個集團是契丹諸多莫賀弗中的勿于莫賀弗麾下的集團。㉕其他大多數集團依舊可能居住在西喇木倫河流域一帶。這透過②和③也可瞭解到。②就是居住在這個根據地的部分契丹歸附於高句麗，但僅根據上引《隋書·契丹傳》記載是無法知道，在此之前是否還有一部分的契丹族人前來投靠過高句麗。㉖只是②中雖說契丹是遊牧民族，但很難說有一萬餘家一齊渡過遼河遷徙到遼東的農耕地帶。至於⑤，若說他們居住在遼東，那更是不可能的事實。就是說他們即使是在遼河上流地區移動過，但是依舊居住在其根據地裏從事著遊牧和狩獵，針對突厥的威脅，請求高句麗的政治、軍事保護的可能性更大。㉗對於突厥的軍

㉔ 白鳥庫吉，〈東胡民族考〉，《塞外民族史研究》上，1970，頁185。

㉕ 《魏書·契丹傳》裏，稱作為莫弗賀，看來這是莫賀弗的誤記。對於莫賀弗，在《冊府元龜》卷九百六十二，外臣部，官號篇裏道：「其（突厥）勇健者，謂之始波羅，亦呼為莫賀弗」。《新唐書》卷一百九十九下，室韋傳裏稱「其國無君長，有大首領十七人，並號莫賀弗，世管攝之，而附于突厥」。其音韻可與土耳其語中意為「勇士」或「英雄」的「ba γ atur」聯繫起來加以考慮，大概是邑落渠帥的意思。「莫賀咄」與「沒賀咄」也被認為是「ba γ atur」的音寫，但護牙夫認為，至少在古突厥碑文中存在著意為「英雄」或「勇敢」的「alp」，所以他對此持懷疑的態度。（護牙夫，前揭書，頁385）

㉖ 把「又以萬家寄於高麗」中的「又」之意義，其重點放在高麗，這意味著在此以前也曾有集團來附於高句麗（李龍範，前揭論文）。若把重點放在寄附事實上，從而認為後魏時遭到高句麗的進攻，有一萬餘口前往白狼河沿岸歸附。後來遭到突厥的壓迫，又重新逃往高句麗寄附。前引〈契丹傳〉的整個記載並非對契丹族社會的變化作持續不斷的追踪，而是對鄰國的事情道聽途說，把認為值得特記的給予記錄下來。看來後者的解釋倒更接近於原意。

㉗ 對此也有人認為是契丹族向遼東地區遷移過去的。即把廣開土王陵碑文中記述的、永樂五年（395）大王所征伐過的遊牧集團「稗麗」的居住地比定成太子河流域之後，正因為有這種實例，所以認為此時寄附於高句麗的契丹族也可以視其遷往遼東地區。（李在成，《古代東蒙古

事威脅真正意義上的保護，是距離契丹族居住地最近的地方，高句麗可以進行實際性武力支援時才可能有實效的。

在遼河以西，作為高句麗的據點有叫武厲邏㉘的，它被比定為今天的新民縣。可以說這個基地對遼河線的防禦和對進入遼西的大凌河流域都具有積極意義。除此之外，雖然沒有能夠明示軍事據點存在的資料，但是有可能類推出遼西地區的契丹族居住地裏，曾存在過類似於高句麗前沿陣地的資料。㉙

上引《魏書·契丹傳》中記述，太和三年（長壽王六十七年）促使部分契丹人向北魏奔走的高句麗方面的壓力，是從地豆于方面往南施加的。這可能是直至當時契丹族中與高句麗接觸最少的西北地方一派支，受到來自其北方地豆于方面的壓力而逃到南部地區。在那個時期高句麗與契丹的一般性接觸，主要是從開原、昌圖到鄭家屯沿著遼河河岸向西連接的方向，或者是從伊通河地區向遼河上流的契丹根據地連接的方向展開。㉚

針對《三國史記·高句麗本紀》中所見的，小獸林王八年九月，契丹侵略高句麗北部地方。廣開土王元年九月，高句麗北伐契丹；擄獲男女五百人，並招諭了被契丹活捉的本國民戶一萬多人的記事，當時高句麗的領土還沒有向西越過輝

史研究》，1996，頁 207）。就此主張，我認為他作為主要論據舉出來的，「稗麗」居住地設定為太子河流域，能否成立還是個問題。永樂五年討伐稗麗之後，陵碑文對大王的凱旋路是這樣敘述的：「於是旋駕，因過襄平道，東來□城，力城。北豐五備□，遊觀土境，田獵而還」。此處的襄平即遼陽，襄平道是指通往遼陽道路。既然大王是途經襄平道往東去，此時的襄平道肯定是從西部或西北部通往襄平的道路。自然，「稗麗」居住地不可能是位於襄平東邊的太子河流域。因為太子河在遼陽的東邊。

㉘ 松井等，〈隋唐二朝高句麗遠征的地理〉，《滿洲歷史地理》1，1913。

㉙ 北魏太和年間（477－499 年），高句麗軍隊捕捉到騷擾北魏邊境的契丹人，將其押往東邊的高句麗，後來又把他們遣還給北魏（《魏書》卷三十二，〈封懿傳附封軌傳〉）。這不僅說明當時契丹族的一部分受到高句麗勢力的影響，同時還說明在遼河的西部地區，存在著高句麗的某種前沿陣地之類的實體。

㉚ 津田左右吉也認為高句麗對契丹地區的進入路線主要是在瀋陽、鐵嶺、開原方面進行的。他是先把北扶餘看做是高句麗的圈外，進而認為瓜分地豆于是不可能的事，導致契丹遷徙的直接壓力是來自高句麗領土北端的開原、昌圖方面（津田左右吉，〈勿吉考〉，《滿鮮歷史地理報告》1，1915）。

發河和興京附近，據此有人認為這些可能是對後來發生的事件，有年代上的錯誤。㉛但是那種說法可能是把高句麗的進出方向主要設定在遼東平原，並根據這個方向而設定其進出路線的做法所導致的。雖然高句麗還沒有把遼東郡和玄菟郡完全吞併掉，但是否像「北邊」、「北伐」字樣所表示的方向那樣，當時已縮小並限定在撫順一帶的玄菟郡北部地方展開的呢？按現在的地名來說，從集安往北到通化——柳河——海龍——遼源方向的進出路線會不會是因為和遼西以及遼東的慕容氏勢力衝突相對減少而容易一些呢？四世紀中葉高句麗還沒向撫順以南的遼東平原地帶伸展其勢力，但已經佔領北邊吉林地區，這些事實為這種推理奠定了基礎。㉜

這兩件事流傳著雙方在開原、昌圖、四平一帶互相接觸的情況，看來具有一定真實性。

不管是琉璃王時期來犯卻被擊破並成為屬民的部分鮮卑族，還是於建武二十五年（慕本王二年，西元 49 年）脫離高句麗統治而逃離到遼東郡的鮮卑異種滿離集團，高句麗與他們的交涉㉝，很可能都是在渾江上流到北邊輝發河和伊通河上流一線方向展開的。《隋書·靺鞨傳》中說：「其國西北與契丹相接，每相劫掠」，《新唐書·渤海傳》中說：「扶餘故地為扶餘府，常屯勁兵扞契丹」等，都流傳著在伊通河流域與契丹對敵的情況，而且把扶餘府稱為契丹道，說明在這方面高句麗與契丹進行頻繁的交流。所以如果說高句麗壓制了輝發河和伊通河流域一帶，並在契丹地域扶植其勢力，那麼他的進出路線可能就從開原、昌圖方面和伊通河流域向西開展的。雖無具體史料記載，但還是可以設想到附隨高句麗勢力圈的交通網和基地的存在。

同時在上引《隋書·契丹傳》的史料⑤中所見，高句麗與突厥有過一場角逐之後，依然指揮著部份契丹族。隋煬帝在侵略高句麗時發表的詔書中列舉其

㉛ 李龍範，前揭論文，1959。

㉜ 參看本書補論第一節。

㉝ 《三國史記·高句麗本紀》，琉璃王十一年條：《後漢書》卷二十，〈祭肜傳〉。「（建武）二十五年（遼東太守祭肜）乃使招呼鮮卑……稍復親附，其異種滿離、高句驪之屬。遂駱驛款塞。」

「罪」誹難高句麗「驅逼靺鞨，固禁契丹」。㉞這裏所說的「固禁」，是指高句麗阻止契丹脫離，投到隋國。可想而知，契丹族問題是高句麗和隋朝衝突的原因之一。部分契丹人直至高句麗滅亡還附庸於他㉟，看來高句麗對部分契丹人的統制是根深蒂固的。

高句麗對這些契丹勢力的扶植，與其說是在②中所說的那樣，契丹避開突厥的壓力，寄附到高句麗以後才開始的，倒不如說是在太和三年或者更早以前開始，高句麗勢力發揮作用的結果。550 年代中期以後，當突厥正式侵入到契丹地區時，高句麗經歷內部紛爭和進攻新羅後，面對來自室韋突厥的壓力和粟末靺鞨的攻勢，只能苦苦防守現有的勢力圈，根本就不積極經略契丹、擴大在遼西的勢力。所以②中所說的「又以萬家寄於高麗」的意思，應該理解為投靠到現在西遼河方面的高句麗勢力。雖然沒有具體史料來證明，但應該說是比較合理的解釋。

520 年代北魏發生內亂，趁混亂之際，高句麗勢力就直接伸展到遼西漢人社會裏。最近在朝陽發現的韓暨的墓誌中，說明那時高句麗抄略了遼西地區，並往東擄走相當人口的漢人。㊱看來此時高句麗對契丹族有著很大的影響力。

綜上所述，隨著突厥勢力推移到契丹地區，這個地區的居民曾經與高句麗發生過鬥爭。這個鬥爭沒有那麼容易就分出勝負，而是長期的鬥爭，這反映在上面的⑤中。

③是開皇二年（582 年）隋朝鎮壓北齊末年以來形成半獨立勢力的營州刺史高寶寧的叛亂㊲，同時隋朝勢力開始發生作用的結果。④所反映的是，契丹內部缺乏統合力，各部各自以該地區有影響力的高句麗、突厥、隋三股勢力作為後盾，互相爭鬥。在這種狀態下，還尚未統一中國的隋朝向其勢力圈下的契丹採取行動，就是表示滿足於現狀。⑤、⑥是隋朝統一中國之後，其勢力積極滲透到契丹

㉞　《隋書》卷八十一，〈高麗傳〉。

㉟　《唐書》卷一百一十，〈泉男生傳〉，「男生走保國內城，率其眾與契丹靺鞨兵內附，遣子獻誠訴諸朝……詔契苾何力，率兵援之，男生乃免。」

㊱　朱子方，孫國平，〈隋「韓暨墓誌」跋〉，《北方文物》1986 年，1 期，1986。

㊲　《北齊書》卷四十一，〈高寶寧傳〉；《隋書》卷三十九，〈陰壽傳〉。

地區而發生的變化。

以上長篇大論地回顧了圍繞契丹族政局變化的一面，即突厥入侵到高句麗的勢力範圍，並與高句麗展開戰爭。隨著隋朝的介入，隋朝的勢力漸漸占了上風。由此可以確認六世紀後半期高句麗與突厥之間相爭的一面。

2.粟末靺鞨族的脫離和突厥

高句麗和突厥的決戰好像在其他方面也展開過。考慮這一層面時，首先引人注意的是《舊唐書·靺鞨傳》中的下列記事：

> 靺鞨，蓋肅慎之地。後魏謂之勿吉。……其國凡為數十部，各有酋帥，或附於高麗，或臣於突厥。

從這個記事中可以看到突厥和高句麗分割靺鞨。但這是對廣泛分佈滿洲地區的靺鞨各部所作的概括。僅憑這些，很難掌握兩者圍繞靺鞨而展開的具體關係。例如，黑水靺鞨直到最後也沒有歸屬於高句麗的勢力範圍，而高句麗滅亡後，進入八世紀突厥在該地設置了吐屯㊳這一地方官。《隋書·靺鞨傳》記載從六世紀末到七世紀初靺鞨的動向，就靺鞨七部中粟末部有如下記載：

> 粟末部與高麗相接，勝兵數千，多驍武，每寇高麗。

在此首先有必要先瞭解一下，粟末靺鞨的活動地域。《新唐書·靺鞨傳》中說「粟末部居最南，抵太白山，亦曰徒太山。與高麗接，依粟末水以居，水源於山西，北注入它漏河」。它漏河是《魏書·勿吉傳》中的太魯水，也是《新唐書·達莫婁傳》裏的那河（或他漏河）。津田左右吉是把今天的陶爾河與東流松花江視

㊳ 《舊唐書》卷一百九十九下，〈渤海靺鞨傳〉記載：「武藝謂其屬曰：黑水途經我境，如與唐家相通，舊請突厥吐屯，皆先告我同去，今不計會云云」。據此可知，設置突厥吐屯是渤海建國以後的事。同書，〈靺鞨傳〉中稱「黑水靺鞨最處北方」，隨著高句麗的滅亡，靺鞨七部中除了黑水部之外，全都分散，並趨於衰微，這說明惟有黑水部存在於高句麗勢力圈之外。

為在同一沿長線上的松花江本流，從而敘述成粟末水匯入它漏河的。㊴實際上，這裏所說的粟末水是指北流松花江。《隋書·靺鞨傳》七部中說，白山、粟末二部距離中國最近，說明太白山（長白山）附近的白山部往南，粟末部往西，與中國最近。又說「其國西北與契丹相接，每相劫掠」。此時的「其國」，其實際意義是指靺鞨諸部中位居西邊的粟末部，若強調西北的意義，就意味著靺鞨族的居住地擴大到輝發河上流地域。

另一方面，在《太平寰宇記》卷七十一，河北道燕州條中所引的隋代《北蕃風俗記》中說：

> 開皇中，粟末靺與高麗戰，不勝。有厥稽部渠長突地稽者，卒。勿賜來部、窟突始部、悅稽蒙部、越羽部、步護賴部、破奚部、步步括利部、凡八部勝兵數千人，自扶餘城西北齊部落向關內附。處之柳城。

據此可以瞭解到，六世紀末粟末部的一部分人居住在扶餘城西北地帶。又在《舊唐書》卷三十九，〈地理志〉㈡中河北道慎州及黎州條中說道：

> 慎州，武德初置，隸營州領涑沫靺鞨烏素固部落。
>
> 黎州，載初二年，析慎州置，處浮渝靺鞨烏素固部落。隸營州都督。

在此，涑沫是「速末、粟末」，浮渝與扶餘是同音異寫，烏素固部落也是居住在扶餘地區的屬粟末靺鞨的一部。突地稽在後來被冊封為扶餘侯。㊵所以，可以認為粟末部大概是居住在包括伊通河流域和輝發河流域的北流松花江流域一帶的靺鞨族。㊶

然而，隋代的這個粟末部與其他靺鞨諸部一起處於「邑落俱有長，不相統

㊴ 津田左右吉，前揭論文，1915。

㊵ 《冊府元龜》卷九百七十，外臣部，朝貢門，武德二年十二月條。「突地稽者，靺鞨之渠長也……率其部內屬營州……拜遼西太守扶餘侯。」

㊶ 日野開三郎，〈靺鞨七部考——七部的住域〉，《史淵》36、37合輯。

一」㊷的狀態。與其說隋代「靺鞨七部」的各部為形成某種鮮明政治體的統合勢力，不如說他們是如同粟末部、白山部、黑水部等名稱上所見的那樣以粟末水、白山、黑水等大山，河川作為區分的特徵，把居住在那一帶的靺鞨族分類成某一部。或者說是使用了某一靺鞨族群中最為人知的一個大集團的名稱，並以此來作為該地靺鞨族全體的名稱，靺鞨七部大概就是指這樣的區分。

「部」是中國人指北方種族單位體時所使用的辭彙，至少到唐代還不是那種可以普遍適用的、具有一定概念的區分集團的辭彙。㊸《隋書・靺鞨傳》中說的有勝兵數千的粟末部「每寇高麗」，這個記載與其說是北流松花江流域地帶的粟末靺鞨情況，不如說是在開皇年間，由突地稽率領的以「八部勝兵數千」㊹為主力、居住在扶餘城附近一帶的粟末靺鞨一支，來投降隋朝，而向隋朝人傳述的話。另外，對此時扶餘城的位置眾說紛紜，大概認為是在農安西南附近。㊺

隋初，居住在農安附近一帶的靺鞨族之所以能夠與高句麗展開爭戰，是否可以認為是因為靺鞨族背後有突厥在給予支持呢？雖無確證，但在這種設想之下，來考察突厥興起以前扶餘地區與高句麗的關係。

有關高句麗的北部疆界線一直爭論不休，但可以認為，在五世紀從伊通河流域到東流松花江的粟末水下游地區已經納入高句麗的勢力範圍。這首先透過扶餘國的變遷可以瞭解到。扶餘國的原中心地區是吉林市一帶。扶餘國遭慕容燕的侵略之後，又由於高句麗北進佔領了吉林一帶，所以把首都遷往西部，但又因慕容燕的攻擊，使他再次遭受致命的打擊（346）。之後扶餘國便歸屬於高句麗，在農安一帶艱難地維持其命脈，後在五世紀中期，因勿吉的勢力向這一地區逼近，所以在高句麗文咨王三年（494）扶餘王室便遷移到高句麗內地，扶餘國從此便消亡。㊻

㊷ 《隋書》卷八十一，〈靺鞨傳〉。

㊸ 參看本書第二章第二節。

㊹ 《舊唐書》卷一百九十九〈靺鞨傳〉及《新唐書》卷一百〈李謹行傳〉裏稱說是一千餘家。

㊺ 參看本書補論第一節。

㊻ 同上。

另一方面，在《新唐書》卷二十〈達莫婁傳〉中記載道：

達莫婁，自言北扶餘之裔，高麗滅其國，遺人渡那河，因居之。

這裏的達莫婁大概是指居住在哈爾濱對岸呼蘭河流域一帶的居民的名稱，是北魏時期的豆莫婁。《魏書》卷一百〈豆莫婁傳〉中也有記載稱「豆莫婁國在勿吉國北千里……舊北扶餘也」。而這與《新唐書》中記載的地理位置相同，文字雖然簡短，卻都說明了與北扶餘的關係。這表明達莫婁在北魏時期就認為他們是被高句麗驅趕的北扶餘的一支，而這一看法可能是透過勿吉的朝貢使而傳入中國的。

即使這種傳承不符合歷史事實，但有人提出高句麗的威勢已經延伸到東流松花江附近的見解。[47]而且可以推測該傳承來源於五世紀末到六世紀初以前勿吉制服東流松花江流域的可能。因為北扶餘即扶餘是指吉林地區的原扶餘國[48]，而吉林市一帶在四世紀後半葉被納入高句麗的勢力範疇。六世紀後半葉以後，東流松花江一帶被納入了勿吉的勢力範疇。因此說，被高句麗滅亡的扶餘遺民渡河居住而形成豆莫婁的說法很難產生，看來該傳說形成於五世紀後期勿吉興起時。這也說明五世紀後半期的高句麗勢力已經延伸到東流松花江流域。

如果高句麗的勢力影響吉林和農安一帶，那麼這附近的粟末靺鞨自然處於高句麗的影響力範圍之內。但到了文咨王時期，勿吉以東流松花江南岸阿勒楚客（阿城）附近作為其中心地區[49]興起，並壓迫高句麗的北部邊境。看來扶餘王室遷徙到高句麗內地時，扶餘城一帶就被勿吉佔領。這時期多數扶餘人一併南遷，而這一地區則被靺鞨族居民占住了。[50]文咨王時期以後有關扶餘城一帶的情況沒

---

[47] 李龍範，前揭論文，1959。

[48] 參看本書補論第一節。

[49] 池內宏，〈勿吉考〉，《滿鮮地理歷史報告》15。

[50] 這一層面可透過榆樹縣老河深遺跡進行推測，即老河深遺跡是由三層構成。其中在上層堆中出土了北周武帝建德三年（574）首次鑄造的「五行大布」，而上層遺跡被認為是靺鞨族的。中層的遺跡被認為是鮮卑或是扶餘的。（吉林省文物考古研究所編，《榆樹老河深》1987，頁119－121）這正說明這一地區的居民先後居住的事實。

有史料記載，但可透過勿吉的興衰來推定。

勿吉的興衰可間接從勿吉對中國北朝的朝貢關係中進行推測。試看一下勿吉通過大迂迴路線進行朝貢的次數。

勿吉朝貢表

入貢年代	備考	入貢年代	備考
延興 5 年（475）	勿吉	正光元年（520）	勿吉
太和 4 年（478）	勿吉	天平 3 年（536）	勿吉
太和 9 年（485）	勿吉	興和 2 年（540）	勿吉
太和 10 年（486）	勿吉	興和 3 年（541）	勿吉
太和 12 年（488）	勿吉	武定 2 年（544）	勿吉
太和 17 年（493）	勿吉	武定 5 年（547）	勿吉
景明 4 年（502）	勿吉	河清 2 年（563）	靺鞨
正始 4 年（507）	勿吉	河清 3 年（564）	靺鞨
永平元年（508）	勿吉	天統元年（565）	靺鞨
永平 2 年（509）	勿吉	天統 2 年（566）	靺鞨
永平 3 年（510）	勿吉	天統 3 年（567）	靺鞨
永平 4 年（511）	勿吉	天統 4 年（568）	靺鞨
延昌元年（512）	勿吉	武平元年（570）	靺鞨
延昌 2 年（513）	勿吉	武平 3 年（572）	勿吉
延昌 3 年（514）	年 2 回	武平 4 年（573）	靺鞨
延昌 4 年（515）	年 2 回	武平 6 年（575）	靺鞨
熙平 2 年（517）	勿吉	開皇元年（580）	靺鞨
神龜元年（518）	勿吉		

* 此表根據《魏書》、《北齊書》以及《冊府元龜》朝貢門製作。

如上表所示，勿吉的朝貢從正始四年（507）到正光元年（520）期間最為頻繁，幾乎年年都有。其中延昌三、四年則一年朝貢了兩次。正始四年以後，如此頻繁的朝貢，可與正始年間（504－507）勿吉把高句麗勢力從扶餘地區驅逐出去並制服北流松花江下游一帶[51]的歷史事實相符合，即反映了六世紀初勿吉的興盛。而朝貢以正光元年（520）之後逐漸減少，到了武定五年（547）就完全停止了。在經歷 30 餘年的空白期後在武平二年（572）有過一次朝貢的記錄，但事實上已經中斷了。這又反映了勿吉的衰微。[52]

據《魏書·勿吉傳》記載，勿吉雖然以強悍和勇猛威脅鄰國，但卻是「邑落各自有長，不相統一」的狀態。這表明勿吉的對外膨脹最終還是沒成熟到建立具備一定統治體制的國家，即雖然以阿城地區的大部落為中心統領各個部落，但其統合力只有在戰爭或對外交涉以及祭祀儀式中，才能得到較強的發揮，平時各部落內部的事務都以自治的形式運行。這說明勿吉還沒有確立以中央常設機構來統治的上下關係。在統治秩序還未成熟的社會裏，如果連在對外交涉中發揮作用的統合力也消失了的話，其統合水平也自然降到邑落單位的地步。朝貢的中斷就說明了這一點。這時伊通河一帶的政治主導權也自然與勿吉無關。但高句麗是否再次入侵過這一勢力的空白地帶尚不太明確。

然而從 563 年起，靺鞨開始有朝貢。在《舊唐書·靺鞨傳》中有「靺鞨蓋肅慎之地，後魏謂之勿吉」的記載，而《魏書·勿吉傳》、《隋書·靺鞨傳》和《唐書·靺鞨傳》等所記載的生活畫面與《三國志·東夷傳》的挹婁極其相似，因此可推斷他們屬於同一種族。

但不過十餘年之後，其種族名稱由勿吉變為靺鞨。即使兩者的漢字古音都是

[51] 正始年間高句麗使臣芮悉弗前往北魏朝貢，北魏質問朝貢物中為何沒有黃金，他從容不迫地回答說，是因為盛產黃金的扶餘被勿吉所佔領所致（《魏書》卷一百〈高句麗傳〉）。而且同書〈勿吉傳〉中也記載著勿吉使臣攻掠高句麗的十餘個部落的史事。

[52] 正光元年（520）以後，有了 16 年沒有朝貢的空白期之後，勿吉於天平三年（536）又恢復朝貢。究其原因，自 519 年發生了羽林虎賁軍的暴動以後，523 年發生六鎮之亂，北魏全國陷入紛爭之中。這種混亂狀態直到 533 年高歡討平了爾朱氏和 534 年孝武帝西奔來到宇文泰之處，從而華北地區一分為二形成東西魏兩個政權，局勢才得以安定下來。536 年以後勿吉朝貢也可與此相關起來考慮。然而，勿吉之後再也沒有像 502－520 年那樣頻繁朝貢，並到武定五年（547）以後則完全停止。雖然 550 年北齊建國，但它不過是王朝名義上的交替，實際上仍是高氏東魏政權的延續，所以不能以中方的狀況來說明勿吉停止其朝貢的原因，而只能把勿吉的衰微當成其原因。

Mat-Kat(hat)53，雖屬同一種族，但其音寫有變化，則可能是因為其間政治主體的變換。對於向北魏派出朝貢使的勿吉的根據地，《魏書·勿吉傳》中不僅載有詳細的行走天數，而且還稱從太魯水「又東北行十八日到其國」。這表明當時北魏人清楚地認識到勿吉的中心地區，對於中心地以外的集團則可能是透過與該集團的區分來認識的，而兩者之間可能也有方言上的區別。因此可能就使用了不同字形的種族名稱。另外，在表中所見，572 年有一次勿吉單獨朝貢的記錄，此即說明「勿吉」和「靺鞨」屬於同一種族，但勿吉以阿城一帶作為根據地，而靺鞨卻不是。

靺鞨族在隋朝時期還是「邑落俱有酋長，不相統一」54，對內並沒有政治體成長的痕跡，而對外擴充除了粟末部與高句麗進行過交戰之外，沒有任何可以與勿吉相抵的行動。儘管如此，從 563 年起，勿吉卻連年向中國朝貢。這不能不說是個特例。其中尤為引人關注的是朝貢始於 563 年的事實。然而《隋書》卷八十四〈室韋傳〉裏卻有如下記載：

> 室韋，分為五部……人民貧弱，突厥常以三吐屯總領之。南室韋在契丹北三千里，土地卑濕……其國無鐵，取給於高麗。

就是說在隋代，高句麗已向南室韋——大概居住在以現今齊齊哈爾為中心的嫩河流域一帶的居民55輸出了鐵。《新唐書》卷二百一十九的〈室韋傳〉也有「土少金鐵，率資於高麗」的記載。

上引《隋書·室韋傳》記述了因為向南室韋地區提供鐵這一生產和戰鬥所必須之物質，而與他保持某種利害關係的高句麗勢力，以及派遣吐屯這一地方官來總領室韋居民的突厥，兩方勢力並存的事實。另外《隋書·靺鞨傳》則記述了一直居住在南室韋南部的粟末靺鞨與高句麗展開了鬥爭。如果不考慮時間的先後，

---

53 李龍範，〈大陸關係史——古代篇〉（上），《白山學報》18，1975。

54 《隋書》卷八十一，〈靺鞨傳〉。

55 津田左右吉，〈南室韋〉，《滿鮮地理歷史報告》1，1915。

《隋書》的〈靺鞨傳〉和〈室韋傳〉明顯存在著矛盾。即很難想像中間隔著敵對集團，高句麗也能把鐵這種沉重物越過障礙輸送到遠處的室韋。可以說高句麗和突厥的勢力在同一時期同時對南室韋行使影響力的主張是難以理解的。

那麼應該怎樣去理解把兩個記事記述成隋朝的事呢？此即與如何理解勿吉衰微之後，在農安扶餘城一帶的政局變動有著直接的聯繫。但六世紀中期以後，高句麗、粟末靺鞨、突厥三方糾纏在一起而展開爭鬥，有關扶餘、室韋地區的政局可以進行說明的其他史料尚無從查考。所以難以把握具體的事實，只是在可能的範圍內設想如下的狀況。

大約是六世紀中葉以後，由於勿吉勢力的衰微，高句麗勢力再次滲透到已無其他勢力的粟末水下游地區，即扶餘城一帶。從此，素來在該地區有著深刻利害關係的高句麗便與該地區的靺鞨族（隋代被稱為粟末部）產生矛盾。另一方面，突厥在555年消滅蠕蠕後，向四方擴張，從蒙古高原南下制服了室韋，並對其南部的粟末部採取懷柔等政策。因此粟末部得以與其宿敵高句麗展開了激烈的對抗，進而侵入高句麗領土。粟末靺鞨一面借助突厥勢力與高句麗相爭，另一方面又在利用雙雄的勢力均衡來積極展開對外交涉，因而每年向中國派出朝貢使。

當時粟末部到中國朝貢的路線應該是經遼東地區到遼西再向朝陽，但這條路線被高句麗封鎖，因此自然也要經過與勿吉相同的朝貢路線，即逆洮兒河而上，再繞過契丹的西側，或是近似此路線的西路。而當時這一地區是突厥的勢力範圍，因此沒有突厥的庇護，朝貢使每年到來是不可能的。這便如前表所示563年以後，突然出現靺鞨繼續朝貢的原因。而且在《隋書·靺鞨傳》中沒有記載粟末部與已南下到室韋一帶並帶有繼續南下氣勢的新興遊牧帝國突厥之間發生摩擦的事件，反過來記述了與當時處於戰略守勢的高句麗之間的相爭，和粟末靺鞨侵入高句麗領土的事實，正是反映了這種狀況。

後來，突厥因內部矛盾而分裂，隋朝則利用這一時機，在583年對突厥發起進攻，並大敗突厥，突厥勢力因此被大大削弱，而滲透到室韋和粟末靺鞨的突厥勢力也因之衰微。另一方面，高句麗克服了國內外危機，重新積極攻伐了北扶餘一帶，使得堅決反對高句麗入侵的粟末靺鞨的一部分勢力最終抵擋不住高句麗的強大攻勢，在大莫弗瞞咄（大酋長之意）突地稽的指揮下，逃到了當時正向東北亞方向擴展勢力的隋朝。而突地稽一派的根據地，從前引《隋北蕃風俗記》中所見，是扶餘城的西北地方，這裏正好與南室韋相連。由此可以推斷，確保此地的高句麗趁突厥勢力的衰退，向處於突厥統治下的室韋輸出鐵，從而在這一地區保持了利害關係。這儘管是一種臆測，但從現存史料上來看，這種推斷是完全有可能的。

以上查看了在西起契丹向北到室韋和靺鞨的興安嶺東麓斜面的所有地區，高句麗和突厥間展開的程度不同的角逐和對立的情況。經推斷，兩國的這種對立是從555年突厥完全消滅蠕蠕勢力以後展開的，那麼這兩大勢力的敵對關係一直持續到哪個時期呢？在這一點上，下列記錄很值得關注。

> 契丹寇營州，詔通事謁者韋雲起，護突厥兵討之。啟民可汗發騎二萬，受其處分。（中略）契丹本事突厥，情無猜忌。雲起既入其境，使突厥詐雲向柳城，與高麗交易，敢漏泄事實者斬。契丹不為備。去其營五十里，馳進襲之，盡獲其男女四萬口。[56]

即隋軍利用服屬於隋朝的啟民可汗麾下的突厥兵偷襲、擊破了契丹。這一記錄中引人注意的是在大業元年（605年，高句麗嬰陽王十六年）高句麗和突厥之間大規模的和平交易，在契丹人看來也是再自然不過的事。當然在沒有嚴格的國境線和對外貿易管制的當時，不能完全認為敵對國之間沒有進行非正式的交易。但在充滿對立和相爭的時期，那種大規模的交易還是無法想像的。這說明大業元年高句麗和突厥之間已經處於友好的、至少是非敵對的關係。

對此，也有可能提出如下疑問：605年是柳城地區被隋朝統治，一段相當時期以後，而隋朝與高句麗之間也有過一次交戰，但高句麗卻在這樣的地方與突厥進行大規模交易的可能性究竟有多少呢？對此，首先有必要瞭解當時柳城所具有

---

[56] 《資治通鑑》卷一百八十，隋紀四，煬帝上之上，大業元年條。
《新唐書》卷一百三十，韋雲起傳裏也傳有同樣的內容。

的特徵性面貌。

柳城就是現在的朝陽，自六世紀後半葉以來就是中國人與東北亞諸民族間的，或者是後者之間交易的中心地和交通要道。北齊、北周時代的高寶寧、隋代的韋沖和韋藝等都在此地與北方的各種族建立了密切的關係。尤其是後者「大治產業，與北夷貿易，家資鉅萬，頗為清論所譏」(57)的程度，是透過交易來致富的。由此看來，七世紀初，國家間的大規模的交易在這個地區盛行。接著隋朝在開皇二年（582）討伐了自北齊以來就統治該地區的高寶寧，控制了柳城（營州）一帶。但是隋的遼西郡直到隋煬帝遠征高句麗之際，即在大業八年（612）才得以設置。以汝羅城為治所，把設置在大陵河（白狼水）流域的遼西縣、瀘河縣、懷遠縣等三縣置於其治下，任命突地稽為太守。但是隨著隋煬帝遠征失敗與接踵而至的高句麗反擊，於大業十一年把遼西郡遷往柳城，突地稽一派也遷到了營州城的周邊。(58)因此介於遼河與柳城之間的遼西郡，實際上也變得有名無實。這些正說明遼西郡地域在高寶寧沒落的 582 年以後，歸屬於隋朝，但隋朝對該地域的統治力卻不是那麼強而有力。(59)換句話說，即便是在 582 年以後，在柳城地區東北亞各民族之間的交流，即使那些當事國與隋朝是相對立的勢力，卻還是有充分的可能性。大業元年突厥以與高句麗進行交易為藉口對契丹發動突襲的事件，就是在這樣的背景下得以進行的。

大業元年之際是高句麗已與隋進行了一次戰爭之後，也是突厥敗給隋朝而被強求屈從之時。高句麗與突厥自然而然地為抵抗隋朝，停止了相互間的爭鬥，大業三年（607，高句麗嬰陽王十八年）高句麗使者訪問突厥啟民可汗的牙帳，逗留在那裏，剛好與到達此地的隋煬帝相遇，這說明那時正是兩國間尋求同盟的時期。這根本就是由於隋朝的攻勢而引起的，即 589 年突厥的內部分裂和隋朝攻破突厥，589 年隋朝統一中國後推行積極的對外政策，促使東亞的國際形勢有了急劇的變化。高句麗的平原王在接收到隋朝滅陳而統一中國的消息後，大為恐慌，並即刻

(57) 《隋書》卷四十九〈韋藝傳〉。

(58) 日野開三郎，〈隋の遼西郡に就いて〉，《史淵》55，1953。

(59) 李龍範，前揭論文，1959。

「治兵積穀」，以作據守之策(60)，進而試圖改善與突厥的關係，而突厥也為了對應隋朝的壓迫，圖謀與高句麗建立友好關係。從這些層面上來看，高句麗與突厥的關係改善，可以說是從580年代後半期開始的。

看來，高句麗與突厥的相互對立與抗爭，主要發生在555年至580年間。在這段期間，尤其在突厥的鼎盛時期——木杆可汗（553－572）時期最為嚴重。在木杆可汗時期，北中國的北齊和北周爭相阿諛突厥，致使木杆可汗常常戲弄性地對其臣下說道：「我在南，兩兒常孝順，何患貧也」(61)，因此，實際上中國王朝根本就沒有介入塞外問題的餘地。

在這段期間裏，發生在高句麗與突厥之間的對峙，主要是透過如下事件得以證實：片斷地收錄於《三國史記》陽原王七年條的「突厥來圍」事件；隋文帝開皇二年（582）討伐高寶寧叛亂時下達的詔書中提到，作為擊破突厥（當時援助高寶寧）的條件之一，就是由於突厥與其鄰國之間的紛爭，致使鄰國對其抱怨，並做為其實例，舉出「往年利稽察（察是突厥的軍司令官，典兵官：用設、殺、煞、Săd來標記）大為高麗、靺鞨所破」(62)的事件等。

㈣高句麗與新羅的密約

如上所述，由於自陽原王八年（552）在西部和北部邊境線上發生的壓力紛爭，致使高句麗更沒有南顧的餘力。實際上高句麗再次試圖向南方邊境線，即對漢江流域發動攻擊的時期是嬰陽王初（590年），即溫達指揮的阿且山城戰役。(63)

---

(60) 《隋書》卷八十一〈高麗傳〉。

(61) 《隋書》卷八十四，〈突厥傳〉。

(62) 同上書。

(63) 《三國史記·溫達傳》。

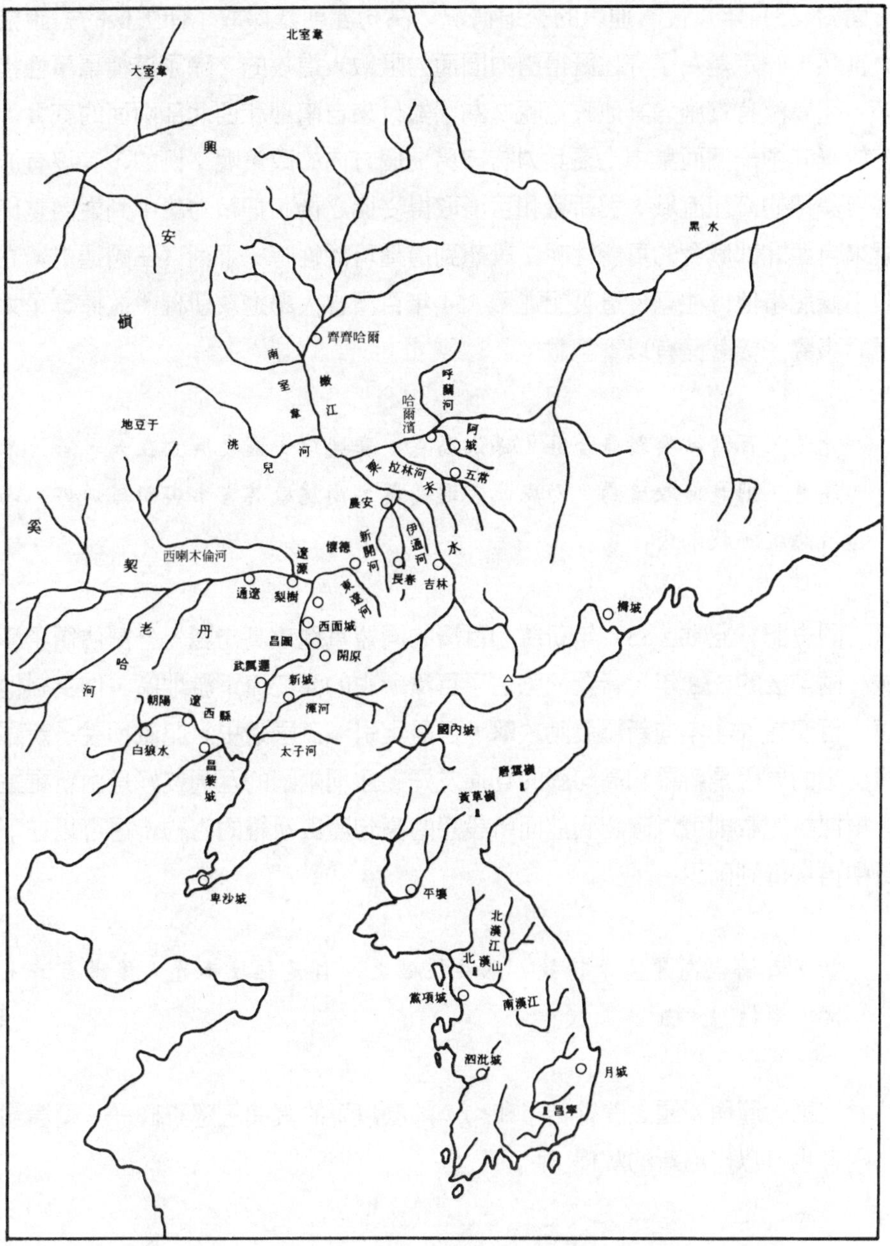

圖：高句麗喪失漢江流域的原因

面對 551 年以後一連串的緊迫情況，高句麗朝廷採取了什麼樣的對應措施呢？當然，一定是為了守住既得勢力圈而力阻敵人進攻的。除了這種軍事性措施之外，還有沒有實施過其他政策呢？為了對付來自南部和西北部兩面的威脅，有沒有放棄其中一個而集中主要兵力防守另一個方向的政策呢？例如，有沒有放棄已經喪失掉的漢江流域，與新羅和百濟取得妥協之後，把精力集中到對內整備和防禦來自西北部威脅的可能性呢？設想到這種可能性時，下列《三國遺史》卷一真興王條記事值得注意。這裏記述了 554 年百濟曾大舉進攻新羅，並掠奪了大批人馬的事實，接著又有以下記載：

先是，百濟欲與新羅合兵，謀伐高麗。真興曰，國之興亡在天，若天未厭高麗，則我何敢望焉。乃以此言通高麗，高麗感其言，與新羅通好。而百濟怨之，故來爾。

據《三國史記》記載，551 年新羅和百濟的同盟軍進攻高句麗，分割佔領了漢江流域，兩年後的 553 年，新羅又強佔了百濟所占的漢江流下游地區，作為對他的報復，百濟在 554 年向新羅發動攻擊。但是上引《三國遺史》記載卻說，新羅與百濟交戰的原因是新羅和高句麗的互通友好，並稱兩國的互通友好是由新羅主導的。根據該記載則可以確認到前面所設想的高句麗與新羅的密約。這可以在下列記載中再次得到確認。

初，百濟伐高麗，來請救，悉兵往破之。自是相攻不置。後獲百濟王殺之，滋結怨。[64]

如此看來高句麗與新羅之間締結了和約，那麼以下的真興王巡狩碑——磨雲嶺碑文的內容也可以作出新的解釋：

---

[64] 《新唐書·新羅傳》。

（前略）四方托境，廣獲民土，隣國誓信，和使交通。（中略）未有於歲次，戊子秋八月巡狩管境，訪采民心，以欲勞。[65]

在黃草嶺碑中也有同樣的記載。上引碑文中劃底線的部分可以理解成根據儒家思想的、表示太平盛世的抽象性文辭。但是若從新羅和高句麗和約的角度去考慮，字面的意思實際上就是反映了那種事實。磨雲嶺和黃草嶺的所在地是咸興北邊的蓋馬高原東斜面。要想到這裏就必須要經過大海與蓋馬高原之間的狹窄的回廊地帶。咸興一帶二世紀以來便附屬於高句麗，具有國內城腹地性質的地區。這一帶，即使是新羅由南攻上來佔領，也是不易防禦的地帶，黃草嶺和磨雲嶺則更是如此。真興王能夠親自到這種地方去進行巡狩，要是在新羅與高句麗處於相互競爭的時期，則是很難想像的事情。551 年新羅向高句麗發動攻擊。然而 568 年新羅王親自巡狩該地，那麼兩國之間的關係會不會在這段期間發生某些變化了呢？至少在 568 年時兩國應該不是對立的關係。基於這種層面和前引《三國遺史》與《新唐書·新羅傳》的記載，則很難把上引磨雲嶺碑的字面看成是抽象的文辭。在此所說的「隣國」是高句麗，「隣國誓信，和使交通」，正是反映了當時的兩國關係。

551 年新羅和百濟同盟軍攻取漢江流域之後，新羅佔領上游地區的十個郡，百濟佔領了下游的六個郡。在對高句麗的戰役勝利結束後，對新羅而言，奪取百濟所占的漢江下游是一種迫切的願望。該地區與上游的山嶽地區不同，是平原地區，而且是可以確保通往中國交通路線的地區。另一方面，高句麗則面臨著非常緊迫的狀況，即必須馬上解決貴族之間的內部矛盾和來自西北地方的新威脅，所以綏定其南部國境線是十萬火急的課題。雖然不知是哪一方先使兩國之間和好，但應該是由於兩國間一致的利害關係才達成的。

考慮到 553 年 7 月新羅要攻取漢江下游的百濟領域，則兩國之間的和約應該是 552 年或 553 年初達成的。當時高句麗把已經喪失的漢江領域以及咸興平原一帶一同讓給新羅，並以此為條件結成了兩國的和平關係。此即意味著新羅對百濟

---

[65] 韓國古代史會研究所編，《譯註韓國古代金石文》II，頁 87。

的攻擊，對於高句麗來說是在南部國境線上得到了安全保障。

在《日本書紀》裏也有關新羅與高句麗之間締結和約的記載，即新羅與高句麗共同預謀進攻百濟，所以百濟向倭國請求援兵。[66]在此所傳的高句麗和新羅之間「通謀」和百濟的「請兵」，只要排除修辭上的問題，按前引史料和狀況上來看，其真實性還是可以認可的。

以上從高句麗國內矛盾、在其西北部國境上展開的北齊與突厥的壓迫等方面，來分析了六世紀中葉高句麗喪失漢江流域的原因。如果說前者是引發551年新羅和百濟同盟軍攻佔漢江地區的直接原因的話，後者是高句麗之所以沒有對其展開反擊的原因。高句麗因內在和外在的原因而喪失了漢江地域，這不僅帶來了三國之間關係的根本性變化，而且對以後高句麗局勢的發展影響甚遠。

首先，在六世紀中葉，國內外形勢的變化促使以後在高句麗中央政界中形成貴族聯合政權。在圍繞陽原王繼位的貴族紛爭中，雖然麤群一側取得了勝利，但未能制服其他政派而獨擅政權。反對派貴族們的抵抗一直在持續著，加上551年以後又有外來勢力的入侵。國難當頭，貴族們停止了他們之間的紛爭，暫時妥協。對實權者職位的大對盧，由高級貴族們每三年選任或再任，就是妥協的表現。而長期的對外危機狀況，在維持貴族間透過暫時妥協而形成的聯合政權中發揮積極作用。隨後，貴族聯合政權的基本框架就像《周書·高句麗傳》、《舊唐書·高麗傳》等許多史書中所描述的那樣被繼續維持下去了。（對此將在下一節再論）

其次，佔領漢江流域的新羅的大躍進以及西北方面突厥的擴張，促使高句麗在當時東亞國際社會中的地位一落千丈。這一層面在與中國王朝的交涉中也反映出來。佔領漢江流域的新羅大改之前只與中國南朝進行交往，564年也開始與北齊交往。北齊對新羅王的冊封號中有「東夷校尉」的官爵，從中也可看出這一點。「東夷校尉」或「東夷中郎將」在此之前都只是授予高句麗王的官爵，以此表明北中國王朝承認高句麗作為東北亞地區代表勢力的立場。現在北齊對新羅王也賜予這樣的官爵，這表明了從現在起，不再把高句麗當作是東北亞地區代表勢

---

[66] 《日本書紀》卷十九，欽明十四年八月條。

力的立場。

當然，即便有了這樣的變化，突厥也未能戰勝北中國，未能壓制住高句麗，新羅勢力也僅僅在漢江流域和咸興平原一線上進出，處於交錯狀態，所以還沒有完全推翻了經過五世紀到六世紀所形成的東亞國際秩序。

三國關係也沒能帶來即刻統一三國的根本性變化。但是，新羅與突厥這兩大新興勢力，的確改變了圍繞高句麗形成的國際關係。即以往的新羅、百濟同盟共同抵抗高句麗南進勢頭的局面變成為三國間的爭鬥。而且由北魏對蠕蠕的相對優勢轉換成突厥對北中國的壓迫，還有從蠕蠕與高句麗建立友好關係演變成高句麗與突厥間的對立、相爭。由此導致列國間對立的尖銳化，以及摸索建立新國際秩序的活動異常活躍起來。摸索新秩序的動態和列國間的對峙，隨著六世紀末起在中國隋、唐等強有力的統一帝國的出現而產生急劇的變化。

二、貴族聯合政權和淵蓋蘇文的政變

正如前一節所見，六世紀中葉高句麗在國內外方面都經歷了重大的變化，其結果招致漢江流域的喪失。更引人注意的是在以後的高句麗國內政治狀況的記載中，出現了前所未有的新局面，即位居中心地位並主導國政的大對盧由貴族們來選任，而國王對此沒有行使多少權力。筆者曾以該記錄為中心，簡略的歸納了六世紀後期以後高句麗成立的貴族聯合政權，而這一基本框架一直維持到高句麗滅亡為止。[67]

但其間也有不少對此表示懷疑的看法。能否視其為不是政變發生後出現的短暫現象，而是長時間持續下去的呢？尤其是選任大對盧時「或不相祗服，皆勒兵相攻，勝者為之」的記載，其真實性一度被否認過。還有如果六世紀後期以後能夠設置貴族聯合政權，就會出現如何看待國王地位的疑問。

其次，與此問題相關的就是如何理解 642 年透過大規模的流血政變來執權的

---

[67] 盧泰敦，〈關於高句麗喪失漢江流域的原因〉，《韓國史研究》13，1976。
盧泰敦，〈三國的成立及發展〉，《韓國史》2，國史編撰委員會，1978。

淵蓋蘇文的政權。發生淵蓋蘇文政變的背景和對政變以後政體的討論，如果離開「貴族聯合政權」實際存在與否而辯論，則根本無法討論。在這一節裏透過對這些問題的探討，試圖對高句麗後期政治史進行側面瞭解。

㈠貴族聯合政權時期的實際存在與否問題

《周書·高麗傳》和《舊唐書·高麗傳》裏，載有大對盧的記錄：

> 大對盧，則以彊弱相陵奪，而自為之，不由王署置。（《周書·高麗傳》）

> 大對盧比一品，總知國事。三年一代，若稱職者，不拘年限。交替之日，或不相祇服，皆勒兵相攻，勝者為之。其王但閉宮自守，不能制禦。（《舊唐書·高麗傳》）

上引兩個記載的內容相通，但後者記載了更詳細的一面。《周書》和《舊唐書》各自記錄了北周和唐代的歷史，而兩書中〈高麗傳〉所涉及的時期來看，它記錄了從六世紀後期到高句麗滅亡以前的高句麗歷史。按照該說法，當時大對盧是國政運作的中心職位，而國王實際上並沒有對大對盧有任命權。如此核心的職位，國王不具有任命權，而卻是透過貴族間的實力競爭來決定，表明這時期的政治運作呈現出與之前不同的面貌。但是在這樣判斷之前，有必要先查看幾個問題。

第一，大對盧的選任是否只是在這個時期才有的獨特面貌呢？在此很早以前就有一種說法，即王的部族聯盟體的首長地位，即便是在古代國家建立之後，也因需要統率貴族們而存在著；確立王權之後，是由其麾下的大對盧代替其職能，而大對盧的選任是部族聯盟體首長選任制的遺風。[68]不僅在高句麗，百濟也流傳有選任上佐平的「政事岩」故事[69]和每三年更換一次的制度[70]，而且新羅的貴族

---

[68] 金哲埈，〈高句麗、新羅的官階組織的成立過程〉，《李丙燾博士華甲紀念論叢》，1956；《韓國古代社會研究》，1975，頁229。

[69] 《三國遺事》卷二，武王條。

[70] 《隋書·百濟傳》。

會議——「和白」也很有名。從貴族會議在三國中都發揮重要作用的事實來看，完全有理由提出「高句麗大對盧的選任，真的只是這一時期獨有的形式嗎？」這樣的疑問。

第二，六世紀後期以後，經過一百多年的時間裏，大對盧果真是如上文所說的形態——由貴族們選任的嗎？據稱如果選任不如意，則透過武力來互相「陵奪」，而國王則緊閉城門忙於自保。在中央集權化程度很高的國度裏，這麼做還能夠維持這個國家嗎？所以有人認為它是把過去曾經有過的例外事件當做是常例來加以一般化敘述的，或者過去確有透過實力對決來任大對盧的事，而這個遺制流傳下來，成為每每舉行就職典禮時都要演出的一個儀式，就像是個模擬戰鬥的場面。而中國人誤認為這是實際的武力對決，並把它記錄下來。[71]

首先來探討一下第二個問題。這個問題可以透過對《周書·高麗傳》記載的真實性的考察和《舊唐書·高麗傳》的記事是否轉載了之前的資料來加以分析。

雖說北周是由宇文護在 559 年正式建國，但他還是繼承了由宇文氏主導過的西魏。北魏是在 535 年左右分裂成東西魏的，《北齊書》裏沒有〈高麗傳〉。所以《周書·高麗傳》中被提及的內容，並不一定只記載了北周（559－581）存在期間的狀況。實際上，《周書·高麗傳》裏提到了大統十二年（546）[72]和建德六年（577）高句麗前來朝貢之事。如此看來，《周書·高麗傳》記載的內容暫時可以把它的上限設定為 540 年，下限應設定在 570 年代後期。尤其是《周書·高麗傳》裏具體提及其面貌的平壤城，並不是始建於陽原王八年（566），在平文王二十八年（586）遷都的那個長安城，而是位於現在東平壤的大城山城和安鶴宮地區[73]，所以可以設定其下限。就從隋朝於 581 年取代北周而建國的事實上來看，也是如此。隨著 577 年北周滅亡北齊，北周和高句麗的邊境才相連接，因此 577

---

[71] 請田正幸，〈高句麗莫離支考〉，《旗田巍古稀記念朝鮮歷史論集》（上），1979。

[72] 《三國史記》陽原王二年條稱「十二月遣使入東魏朝貢」。而此時東魏尚未被北齊滅亡，所以《周書》的編撰者可能是認為繼承北魏的正統性在於西魏（北周），進而把這些在《周書·高麗傳》裏提到的，卻沒提到高句麗向 550 年成立的北齊多次派遣使臣的事實。

[73] 據說「城內唯積倉儲器備，寇賊至日，方入固守。王則別為宅於其側，不常居之。」（《周書·高句麗傳》）在此所說的城是指大城山城，王之別宅是指安鶴宮。

年高句麗派使到北周，看來是高句麗方面的對應策略之一。這時期高句麗和北周曾有過一次武力紛爭。[74]以高句麗使臣的到來和兩國間的武力紛爭作為契機，北周自己肯定也收集了高句麗的相關情報，而就是它構成了《周書·高麗傳》內容的主要部分。

具體來說，《周書·高麗傳》裏提及的有關大對盧的事項，在《魏書·高句麗傳》和南朝的《宋書》、《南齊書》、《梁書·高句麗傳》裏都沒有記錄過。這些史書的〈高句麗傳〉裏，全然不見五世紀時期和六世紀前期高句麗內部政治狀況的記錄。只是在《魏書·百濟傳》裏可以看到值得注意的資訊，即472年百濟向北魏請兵時送去的國書中，對高句麗的內部狀況是這樣記述的：「今璉有罪，國自魚肉，大臣彊族，戮殺無已，罪盈惡積，民庶崩離」。這個百濟國書強調了高句麗因其內部問題已瀕臨崩潰，所以能容易攻取，以此來達到誘使北魏出援兵的目的。

即便能夠認可這些因素，但是刻意把長壽王剷除彊族的事情擺列出來的原因是什麼呢？這一點很值得注意。與下面要看到的隋煬帝在612年發表的詔書中所提到的高句麗內部狀況有著鮮明的對比。實際上，當時好像確實發生過對貴族進行大規模剷除的事實（後述），還有長壽王決定遷都平壤，並且他在位的時間相當長，太子先死，後由太孫繼承王位。由此可知當時的王權是很強大的。雖然百濟國書裏所提到的並不與選任大對盧有關，但從王權強弱的方面來看，跟《周書·高麗傳》所傳的內容有著明顯的差異。

其次，值得注意的是544年末爆發的貴族之間的內鬥。隨著安原王病情的加重，圍繞著下一個王的繼承問題而爆發了武力衝突，敗北的細群一方被殺者達二千多人。[75]這個紛爭隨著勝利的麤群一方以擁立年僅八歲的小王子（陽原王）即位之後，在首都告一段落。但其餘波還是持續了相當長的時間。[76]很顯然在收拾這一殘局的過程中，幼主絕不可能是充當主角的。國政自然是被麤群一方的貴族所

[74] 《三國史記·溫達傳》。稱溫達大破來侵的後周軍而建立戰功。按其年代來看，這裏的後周理應為北周。

[75] 《日本書紀》卷十九，欽明六年是歲條，七年是歲條。

[76] 參看本書第四章第一節。

主導。這些層面和與大對盧任選有關的事項，首次出現在《周書·高句麗傳》中，並非偶然。《周書·高麗傳》的記載應該是依靠北周自己收集的情報，或者是運用北齊收集的情報來記述的，所以應該說這記事的可信度是很高的。

接著《周書》記述下一時期的史書便是《隋書》。然而在《隋書·高麗傳》裏卻並不見有關大對盧就任的內容。而之後的《舊唐書·高麗傳》裏便可以看到上述的關於大對盧的論述。對此是否可以這樣推測：即《周書》中流傳的關於大對盧的事項，只是六世紀中期以後曾經發生的一時性的現象，而《舊唐書·高麗傳》的記事只不過是再次利用了編撰《周書·高麗傳》時所使用過的資料而已。事實上中國史書中有關外國的記錄裏，有不少是一字不改地轉載前一時期記事的例子，所以不能說完全沒有這種可能性。

但是 612 年隋煬帝遠征高句麗時發表的詔書裏，卻有言及高句麗內政的內容。

> 法令苛酷，賦斂煩重，強臣豪族，咸執國鈞，朋黨比周，以之成俗，賄貨如市，冤枉莫申。(77)

當然，該詔書是為了表述攻略高句麗的正當性，和鼓舞自己的軍隊戰勝的信心而寫的，所以不能斷定此段句子如實地反映了高句麗的內政。即便如此，完全可以提出高句麗內政的其他方面，但偏偏只提到以上的事，這點很值得注意。從 597 年隋文帝送往高句麗的國書內容中也能看出(78)，當時隋朝對高句麗的動向有比較詳細的情報，更何況 612 年已經跟高句麗進行過一次戰爭。因而上面劃底線的部分中，包含了反映當時高句麗內政一定程度的客觀事實，並按照寫詔書的目的，把這一事實用在誹謗高句麗之上。這表明當時高句麗的內政是被貴族所專擅。這與《周書·高麗傳》裏所傳的情景相通。

---

(77) 《隋書》卷四，〈煬帝〉（下），大業八年，春正月辛巳。

(78) 在此，（隋朝）譴責了高句麗壓迫靺鞨和契丹，還侵犯隋朝邊境，企圖拘留隋朝的弓匠等，南朝的陳國滅亡之後，高句麗積極備戰，防止隋朝的來侵。

再次，檢討前引《舊唐書·高麗傳》的內容，則很難把這個看成是轉載了前一時期《周書》裏的內容。關於大對盧，《舊唐書》記載與《翰苑》所引用的「高麗記」的記載一致。

高麗記曰：其國建官有九等，其一曰吐捽，比一品，舊名大對盧，總知國事。三年一代，若稱職者，不拘年限。交替之日，或不相祗服，皆勒兵相攻，勝者為之。其王但閉自守。次曰太大兄，比正二品，一名莫何何羅支。次鬱折，比從二品，華言主簿。次大夫使者，比正三品，亦名謁奢。次皂衣頭大兄，比從三品，一名中裏皂衣頭大兄。東夷相傳，所謂皂衣先人者也。以前五官，掌機密，謀政事，徵發兵馬，選授官爵。

「高麗記」與《新唐書·藝文志》所載的「奉使高麗記」是同一本書，好像是由640 年出使高句麗的陳大德所寫的。[79]看來《舊唐書·高麗傳》也參考了此書。陳大德預想到總有一天唐朝會遠征高句麗，所以在出行高句麗時，他為了得到有關高句麗的山川地勢和主要城池的詳細情報而努力。[80]因此他肯定對高句麗內政相當關注，所以對提及有關高句麗權力核心的「高麗記」記載予以高度重視。他在著述「奉使高麗記」的時候，便是參考了 636 年編寫的《周書·高麗傳》或成為該書範本以前的某些記錄，很難說他沒有對高句麗內政最核心部分——大對盧的事項——確認就隨便轉載。具體來講，他還跟專程從平壤趕來拜訪的大對盧見過幾次面。[81]因此「高麗記」中所傳的有關大對盧就任的事項，應該有相當的真實性。

如此看來，前面所引的《周書·高麗傳》和《舊唐書·高麗傳》的記載是有一定的可信性，六世紀中期以後到 640 年左右的期間，高句麗的國政被貴族們所左右的假設應是沒問題的。尤其是後者說大對盧的任期為三年，「稱職者」則不

---

[79] 吉田光男，〈翰苑註所引高麗記について〉，《朝鮮學報》85，1977。

[80] 《新唐書·高麗傳》。

[81] 同上書。

拘年限。所謂「稱職者」是指很盡責地履行這一職責的人，但這畢竟是政治性判斷而已。實際上當時貴族之間的力學關係中，哪一方佔據了優越的地位，他就可以長期執權。這是《周書·高麗傳》中不曾見到的句子，看來是反映了其間變化的一面，即表明在貴族階層內選任大對盧的事已成為慣例，所以就出現了相關的準則，而現實上也已經形成了主導性的貴族勢力，從而確保了相當穩定的基盤。事實上很難把這種每三年一次、透過實力對決來選拔大對盧的做法長期實施下去的。如果把《舊唐書·高麗傳》的有關大對盧記事，重點放在可以連任的部分去理解的話，這種疑問也許會消除的，當然也不是某一貴族勢力占絕對性優勢就能霸佔權力。《舊唐書·高麗傳》記載，在大對盧選拔這一既定框架範圍內，透過「稱職者」的形式，其執權延長才被允許。

而且據「高麗記」記載，國家的主要政務是由從大對盧到第五等級的皂衣頭大兄的上層五個官員所構成的會議體決定，而大對盧則總管國政。這也表明大對盧雖然是執權者，但當時的政體基本上是根據貴族合議制來運作的。所以如果貴族間力學關係的均衡被打破，隨之而來的武力對決爆發的可能性也就存在。

下面考察一下前面所提到的第一個問題，即以大對盧和貴族會議為中心的國政運作是否在這時期首次實行的問題。

據「高麗記」載，大對盧相當於正一品，總管國政，看來大對盧既是官等，又是官職。大對盧之名稱是以對盧作為前提的，高句麗官等體制存在著像太大兄——大兄——小兄等類型的一群官等，這樣，大對盧使人聯想到對盧這一官等的存在。但是「高麗記」所傳的官等中卻不見對盧。對盧在《三國志》、《後漢書》以及轉載《三國志》內容的《梁書·高句麗傳》中被作為主要官等，但《魏書·高句麗傳》以後到《新唐書·高麗傳》的史書則看不到。[82]三世紀後期以後的某一時期成立的一元化的官等體制中，「對盧」被排除在外，但這並不意味著五世紀以後就沒有關於對盧的記載。《三國史記》記述475年高句麗軍攻佔百濟

---

[82] 《隋書·高麗傳》中，對盧作為高句麗官等而出現。然而在羅列官等名稱時是以「太大兄，大兄，小兄，對盧，意侯奢，烏拙，太大使者，大使者，小使者……」等順序排列的。這並非以官等的高低依次排列的，而是以漢字意思按種類別排列的。在這裏的對盧看似大對盧之誤寫。（武田幸男，〈高句麗官位制の史的展開〉，《高句麗史と東アジア》，1989，頁378）

漢城：

至是高句麗對盧齊于、再曾桀婁、古爾萬年等帥兵，來攻北城。[83]

其中再曾桀婁和古爾萬年本來是百濟人，但後來亡命到高句麗，並成為高句麗軍將帥，參加了漢城攻堅戰。在上面記事中似乎對盧只局限於齊于，還是對三人都適用呢？這並不十分明確。但是從再曾桀婁和古爾萬年也是以高句麗的將軍身份參戰的事實來看，應該是屬於後者。

此外，為了應付 645 年唐太宗的侵略，十五萬高句麗中央軍火速前往安市城。在與敵軍決戰前夕召開的作戰會議上，年事已高但經驗豐富的「對盧高正義」反對野戰軍司令官高延壽和高惠真所主張的與敵人正面交戰，而主張展開持久戰。[84]

上引兩例中的對盧並非官等名。但如果把它看成特定的官職也是個問題。從前者的情況來看，實際上把高句麗遠征軍司令官的齊于和其他從百濟亡命而來的二人看成同一官職是過於牽強的。但是齊于等人是作為指揮官來率領軍隊，而高正義也參加了作戰會議，由此看來兩者都具有相當的地位和身份。如果說以「對盧」來表現他們的地位，從中可見對盧乃是對當時具有一定身份或地位的貴族的稱謂。

由於缺乏這一時期有關對盧的更具體的記錄，所以要掌握其具體性質有困難。但是值得注意的是有學者把對盧和新羅的對等關聯起來，具體來說是把這個「對等」的名稱起源理解為高句麗的對盧。[85]其根據是《日本書紀》中記述的新羅的「上臣」即上對等，在《日本書紀》的古訓裏被稱作「萬加利陀魯（マカリタロ）」，那麼「萬加利」為「大」，「上」之意，所以「陀魯（タロ）」便就是

---

[83] 《三國史記·百濟本紀》，蓋鹵王二十一年條。

[84] 《三國史記·高句麗本紀》，寶臧王四年條。

《舊唐書·高麗傳》裏並不見「高正義」其名，只記述了「對盧」之稱號。而《新唐書·高麗傳》裏又稱作「大對盧」，但這看來是「對盧」的誤記。

[85] 末松保和，〈上對等について〉，《新羅史の諸問題》，1954，頁 319－323。

「對等」之意。對等的語源是否源於對盧呢？這還不十分清楚[86]，但對等不是官等或分掌特定業務的官職，卻是表示上層貴族身份的稱號[87]，在這一點上與對盧的性質是相通的。

具體來講，在赤城碑、北漢山碑、磨雲陵碑等碑文裏被記為「對等」的異斯夫、居柒夫、弩里夫，當時就兼兵部令等中央官職。雖然他們的官等與官職各不相同，但都被記載成對等的事實，表明對等並不是特定官職，同時可以肯定對等是指上層貴族的一種稱號。[88]這與把高句麗齊于等三名指揮官都說成是對盧的情況是相通的。同時在昌寧碑裏記載 20 餘名對等，說明同一時期有不少對等。如果不把對等看成是特定的官等或官職，而只是上層貴族的稱號，那麼這些事情當然是可以有的。這樣高句麗對盧的情況也就可以設想。在新羅存在著由對等構成的貴族會議，而上對等就是該會的議長。[89]高句麗的情況是這樣的，據「高麗記」記載，有五等級的位元頭大兄以上具有高級官等的人聚集起來決定國家的重要機務，大對盧則總管國政。「高麗記」中的大對盧既是首相，又是由高級貴族構成的會議體的議長，這一事實是完全可以設想的。還有如果貴族會議議長是大對盧，那麼可以推斷貴族會議成員的稱號就是對盧。

另一方面，既然五世紀對盧就已存在，那麼也可以設想當時由大對盧和對盧會議擔當了國政的主要部分。[90]如若那樣，五世紀時也跟六世紀中期以後一樣，大對盧和對盧會議成為國政運作的中心嗎？

《魏書·高句麗傳》是這樣記載五世紀的狀況的：「其官名有謁奢、太奢、大兄、小兄之號。」這裏只記述了構成高句麗官等體制骨幹的「使者類」和「兄類」的一部分，所以對當時大對盧和對盧會議的存在或其權能，不得而知。但是

---

[86] 丹陽赤城碑中所見的「大衆等」，其實體與對等很相似（李基白，〈丹陽赤城碑發現的意義及有關王教事部份的檢討〉，《史學志》12，1976）。所以對等的直接語源應該從這裏尋找，而「大衆等」本身倒像是起源於與佛教相關的辭彙。

[87] 李基白，〈對等考〉，1961；《新羅政治社會史研究》，1974，頁 71－81。

[88] 李文基，〈關於新羅真興王代臣僚組織的一考察〉，《大丘史學》20、21 合輯號，1982。

[89] 李基白，〈上對等考〉，1962，《新羅政治社會史研究》，1974，頁 89－127。

[90] 尹成龍，〈高句麗貴族會議的成立過程及其性質〉，《韓國古代史研究》11，1997。

如果大對盧像六世紀中期以後那樣，是以高句麗國政運作的核心而存在，在記述高句麗的官名時，不管那是官等還是官職名，不可能不涉及到大對盧的。而且如同 472 年百濟致北魏的國書中所見那樣，當時王權已經很強大，所以即使作為貴族會議議長的大對盧存在過，貴族會議和大對盧的功能和比重，至少跟六世紀中期以後的是大不相同的。

當然大對盧和對盧會議不是始終都與王權處在衝突的位置上。大對盧或上對等的設置本身意味著王權的延伸[91]，同時也反映王權擴張的限度。因而王權和貴族會議在一定限度上具有共存互補的一面。但是一旦權力之軸大大傾向於某一方，那就很難設想了。新羅中期隨著王權的延伸，上對等的作用大大萎縮[92]，正說明這一點。六世紀中期以後，高句麗的情況恰恰與此相反，就像「高麗記」所傳的那樣，當因大對盧的選拔不如意而發生武力衝突時，國王卻起不了任何決定性作用。當時正是剷除一些貴族、形成一元化官等制、遷都、擴充全國範圍的地方制度之時，所能設想的王權的形態是有著顯著差異的，即六世紀中期以後的政治現象與之前時期有顯著的差異。

如上所見，不妨把六世紀中期以後看作是貴族聯合政權時期。如果這時期的國政是以大對盧和貴族會議為中心而運作的話，王的地位又是怎樣呢？下面就來研究一下這個問題。

㈡王的地位

構成政治權力的力量大致可以分為武力和權威兩種。兩者雖然緊密聯繫在一起，但不一定是一致的。因為兩者作用的空間並不一樣，六世紀中期以後高句麗王權在其權威層面顯現出明顯的底氣不足。事實上，單看「高麗記」所傳的第五官等以上的高級貴族們透過會議處理、決定國政的記載，只要是在貴族會議存在的前提下，這一層面在六世紀前半以前也有可能性。這一點新羅的事例可供參

---

[91] 金哲埈，前揭論文，1956。
李基白，前揭論文，1962。

[92] 李基白，前揭論文，1962。

考。新羅雖然在中古期王權就日益強大，但是正如《隋書·新羅傳》裏所說，「其有大事，則聚群官詳議而定之」，可見仍舊是由貴族會議（對等會議）來負責國政的主要部分。

但問題的關鍵在於王對執行國政的貴族會議所行使的影響力本身。在這一點上，圍繞著大對盧的選任發生的貴族間武力相爭中，王所採取的對策有象徵性意義。當然如前所述，大對盧選任並不總是伴隨著武力衝突。但是，在面臨崩潰的狀況下，王所能發揮的影響力的局限性，在平常的政局運行中也反映出來，看得出這時期王權對調節貴族之間的矛盾以及主導國政是有限度的，所以可以確認執權力之牛耳的是大對盧和貴族會議。

但是這樣的狀況持續了一百多年，甚至在淵蓋蘇文的政變中，王被殺害的事件發生之後，王室還是維持著，並沒有發生王朝的更替或王室的交替。[93]因為其他單一有力貴族是無法解決貴族聯合政權本身所固有的問題，也無法代替一直以來王室所持有的權威空間。

即便是在貴族聯合政權期間，在高句麗人心目中，王室依然是神聖的，而且為維持其權威，對王室始祖的崇拜就很具有象徵性。朱蒙和他的母親柳花各自以登高神和扶餘神被神格化，在全國主要地區修建他們的神廟，並加以供奉，還置相關官司。[94]對王室始祖神格化，是採取以王室為中心、團結國家的政策，並在四世紀後半期正式實施[95]，在五世紀初的廣開土王陵碑、牟頭婁墓誌中可以完全確定。始祖神格化是與原有的日神和水神信仰以及祭儀相結合而推進，所以在高句麗人的心中變得越來越根深蒂固，對統合發揮圓心凝聚的作用。645 年遼東城遭受唐朝侵略而處於危機，（守將）在朱蒙祠做祭祀，祈求神靈擊退敵軍[96]，就說明了這一點。對王室的始祖神格化就是為了體現王的尊嚴和正統性，即時王繼承「天帝之子」朱蒙的血脈，作為「天孫」是神聖的。[97]這種觀念是透過每年舉

[93] 此所謂王室交替，是指王室的血統更換了，但其國號仍然維持不變。

[94] 《周書·高麗傳》。

[95] 參看本書第一章第一節。

[96] 《新唐書·高麗傳》，《冊府元龜》卷三百六十九，將帥部，攻取第二李勣條。

[97] 參看本書第二章第三節。

行的祭儀被反復推崇。

當時，在最大型的祭祀十月東盟祭中，時王身為最高的司祭，主持這個祭祀。[98]東盟祭本來是一種祭日神和水神的與秋收感謝祭有著同樣性質的祭儀。但作為自然神的日神和水神，以及由其轉化成的天帝和地母神，隨著王權的強化及其超越性威嚴的強調，與桂婁部王室的始祖朱蒙、柳花相結合在一起，形成一體化。[99]由王主持對這兩神的祭祀儀式，也就是誇示自己作為「天孫」的神聖性。654 年倭王孝德致高句麗的國書中指稱高句麗王為「高麗神子」[100]，這反映了當時高句麗的國際威望的同時，也說明其王具有神聖司祭的性質。

此外，每年三月三日在平壤的樂浪丘陵舉行的大規模狩獵活動，由國王和他的臣下以及五部士兵一起參加，用捕獲的動物來為天地和山川祭祀。[101]這時祭天的主持者是王。王參加各式各樣的活動，並主持祭儀，這本身就給該活動賦予了「神聖的」因素，還具有團結參加者的意義。

王的這種神聖的權威不僅體現在宗教方面，在社會的各個層面上對團結高句麗人有很大的影響力，不是某一個有勢力的貴族所能代替的。當時，貴族之家都誇耀自己家族有優越尊貴性的家系傳統。[102]然而像這樣的家系傳統是無法跟被譽為日神和水神後裔的王室家族相比擬的。

王所擁有的權威和他發揮出來的統合力，不僅只是起源於宗教方面的，現實中王室的基礎也是相當牢固的。例如在高句麗貴族階層中，高氏姓所占的比重很

---

[98] 《舊唐書·高麗傳》。

[99] 有關朱蒙之母柳花的地母神之性質，主要有以下一些論文討論。
三品彰英，《古代祭政和穀靈信仰》，1973，頁 190－203。
金哲埈，〈東明王篇中所見神母之性質〉，《柳洪烈博士華甲記念論叢》，1971；重收錄於《韓國古代社會研究》，1975。

[100] 《日本書紀》卷二十五，大化元年七月丙子。

[101] 《三國史記·祭祀志·溫達傳》。

[102] 貴族的家系傳統中原來也會有主張自己的始祖來源於日神或天神，以及賦予它的某種神聖性，但這種要素在某一階段，也許是四世紀後半葉，隨著王室始祖神話的確立而被除掉，向標榜自己與王室具有某種關係的低級傳承形態發展。（徐永大，〈高句麗貴族家門的族祖傳承〉，《韓國古代史研究》8，1995）

高也說明了這一點。雖然還未發現能夠分析和把握當時構成高句麗貴族階層的有關姓氏資料，但是從現有的文獻中發現，在對唐朝戰爭期間活躍過的人物當中，高氏占絕大多數。[103]這不能單純地看作是戰爭這種非常時期，僅局限於軍事部門發生的現象。相反地在戰爭中，相對來說有更多樣的人物出現在戰爭這個舞臺，所以對理解高氏將領的比重問題並沒有不合理的地方。當時能夠擁有自己的姓氏，就已表明是貴族家族中的一員，所以可以認為高氏是當時貴族階層中最大的姓氏。在現傳的有關渤海人姓氏資料中，可發現高氏是繼大氏之後的第二大姓。

當然，並非所有的高氏都是王族，如高慈家族那樣因功賜姓的有之[104]，冒稱的亦有之，尤其是賜姓的居多。而且當時高氏並沒有形成一個統一勢力或廣泛結成血緣紐帶的關係。因為血緣分化已經有了相當的進展，所以已被旁系化而分出去的這些貴族們，事實上已經喪失了身為王族的意義，更何況是被賜姓的呢？自然他們是按各自的利害關係而活動，而且在政治上也沒有統一。譬如 642 年淵蓋蘇文透過弒殺國王、發動大規模的流血政變而掌權後，在 645 年為了擊退入侵唐軍，任命高延壽和高惠真為十五萬防禦軍司令官，恰恰說明了這一點。

但是，以某種機會為契機而成為高氏的家族，一旦先自稱為王姓，讓子孫繼承，並借此來顯耀一下自己家族的威望，所以他們與王室肯定帶有一定的紐帶感。高慈家族的情況就是一例，他們強調與王室的婚緣，作為炫耀家族的由來和

---

[103] 在對唐戰爭期間（645－668）與唐軍的戰鬥中，由於發揮了這樣那樣的作用而被載入史冊的有如下人員（只是王、王子、淵蓋蘇文及其家族，還有僧侶則除外）：

645 年：高延壽（褥薩），高惠真（褥薩），高正義（對盧），孫伐音（白岩城主），高突勃（白岩城戰鬥時將軍），高竹籬（被俘於唐軍的高句麗間諜）

648 年：高文（將軍），所夫孫（泊灼城城主）

654 年：安固（攻擊契丹的將軍）

658 年：豆（或立）方婁（赤烽鎮戰役時的將軍），溫沙門（橫山戰役時的將軍）

667 年：師夫仇（逮捕新城城主並舉城投向唐軍）

以上 12 人中 6 人為高氏姓。在高句麗的上層高氏姓的人居多，這也可透過渤海事例得到證實。渤海的「有姓人」，即身為支配層而其姓名在史書中流傳的共有 223 名，其中大氏姓為 64 人，高氏姓為 39 人，李氏姓為 17 人等。他們所具有的品階也是大氏最高，其次為高氏。（林相先，〈渤海有姓人的品階和社會位相〉，《韓國古代史研究》13，1998）

[104] 〈高慈墓誌銘〉，《譯註韓國古代金石文》I，頁 509－512。

尊貴的基礎。而身為王族的高氏不管是直系還是旁系則更具這一層面的情感了。雖然在現實的政治活動中其路線各不相同，但王族這個「大框架」對他們的意識和現實存在的基礎是很有影響力的。高氏在貴族聯合政權下依然是很有力的高級貴族，並且在貴族階層中是一個佔據著絕大多數的姓氏，這對於淵氏等其他姓氏的貴族來說，是不能忽視的。這也正是王室權威被認可的現實背景。

推翻王室的權威並試圖確立新的權威，則要伴隨一次劇烈的動盪，而敢於行動又何其至難啊！難就難在，從武力的角度來講，要有一個能夠打破貴族聯合政權體系的強有力的貴族出現，並形成權力的一元化時才有可能實現，卻不容易實現。

如同《周書·高麗傳》和《舊唐書·高麗傳》所述，如果貴族們對大對盧的選任不滿意，就展開武力相爭，這時他們把自己麾下的兵力，即私兵和支持自己的公兵（國兵）動員起來。這些貴族之間在首都裏的武力紛爭，是某一派徹底殺戮反對派而很快告一段落，但是紛爭的餘波要是擴大到地方就不是那麼簡單能解決了。

安原王末年（544）的貴族紛爭在首都爆發了連續三天的戰鬥以後，緊隨著新王陽原王即位，紛爭表面上告一段落。但其後紛爭的餘波波及地方，持續了好幾年。[105]淵蓋蘇文一派在 642 年發動政變，對王和反對派貴族大清洗，並另立新王，很快在首都控制大局；緊跟著，對地方的反對派進行肅清，如對安市城的攻擊就是一個例子。但攻陷安市城未果，淵蓋蘇文便與安市城城主妥協，認可了安市城城主的地位[106]，同時安市城城主也承認淵蓋蘇文為新的執政者，並臣服於他。政變之後，收拾殘局的方式不僅只限於安市城的這種方式，而且淵蓋蘇文一派也沒有透過它徹底集權。同時很難說這種妥協方式只是在 642 年政變中才出現的情形，看來在貴族聯合政權下是常態現象。

在貴族聯合政權時期，被派往地方大城的地方官叫褥薩，下一級城的叫處閭近支，再下一級即縣級城的叫婁肖。其中褥薩和處閭近支既有民政權，又有軍事

---

[105] 參看本書第四章第一節。

[106] 《新唐書·高麗傳》。

權。[107]所以主要城的城主們根據政治狀況的變動，可以調動其麾下的兵力，並單獨行動，上述的安市城城主便是一例。而且在地方的城池中，國內城作為別都，它在政治上、文化上所占的比重很大。現在集安市裏遺留著很多五世紀以後修築的古墳墓。其中五盔墓的 4 號和 5 號墳在其天井上各自刻畫著黃龍和青龍圖案，玄室規模在壁畫古墳中是最大的。很難斷定，這些古墳是用來安葬平壤的王室或貴族的屍體，還是安葬了國內城的土著貴族。但不管是何種情況，它都說明遷都平壤以後，國內城依然是主要的政治、文化中心。這種現象到六世紀中期以後也一直持續著，而且該地區在不同時期也成為了對抗中央政府的根據地。陽原王十三年（557）干朱理之亂和 666 年被諸弟排擠的男生以國內城為根據地進行反叛就屬其例。所以，對於在中央執權的貴族勢力來說，不得不時常顧慮來自以國內城為首的那些地方上的有力城主們的威脅。

當時，地方城主都是由中央任命，而貴族們大都集中居住在平壤和別都國內城以及漢城的五部裏，並將原籍置於此。所以主要城的城主們形成分權性地方勢力的情況是極少有的。然而在首都的貴族們都想讓自己的人或自己族內人擔當主要城的城主而煞費心思是足以想像到的。[108]這樣被安排下去的城主們自然與中央貴族勢力在政治上有著密切的聯繫，在首都發生的紛爭也必然波及到地方，因此某一派在首都透過政變，圖謀徹底集權，也就非常困難了。

在很難徹底集權化的情況下，貴族們在接受權力分點的基礎上調整相互間的紛爭，而這在選任大對盧和以貴族會議為中心的國政運作中得到了具體化。但身為實權者的大對盧在其權力的兩個中樞，即武力和權威上未能構築起牢牢的根基，因而有不穩定性。而彌補這一缺陷的恰恰就是王。貴族之間產生矛盾時，國王就出面調解，有時用國王的權威公認大對盧的選任結果，支持大對盧的正當性。同時在貴族聯合政權下維持國家統合力的層面上，王的權威具有無比重要的意義。頗為戲劇性的是，王的存在成為安定和維持貴族聯合政權的基礎。

---

[107] 參看本書第三章第一節。

[108] 高慈的曾祖曾經歷任莫離支，祖父也出任了柵成都督（褥薩），其父身為位頭大兄時任將軍。這是作為中央貴族家族的一員前往地方出任城主的具體事例，表現出了中央貴族勢力和地方城主相連結的一面。

然而，王所持有的統合力並不是以自己為中心，就能製造出新局面，並帶動他在前進過程中發揮作用，而是在維持現狀或發生事故的情況下，他才被動地發揮收拾殘局的作用，他無法擺脫因缺少武力的「權威」所持有的統合力的局限性。作為貴族之間矛盾的調節者，如果說王想要介入政爭中，並企圖改變現有的力學關係，就會招致強烈的武力反抗。淵蓋蘇文的政變就是典型的例子。接下來在考察淵蓋蘇文的政變之前，首先瞭解一下淵氏家族的來歷。

㈢淵蓋蘇文的政變

1.淵氏家族登臺的背景

642 年政變以後，淵蓋蘇文終身執政，他死後由其子世襲了他的權力，並一直持續到 668 年高句麗滅亡為止。高句麗末期的權貴淵氏家族在 642 年以前已經是一個很有實力的貴族。對淵氏家族的來歷，男生的墓誌銘上是這樣描述的：

> 曾祖子遊，祖太祚，並任莫離支。父蓋金，任太大對盧。乃祖乃父，良弓良冶，並執兵鈐，咸專國柄。⑩⑨

按照碑文上所寫，淵氏家族在男生的曾祖父時就開始任莫離支等高位。在碑文中只記述了三代⑪⓪，但實際上在更早的時候就已經興起了。⑪⑪假若一代為 20－30 年左右，就可以預測淵氏家族在六世紀後半之後就成為有權有勢的貴族家族。這兒值得留意的是，在說明其家庭來歷時，並沒有對中始祖的記述，始祖的來歷中

---

⑩⑨ 「良弓良冶」的原意是「繼承家業」。至於「家業」的實體可以從後面的執掌兵權這一句中體會得到。而且在獻誠墓誌銘中也強調了其曾祖和祖父曾「捉兵馬」。所以把「良弓良冶」解釋成「善於養兵」，較為合適。

⑪⓪ 高慈墓誌銘中在談及其祖先時只溯及三代。然而，在唐代撰述的墓誌銘中，記述先祖時究竟要溯及幾代，是沒有一定的基準（毛漢光撰，《唐代墓誌銘彙編附考（1-）》，中央研究院歷史語言研究所刊，1984～）。

⑪⑪ 男產墓誌銘中稱「乃高乃曾，繼中裏之顯位，惟祖惟禰，傳對盧之大名」云云。（韓國古代社會研究所編，《譯註韓國古代金石文》Ⅰ，頁 529）。這說明最晚也在男產的高祖，即死於 666 年的淵蓋蘇文的曾祖那時起，淵氏家族就已嶄露頭角。

沒有涉及到與王室始祖朱蒙的相關內容的記述。

這一點與同一時期撰寫的高慈的墓誌銘剛好形成對照。高慈家族也是一個在高句麗後期很有權勢的貴族家族。他先是在唐朝為官，696 年契丹族舉行反唐起義後，並侵略遼東，這時他作為唐軍的成員一同參加戰鬥，後來死在遼東的磨米城戰鬥中。其墓誌銘上寫著，其家族的始祖曾跟著朱蒙參與了建國事業，而中始祖高密在與慕容燕的戰鬥中立下汗馬功勞，被賜姓和封食邑，並冊封為公侯，以此來誇示其家族是名門世家。像這種對家族來歷的記述，在牟頭婁墓誌上也可以查尋到，即炫耀自己的始祖與朱蒙一起從北扶餘來到高句麗，而中始祖又在北扶餘地區擊退了慕容燕。[112]就是說，兩者都在建國初期和國家遇到危機時對國家的中興立下了巨大的功勳，並與王室很早就有了很深的因緣。

與此相比，男生、男產、獻誠等淵氏家族的墓誌銘中全然不見這些要素。相反為了表現家族的來歷和威望，提出了始祖是受到精靈之氣，從泉（淵）中出生；而且也不見有關中始祖的記述。這與高慈或牟頭婁的記述是有明顯的差異。換言之，這表明了淵氏家族對高句麗的建國和對慕容燕的戰爭中並沒有發揮什麼作用。所以說，淵氏家族是在四世紀末，大概是在遷都平壤之後，才新興的家族。[113]

遷都平壤不單只是意味著王城所在地的變更。平壤在很長一段時期內是樂浪郡的郡治所在地，是一個文物發達的地區，早在廣開土王時期就開始在該地築建了九個寺院[114]等，是深受重視的地方。隨著遷都平壤，以國內城地區為根基的現有統治階級在構成上肯定發生了變化。當然，遷都平壤是在王室的主持下有條不紊地進行的，所以在高句麗統治層構成的變化上，很難想像到百濟遷都熊津時所出現的那種急劇變化。[115]但是遷都後，出身於新都平壤的貴族中，肯定會有一部

---

[112] 武田幸男，〈牟頭婁一族と高句麗王權〉，《高句麗史と東アジア》，1989。

[113] 林起煥，〈六至七世紀高句麗政治勢力的動向〉，《韓國古代史研究》5，1992。
本書第一章第一節。

[114] 《三國史記·高句麗本紀》，廣開土王二年條。

[115] 百濟遷都熊津以後，在貴族階層的構成上有了重大變化。這可以透過百濟致南朝的宋國和齊國的國書中，請求給予封爵的百濟貴族的姓氏變化中可以見到。蓋鹵王四年（458）請求宋國封爵的 11 人中 8 人姓扶餘氏，而到 490 年則由 7 人降到 3 人。再到 495 年，則 8 人中無一是扶餘氏（《宋書·百濟傳》，《南齊書·百濟傳》）。

分躋身於高級貴族階層，而隨著王權的強化，在相當程度上使現有貴族階層的版圖發生變化，這一點是可想而知的。

遺憾的是在427年後的相當長的時期中，關於高句麗內政的任何記錄都沒有流傳下來，直到460年後半葉，才有零星的記述。

(A)高麗民奴久等相率來降，各賜田宅。[116]

(B)高肇……自云本渤海蓨人。五世祖顧，晉永嘉中避亂入高麗。父颺，字法修，高祖初，與弟乘信及其鄉人韓內、冀富等入國。拜厲威將軍、河間子，乘信明威將軍。[117]

(C)高崇，字積善，渤海蓨人。四世祖撫，晉永嘉中與兄顧避難奔於高麗。父潛，顯祖初歸國，賜爵開陽男，居遼東。[118]

(D)高賓，渤海蓨人也。其先因官北邊，遂沒於遼左。祖暠以魏太和初，自遼東歸（北）魏，官至安定郡守衛尉。[119]

上引記事全是北魏方面的記錄。這時期突然出現了對高句麗亡命客的記錄，這可以從兩個層面歸納其原由：一是北魏與高句麗兩國的關係變化，二是高句麗內政的發展。先看前者，439年圍繞著北燕問題，北魏與高句麗發生大對決之後，兩國便斷絕了外交關係，直到462年兩國關係才得以恢復。但在472年百濟使臣曾向北魏請兵，因剛好要和回國的百濟使臣同行的北魏使臣，試圖經過高句麗境內前往百濟國，卻遭到拒絕，所以再次導致了兩國間的紛爭。緊接著因高句麗王室送給北魏顯祖一位出身高句麗王室的女子作後宮的問題，兩國間又發生矛盾。幸好該問題因顯祖的死去而告一段落。[120] 462年兩國外交得到恢復後，隨著這一系列事情的發生，北魏對高句麗的關注想必會大大加深了。高句麗的亡命客以前也

---

[116] 《魏書》卷七上，〈高祖紀〉（上），延興元年九月壬午。

[117] 《魏書》卷七十七，〈高崇傳〉。

[118] 《魏書》卷七十七，〈高崇傳〉。

[119] 《周書》卷三十七，〈高賓傳〉。

[120] 有關這一時期兩國間的一系列外交紛爭，請參看本書第三章第二節。

曾出現，但一直未曾記錄，而此時出現北魏政府優待亡命客如高麗民奴久⑫等的記錄，恰好說明這一點。這一時期高颺等亡命北魏，北魏朝廷授其官職等，也可從這一層面上加以理解。至少在外觀上看，北魏勢力拉出向遼東附近延伸開來的架勢，動搖了一部分漢族人士⑫，並亡命到北魏，而北魏則為了應對將來可能與高句麗發生的情況，也考慮到亡命客的利用價值，所以才給他們提供一些優待的政策。

從後者的角度上看待這些記事時，首先看一下 472 年百濟國致給北魏的國書內容。依照百濟國書，當時高句麗對貴族階層進行大規模的肅清，認為高颺等的亡命與該時期發生的肅清有著某種聯繫⑫，這並非毫無道理。

460 年代後半葉以後，關於高句麗亡命客跑到北魏的記載突然出現在《魏書》的理由，歸為以上兩種情形，均有可能，而兩種層面同時作用的可能性也不能排除。

有過相當規模的肅清是事實，隨之也一定會有一部分現有貴族被淘汰，而這些空缺則被一些新貴族們上臺所填補。現有中下級貴族階層的人士、亡命客及附屬地出身的人士，可能就是其對象。對後者而言，前面提到的百濟出身的，來到高句麗後成為對盧的人就屬此類。還有流傳於廣開土王陵碑上的，遠征東扶餘之後凱旋歸來的「慕化隨官來者」如味仇婁等，好幾個東扶餘地區的鴨盧⑫——儘管弄不清他們後來的命運如何——暫且也可歸為這一類。

---

⑫ 把「高麗民奴久」（《魏書》卷七上）斷開讀成「高麗，民奴久」之後，理解成對他優待，從而推定民奴久出身於高句麗貴族階層（林起煥，前揭論文，1992）。

⑫ 也有把高颺等視為高句麗系貴族而非漢系的看法（徐永大，〈高句麗平壤遷都的動機〉，《韓國文化》2，1981）。他把高颺的亡命解釋為長壽王為了強化王權而進行肅清的結果。筆者雖也有同感，但既然高颺的系譜已明示為漢系，沒理由非把他視為非漢系出身。尤其是考慮到高颺亡命後不久，他的女兒就被北魏孝文帝立為後宮，而她所生的兒子後來成為魏世宗，則更是如此（《魏書》卷十三，孝文昭皇后高氏）。

⑫ 徐永大，前揭論文，1981。

⑫ 關於鴨盧有以下兩種見解：一是把它理解為與東扶餘各地區的代表貴族一樣，稱為「加」或「干」那樣，是一種稱號（朴時亨，《廣開土王陵碑研究》，1966，頁 207）；二是把它視為可移動的聚落（武田幸男，前揭書，頁 65）。看來還是把它理解為稱號比較合適。

當考慮身份制的時候，這些出身附屬民或亡命客的人在一定程度上的高升並非那麼簡單。埋葬在德興里古墳的漢族人士「鎮」，死在遷都平壤以前，雖然他擁有築造大壁畫古墳的勢力，但他的官等只是停留在「小大兄」上。還有依據最近在遼寧省朝陽市附近發現的「韓暨墓誌」記載，孝昌年間（525－528）高句麗趁北魏內爭，蹂躪了朝陽一帶。時任平州司馬諮議參軍的韓暨之父詳，就在此時徙居到高句麗。據稱高句麗朝廷給了他「大奢」即大使者的官等。[125]此外，在長壽王在位初期死去的牟頭婁也身居大使者官等，而他的祖先也位居大兄官等。[126]這些事例表明，像亡命客、出身附屬地區以及出身中下級貴族的人士，隨著王權的強化和集權化，儘管步入仕途比以前活躍，但是想要上升到五等以上的位頭大兄是很難的。實在難以想像在遷都平壤之後，身份等級上即刻就能發生變化。但隨著時間的流逝，才逐漸反映出在這些方面細微的變化跡象。

身份基本上是伴隨著出生而擁有的歸屬性地位，是由父母雙方的血緣關係所決定的。所以特權身份的婚姻都是身份內婚（status endogamy）的。眾所周知，在二世紀後半葉到三世紀中半葉這段期間，高句麗王室與出身絕奴部進行世婚。之後這種世婚雖未再被確認，但好像是與出身原五部的傳統貴族家族結婚。貴族們相互之間的婚姻想必也是這樣的。但是遷都平壤以後，平壤地區成為高句麗統治階層的中心地區，在婚姻方面的變化是可以預想到的。關於這一點，下列《三國史記·地理志》中所傳的記述值得關注：

①漢陽郡……領縣二。……遇王縣，本高句麗皆伯縣。景德王改名，今幸州（地理志二，漢州）。

②王逢縣，一云皆伯，漢氏美女迎安臧王之地。故名王逢（地理志四，高句麗）。

③達乙省縣，漢氏美女，於高山頭點烽火，迎安臧王之處。故後名高峰（地理志四，高句麗）。

---

[125] 朱子方、孫國平，〈隋「韓暨墓誌」跋〉，《北方文物》，1986年1期。

[126] 武田幸男，〈牟頭婁一族和高句麗王權〉，1981；前揭書，1981，頁322－334。

①中的遇王縣和②中的王逢縣是同一個地方，就是現在的高陽市幸州。③一般是被視為高陽市一帶。[127]遇王是以漢文方式把王逢表記成的，好像是在新羅景德王時期改的名，而王逢似以高句麗語中的「皆伯」做諧音的。「皆伯」的「皆」，在壬辰倭亂之前的光州版千字文中把「王」字寫成「긔ᄌ王」，在大東急紀念文庫本千字文中寫為「기ᄎ王」，可以看出它意指為「王」。「伯」在通古斯語中與有「發現」之意的「baka」一詞相通。[128]即皆伯與「王逢」、「遇王」是同一個意思。「皆伯縣」如同在〈地理志〉所載那樣，在高句麗當時是否也被稱為縣呢？這雖有疑問，但無論是何種形態和何種名稱，都可以認定它是一個行政單位。同時皆伯這一地名也可視為高句麗時期的名字。在此引人注意的是安臧王就在此地遇見漢氏女的記載，也可以認為這種傳說是依據皆伯的地名而被後代所創造出來的。但是安臧王這一具體的王名又如何解釋呢？《三國史記·高句麗本紀》並沒有故意設定安臧王與此地有特殊關係的跡象，而「安臧王紀」本身也很簡單，所以也不存在透過它來誘發這種傳說要素的可能。還有如③所見，與安臧王有聯繫的傳說在鄰近地區也流傳著。

從這些方面考慮，是不是可以把該記事看作是從高句麗時代開始流傳下來的呢？還有如果它是被加工出來的神話，既然安臧王以主人公的身份登場，說明在安臧王以後的某個時期才有這種傳說。然而，從安臧王時代（519－531），沒過多久，由 551 年以後起，「皆伯縣」地域便先是被百濟、後來被新羅合併。不到 20 餘年裏形成了這種傳說，似乎有點過於倉促之嫌。基於此，應認為該記載中的傳說反映了安臧王時期實際發生的事情是比較合理的，即有關安臧王與漢氏女的記載並非源於皆伯這一地名，相反地，皆伯的地名是依據某一事實而產生的。

王在尋訪途中與當地的女人發生關係，這種事情在新羅炤知王時候也曾發生過，這不是極例外的事情，所以也沒什麼好奇怪。為了更加理解安臧王和漢氏女的情況，察看一下記錄所傳的有關炤知王的經歷。

---

[127] 韓國精神文化研究院編，《譯註三國史記》4，注釋篇（下），1997，頁 362 裏則比定為高陽市官山洞。

[128] 李基文，〈韓國語形成史〉，《韓國文化大系》V，1967，頁 880；〈有關百濟語研究的若干問題〉，《百濟研究——忠南大學開校三十周年紀念特輯號》，1982。

炤知王的羅曼史在《三國史記·新羅本紀》炤知王二十二年條中有記載。具體來看，二十二年九月炤知王遇見捺巳郡郡人——可能是該地區有權勢者的女兒碧花之後，多次前往該郡與她發生關係，但誹難之聲四起，就把她「偷偷」接到宮裏，安置在別室，後來生了個兒子。跟著十一月炤知王薨。從其構成上看，九月條記事是把在其間炤知王與碧花的關係綜合在一起記述的。那麼非要把它記述在九月條裏，則是因為炤知王之子就在此月出生。

但值得留意的是，繼炤知王即位的是他的從堂兄智證王。而在智證王繼位條上記述的是，因炤知王無嗣所以才由智證王即位。炤知王雖生有一子，卻完全被忽視，可以是因為這孩子的母親身份卑微所致。但是炤知王二十二年九月條記事始終是以非難炤知王的口吻敘述，而且僅過兩個月炤知王就死了。尤其是炤知王微服出訪碧花並留宿在與捺巳郡相鄰的古陀郡的一個老嫗家裏，更隱瞞身份，向老嫗詢問民間對現王如何評價，老嫗指責炤知王與碧花的關係如「夫龍為魚服，為漁者所制」。有人把這位老嫗視為薩滿⑫⑨，當時的薩滿具有輿論代言人的作用。⑬⓪總體來說，九月條記事給人的一種感覺是，對緊接著炤知王的死亡作預兆性說明。這一點與冷水里碑文聯繫起來看也是一樣。據碑文內容，與新羅本紀上的紀年不同，至都盧葛文王是在炤知王死去幾年後才繼位的，這表示智證王的王位繼承並未順利進行。⑬①這說明，對於炤知王與地方出身的女子發生關係並生孩子的事，當時六部貴族之間曾引起過強烈的反抗和由此而產生了鎮痛。炤知王非正常死亡的可能性很大。

炤知王之事也可與安臧王的遭遇相比較，兩者間有相似點也有不同點。首先，正如前文所說，反映安臧王和漢氏女的羅曼史的「皆伯」這一地名兼行政單

⑫⑨ 崔光植，〈三國史記所載老嫗的性質〉，《史叢》25，1981。

⑬⓪ 可以把老嫗的話理解為，由於炤知王與捺巳郡出身的女子相結合，使權勢過分集中於該地區，因而引起了鄰近古陀郡地方勢力的反抗。果真如此，則從六部貴族們的立場上看，那確實成為貴族不滿炤知王的行為的一個因素。所以，古陀郡老嫗之言得以傳播開來。這在具有輿論的代言者功能的層面上是相一致的。

⑬① 鄭求福，〈關於迎日冷水里新羅碑的金石學考察〉，《韓國古代史研究》3，1990。

位是安臧王時所設置的。這說明「皆伯縣」地區有權勢家族之女——漢氏女[132]，不管是以何種形態，在當時已被公認為是王的女人。同時這使她和與她有聯繫的人進入中央，更具體來講，可能被編入首都的五部。這與遭受貴族的反抗以悲劇收場的炤知王羅曼史是有著明顯的差異。但是安臧王也是被殺害的。[133]接著即位的是其弟安原王。《三國史記·高句麗本紀》安原王即位條中記載他「身長七尺五寸，有大度」，因安臧王死無嗣子，故由其繼位。對於安臧王的被殺事件隻字未提，這使人聯想起新羅本紀智證王的即位記載。總之，有關安臧王的被害原因沒有流傳下什麼，看來把漢氏女接入宮裏之事雖得到了公認，但肯定是引起了貴族間的矛盾和不滿。

以上考察了有關安臧王和漢氏女的傳說。透過它瞭解了遷都平壤一個世紀之後，在高句麗的通婚圈中起了什麼樣的變化，而這種變化又與現存的秩序發生了什麼樣的矛盾。換句話說，反映了現有的身份壁壘在點點滴滴地逐漸發生著變化。這一現象，在安臧王被殺、安原王即位以後持續著，隨即產生的矛盾也愈發增大。這就是安原王末年所發生的貴族間的紛爭。

544 年末爆發的這場紛爭，其直接原因是要選安原王的子女中誰為王位繼承人的問題。大夫人即正妃沒有兒子，而安原王又病危，在這種情況下，貴族各自擁立中夫人和小夫人所生為太子，形成「麤群」和「細群」，展開武力對決，結果麤群勝利。[134]由於沒有中夫人和小夫人的家系，以及構成麤群和細群人士的任何資料，所以很難把握政亂的詳情。但中夫人一方和小夫人一方各自為積聚勢力而努力，而且麤群和細群間的鬥爭在首都雖以短期爭戰而告一段落，但其後的一段時期裏，政亂的餘波仍在持續[135]，對身份相對低微的她們來說，政亂成為跨越現存的身份障礙而來個政治上翻身的有利條件，這一點還是可以猜測到的。並且以此次政亂為契機而成立的貴族聯合政權，把大對盧從貴族當中選任出來，如果

[132] 漢氏女的姓氏是漢這個看法過於牽強，是不是把「旱」、「干」、「翰」等具有首長之意的詞，把其音給記述下來的呢。

[133] 《日本書紀》繼體紀五年二月條，「高麗弒其王安」。

[134] 《日本書紀》欽明紀六年是歲條，七年是歲條。

[135] 參看本書第四章第一節。

貴族不滿意，則透過實力對決來決定，所以貴族們為了勢力的聚集而繼續努力，這樣的身份壁壘也會由此而得到緩和。[136]著名的傻子溫達傳說也是敘述了出身相對低微的溫達，其身份上升以後，與公主結婚的故事，這只有在當時的這種時代背景下才有可能的。[137]這與前述的安臧王與漢氏女的羅曼史的情形是相似的。新興貴族的淵氏家族能夠嶄露頭角的時代背景也得從這種側面尋出所以然來。

在644年政亂中淵氏家族很可能就站在麤群一方。看來淵氏是以此次政亂為契機而興起的。[138]從這以後，淵氏家族雖非為王族或舊家名族，但屢代都過著高層貴族的生活，等淵蓋蘇文政變以後，其地位變得更加鞏固。接下來讓我們透過考察淵蓋蘇文的地位，來弄清貴族聯合政權時期淵氏家族的勢力基礎。

2.政變之前淵蓋蘇文的地位

對642年淵蓋蘇文的政變，《新唐書·高麗傳》中有如下記述：

> 淵蓋蘇文，或號蓋金。姓泉氏，自云生水中，以惑眾。性忍暴。父為東部大人、大對盧，死，蓋蘇文當嗣，國人惡之，不得立。頓首謝眾，請攝職。有不可，雖廢無悔。眾哀之，遂嗣位。殘凶不道，諸大臣與建武議誅之。蓋蘇文覺，悉召諸部，紿雲大閱兵，列饌具請大臣臨視。賓至盡殺之，凡百餘人。馳入宮殺建武，殘其屍投諸溝。更立建武弟之子藏為王。自為莫離支，專國。猶唐兵部尚書、中書令職。

在此稱淵蓋蘇文的父親為東部大人，《舊唐書·高句麗傳》稱淵蓋蘇文為西部大

[136] 據「高麗記」記載，具有第五官等的位頭大兄以上貴族聚在一起議決國事。即便是在貴族聯合政權時期，也與之前時期一樣，第五等和第六等之間仍存有一個斷層。說明這個時期在官等制的運行中，仍尚存著因身份差異而出現的不可逾越的壁壘，而這在身份制的社會裏是極其自然的現象。只是，能夠上升到第五等以上的身份階層的範圍和閉鎖性，較之於從前怎樣，才是問題所在。這一點筆者認為怎樣也會有些緩和或變化吧。

[137] 李基白，〈溫達傳的檢討——對高句麗貴族社會身份秩序的瞥見〉，《白山學報》3，1967；重收錄於《韓國古代政治社會史研究》，1996。

[138] 李弘稙，〈對淵蓋蘇文的若干存疑〉，《李丙燾博士華甲紀念論叢》1956；重收錄於《韓國古代史研究》，1974。

人，兩者之間有些差異。當時能夠準確把握高句麗動向的營州都督張儉，在政變爆發一個月後的十一月份上呈給大唐朝廷的報告文中，寫著「高麗東部大人泉蓋蘇文云云」⑬⑨，看來東部大人是正確的。然後，淵蓋蘇文在其父死去後打算攝職，並用「當嗣」來表現。據稱攝職的對象是「東部大人大對盧」，而這是要透過眾人的同意才行的。當時的大對盧是透過貴族們的選任而產生，在政變之前淵蓋蘇文似已被選為大對盧。果真如此，則淵蓋蘇文等於是在政變後從第一位的官等大對盧退居到第二位的莫離支。但這在官職體系的運作上是很矛盾的。所以曾有人認為大對盧和莫離支以及大人是同一實體。⑭⓪

但這是錯誤的。在高句麗官等體系中，莫離支與第二等的太大兄是同一實體⑭①，與第一等的大對盧是不同的。那麼政變後淵蓋蘇文是從大對盧退位後，把大對盧和貴族會議架空而後成為莫離支的嗎？⑭②那是不可能的。政變之前他並不是大對盧。問題是男生和其子獻誠的墓誌銘中稱太祚時任莫離支，而不是大對盧。⑭③應該更要重視直系後孫的墓誌銘。太祚的職位應視作是「東部大人莫離支」，而淵蓋蘇文是想承襲這個職位。

但是莫離支畢竟是個官等，同一時期可能有過幾名莫離支。⑭④而且當時在一個官職上可以就任的官等有好幾個。儘管官等與官職並非無關，官等並不保障一定的官職。所以淵蓋蘇文頓首謝眾，請求「攝職」的對象不可能是莫離支這一官等，而是東部大人這一官職。張儉的報告中也稱其為「東部大人淵蓋蘇文」，因此政變之前他的確是東部大人。

---

⑬⑨ 《資治通鑑》卷一百九十六，貞觀十六年十一月丁巳條。

⑭⓪ 末松保和，〈新羅建國考〉：前揭書，1954。

⑭① 武田幸男，〈高句麗官位制及其展開〉：前揭書，1989，頁394。

⑭② 同上。

⑭③ 男產墓誌銘中稱「乃高乃曾，繼中裏之顯位，惟祖惟禰，傳對盧之大名，云云。」乍看好像在說其祖太祚也曾任過大對盧。之所以這樣，不過是在對其高祖、曾祖、祖、父進行敘述時，為押韻才如此敘述的，很難說太祚也歷任過大對盧。其父淵蓋蘇文曾任太大對盧是事實。

⑭④ 645年擊退了唐軍的入侵之後，寶臧王於次年十二月派遣時任莫離支的次子任武入唐（《三國史記》寶臧王六年十二月條）。當時淵蓋蘇文也是莫離支。在百濟，義慈王為自己的四十一名庶子授予佐評官等的事例（《三國史記》義慈王十七年條）也不無存在。

在瞭解東部大人的性質時，首先應該要瞭解這一時期「東部」的性質。當時在高句麗的首都和別都各設有五部，這些五部便是首都和別都的行政區劃單位。同時貴族們都屬於五部，所以它具有一種貴族原籍的性質，此即表明「東部大人」不可能是與高句麗初期的五部首長具有相同的性質。再看一下東部大人的「大人」，這種提法在《三國志·高句麗傳》中有，即「消奴部本國主，今雖不為王，適統大人，得稱古鄒加」，這裏大人被理解為是首長或族長。當時消奴部是在桂婁部王權的一定統制下享受自治的單位政治體，跟高句麗後期的方位名部有著不同的性質。此外在不同時期的中國史書中常有「大人」的辭彙，從其用例上看，對「大人」本身沒有一定的概念。「大人」的性質只能透過它被描述的那個時代的具體情況來確定。

「東部大人」先從其名字上講，可以設想兩層含義：其一是「東部所屬的大人」的意思，其二是「掌管東部的大人」的意思。前者是把其所屬或原籍置於東部的大人，後者是指東部這個行政單位之長的意思。若按前者的意思去考慮的話，因為當時的五部已不再是具有族的紐帶或共同體凝聚力的自治體[145]，所以「東部」所屬本身很難發揮作用。「東部所屬的大人」中比重傾向於大人的，即其重心在於東部所屬「大人」其個人所擁有的勢力根盤上，淵蓋蘇文就是想要承襲這一點。此時「大人」就成為一種尊號。他所要攝的「職」本身就成為「眾」所論難的對象，而且他說「有不可，雖廢無悔。」這與其說「攝職」是繼續了其家族的私人勢力基礎，還不如說是承襲了公職更為順理成章。這樣，「東部大人」不能被視作是「東部所屬的大人」。

理應把「東部大人」解釋為「掌管東部的大長」。當時把首都劃分而成的五部，一方面它是行政單位，同時也因為各部都握有兵力，所以它又是軍事編制單位。之所以把五部之長的褥薩稱為軍主是有其道理的。[146]淵蓋蘇文是繼承其父職成為東部褥薩的。

---

[145] 「高麗記」中有一段「內部雖為王宗，列在東部之下」句子。據此，有認為在當時部也是以血緣關係為基礎，帶有族的團結力的集團傾向，但筆者並不這麼認為（參看本書第三章第一節）。

[146] 參看本書第三章第一節。

另一方面，有人可能對此提出這樣的疑問：即當時的褥薩是可以世襲的職位嗎？筆者認為在貴族聯合政權之下，中央集權體制仍繼續維持，從原則上來說官職並不是世襲的。[147]如果說褥薩一職是可被世襲的，那麼當「衆」反對淵蓋蘇文攝職時，他號召「衆」，並徵求「衆」的同意，這是說不通的。只是當時由於勢力關係和親戚關係等原因得到「衆」之認可，從而長期就任於某一特定職位，或者由一個家族繼續任該職的情況是有的。正如從四世紀後半葉到五世紀初期，牟頭婁家族的人經常被派遣到北扶餘地區做地方官[148]的事實中所見，以前也有過類似的事。在貴族聯合政權之下，這種情況可能更為頻繁。就淵蓋蘇文而言，其父太祚長期擔任東部褥薩並掌握東部的兵權，而且作為具有莫離支官等的高級貴族，勢力很大。所以在部分貴族的眼裏，由他繼承這個職位也許被視為理所當然。這個與世襲為原則具有不同的性質。而且因他的性格殘忍兇暴，所以起初「衆」人反對他「攝職」，也許他的性格確實很殘暴，但是導致「衆」所反對的理由並不在此，而實際的緣故是其家族長期掌握著東部的兵權。在此所說的「衆」是指在「高麗記」中所載的，掌握著人事權的具有第五等級的位元頭大兄以上官等的貴族會議成員們。結果他們無法否定長期以來掌握著東部兵權的淵蓋蘇文家族的親緣和威勢，而不得不同意他攝職。

以上分析了政變之前淵蓋蘇文的地位是東部褥薩。《新唐書·高麗傳》裏稱說淵蓋蘇文發動政變時動員了「諸部」，《舊唐書·高麗傳》中則說是動員了「部兵」。此時的「諸部」或「部兵」可以視為以東部兵為中心的五部兵。也就是說，其勢力基盤主要是東部兵。這有助於理解在貴族聯合政權下，貴族們的勢力基礎。

雖然五部兵的構成和運作是在有權勢的貴族的影響力之下，但他畢竟不是私兵而是公兵。這時期有權勢的貴族除了從國家那裏得到祿邑和公職之外，還有私人經濟基礎，並率領著像門客這樣以私人關係連結而成的追隨者，形成龐大的勢

---

[147] 同上。

[148] 武田幸男，〈牟頭婁一族及高句麗王權〉，《朝鮮學報》99、100合輯，1981。

力。⑭在這一過程中，有權勢貴族中核心的勢力基礎是公兵和公組織，這一點從東部褥薩淵蓋蘇文身上得到確認。進而，貴族們在大對盧選任時，所動用的武力，也很難說一定是屬於各貴族的私兵，不否認會有私兵，但決定政局的關鍵要素應該還是公兵。⑮當然貴族們致力把自己人安排到公兵和公組織中，而且與他們努力維持個人的關係。「男生墓誌銘」中記述著其祖、父因良弓良冶⑯而掌握兵權，說明他們在這些方面傾注了很大的精力。看來各行政以及軍事單位中，公與私的雙重因素同時在作用著。

然而只要是各組織的開支費用和對其首長的人事權尚未完全落入個人手中，則公共的性質基本上不變。自然而然，掌握著這些公共組織人事權的、由第五官等位頭大兄以上的高級貴族組成的貴族會議成了權力的中心，而大對盧這個貴族會議之長便成了政爭的焦點。同時由於人事權掌握在貴族會議那裏，所以他又呈現出牽制著某一貴族家族勢力過分擴大的一面。透過貴族會議的相互牽制和均衡，還有王對貴族會議的決定所賦予的權威同時發揮作用，使得國家機器的公共性質和國家統合力得以維持。然而牽制和均衡是流動性的。矛盾在貴族會議中無法得到調整時，只能透過武力來加以解決，有時它還會以劇烈的形態出現，從而威脅到整個聯合政權。淵蓋蘇文的政變便是這樣的一個例子。

3.政變後的政體

⑴政變的原因

政變的原因在於貴族聯合政權本身是不必多說的。究其近因，首先是淵氏家族的強大。淵氏家族作為新興的貴族家族，六世紀後半葉以後便開始顯達，尤其是太祚在軍事方面已嶄露頭角。⑰《日本書紀》裏是這樣記述有關淵蓋蘇文政變

---

⑭ 既然同一時期新羅的貴族們具有如此一面，那麼可以完全設想，高句麗貴族們也帶有相同的一面（盧泰敦，〈羅代的門客〉，《韓國史研究》21、22，1978）。

⑮ 盧泰敦，〈關於高句麗喪失漢江流域的原因〉，《韓國史研究》13（1976）中曾經認為「私兵」是其主要部分。現聲明更正。

⑯ 參看注⑲。

⑰ 在男生和其子獻誠的墓誌銘裏，均擺列出其先祖們，並強調了太祚和淵蓋蘇文執掌兵權，由此可以推定。

時高句麗使臣所說的話：

> 九月，大臣伊梨柯須彌弒大王，並殺伊梨渠世斯等一百八十餘人。遂立王弟之幼子為王，與己同姓之都須流金流為大臣。[153]

這裏伊梨渠世斯的「伊梨」是淵的釋讀，所以可以把他視為淵氏家族的成員。被殺的成員中，他作為代表人物而被例舉出來，說明當時他身居高級官職，這也說明了整個淵氏家族的勢力是很龐大的。淵氏家族得勢，就在「眾」所反對淵蓋蘇文出任東部大人的事件中可見，是受到貴族會議牽制的。但是克服了這種牽制，淵蓋蘇文最終還是成了東部大人，其威勢也就更強化。

據史料記載，王和貴族們借淵蓋蘇文「攝職有犯」、「殘凶無道」為由，企圖把他除掉。這也表明了他成為東部大人以後，其他的貴族對他的勢力擴張感到不安。同時政變時被殺者當中也有淵氏，看來圍繞著淵蓋蘇文的世襲，或者攝職後由於他獨斷專行，淵氏內部發生的某種分裂，也發揮了作用，而王也加入其中。這表明貴族階層對淵蓋蘇文勢力的畏懼感達到了極點。同時反過來講，針對這種反抗，淵蓋蘇文所感到的危機感也不小。

作為政變更直接的契機，是 642 年初淵蓋蘇文被任命為督造千里長城的監役一職。[154]這一任命是企圖把淵蓋蘇文和他的勢力基礎加以隔離開來。然而淵蓋蘇文發動政變時，他是「東部大人」。如此看來，直到那時他還兼東部褥薩和築造長城的監役，並未讓出東部褥薩一職，也沒有到修築長城的現場赴任，或者監役一職是有短期的巡迴、監查的臨時性職位的可能性。至於是哪一種情況，就應關注一下記述政變當時情況的內容，即淵蓋蘇文召集部兵，謊稱舉行閱兵式，招待了諸大臣，大臣們也就應邀參加了。自己要除掉的對象也毫無疑問地參加由他這危險人物所主持的閱兵儀式，這說明此次動員部兵的正式閱兵儀式，在名分上，所有官員不能不參加。這儀式是為淵蓋蘇文就任修築長城監役而舉行的，換句話

---

[153] 《日本書紀》卷二十，皇極元年二月條。

[154] 《三國史記》榮留王二十五年條。

說是從東部褥薩離任的儀式。至此為止，他身為監役，還未前往修築長城的現場去常駐。

這種內部要素之外，作為政變的動因不能不提的就是與唐朝的關係。當時隨著來自唐朝的威脅逐漸增加，高句麗貴族間的危機感也開始膨脹。641 年唐朝的使臣陳大德來到平壤時，大對盧聽到高昌國被唐朝所滅的消息，曾三次拜訪陳大德的住處，就說明了這一點。[155]淵蓋蘇文執權後，從其政策上來看，可以說他無疑是個對外強硬論者。相反地，641 年當時的大對盧為誰尚無法查到，但從三訪陳大德住處的這件事上，可以看出，他應該不是對外強硬論者。這樣看來，政變前後的執政者在處理對外危機的策略上也存在著差異。而貴族間的矛盾因這種差異，可能就成為政變的一個原因，這是可想而知的。

(2)**大模達、莫離支**

中國史書用特筆記述了政變成功之後淵蓋蘇文成為莫離支的事情。但是莫離支只不過是官等而已，具體就任了什麼樣的職位並無記載。史書記述他的地位相當於兵部尚書兼中書令[156]，可以推測出他當時掌握兵權和人事權。在此之前，這種權威是由大對盧為議長的貴族會議所行使的。

那麼他也是透過貴族會議行使了這些權力的嗎？最起碼政變之後並不是這樣的。前引《日本書紀》提到的，淵蓋蘇文委任與自己「同姓」的都須流金流為大臣。這裏所謂的「同姓」，因另有淵氏即「伊梨」氏的說法，所以好像不是指有血緣關係的姓氏。是不是把高句麗使臣的「同屬於一個部」的話語，日方卻用「同姓」來表現呢？還有由都須流金流出任的「大臣」，它本身並非指特定的職稱。但這是政變後所採取的特別措施，由此可以看出這個「大臣」很有可能就是大對盧，即淵蓋蘇文身為莫離支的職位，而把出身於東部的人士推到政治舞臺前面出任大對盧一職。這樣就任的大對盧以及以其為首長的貴族會議想要維持以前的威望和權能是何其之難啊！就算是採取貴族會議議決的形式，實際上也只是按

---

[155] 《新唐書·高麗傳》。

[156] 《舊唐書·高麗傳》和《新唐書·高麗傳》以及《資治通鑑》卷一百九十六，唐紀十二，貞觀十六年十一月丁巳裏稱說莫離支與「吏部兼兵部尚書」相等。

照淵蓋蘇文一派的意志而進行的。那麼淵氏所就任的究竟是什麼職位？

淵蓋蘇文動員的主要兵力是作為公兵的部兵，所以政變之後他肯定想繼續依靠現有的公兵和公組織來加強和鞏固其權力。尤其是在大規模流血政變之後的非常時期裏，他肯定就任掌握兵權的核心職位。具體是何職位並無所傳，但這方面引人注意的是男生繼承其父親權力時的情況。

據男生墓誌銘記載，他在十五歲時就任了中裏小兄，十八歲任中裏大兄，656 年二十三歲的他成為中裏位頭大兄，次年繼任將軍一職，二十八歲時成為莫離支三軍大將軍[157]，三十二歲（665）當上太莫離支。可以看得出來，他經歷了從兄系官等上升到莫離支官等的過程。眾所周知，高句麗的官等體系是以兄類和使者類為大宗的。在此值得注意的是作為地方官或軍官前去赴任的，他們的官等大都是兄類。如高奴子就任新城宰時是小兄，出任新城太守時是大兄[158]；鎮守北扶餘方面的牟頭婁的祖先們都是大兄[159]；德興里古墳被葬者鎮是小大兄。還有在中原碑中看到的古牟婁城守事是大兄，645 年對唐戰爭時作為高句麗中央軍司令官的南部褥薩高延壽和北部褥薩高惠真分別是位頭大兄和大兄。[160]還有出任柵城都督的高慈的祖父高量是位頭大兄，而高慈之父高文則身為位頭大兄出任將軍一職。[161]這些說明，淵蓋蘇文很早就讓自己的兒子出任各級單位機關或部隊的指揮官職位。那是透過男生成為位頭大兄之後再成為將軍，接著成為莫離支以後再成為三軍大將軍而接續了下去。[162]一言以蔽，他從以掌握了兵權。男生成為太莫離

---

[157] 661 年唐軍來侵時，男生率領高句麗軍隊在鴨綠江展開了防禦戰（《新唐書》卷一百一十〈契苾何力傳〉；《資治通鑑》卷二百，高宗，龍朔元年九月條）。可能是與此年男生成為「莫離支三軍大將軍」有關。

[158] 《三國史記》烽上王二年，三年條。

[159] 據牟頭婁墓誌，曾經出任「令北夫餘守事」的牟頭婁的官等是大使者。這和上述推論相反。但大使者至死之前還是他上升的最高官等，看來是把他從「令北夫餘守事」退位之後，升級的官等給予敘述的。

[160] 《冊府元龜》卷一百一十七，帝王部，來遠，貞觀二十五年五月條。

[161] 〈高慈墓誌銘〉，《譯註韓國古代金石文》I，頁 511。

[162] 大將軍和三軍大將軍，看來是同樣的實體。正如從男生由將軍晉升為三軍大將軍一事可見，中間並沒有大將軍之職便是最好的說明。只是後者更覺著有威嚴罷了。

支是在 665 年，這一年也被認為是淵蓋蘇文死亡之年。[163]太莫離支是在莫離支前加號「太」字，在官等上是莫離支即太大兄，只是為了紀念他成為最高權力者而加號「太」字的。

高句麗末期掌握著最高兵權的武官是大將軍。大將軍的官等是莫離支即太大兄。從男生和高延武的示例中可得到確認。高延武在 670 年率領麾下的高句麗復興軍與新羅將軍沙飡薛烏儒一起向鴨綠江以北發動進攻，待安勝在金馬渚安頓下來以後，高氏便歸於安勝麾下，成為「大將軍太大兄」[164]，從而在（小）高句麗國中發揮重要作用。

另一方面，男生在其父親淵蓋蘇文死後並沒有馬上繼任大對盧職位。這是因為在資深的貴族們雲集的情況下，與其出任大對盧之後，透過貴族會議來實施統治，會遇到麻煩，還不如身為大將軍，掌握兵權，繼續行使實權，更為痛快。這與淵蓋蘇文政變後任命都須流金流為大對盧的措施有相通之處，這一現象在男產驅逐其兄男生，掌握了實權，並成為「太大莫離支」的過程中重演一遍。[165]換言之，由此可以推測淵蓋蘇文是在政變後自己赴任了大將軍職位。

至於大將軍一職是在政變後產生的還是政變之前就已經存在，並無具體的記載。但若屬前者，則政變之前也應該有與政變之後的大將軍一職相似的職位，這時出現的是大模達。至少到 641 年為止，大模達在武官中是最高的職位，因此可以假設兩者間的相關性。有關大模達，「高麗記」中有如下記述：

> 其武官曰大模達，比衛將軍，一名莫何邏繡支，一名大幢主。皂衣大兄以上為之。

---

[163] 有關淵蓋蘇文的死亡之年，史書上有不同記載，大概有一至二年的偏差，曾引起過不少爭論。筆者認為 664 年或 665 年之說比較合理（參看李弘稙，〈關於淵蓋蘇文的若干存疑〉，前揭書）。其中在 665 年，男生成為太莫離支而男產則成為位頭大兄。就在這一年淵蓋蘇文的兩個兒子加官進爵。由此看來，他要麼死於這一年，要麼就死於前一年。

[164] 《三國史記》文武王二十年五月條。

[165] 據男產的墓誌銘記載，他三十歲就成為「太大莫離支」，而他死於 701 年，享年六十三歲，所以三十歲那年就是 668 年。由此看來，他在 666 年驅逐男生，成為大將軍莫離支，而在其後連續加了「大」和「太」之號（《譯註韓國古代金石文》Ⅰ，頁 529）。

大模達是首都大幢（防衛軍）的司令官，其部隊以五部兵為首的士兵構成的。[166]只有皂衣頭大兄以上的人才能出任大模達，貴族會議中的一個成員就任該職，必須受到貴族會議的制約。然而淵蓋蘇文發動政變，大規模屠戮貴族，使貴族會議形同虛設，自己成為大模達，掌握軍權，肅清首都和地方上的反對派。如前所述，他對安市城的攻擊是經雙方的妥協而結束。這種情況不可能只發生在安市城。在局勢依然持續不安的狀況下，淵蓋蘇文身為大模達，試圖控制混亂的政局，同時對外採取強硬的政策，把政局推向更緊張的狀態。他試圖給人一種感覺：要解決對外危機，非他的政權莫屬，這樣對其權力發揮安定的作用。所以淵蓋蘇文剛發動政變後，當來到平壤的新羅使臣金春秋提議兩國締約和約時，他以極其強硬的態度拒絕，便屬於此例。[167]

沒過多久，高句麗便遭到唐軍進攻。在一連串的國內外危機中，他無法行使貴族會議為中心的國政運作。而是身為「大模達莫離支」（職位是大模達、官等為莫離支）來主導政局。向來是由第五官等的位頭大兄以上才可以被任命職位，現由莫離支來就任，這樣大模達的權力比重便增大許多。這個大模達就是「大將軍」。儘管是後期的事實，在統一新羅末期和高麗初期，曾為高句麗領土的黃海道坪山地區，其豪族自稱為「大毛達」。[168]這和當時豪族們所稱的「將軍」、「城主」，是同樣的意思。看來是高句麗時大模達作為最高武官職的事實被流傳下來，所以才稱其為「大毛達」。這可作為推定高句麗末期軍隊的最高司令官大將軍與大模達是同一個實體的旁證。

另外，「高麗記」所記的官等名稱中沒有莫離支。只是對第二官等的太大兄記載「又名莫何何羅支」。高慈墓誌銘中記述其曾祖曾歷任「二品莫離支」，由此可知第二位的莫何何離支就是莫離支。

但是，唐朝為什麼把莫離支這一官等敘述成為官職呢？在這裏引人注意的是大模達又名莫何邏繡支。「莫何何羅支」和「莫何邏繡支」當時的讀音究竟如

---

[166] 參看本書第三章第一節。

[167] 盧泰敦，〈淵蓋蘇文和金春秋〉，《韓國史市民講座》5，1989。

[168] 〈朴景山墓誌銘〉，《高麗墓誌銘集成》（金龍善編著，1993），頁163。

何，現已無法確知，但是對於第三者的外國人來說，兩者聽起來可能是很相似的，尤其是莫何何羅支（太大兄）成為莫何邏繡支（大模達），其實兩者在外國人聽起來完全是同一個名稱，這也是有充分的可能。政變後淵蓋蘇文的情況就可能是這樣的狀態。所以記述淵蓋蘇文成為莫離支的同時，說莫離支相當於兵部尚書兼中書令（新、舊《唐書·高麗傳》），從而是不是就把莫離支像「官職」那樣加以記述的呢？同時給後人留下了「莫離支」就是高句麗實權者的「官職」的印象。所以當淵蓋蘇文死去時明明是太大對盧，而中國史書上卻記述成莫離支淵蓋蘇文死，由其長子男生繼任莫離支。[169]是故高句麗滅亡之後，領導高句麗遺民集團移居到蒙古高原，並成為突厥默綴可汗駙馬的高文簡，他自稱「高麗莫離支」[170]或者「高麗王莫離支」[171]，也正說明了這一點。

(3)就任大對盧

曾為大模達莫離支的淵蓋蘇文在之後的某個時期成為大對盧，其後他以大對盧的身分長期執政，所以加號「太」字。作為實權者的他出任大對盧的事實說明國政可以透過貴族會議而運作下去了，也意味著他的權力在國內外方面，開始安定下來並日益鞏固。之所以造成這種局面，其中唐軍的連續性侵略導致了高句麗的對外危機，這一因素尤為重大。在抵禦強敵進攻成為絕對性課題的情況下，國內政爭是要受到譴責的，而且淵蓋蘇文透過主導防禦戰，逐漸確立了其統治的正統性。

只是，就算他成為了大對盧，貴族會議本身是否還像政變之前那樣，發揮著對國政進行全盤議決的實際性權力的中樞部功能呢？這還是個疑問。他終身執權，657 年他任命長子男生為將軍，隨後 661 年又提升為大將軍，同年又把次子男產任命為位頭大兄。660 年，隨著百濟滅亡而發生的對外形勢的劇變，淵蓋蘇文為了加強其勢力基礎而採取的措施，便是更加鞏固了淵氏家族掌握兵權。當然在政變之前也有連任大對盧的情況，由此可知具有中心地位的貴族勢力還是存在

---

[169] 《舊唐書》卷五，高宗，乾封元年；《冊府元龜》外臣部，備禦門，乾封元年六月條。「初高麗莫離支蓋蘇文死，其長子男生代為莫離支。」

[170] 《新唐書》卷二百一十五上，〈突厥傳〉（上）。

[171] 《冊府元龜》卷九百九十七，外臣部，降附門，開元三年二月條。

的。但是淵氏家族不僅準備著世襲，還取得了成功，由此可知他們的勢力明顯得到了加強。所以即便是貴族會議重新成為權力中樞部，而主導該會議的還是淵氏家族。

但這裏所不能忽視的是淵蓋蘇文成為大對盧之後，便重新採取了以貴族會議為中心運作的事實。這表明當時淵蓋蘇文的權力已經得到相當鞏固，也反映出其權力的局限性——透過會議體形式來籠絡貴族勢力，以此來謀求權力的安定。實際上如同安市城事例所見，淵蓋蘇文執政初期仍有不少具有武力的反對勢力，就是在他執政期間也有過貴族的脫離現象。比如，身為將軍、位頭大兄的高慈之父高文，在高句麗滅亡前期就率領其弟兄們脫離而投奔唐朝。[172]而且男生在其父淵蓋蘇文死後並未馬上就任大對盧一職，而成為了太莫離支，這說明淵氏家族在武力和權威方面並沒有確立絕對的地位。從這一層面上來看，在淵蓋蘇文的執權下，淵氏家族的勢力雖然得到了強化，但是並非完全脫離出貴族聯合政權的框架。

---

[172] 〈高慈墓誌銘〉，《譯註韓國古代金石文》I，頁 511。
648 年唐朝將領薛萬徹由海路侵入鴨綠江下口。高句麗派遣將軍高文在烏骨城、安地城一帶率兵頑強抵抗（《舊唐書》卷六十九〈薛萬徹傳〉）。高文好像就是高慈之父。

結論：高句麗史的時代劃分

以上我們把焦點著重放在高句麗政治史上，來理解從聯盟體成長為中央集權領域國家的發展過程。茲把各章的內容概括如下：第一章考查了《三國史記·高句麗本紀》初期部分記事的可信性。其間學界對於這個問題一直存在著相反的見解：一個是對《三國史記·高句麗本紀》中提到的直至三世紀初的記事全面否認；另一個則是全面肯定。針對這個問題，本書主要圍繞著朱蒙傳說和以高句麗初期王系的成立時期為中心加以進行分析。

《三國史記》所傳的朱蒙傳說是分為兩個階段被整理出來的。《三國史記》稱朱蒙是從東扶餘遷移過來，並建立國家。相反地，在廣開土王陵碑上卻記述著北扶餘起源說。東扶餘起源說是較後成立的。具體是在現存北扶餘起源說的基礎上，新增加了六世紀後期以後由解夫婁遷都傳說和金蛙王傳說構成的東扶餘建國傳說，從而形成了東扶餘起源說。

從北扶餘起源說的內容來看，有借用扶餘東明傳說的主要梗概之嫌。這是在北扶餘歸附於高句麗勢力以後才整理出來的，並在四世紀後期確立，當時高句麗初期現存的王系也一併成立。如此在四世紀後期，也許是在小獸林王時期，史書把這些記載、編撰而確立北扶餘起源說，看來朱蒙傳說的內容不完全是虛構的。考慮到《三國志·高句麗傳》等的記載，朱蒙傳說中的由扶餘南下的集團為中心，建立起桂婁部王室的高句麗國家基本脈絡，是具有一定的真實的。而且足以證明高句麗是由來自扶餘方面的移居民集團建立起來的。由於缺乏考古學證據，在鴨綠江中游地區也無法得到確認，所以有必要另行考慮：朱蒙集團的興起並非是一個急劇的移居或征服的過程，而是一開始就與原先居民相融合，並漸漸形成，《三國史記》中可發現這一點。

《三國史記》所傳的高句麗初期王系也不是像一部分人所主張的那樣，在五世紀後期的某一時期定立起來。具有爭議的故國川王並非虛構之王，而是曾確實存在過。太祖王、次大王、新大王的王系也不是參照編寫於五世紀後期的《後漢書·高句麗傳》才編造進去的，而是根據高句麗自身的歷史傳承撰寫的。一世紀末二世紀初以後主要是由太祖王系的大王們繼承王位，四世紀後期在太祖王以後的王系中，加上一世紀中期以前存在的鄒牟王系統的王系相結合起來，構成以鄒牟王為始祖的一元化的王系，這就是在廣開土王陵碑上所記述的王系，也是現傳的《三國史記》中的王系。

透過分析可以確認《三國史記》中的初期王系是根據高句麗自身的傳承記述的，而且朱蒙傳說中雖然也存在著許多由後人粉飾的部分，但其基本梗概確實也反映了一定的歷史事實。這一點也可適用於對《三國史記·高句麗本紀》的初期記事的理解上。所以在現傳的記事中刪除那些被後人粉飾的部分，還其原貌，並以此為中心來還原高句麗初期的歷史面貌。這是第一章分析的內容。

筆者把高句麗初期的政治體制命名為部體制。在部體制下的高句麗國是由各級自治體所構成的。各自治體根據其在高句麗國家構造內所占的政治地位，他的現實地位也就有所不同，其中最為核心的集團是五部。「部」之原型是形成於高句麗發源地——鴨綠江中游峽谷的部族或小國（chiefdom）。這些集團經過相互間的統合形成了五個集團。桂婁部以外的四個集團又被桂婁部王室剝奪部分自治權，成為從屬於王權的自治體。各部都設有自己的官員，其內部的事務由他們自行處理，而各部的下面又存在著更下一級的自治體，即部內部。各部和部內部之長是透過叫做諸加會議的會議體來參與國政的。從高句麗國的國家構造上來看，五部人與其他的附屬集團相比，是整體處於優越地位的統治階層，透過參與同盟祭來加強他們之間的團結。另外，附屬民按集團類別隸屬於王室和五部，而其集團內部的事項，是在部落首長的指揮下自治。他們具體的隸屬形態隨著各集團而有差異。一部分是作為高句麗（五部）下位的同盟國，主要承擔著貢品和提供軍事助力，像侯國一樣存在，而弱小集團是向以桂婁部王室為中心的五部交納供納品的集團隸民。當時高句麗的稱呼中包含有兩種情況，即只包括五部的情況和包括全部的被附屬民集團的情況。這也是反映了部體制下的高句麗國家構造的斷面，如同在冷水里碑和鳳坪碑上所見，在新羅亦可看出相同的情況。

就這樣，初期的高句麗國家是由以王室為中心而形成聯盟體的五部和隸屬於其下的被征服民集團構成。這些集團雖然在高句麗國家構造內所處的位置上有所差異，但他們本質上都是自治體，在這一點上具有相似的性質。初期的高句麗國具有諸自治體的聯合體性質，主要是因為直到當時各級集團還維持著村落共同體的關係。這一方面是以親族集團的共同體性質為基礎的。這一點透過當時的婚俗——娶嫂婚（levirate），也不難看出。

本文首先探究了在高句麗初期娶嫂婚以選好婚（preferred marriage mode）的形式廣為流傳的事實。娶嫂婚是以當時社會中存在的親族集團的共同體紐帶為基礎而得以流傳開來的。隨著這種社會背景的變化，作為選好婚的娶嫂婚也漸趨消失，而以直系家族為中心的倫理卻普及起來。這些便是第二章中所探究的內容。

另一方面，三世紀後期以後隨著階級分化的深入和王權的加強，致使部體制也趨向解體。部的自治力在逐漸削弱並趨消滅，逐步實行了中央集權化，隨之建立起新的統治體制。王權統治下的官僚組織被擴充了，中央政府對被附屬民的統治力得到了強化。各級自治體一一被解體，全國的百姓和土地朝著由朝廷直接統治的方向發展。就是說，從原先的那種透過土著首長間接統治和徵收供納品的方式中脫離出來，發展成由朝廷派遣的地方官根據成文法的律令來直接統治百姓，並徵收租稅的形態。這可以透過三世紀末四世紀初以後，開始形成的地方制度瞭解其一二。地方統治組織是在原五部地域以小單位的編制形式開始的，到後來漸漸地在邊境地區設置了較之為更大的單位——「郡」。到了五世紀則在全國主要地區都設置郡，在其下置有城和村。事實上已形成了郡縣制的編制。

郡制在六世紀以後其面貌漸漸有了變化。六世紀後期以後，在地方官的名稱當中相當於郡太守的守事消失了，取而代之的是褥薩和處閭近支，郡的名稱也隨之消失了。在過去的郡一級單位中，相對比較大的城裏派遣褥薩，相對比較小的城裏則派遣處閭近支，他們各自作為地方官。兩者所管轄城雖然有大小之別，但基本上是並列的。在高句麗最末期，褥薩之城成為州，州帶有包括處閭近支之城在內，管轄各種城而作為中間行政機構的性質。

五世紀到六世紀中葉，高句麗對外與相鄰的北中國和蒙古高原的國家長期維持著和平友好的關係。這對高句麗在其國內建立中央集權的領域國家體制發揮非常重要的作用。透過當時東亞的國際政局和與其相對應的高句麗的對外關係，考察在這一時期高句麗對外能夠與許多大陸國家維持長期友好關係的主客觀背景和過程。當時東亞國際形勢不是由一個國家可以單方面來主導的，而是根據若干強大國家之間力學關係的連動性，得以維持而形成的多元的實力均衡狀態。在這種情況下，高句麗一方面致力於聯合南中國的王朝和蒙古高原的柔然，來抑制當時實力最強大的北魏，從而確保東北亞方面的獨立的勢力圈。另一方面他與這些國家保持緊密的外交關係，並透過對外來文物的吸收，謀求本國的發展。

以這樣的對外關係和對內中央集權化的進展為基礎，高句麗五世紀建立了自己獨特風格的天下觀，透過這時期的金石文不難看出其內容。當時高句麗的統治層具有一個多元的天下觀：世界是由幾個並列的天下所構成，其中之一就是以高句麗為中心的天下，屬於這個天下的國家和集團是要被高句麗王所統治的。在這種天下觀的影響下，高句麗把王的正統性從其神聖的血脈——高句麗王為「天孫」這一點上加以強調。這樣的天孫說呈現出古代政治意識的特徵，同時還對自認為是屬於高句麗天下的一些國家和部族標榜著一種同類意識。這種樸素的同類意識後來演變成為韓國人的同族意識。以上是第三章的主要內容。

高句麗在六世紀中期以後經歷了一場急劇的變化，在六世紀中期圍繞著陽原王即位，貴族之間展開了大規模的紛爭。新羅和百濟的同盟軍趁此機會攻佔了漢江流域。另一方面來自西部的北齊和突厥的壓迫，接踵而至。為了解決這種內憂外患的局面，高句麗的貴族們互相妥協，終止了內部紛爭，全力克服對外的危機。他們選擇了避免由某個貴族獨佔權力，而是由具有實力的貴族分占權力的體制——這就是貴族聯合政權體制。這裏是以五等官等的位頭大兄以上的高級貴族組成的會議體成為權力中心，而作為貴族會議議長的大對盧這一實權職位是每三年選任一次。對外方面高句麗與新羅簽署了密約，放棄了漢江流域，卻全力抵禦來自西北部突厥的進攻。在這種政策的推動下，高句麗雖然緩解了國家的危機，但由於在韓半島內新羅的發展和大陸政局的變動，高句麗的內、外狀況比以前有了很大的變化。

成立於這一期間的貴族聯合政權體制在此後繼續維持下去。在貴族聯合政權體制下，國王在武力方面的權力大為削弱，但仍有很大的權威。國王的權威在維持高句麗的國家統一和貴族聯合政權方面發揮了重要的作用。六世紀後期以後，貴族聯合政體維持了近一個世紀，然而從其結構上看並不十分穩定。只要貴族之間存在著矛盾並在勢力均衡上發生變動的時候，它又可以引起另一個紛爭。尤其在貴族之間的矛盾和對外危機相結合的時候，紛爭是以激烈形態爆發的。淵蓋蘇文政變就是一個很好的例子。

作為一個新興貴族，淵蓋蘇文家族在六世紀中期以後便嶄露頭角。淵蓋蘇文繼其父成為東部褥薩，他利用該職發動了政變，並掌握了政權。淵蓋蘇文之例說明高句麗後期貴族們的勢力是以公兵和公組織為基礎的。淵蓋蘇文執政以後，淵氏家族的勢力雖有很大的擴張，但並沒有建立代替貴族聯合政權的一種新的體制。同時在貴族聯合政權之下，中央集權的領域國家體制繼續維持下來。

另一方面，作為一個新興貴族的淵氏家族，他既不是舊家世族卻最終能夠掌握最高權力，原因何在呢？這與六世紀中期以後貴族聯合政體之所以能夠形成的時代背景有直接的聯繫，也關係到我們把握遷都平壤之後高句麗社會發生的變化以及貴族層的勢力基礎的問題。但本書對於這個問題沒有能夠做到具體的考證，只做了些大致的推論而已。雖說是因無相關材料所致，但也是本研究的局限性。

最後綜上所述，下面對高句麗史的展開過程作一下具體的時代劃分。對於時代劃分的意義及其標準，雖然也可提出多種見解，但它對概括歷史展開過程具有效用性的問題上是可以達成共識的。而且在時代劃分的標準上必須保持一貫性。本書按照政治體制把高句麗史劃分為部體制聯盟體時期和中央集權體制領域國家時期。隨後在中央集權體制時期內，六世紀中期以後，中央政府的運作上帶有貴族聯合政權的色彩。以此為基準再作了進一步的區分，把這一時期設定為三個時期，高句麗初期、中期、後期。

初期：西元前一世紀至西元三世紀（　～烽上王）
中期：四世紀至六世紀中期（美川王～安原王）
後期：六世紀中期至 668 年（陽原王～寶臧王）

初期五部體制在太祖王時代得到確定，因此以此為界線，再細分前後時期。太祖王以前時期：西元前 75 年高句麗從漢郡縣的直接統治脫離出來。由消奴集團和緊接著由桂婁集團領導的高句麗聯盟體直到一世紀中葉為止，還未能征服鴨綠江中游的諸「那」，高句麗王對諸「那」的統治也不是很穩固，然而高句麗王的統制力對於一部分「那」發揮了一定的作用。另一方面高句麗把鮮卑異種滿離集團和其他種族統屬其下，並以集團隸民來統治。雖然這體制還沒有完全確立，但也形成了如同部體制的政治形式。所以，可以把這一時期看作是部體制形成的過渡時期，納入「初期」範圍之內。

接下來就是如何解釋部體制解體、中央集權領域國家體制形成時期的問題。從三世紀末期起，固有名部完全消失，相反地，出現了兄系官等和「宰」、「太守」等地方官的名稱。進入四世紀以後，高句麗進行了大規模的對外擴張。隨著對外擴張，大量的財富不斷流入，而且活躍的國際交流對社會的穩定與發展發揮了促進作用，尤其是動盪的國際政局和高句麗的對外擴張不是一時的現象，而是一直延續到了五世紀初期。它所帶來的影響也是持續作用著。這對高句麗向新的中央集權體制領域國家的轉變發揮了巨大的促進作用。實際上在四世紀以後形成的像郡制那樣的地方制度，第三章第一節中已經提到了。

從這樣的角度來看，可以把四世紀初期以後設定為中期。在中期裏區分遷都平壤前後，可以從遷都的重大意義這一層面加以考慮。只是要想具有真正的意義，就要說明遷都平壤以後在政治體制上出現的變化，這樣在此中期內設定分期，才有意義。有關這方面的內容在本書中沒有進行具體考察。

至於後期，關鍵是能不能把六世紀中期以後到滅亡之前的這一段時期，界定為貴族聯合政權期的問題，對此第四章第二節已給出了答案。在後期還可以把淵蓋蘇文的政變作為前期和後期的界線。

這樣，從政治史方面來給高句麗史作出了時代劃分。當然，也可以透過社會史和思想史方面作具體的劃分，來做進一步的補充。這要留待今後研究了。

補　論

一、扶餘國的疆域及其變遷

扶餘族在很早以前就在中部滿洲地區形成國家，並長期存續。扶餘族的一支向南遷移，遂成為高句麗桂婁部王室。高句麗在其形成過程中不斷地與扶餘建立關係。百濟國王室亦來源於扶餘，六世紀中葉一度把國號改稱為南扶餘。在韓國古代史上，扶餘國與扶餘族的歷史占據著很重要的位置，扶餘族還是形成韓民族的重要種族之一。

然而，有關扶餘史方面的研究成果，可謂微乎其微。就連有關扶餘國的中心地在何處？這樣最基本的問題，也尚無定論。到 1950 年代為止，主要是日本學者對該問題提出各種見地。在眾多見解中，把其中心地認為是長春和農安一帶的看法一直被作為正說，而為韓國學界接受，但沒有具體的探討與分析。然而隨著近來在中國東北地區考古發掘的進展，見解紛紜。過去提出扶餘國中心地的有長春、農安說，四面城說，松花江下游說，哈爾濱附近阿城說等。把有關東扶餘中心地的各種說法加起來的話，那麼扶餘國中心地可謂遍及東北中部和東部大部分地區。

事實上，對歷史地理的準確認識在復原古代史的過程中是很重要的因素。在文獻資料缺乏而又要想理解該集團的文化及其社會構成時，就不得不積極應用考古學資料。要想這樣，首先就要確切弄清其中心地的地理位置。唯有如此，才有可能確保透過該地出土的考古學資料來復原其歷史的端緒。有關扶餘史的復原也是如此，所以想要在該領域的研究上有所突破，首先要解決的課題便是準確地把握扶餘國的中心地。

這裏首先要考察到三世紀前半葉為止的扶餘國首都的位置。接著再往下看，三世紀後半葉以後國際政局發生劇變的情況下，所展開的扶餘國的歷史變遷問題。同時考察扶餘、東扶餘、北扶餘的相互關係以及各自位置和性質問題等。最後探討四世紀中葉有關扶餘國政局變動的記錄中所見的「百濟」。

(一)三世紀前半葉扶餘國的疆域

1.王都的位置

(1)扶餘國後期的王都

具體地把扶餘國的王城位置與後代的地名加以連接並提到的記載中，引人注目的是《遼史·地理志》裏的內容：

> 通州安遠軍節度，本扶餘國王城。渤海號扶餘城，太祖改龍州，聖宗更今名，保寧七年，以黃龍府叛人燕頗餘黨千餘戶置，升節度。統縣四。

由此可知，通州就是龍州，是渤海的扶餘城，即扶餘國的王城。緊接著在敘述通州的屬縣，通遠、安遠、歸仁等縣的沿革時❶，稱該三縣主要由原渤海國的顯義、強帥、布多等縣居民構成，其縣劃歸渤海的扶餘府管轄。❷這既是上引通州條記事的一旁證。還有北宋時期著述的《武經宗要》也有如下記述：

> 通州即扶餘國，在高句麗之北，本濊貊之地。（中略）阿保機將其平定，號東丹國。現改為通州，亦稱其扶餘國。

看來通州就是扶餘國的中心地。通州大概是今天的昌圖北方八面城南面的四面城。據此通州條記事便容易判定扶餘國王都的位置。❸

---

❶ 《遼史》卷三十八，〈地理志〉（二），東京道，通州條。

❷ 《新唐書》卷二百一十九，〈渤海傳〉。

❸ 金育黻，〈渤海扶餘府條〉，《服部博士古稀紀念論文集》，1936。

我們再細看上面有關通州的記述。它說保寧七年，以黃龍府的叛人燕頗餘黨一千餘戶設置了通州。好像是在說作為對反叛的懲罰，把那些叛民強行遷徙至此而後設置的。按此則黃龍府與通州並不是同一個地區。實際上，遼代把參與反叛的居民強行遷徙到其他地區的事情，是時有發生，而龍州和黃龍府是同一個地區的同一行政單位名稱。如此有學者認為龍州和通州不是同一地區的可能性。如果因燕頗是將軍，而作為對他的懲罰，把龍州黃龍府降格成通州，則根本沒必要敘述成那樣，甚至都有點不恰當之感。接著看一下燕頗反叛的情況，則遼國軍隊是在鴨綠江擊敗了叛軍。❹此時的鴨綠江是指松花江下游地區。❺如果黃龍府為當時的通州，從地理位置上看，則很難說得通。龍州黃龍府應在松花江下游不遠之處。❻看來把通州視為渤海的扶餘府並理解為扶餘國的王都之看法，絕對是有問題的。

再看一下《遼史·地理志》龍州黃龍府條有如下記載：

> 龍州，黃龍府，本渤海扶餘府。太祖平渤海還，至此崩。有黃龍見，更名。保寧七年，軍將燕頗叛，府廢。開泰九年，遷城於東北，以宗州、檀州漢戶一千復置，統州五、縣三。

由此可知，龍州黃龍府在保寧七年（975）以後暫時廢除，後來 1013 年把其城遷往東北方後重新設置。把該記載與前面那個通州條記載聯繫起來加以考慮，便可解釋為 975 年廢除黃龍府時把參與反叛的一千餘戶居民向南遷徙並設置通州。說不定這些遷徙民是抵抗遼國統治並有一定實力的渤海土著人。通州屬縣的居民由渤海扶餘府屬縣的居民構成的事實便是個很好的說明。看來《遼史·地理志》通州條及有關其屬縣的記載就是依據這些徙民的原住地的情況記述了通州及其屬縣的沿革。用徙民集團的來歷來記述州縣沿革的事例可以在《遼史·地理志》裏時

❹　《遼史》卷七十七，〈耶律何魯不傳〉。

❺　池內宏，〈遼代混同江考：附說混同江疎木河の築城について〉，《東洋學報》6-1，1915。

❻　日野開三郎，〈渤海扶餘府と契丹龍州、黃龍府〉，《史淵》，49、50、51。

時提到。

那麼，原先黃龍府的位置究竟在哪裏呢？首先看一下 1013 年以後復置的黃龍府位置，到了金代以濟州→隆州→隆安府的順序更改其名稱。❼隆安之「隆」音轉訛「農」而變成農安。❽所以黃龍府應該在農安西南部。兩地間具體有多少距離尚不清楚，但應不會太遠。從前引的龍州黃龍府條記載上看，它統轄有黃龍、遷民、永平等三縣。此三縣的居民就是原渤海上京龍泉府屬縣龍州縣的居民，是遼國消滅渤海之後把他們遷徙過來的。❾把他們和扶餘府地區的居民統歸龍州黃龍府轄下，即所謂龍州黃龍府，其名稱來源於渤海上京龍泉府的龍州，而黃龍府就是扶餘府的改稱。之後在 975 年，以發生叛亂為契機，廢除黃龍府，為了削弱該地區勢力，將其中具有很強土著性的原屬渤海府的居民遷徙過來，並設置通州，而把渤海上京龍泉府地區遷徙過去的居民，編到該縣裏，就地居住下來。後來，在 1013 年又遷移一千多戶漢人，重新設置的龍州黃龍府，其轄縣中有些是原渤海上京龍泉府地區出身的居民，這說明黃龍府和復置的黃龍府其屬縣是相連接的。應該說前後兩個黃龍府的治所距離不會太遠。換言之，原黃龍府的位置是距離農安西南方向不遠處。975 年燕頗集團和遼國軍隊交戰於松花江下游的事實是個旁證。1013 年「遷城於東北」，說明在燕頗之亂發生時，作為叛軍的據點原黃龍府的城牆被毀壞，因而才在其東北重新修城。有關耶律阿保機死去的地方，《遼史》裏是這樣記述的：

> 太祖所崩行宮，在扶餘城西南兩河之間。後建升天殿於此，而以扶餘為黃龍府云。❿

黃龍府其名來源於遼太祖在扶餘城地區死去後有黃龍出現的傳說。為此，復置的

---

❼ 《金史》卷二十四，〈地理志〉（上），上京略，隆州條。

❽ 《大清一統志》卷四百零五之二，郭爾羅斯旗條；松井等，〈滿洲に於ける遼の疆域〉，《滿洲歷史地理》2，1913。

❾ 金育黼，前揭論文。

❿ 《遼史》卷二，太祖天顯元年七月條。

黃龍府其治所也不會是毫無關係的。若視原黃龍府距離農安西南方不遠處，那麼把上引記事中的「兩河之間」視為新開河和伊通河還是可能的。⑪原黃龍府的位置，換句話說其前代的渤海扶餘府、高句麗後期的扶餘城、還有扶餘國的王城，大體上都在農安西南不遠處。筆者同意把扶餘國的中心地視為農安、長春一帶的觀點。

然而這只是扶餘國後期中心地而已。三世紀後半葉以後在扶餘國發生好幾次大的變動。所以，我們還不能斷定扶餘國的初期中心地也在農安一帶。

(2)鹿山的位置

345 年燕王慕容皝派一萬七千名騎兵突襲扶餘國，俘虜了扶餘王及其他五萬餘口，扶餘國遭到沉重打擊。⑫

有關於此，《資治通鑑》裏有更詳細的記載。

> 初，夫餘居於鹿山，為百濟所侵，部落衰散，西徙近燕，而不設備。燕王皝遣世子儁，帥慕容軍。（中略）襲夫餘。（中略）遂拔夫餘，虜其王玄及部落五萬餘口而還。皝以玄為鎮軍將軍，妻以女。⑬

上引記載中，鹿山是扶餘遭到百濟之侵（更像是高句麗的入侵，對此將後議）向西遷徙之前的扶餘國中心地。而在 285 年扶餘國就因遭到慕容廆的攻擊，國王依慮被迫自殺，王室一度曾避難於北沃沮。接著即位的依羅得到西晉之助得以復國。《三國志》在記述該事件時，稱扶餘王依羅為「還復舊國」而請兵於晉。⑭此時的「舊國」，實際上就是以都城為中心的故土，⑮看來他回到原來的中心地。所

⑪ 日野開三郎，前揭論文。

⑫ 《晉書》卷一百零九，慕容皝載記。

⑬ 《資治通鑑》卷九十七，晉紀，穆帝永和二年正月條。

⑭ 《晉書》卷九十七，〈扶餘傳〉。

⑮ 《三國志·夫餘傳》裏把「首都南面的山」稱作是「國南山」。在《唐書·渤海傳》裏，亦把遷往上京龍泉府以前的渤海之首都稱作「舊國」。兩處之國都是首都之意。

以，鹿山應該就是扶餘國初期以來王城所在的地方。⑯就是從這鹿山往西遷移之後，345 年再次遭到慕容燕的攻擊，然而當時扶餘國的東部地區（包括鹿山在內）已經成為高句麗的管轄區，因此無法再向東遷移其中心地。看來在 345 年以後扶餘國便一直在此地。對此下一章將討論。

看來「西徙近燕」以後的扶餘國直至 494 年最終滅亡為止，首都一直都在同一個地區，即如前述，在農安西南不遠處，所以鹿山就在農安的東邊便無疑了。

有關鹿山的位置現無具體史料可查。正因為鹿山是扶餘國初期以來的中心地，所以要想把握其位置，就要必須注意《三國志・夫餘傳》的記載。《三國志・夫餘傳》記載其首都的大約位置，可供參考。試摘記如下：

(A)夫餘在長城之北，去玄菟千里，南與高句麗，東與挹婁，西與鮮卑接，北有弱水，方可二千里。（中略）度以夫餘在二虜之間，妻以宗女。

(B)其民土著。有宮室、倉庫、牢獄，多山陵廣澤，於東夷之域最平敞，土地宜五穀，不生五果。

(C)男女淫，婦人妒，皆殺之。尤憎妒，已殺，屍之國南山上，至腐爛，女家欲得，輸牛馬乃與之。

(D)國之耆老自說，古之亡人，作城柵皆員，有似牢獄。（中略）今夫餘庫有玉璧、珪、瓚數代之物，傳世以為寶，耆老言先代之所賜也。魏略曰，其國殷富，自先世以來，未嘗破壞。其印文言「濊王之印」，國有故城名濊城，蓋本濊貊之地，而夫餘王其中，自謂「亡人」抑有似（以）也。

---

⑯ 鹿在滿語叫「Puhu」，而在蒙古語則作「Pobgo」。據此有人認為扶餘一詞來源於鹿，而鹿山就是扶餘之意。（白鳥庫吉，〈濊貊民族の由來地を述べて，夫餘高句麗及び百濟の起源に及ぶ〉收錄於《白鳥庫吉全集》）還有人說是鹿之音為「fu」與「夫」同音。（武國勳，〈夫餘王城新考——初期夫餘王城的發現〉，《黑龍江文物叢刊》，1983-4，1983）若諸說成立，則可以成為鹿山即扶餘的旁證。更有人認為「夫餘」的語源為「平野」之意。（崔南善，《兒時朝鮮》，頁 158）。

上引史料(A)所描述的是扶餘國地理位置和四方地望以及其王都距離玄菟郡一千多里等情況，且又說扶餘挾在鮮卑與高句麗之間。(B)所寫的是扶餘人的主業為農耕，他們有非常寬敞的平野，境內還有不少山陵和廣澤。(C)記述的是有關婚俗方面的情況，據稱把好妒嫉的女人斬殺後，將其屍體棄置「國南山上至腐爛」。此時的「國」意為王城，就是說，此山位置就在王都附近。(D)之內容是，扶餘王室原為流移民以及該地原為濊貊之地，還有其國殷富，自先世以來，未曾遭受到破壞。

246 年毌丘儉向東方拓展其勢力時，玄菟太守王頎曾經親自訪問過扶餘，因此上述記載很有可能就是根據此行中所收集到的資料而寫成，所以說其史料價值很高。然而，即便是上述摘記的四種要素有相當的真實性，若真是想從廣闊的東北地區指出扶餘王城的具體位置，談何容易。因此，根據該〈扶餘傳〉的內容，出現很多不同的看法。在此首先要注意的是第四條材料，即直至三世紀前半葉為止，扶餘國的王城未嘗被破壞，而且非常殷富。那麼首先要瞭解扶餘從何時開始存在。

《史記·貨殖列傳》可以說是能夠確認扶餘存在的最初文獻⑰，在有關燕的敘述中有如下記述：

　　北鄰烏桓夫餘東綰穢貊朝鮮真番之利。

在此，也許可以把這個燕理解為戰國時期的那個「燕國」，然而〈貨殖列傳〉裏

---

⑰ 對《尚書·周官》的「武王既伐東夷，肅慎來賀」這一句，在〈孔安國傳〉則說是「海東諸夷駒麗、扶餘、馯貊之屬，武王克商，皆通道焉」。看來還難以把〈孔安國傳〉裏所說的理解為是武王時期的事實。引人注意的一點是，生活於漢武帝時期的孔安國已經知道扶餘國的存在本身是個問題。這個可能性還是存在的。然而連〈孔安國傳〉本身被認為是南北朝時期的偽書，則有關扶餘的初期記錄也以保留態度為宜。還有伏生《尚書大傳》裏的一句「武王克商，海東諸夷之屬，皆通道焉」也經常被引用，然而這亦是誤引前引《尚書·孔安國傳》所致。《尚書·大典》裏卻不見這樣的記載。還有朝鮮的李趾麟將把《山海經》大北荒經裏「有胡不與之國」這一句中的「不與」看成是扶餘（李趾麟《古朝鮮研究》，1964，頁 220）若想把「不與」與「扶餘」視為同音異詞，則需更具體的論據。

的這一部分是在敘述漢帝國境內各個地域中提到的，所以理應把他理解為燕地區。當然，它也不只記述漢帝國成立以後的事實。與其他部分一樣，列傳該部分也說到漢代以前到前漢司馬遷當時為止燕地區的經濟概況。總之，上引記載即便是記述了漢初狀況，但至少在西元前二世紀，扶餘的存在已被漢人所認知，也說明與燕地區居民進行某種交涉的事實。

有關扶餘較早時期的記載，流傳著王莽時期的事。王莽建立新王朝之後，元年（9年）依據《周禮》對官制進行改制，把外夷君長的稱呼降格，派人送去新的印章，並派使者到高句麗和扶餘。⑱此時王莽所採取的措施是更換了原有的印章，說明此前漢朝與扶餘有過某種交易。接著西元 12 年王莽為了征伐匈奴而強行動員高句麗士兵，他們反而攻擊中國郡縣。新朝廷在討論如何收拾這種尷尬局面時，主張對高句麗採取綏靖政策的嚴尤說，與高句麗的紛爭擴大，則需要充分考慮扶餘的動向。⑲王莽新朝滅亡以後，東漢建武二十五年（49 年）扶餘王便遣使者趨往東漢。⑳此後，扶餘國與東漢交往的零星記載散見於《後漢書》，從中可見扶餘國在國際舞臺上的活動狀況。《三國史記》中則是在東明王朱蒙本紀的開頭就出現扶餘，並流傳著直至太祖王時期高句麗與扶餘之間相互交涉的事實。

僅從以上文獻記載亦可知，扶餘至少在西元二世紀以來就已經存在，而且與中原王朝斷斷續續地接觸。自然扶餘國的中心地直至西元前三世紀歷經數代形成較為深厚的文化積澱，與中原文化的交涉也積累了一定的文物。換言之，若要對扶餘國中心地進行考古發掘，則至少要出土這些文化遺產才是。還有從「其國殷盛」這一表記中來看，無可厚非地，《三國志·夫餘傳》記事是當時魏國與扶餘友好關係的產物，所以難免對扶餘以友好的態度去敘述。即便如此，亦可感覺到扶餘國王城的規模不小。《三國志·夫餘傳》具體流傳著「城」的存在。

那麼，實際上按當時里數距離玄菟城（撫順）約為一千里（現在的 350 公里）的範圍內，可能大量出土累世的考古遺物，並能夠確認城址的地點，究竟在何處

---

⑱ 《漢書》卷九十九，〈王莽傳〉。

⑲ 同上。

⑳ 《三國志》卷八十五，〈夫餘國傳〉。

呢？在此要注意今天的吉林市一帶。

吉林市地區屬於盆地形地貌，發源於長白山的松花江，流經峽谷與大山之間，至此盆地之後，向西北流過丘陵和平原地帶。松花江兩岸的低丘和沖積平原裏，大量分佈著自青銅器時期以來所謂西團山文化的各類遺址。吉林市的西團山、東團山、騷達溝、長蛇山、南城子等，便屬其代表性遺址。這個西團山文化分佈在永吉、蛟河、舒蘭、磐石、樺甸等，以吉林市為中心的周邊地區。吉林市地區尤為集中。㉑根據碳 14 法測定，吉林地區的西團山文化遺址間存在著一定的差異，但長蛇山遺址被測定為西元前 405±85 年，楊屯遺址下層則是西元前 209±90 年。由此可見，其下限為漢代初期，其中也不乏有戰國時代的。而其上限則可達到周代㉒，墓葬的絕大多數是石棺墓。㉓大部分出土著豬骨、半月形石刀、粟、黍等耐寒性穀物、麻布等，㉔說明其主要產業是家畜畜牧和農業。年代較晚一些的還可見到土壙墓和甕棺墓。雖然青銅器數量不是很多，卻也出土了銅劍和銅矛等青銅器。

在西團山文化的主體是誰的問題上，儘管有人提出肅慎或挹婁族的看法㉕，但西團山文化與被認為是挹婁族中心地的張廣才嶺以東，即牡丹江流域的文化有很大差異，而與遼東北部地區文化相比，則在土器和青銅器的式樣以及墓葬上呈現出相似之貌。㉖所以，西團山文化的主體理應視為是濊貊族。㉗

㉑ 據有關專家稱，在吉林地區至今所發現的西團山文化遺址 112 處之中，分佈於吉林市地區的有 57 處。（董學增，〈關於西團山文化的新資料〉，《黑龍江文物叢刊》1983-4，1983）

㉒ 《文物考古工作三十年》（1979），喉石山遺址其測定結果是屬於西元前 1000±前 100 年的遺址，因此也有提出西團山文化遺址的上限達到周初的看法。（武國勳，〈夫餘王城新考〉，《黑龍江文物叢刊》1983-4，1983。）

㉓ 劉景文，〈西團山文化墓葬類型及發展序列〉，《博物館研究》1983-1，1983。

㉔ 劉景文，〈西團山文化經濟初探〉，《黑龍江文物叢刊》1983-1，1983；董學增，前揭論文，1983。

㉕ 〈吉林西團山石棺墓發掘報告〉，《考古學報》1964-1；《新中國的考古收穫》，1967，頁 42；薛虹，〈肅慎和西團山文化〉，《吉林師大學報》1979-1，1979。

㉖ 董學增、李樹田，〈略談西團山文化的族屬問題〉，《東北師大學報》，1984-2，1984。

㉗ 三上次男，《滿洲原始墳墓研究》，1961，頁 339－340；董學增、李樹田，前揭論文，1984。李健才，〈關於西團山文化族屬問題的探討〉，《社會科學戰線》，1985-2，1985。

西團山文化以後時期的遺址，有吉林市的龍潭山城、東團山城、九站西山城等，其建築式樣屬高句麗式。山城中出土了高句麗式的紅色繩紋及方格紋板瓦等。這說明該地區被納入高句麗的版圖之後，這些山城作為地方據點發揮很重要的作用。然而這些山城並非都是四世紀中葉歸屬高句麗後才構築起來的，這裏出土的五銖錢、白銅鏡、漢式灰色土器以及刻有王莽貨泉紋樣的土器片等漢代時期的遺物，都表明很早以前開始這裏便是重要的文化中心。㉘尤其在東團山西部山坡的南城子附近大量出土五銖錢、玉飾、琉璃耳飾、刻有「長」字銘文的灰色瓦當殘片等遺物，在吉林市一帶出土的遺物可謂是琳琅滿目，同時還確認到山城遺址。㉙

從這些考古遺物的出土狀況來看，與上摘記的《三國志·夫餘傳》記事裏的(D)最為相符的地點就是吉林市。還有(C)中的「國南山」即王都南面山上的敘述，因為在吉林市的南面的確有不少山脈，所以也與記錄相符。㉚尤其出土大量遺物的南城子以南一公里處的冒兒山上，有眾多的古墓群，據此，有人把南城子視為扶餘國王城的看法。㉛

而且距離被視為第三玄菟郡（現撫順市勞動公園內）古城址一千里處就是吉林市地區。以該地為中心的扶餘國地望正好介於鮮卑和高句麗之間，向西南可與遼東諸郡縣進行交往，這又與(A)的內容相符。還有正如在西團山遺址中所見，該地區很早以前就開始進行土著的農耕生活。從吉林市往西走便是廣闊的平原，往東走就有山陵，這又和(B)的描述不相違悖。

如此看來，扶餘國的初期中心地，即鹿山的位置當屬吉林市。那麼《三國志·夫餘傳》階段，扶餘國的疆域應如何劃定呢？下面作一下具體考查。

2.扶餘國的疆域

有關扶餘國的疆域，《三國志·夫餘傳》中，有如下記述：

㉘ 李健才，〈扶餘的疆域和王城〉，《社會科學戰線》1982-4，1982。

㉙ 董學增，〈吉林東團山原始、漢、高句麗、渤海諸文化遺存調查簡報〉，《博物館研究》1982-1，1982；武國勳，前揭論文，1983。

㉚ 與注㉘相同。

㉛ 武國勳，前揭論文，1983。

南與高句麗，東與挹婁，西與鮮卑接，北有弱水，方可二千里。戶八萬。

這裏把北邊的弱水視為松花江，並無異議。據史料稱，往東與挹婁相接，問題是具體到哪一地區為止才屬於扶餘國。挹婁族與勿吉、靺鞨、女真是同一族屬，不同於屬濊貊族的扶餘。《三國志·挹婁傳》中也說其言語與扶餘不同。挹婁族隸屬於扶餘，扶餘分別對其邑落加以統屬後，透過對其族長徵收貢納的形式進行統治。直到三世紀初挹婁人再也無法忍受扶餘人的苛征，興起反抗浪潮，力求脫離扶餘的統治。儘管扶餘多次攻擊，卻始終未能再次統屬他。㉜挹婁從扶餘脫離以後，三世紀中葉扶餘國和挹婁的邊界大致是與雙方在種族上的分佈區域相一致的。這說明，所出土遺物的文化面貌具有顯著差異的地區作為雙方邊界。

西團山文化的分佈往東止於張廣才嶺。位於其東面的牡丹江流域的牛場、大牡丹、鶯歌嶺遺址上層以及東康等地出土的遺物，在土器的紋樣和種類、石器的種類等與張廣才嶺以西呈現差異。這個牡丹江上下游地區的上古文化，在其分佈地區的範圍和與鄰近地區文化類型的差異等，諸多方面有待更細化的比較與探討，但至今為止，從出土狀況和其間的論議上看，它就是挹婁族的遺址。㉝把置於該地區的渤海上京龍泉府稱為「挹婁故地」㉞或「肅慎故地」㉟，也說明了這一點，即不妨把扶餘國的東邊邊界大體上理解為張廣才嶺。

說往南與高句麗相接，但其具體邊界尚無從考證。只是高句麗發祥地是渾江流域，而成為渾江上游與流經吉林市地區的北流松花江支流，即輝發河上游地區分水嶺的龍崗山脈也許就是兩國間的自然邊界。

扶餘西與鮮卑相接。有關扶餘和鮮卑的交界，由於鮮卑族屬於遊牧民族，所以可以設想一下，當時遊牧經濟地區和農耕經濟相交壤的生態學上的邊界，即農

㉜ 《三國志》卷三十，〈挹婁傳〉。

㉝ 于建華，〈對牡丹江中游原始文化的幾點認識〉，《黑龍江文物叢刊》1982-2，1982；董學增、李樹田，前揭論文，1984；李健才，前揭論文，1985。

㉞ 唐代人張建章的墓誌銘中，也把自己曾經訪問過的渤海首都記述成挹婁故地。李鴻彬，〈北京出土的張建章墓誌〉，《學習與探索》1980-4，1980。

㉟ 《新唐書·渤海傳》。

安地區西部某一線上。對此問題，就目前可確認的範圍內而言，認為西團山文化分佈的西方界限為伊通河流域㊱，可供參考。

與此同時，還值得注意的是往西北方向以嫩江和松花江交匯處為中心的松嫩平原上形成的白文寶文化類型遺址。白文寶文化與西團山文化相比呈現一定的差異，㊲該遺址中出土的橢圓形銅飾小刀，據碳 14 法測定屬西元前八世紀的，所以不能排除該居民從較早時期就擁有青銅器文化的可能性。基於此，有人提出把白文寶文化的源流與扶餘國東明神話中槖離國相連繫的看法。㊳但所依據的僅是幾處遺址的發掘成果，所以尚難速斷，而且白文寶文化自身性質也不十分清楚。無論如何，這些問題和扶餘國在西北方面的疆界則還有待出現更多的考古學成果來加以解決。

以上，考察了有關三世紀前半葉扶餘國的四方疆界。當然，文化疆域並不等同於國家領域。而且當時扶餘國的統治體系也非以全國為單位進行編制並統治的。正如「諸加別主四出道，大者主數千家，小者數百家。……有敵，諸加自戰，下戶擔糧飲食之」㊴表述所見，以王城為中心的周邊地區裏，諸加們能自治其統下的下戶，說明王室的統制力還遠未伸及到地方。所以扶餘國疆域的週邊還具有很大的可變性，其四方邊界亦非固定不變。只是根據《三國志·夫餘傳》內容，推測其大致的範圍還是有可能的。

把王城置於吉林市地區並一度輝煌的扶餘國，直至三世紀中葉以後便經歷急劇變化。在這一過程中，東扶餘和北扶餘等名稱得以在歷史上出現。下面就此問題做進一步探討。

㊱ 劉景文，前揭論文，1983；董學增、李樹田，前揭論文，1984。如果把吉林市北部榆樹縣老河深地區發掘的古墓群主人公視為鮮卑族的話，儘管是一時性的，但等於是說，鮮卑族的住地一度曾擴大到從伊通河流域往東走很遠的地區。然而，緊接著有人提出該墳墓群的主人公是扶餘人，為此這一點尚難確定。〈吉林榆樹縣老河深鮮卑墓群部分墓葬發掘簡報〉，《文物》1985-2；劉景文、龐志國，〈吉林榆樹縣老河深墓群族屬探討〉，《北方文物》1986-1，1986。

㊲ 張太相，〈從最新考古學成就看歷史上的肅慎挹婁人〉，《東北師大學報》1982-5，1982。

㊳ 孫正甲，〈扶餘源流辨析〉，《學習與探索》1984-6，1984。

㊴ 《三國志·扶餘傳》。

㈡三世紀中葉以後的變遷

1.扶餘、北扶餘、東扶餘

西元 285 年扶餘國遭受慕容鮮卑的攻擊。扶餘在向西晉東夷校尉府求援的同時，對侵略軍進行頑強抵抗卻以失敗告終，扶餘王依慮被迫自殺身亡。一方面扶餘王子女等扶餘國中心勢力往東逃至沃沮避難。此時的沃沮是指北沃沮。西晉朝廷免去未能及時營救扶餘的鮮于嬰的官職，重新任命何龕為東夷校尉。第二年繼依慮成為扶餘王的依羅，在新任東夷校尉的支援下，擊破慕容廆大軍，最終得以「復國」。恢復吉林地區的都城以後，慕容鮮卑對扶餘國的抄略仍舊不斷，被俘的扶餘人往往被賣為奴隸。㊵扶餘國逐漸削弱，從此一蹶不振。

此後，扶餘無法抵制北進高句麗的壓迫，便把王都遷往西部地區，這樣原扶餘國中心地——鹿山就變成高句麗的領域。㊶王都的西遷，促使扶餘更加暴露於慕容鮮卑的威脅面前。這一時期慕容鮮卑的勢力大增，337 年慕容皝自稱燕王。㊷而隨著慕容燕勢力的擴張，倍感威脅的高句麗派遣使臣到後趙（羯族在北中國建立的政權），企圖與其進行聯合。㊸作為對慕容燕的夾攻策略，後趙於 338 年動員三百艘船隻給高句麗送來三十萬斛糧米。㊹在這種局面下，慕容燕在 339 年和 341 年兩次攻擊高句麗，並在 342 年（故國原王十二年）動員大規模軍隊，攻陷高句麗國內城，盜掘美川王的屍骨，還把王后擄掠過去，充當人質，以防高句麗的報復及反撲。

345 年慕容恪再次攻擊南蘇城，對高句麗大發淫威㊺，之後於次年又奇襲扶餘。燕軍攻陷扶餘都城之後，原本打算繼續往東向吉林方面進擊，卻遭到大兄冉牟所率高句麗軍的強烈反擊而敗退。冉牟是廣開土王時期出任領北扶餘守使的大

㊵ 《晉書·夫餘國傳》。

㊶ 與注⑬相同。

㊷ 《晉書》卷一百零九，慕容皝載記。

㊸ 《晉書》卷一百零五，石勒載記（下），建平元年條。

㊹ 《資治通鑑》卷九十六，晉紀十八，顯宗中之下，咸康四年五月條。

㊺ 《三國史記·高句麗本紀》，故國原王十五年條。

使者牟頭婁的先祖，冉牟在北扶餘方面的活躍情況都展現在牟頭婁志上。[46]

346 年以後，有關扶餘國的情況無具體史料可查。只流傳著 452 年扶餘國向北魏進行一次朝貢的事實。[47]也有人把這個扶餘視為東扶餘，但實際上他不是東扶餘，將於後述。這個扶餘就是在農安地區復國的那個扶餘。346 年慕容燕軍對扶餘進行一次奇襲，將國王以下五萬餘人虜獲之後，就地班師。這是因為在北扶餘方面遭到高句麗的強烈抵抗的情況下，要想繼續駐留在扶餘的王都，並對其領域進行統治，需要投入相當大的兵力和承受長期戰爭的煎熬。而在西部又要與後趙交戰，往東還要與高句麗決戰後相對峙，這對慕容燕來說無疑是很冒險的。當時慕容燕的主要擴張方向是北中國方面，為了解除後顧之憂，燕軍對扶餘進行一次打擊後便即刻班師。燕軍撤離後，扶餘人就想立刻重建家園。由於慕容燕把其擴張矛頭指向中國北方，所以對扶餘的壓力就相對減少了。而高句麗在受到慕容燕的打擊後，還要面對來自南部百濟國的攻勢，也無暇於北顧。扶餘國得益於周邊的這種形勢，才有可能維持其命脈，並一直存續。直至 492 年後期，扶餘國的王城就是農安附近的西南地區。

那麼，該扶餘國與牟頭婁墓誌（以下稱作「墓誌」）以及廣開土王陵碑（以下稱作「陵碑」）上所傳的北扶餘和東扶餘究竟是何等關係，而北扶餘與東扶餘的實體又是什麼呢？在進行考察之前，首先需要落實的是陵碑和墓誌中所謂東與北的方位概念的基準問題。如果這時由扶餘人自己來看，則理應為東西或者是南北，但這不過是從高句麗人的立場上說的東和北。即把高句麗放置在中央，把與自己相毗鄰的扶餘人的兩個國家各自稱為北扶餘和東扶餘，反映了當時高句麗人所具有的把己國視作世界中心的天下觀。[48]

關於東扶餘，早在朝鮮時代丁若鏞就把他視為是東濊，並把其具體位置比定為從咸興一直到江陵為止的地區。[49]李丙燾則把東扶餘視為生活在咸鏡南道文川一帶的東濊族的國家。其主要根據是《三國志·毌丘儉傳》裏的東川王被魏軍所

---

[46] 武田幸男，〈牟頭婁一族與高句麗王權〉，《朝鮮學報》99、100，1971。

[47] 《魏書》卷五，高宗太安三年十月條。

[48] 請參看本書第三章第三節。

[49] 《與猶堂全書》第六集，疆域考，卷二，〈濊貊別考〉。

追逼而避難的地方，即買溝婁就是咸鏡南道文川（古名叫買城）。之所以如此，是因為他把買溝婁看作是陵碑文中的那個味仇婁。㊿然而，《三國志·東夷傳》的總說和東沃沮條裏都稱東川王逃亡北沃沮方向，並說魏軍抵達肅慎和挹婁的疆界。又在同書〈毌丘儉傳〉中也說追擊東川王的魏將王頎，抵達肅慎的地界。為此立足於東川王南走說，將買溝婁比定成文川，並把陵碑中的東扶餘看成是這個地區，確實是沒道理的。[51]從整個局勢上看，也是如此。比如，據陵碑所載，410 年東扶餘已經歸附於高句麗了。如果東扶餘就是文川一帶的東濊，等於是說直至永樂二十年元山灣一帶仍處在高句麗的支配範圍之外。當時的高句麗向南在漢江流域征討了百濟，並又派步兵和騎兵五萬前往洛東江流域討伐倭國，從而把其勢力延伸到新羅和伽耶諸國。這樣的高句麗能置位居其北邊並曾經附屬於他、又不履行朝貢義務的東濊不顧，直至永樂二十年才征討他嗎？這實在難以理解。當考慮到從高句麗的國內城翻過蓋馬高原通往咸興方面的路段，是作為重要的交通路，從很早以前起便已開通，以及當時是連接國內城與新羅首都的交通路，則更是如此。

《三國志·東夷傳·東沃沮條》把東川王避難的北沃沮位置記述成距離南沃沮（即咸興附近）八百里處，而〈毌丘儉傳〉裏則說距離沃沮一千里處。大體上可以看成是豆滿江（圖門江）流域。[52]然而在《三國志·毌丘儉傳》稱北沃沮為買溝，而在〈東沃沮條〉裏則稱為置溝婁。買溝是由置溝婁脫字所致，而把他視為陵碑中的東扶餘味仇婁的看法，看來是蠻有道理的[53]，即東扶餘就在豆滿江流域。那麼「置溝婁」是不是「買溝婁」的錯別字呢？

曾為北沃沮領域的豆滿江流域，在渤海國時代則在現今琿春往西二十里處的八連城設置了東京龍泉府，一名柵城府。高句麗時期也在此設有柵城，看來渤海

㊿ 李丙燾，〈臨屯郡考〉，《韓國古代史研究》，頁 203－205。

[51] 李龍範，〈高句麗的成長與鐵〉，《白山學報》1，1966。

[52] 據有關報告，圖門江流域發掘的先史時代的遺址和遺物與其北邊的牡丹江中下游的遺址及遺物具有相當的差異。目前尚無法確定這一主張的成立與否，但值得注意的是，它與《三國志》中的北沃沮在語言、風俗上都不同的挹婁相鄰的記載相吻合。

[53] 李丙燾，前揭論文。

的柵城府就是繼承高句麗的柵城。[54]《三國志·東沃沮條》稱北沃沮為「置溝婁」，溝婁其意為城。置溝婁與柵城在其音上相近，而且位置上也都在豆滿江流域，即也可以認為是由「置溝婁」變成柵城的。那麼，是買溝婁的錯別字嗎？暫且看一下，廣開土王陵碑永樂二十年庚戌年條記事。東扶餘裏有「餘城」，即王城扶餘城，此外還見有味仇婁、椯社婁、肅斯舍等地名。[55]高句麗把東扶餘吞併後，在該地區設置作為統治中心的「城」時，把它設置在原東扶餘的王城裏，這樣理解比較自然。410 年東扶餘沒作太大的反抗，就歸順於高句麗，則更有可能性。該重鎮就是柵城，陵碑文中的（夫）餘城作為東扶餘的王城，是高句麗人所刻寫的[56]，很難把他視為當時的實際地名。看來其原來地名為置溝婁，而柵城之名則由此而來。就是說東扶餘尚存的當時，除「味仇婁」之外，還另有一個「置溝婁」。如此則《三國志》中以北扶餘之地名流傳的「置溝婁」和「買溝婁」，我們沒必要非把其中一個看做是另一個的錯誤。尚未達到形成國家階段的北沃沮裏，能夠代表其廣大地區的城邑不可能只是一個。「置溝婁」與「買溝婁」作為北沃沮的主要據點，被魏人所認知和記錄下來，並在《三國志》的編撰過程中一個載入〈北沃沮傳〉，另一個則載入〈毌丘儉傳〉的可能性也是有的。

如果東扶餘的確在豆滿江流域，則應該是在三世紀中葉以後的時期。在《三國志》階段，該地區的名稱是北沃沮。那麼，我們不得不留意下列事實：即 285 年因慕容廆的攻擊而受到重創的扶餘國，其統治階層的中心勢力遷往北沃沮。這時移居的扶餘人第二年便「復國」，重新回到吉林地區，而一部分扶餘人則繼續留在北沃沮地區，並定居下來。[57]該地區的居民即北沃沮人是在語言和習俗上與

---

[54] 在探討高句麗柵城的具體所在地時，有人根據在八連城只出土渤海時期的遺物，並不出土高句麗時期的遺物為理由，提出距離八連城 2.5Km 處的溫特赫部城才是高句麗柵城的。
嚴長錄、鄭永鎮，〈關於延邊地區的主要高句麗城的一考察——兼論高句麗的柵城〉，《延邊大學朝鮮學國際學術研討會論文集》，1989。

[55] 大王凱旋時慕名大王的教化而跟隨的東扶餘人有味仇婁鴨盧，椯社婁鴨盧，肅斯舍鴨盧等人。在此鴨盧是表現某一地位的稱號，而味仇婁等則是地名。（朴時亨，《廣開土王陵碑》，1966，頁 207）

[56] 陵碑裏稱新羅的首都為新羅城便是同一用例。

[57] 池內宏，〈扶餘考〉，《滿鮮史研究》（上世），第一冊。

扶餘人相近的濊貊系統，而且還沒有特殊的土著勢力。這些都是扶餘人比較容易在該地區定居下來的因素。

反正，該地區的扶餘人可能是與吉林地區的母國建立了某種關係。然而母國在復國以後也未能免其弱勢，所以在這裏逐漸自立起來。該集團和以吉林為中心的扶餘，站在高句麗的立場上，看則是位於東和北邊的兩個扶餘，所以將把這兩處分別加以區分，並命名為東扶餘和北扶餘。

之後，四世紀中葉，隨著高句麗向北擴大其勢力，扶餘國向西邊的農安方向遷移，鹿山（吉林）地區被高句麗所控制。北沃沮地區的東扶餘與母國的關係隨之被阻斷，他們不得不獨自統管其國家，在廣開土王永樂二十年（410）最終歸附於高句麗。有關歸附狀況，陵碑文沒有記載大王在征伐其他地區時的戰鬥情況。看來扶餘並未作出任何抵抗就投降了。所以有關東扶餘我們是否這樣考慮呢？即東扶餘並沒有完全滅亡，而是以臣服於高句麗的藩屬國的形態存續下去。在這種假設成立的基礎上，有人提出 452 年向北魏朝貢的扶餘就是這個東扶餘的看法。[58]然而，據 435 年訪問過平壤城的北魏使臣李傲稱，當時高句麗的領土是「東至柵城，北及舊扶餘」。[59]柵城的提法便說明東扶餘地區已被編入高句麗領域的事實。直至高句麗末期，柵城是東北的一個重鎮[60]，而在渤海時期則又是東京龍原府。所以，東扶餘在 430 年代已不可能存在，看來 452 年向北魏朝貢的扶餘，顯然就是農安地區的扶餘國了。

從廣開土王時期，牟頭婁就已經作為「領北扶餘守使」，被遣往該地，不難看出陵碑中所述為朱蒙出身地的北扶餘地區，即扶餘國的原中心地已經被編入高句麗疆域了。李傲稱高句麗的領域北及「舊扶餘」，此時的「舊扶餘」是指扶餘國的原中心地，與《魏書·高句麗傳》開頭所說朱蒙出身地「夫餘」是同一地

---

[58] 徐榮洙，〈有關廣開土王陵碑的征服記事再檢討（中）〉，《歷史學報》119，1988。

[59] 《魏書》卷一百，〈高句麗傳〉。

[60] 700 年死於洛陽的、出身於高句麗末期有力貴族家族的高慈，在其墓誌銘上稱（《譯註韓國古代金石文》Ⅰ，頁 510－511）其祖上是官等為三品的位頭大兄兼大相，曾經出任柵城都督，是「方鎮之領袖」。都督若依《翰苑》高麗記，就是高句麗大城之長褥薩。

區，說明就連吉林地區也已經成為高句麗的疆域。或許可以設想一下，墓誌或陵碑上的北扶餘，他指稱的是一直存續到 494 年為止的扶餘國。但如果視農安方面的後期扶餘與上述北扶餘為同一實體，則等於是說像牟頭婁這樣的領北扶餘守使，即高句麗地方官與扶餘王統治著同一個地區，這樣即便是把扶餘國設想成高句麗的藩屬國亦難以理解。更重要的是，作為朱蒙出生地的原扶餘，即北扶餘的位置與後期扶餘國的王都農安並不屬於同一地區，所以該立論難以成立。[61]

而且，有關居住於東流松花江流域哈爾濱對岸地區的集團，即豆莫婁（當時的達末婁），還流傳如下傳說：

> 豆莫婁國，在勿吉國北千里，去洛六千里，舊北扶餘也。（《魏書·豆莫婁傳》）

> 達末婁，自言北扶餘之裔，高麗滅其國，遺人度那河，因居之。（《新唐書·流鬼傳》）

此二者屬同一個內容。看來《魏書》上的內容是根據延興年間（473－474）來到北魏的勿吉使者乙力支概述其國與周邊集團而寫成的。[62]我們暫且不去考慮自稱為北扶餘後裔的豆莫婁人所說的話是否具有真實性，在此值得注意的是，豆莫婁方面提出這種主張的時期為 470 年代的事實。他所說被高句麗滅亡的北扶餘，不可能是 494 年所滅的農安地區扶餘國。指的是扶餘國的初期王城（即吉林地區）被高句麗所統治的事。隨著高句麗控制吉林地區，並往北把勢力擴大到與扶餘國的北部邊界弱水（東流松花江流域），豆莫婁人才開始認識到高句麗。在這一過程中高

---

[61] 陵碑文裏除北扶餘和東扶餘之外，還可見有扶餘。即稱朱蒙南下時渡過了扶餘的奄利大水。此時的扶餘與陵碑裏所說的朱蒙的來源地北扶餘是同一個實體。

[62] 《魏書》卷一百，〈勿吉傳〉。

句麗人稱原扶餘國地區為北扶餘，所以豆莫婁人也跟著這樣稱呼。[63]這個〈豆莫婁傳〉記載可以說，是作為五世紀的北扶餘指稱吉林地區的另一個式例。

北扶餘地區在四世紀前半葉已在高句麗的勢力範圍裹。在吉林地區遺留至今的龍潭山城、東團山城等高句麗式山城和在那裹出土的高句麗板瓦等，均能夠說明這些是高句麗統治該地區時遺留下來的。隨著以這樣大小城為基本單位的地方統治體制的確立，北扶餘這個以鹿山為中心的廣大地區的這一名稱就逐漸消失了。如同把東扶餘地區稱為柵城那樣，作為行政單位，給了別的新名稱，來加以區分。這樣有扶餘之名的實體，僅剩下農安地區的扶餘國了。

在考察三世紀末以後扶餘國變遷中，需要明確指出的一點是，《資治通鑑》在記述扶餘從鹿山向西遷移時的狀況，提到「百濟」的存在。因為他的討論與其他非常重要的問題相聯繫著，所以下面對此進行探討。

2.扶餘與百濟

《資治通鑑》晉紀穆帝永明二年（346）正月條中，記載著如下內容：

> 初，夫餘居於鹿山，為百濟所侵，部落衰散，西徙近燕，而不設備。燕王皝遣世子儁，帥慕容軍（中略）襲夫餘。（中略）遂拔夫餘，虜其王玄及部落五萬餘口而還。

上引文中的百濟應該理解為高句麗的誤寫，也有人把他看成是真實的百濟。這種看法與從兩個側面理解這一時期東北亞歷史和百濟史的視角是有關的：一是「百濟的遼西經略說」，另一個是以為扶餘氏百濟王室的成立時期在四世紀後半葉。

首先看第一種情況。認為上引文中的「百濟」就是進駐遼西地區的百濟勢

[63] 據《魏書》〈室韋傳〉稱其言語與庫莫奚、契丹、豆莫婁等相同，所以不可完全相信豆莫婁人所自稱的與北扶餘的關係。或許是一部分扶餘人看到吉林地區被高句麗吞併，為了躲避高句麗的統治，便前往豆莫婁地區，而豆莫婁人以此為機，冒稱自己為富有傳統的扶餘的後裔也未可知。

力。64實際上該記事裏的「百濟」是否為真實的百濟，這一問題不能成為是百濟遼西經略說成立與否的決定性因素。而且在本稿裏無意去探討百濟遼西經略說本身，因此暫時不能就此進行細論。只想指出的是，不能把上述記載中的百濟視其為進出到遼西地區的百濟勢力。如果是遼西地區的百濟勢力，則等於是說扶餘從西方或西南方向受到百濟的攻擊，因此他們理應向北移動，但實際上是往西移動了，這是個很難理解的事。

其次是第二種情況。筆者認為上引文中的百濟是四世紀時期居住在現今中國東北地區的扶餘族系統中的一個集團。在四世紀東北亞局勢動盪時期，該集團便向南方遷徙，來到漢江流域，征服了事先占據在那裏的「伯濟國」並建立扶餘氏王室的百濟國。這就是扶餘氏百濟建立於近肖古王時期的看法。四世紀前半葉隨著扶餘族的遷移而成立了百濟國，這種看法自日本帝國主義時期就開始不斷被提出來。65直到最近，有學者把漢江流域出土的考古學資料作為論據，又重新提出來。66他是把漢城市松坡區石川洞一帶的階段式積石塚以完整的形態突然出現在該地區，和《三國史記·百濟本紀》初期記事的種種矛盾以及上引文中的「百濟」等作為論據。

這一看法中所涉及的有關石川洞的階段式積石塚的性質問題，確實有待進一步考察，在此只想討論與本稿相關的部分。如果說四世紀中葉，扶餘族的「百濟」集團，果真居住在中部滿洲地區，而該集團或其中的一部分於四世紀前半葉，向南遷移並建立百濟國，那麼，最根本的疑點就是《三國志·東夷傳》階段，就已經出現在漢江流域的「伯濟國」，和四世紀初的這個「百濟」集團的名稱，為何如此雷同呢？伯濟和百濟雖然「伯」和「百」字不同，但兩漢字都是原土著音的諧音，所以此二者應該是一樣的。相距數千里的兩個不同的集團卻擁有同一個名稱，能說是偶然的嗎？

---

64 鄭寅普，《朝鮮史研究》（下），1947，頁 202－204。筆者也曾經提出過該「百濟」，可能是遼西地區的百濟勢力。（《韓國史》2，國史編撰委員會，1977，頁 175－176）現透過本稿聲明更正。只是並沒有徹底否認百濟遼西經略說。關於此，有待更具體的探討。

65 有關學說史的考察，請參看李基東的〈關於百濟王室交替論〉，《百濟研究》12，1981。

66 李道學，〈有關百濟的起源和國家形成的再檢討〉，《韓國古代史研究》2，1989。

由此看來，《資治通鑑》永明二年記載裏的、有關「百濟」的內容難以全部相信。理應看作是對高句麗的誤記。

最後，再來考察一下遷往農安地區的扶餘國情況。

3.扶餘國的滅亡

農安地區的扶餘國在346年受到重創以後，雖然復國，但其勢力已今非昔比了。三世紀前半葉扶餘國的人口有八萬戶，雖無法確知其具體人口數，但可以肯定，經過289年和346年慕容鮮卑的侵攻、和大規模人口的虜獲和部分扶餘人遷往北沃沮地區，還有四世紀前半葉被高句麗合併掉，原扶餘國中心地吉林地區等巨變，人口已大大減少。看來其領域也僅局限於農安地區一帶。

在這種狀況下，346 年以後，扶餘在一定程度上是隸屬於高句麗以及慕容燕。慕容皝不僅賜官職給活捉的扶餘王玄，還把自己的女兒嫁給了他。[67]對牽制扶餘的燕國來說，這樣對玄可謂是一種很有效的手段。先王被作為人質而滯留於燕，處於弱勢的扶餘對燕國不得不採取一種低姿態。[68]有關扶餘與高句麗的關係無具體記錄可尋，但高句麗在346年幫助扶餘國阻止了燕對北扶餘方面的侵攻，從而使燕軍敗退。若燕軍捲土重來，則扶餘國還是需要高句麗的支援，所以 346 年以後，扶餘國對高句麗不得不又採取從屬的立場。

四世紀末到五世紀初以後，隨著高句麗勢力的強大，扶餘國才完全從屬於其勢力。479年高句麗企圖與柔然（蠕蠕）一同把居住在扶餘國西北興安嶺東麓的地豆于這個遊牧集團加以瓜分。[69]高句麗的這種試圖是把農安一帶納入自己的勢力圈之後，將它作為向西北方面擴張的跳板。在高句麗的統治下，扶餘國作為一種

---

[67] 與注[13]同。

[68] 370 年前秦攻打前燕都城鄴的時候，在此作為人質的扶餘王子餘蔚等便向前秦軍隊投降。（《資治通鑑》一百零二，太和五年十一月條）該扶餘王子是由當時的扶餘國送去的呢，還是346年被虜獲抓去的呢，現無法確知。餘蔚在384年接受後燕慕容垂的官爵。（同書，卷一百零五，太和九年正月條）如此，長期以來在北中國的局勢上有所變動時，他都根據自己的判斷先後與三個王朝維持關係。由此可見，並不像是由扶餘國正式派去的人質，倒像是346年與扶餘王一同被虜去的人物。燕考慮到在與扶餘國的關係上能夠有效利用他，因而讓他留居下來。

[69] 《魏書》卷一百，〈契丹傳〉。

藩屬國向高句麗交納黃金等貢納品(70)，而高句麗則是出於懷柔扶餘人的政治目的，允許這個富有傳統的王國維繫其命脈。在這種局勢下，扶餘國繼續謀求自立，並於 457 年向北魏朝貢(71)等，企圖參與國際政治，正是這種動向的具體表現。

直到五世紀末，隨著勿吉的勃興，扶餘國的命運面臨決定性的危機。以阿城附近為中心地的勿吉將其勢力延伸到東流松花江流域，並佔領該地，其後開始攻擊高句麗北境。(72)與東流松花江相匯合的北流松花江下游地區，被勿吉掌控以後，農安地區自然就面臨勿吉的強大攻勢。為此，已完全喪失自衛能力的扶餘國王室，乾脆就遷移到相對安全的高句麗內地，這樣扶餘國就此完全消滅。(73)

隨著扶餘國消滅和農安地區一帶被勿吉佔領(74)，勿吉——靺鞨系集團開始把大量人口遷入這個人口比較稀少的地區。

到六世紀末，農安地區又有了新的變動。高句麗克服了六世紀中葉以來貴族間的內部矛盾，由南向北而來的新羅、百濟的進攻以及在西北方面與突厥的對峙等內憂外患之後，即刻北進，重新奪回農安一帶。此時堅持抵抗的部分粟末靺鞨族脫離高句麗。六世紀末在扶餘城西北，數千名的粟末靺鞨族在其酋長突地稽的率領下逃到隋朝的遼西地區。(75)還有七世紀初，粟末靺鞨的烏素固部落投奔唐朝。此烏素固部落又稱浮渝（扶餘）。(76)高句麗掌握了扶餘城一帶之後，把其勢力繼續向北延伸到北流松花江下游地區，這樣位居伯都訥一帶和拉立河流域的伯咄靺鞨也歸屬於高句麗。(77)在隋朝時期，高句麗曾經向南室韋（現今的齊齊哈爾地區）供應了鐵(78)，之所以能夠把沉重的鐵供應給南室韋，正是由於高句麗勢力北

(70) 《魏書》卷一百，〈高句麗傳〉。
(71) 與注㊼同。
(72) 《魏書》卷一百，〈勿吉傳〉。
(73) 《三國史記·高句麗本紀》，文咨明王三年條。
(74) 與注(70)同。
(75) 《太平寰宇記》卷七十一，河北道燕州條所引隋北蕃風俗記。
(76) 《舊唐書》卷三十九，〈地理志〉（二），河北道慎州、黎州條。
(77) 盧泰敦，〈渤海的建國背景〉，《大丘史學》19，1981。
(78) 《隋書》卷八十四，〈室韋傳〉。

進，並把北流松花江流域納入其統管下才能成功。

六世紀中葉以後，農安一帶成為高句麗領域，高句麗在一度曾經是後期扶餘國王城的地區，設置了以扶餘城為首的四十餘座城池(79)，到高句麗末期在扶餘城又設置了北扶餘城州。(80)在鹿山的北扶餘與北沃沮的東扶餘已經解體並編製成為城，這樣以東扶餘、北扶餘為名稱的這兩地也隨之消滅。而六世紀末重新佔據的農安扶餘城是高句麗疆域的北端，是後期扶餘國的王城，所以把它叫做北扶餘城。實際上幾乎所有記錄都把高句麗末期的該地區稱作是扶餘城。

因為這個扶餘城位於寬廣平原的正中央，所以不僅在經濟上很重要，而且可以阻斷其東邊的山林種族（靺鞨族）和其西邊的遊牧種族（契丹族）的連接。這是保障高句麗西北部一帶安全的戰略要衝。正因為扶餘城帶有這種戰略性，所以到渤海時期也在此設置防禦契丹的中心地扶餘府。實際上，遼太祖耶律阿保機對渤海國的進攻，就是從扶餘府開始的。遼國亦在此設置了黃龍府，從遼國的立場上看，此地是防禦其東部勢力的中心地。一度廢止的黃龍府，重新於 1013 年復置，看來是為了應付這一時期，在東部滿洲地區異常活躍的女真族。如此，作為中部滿洲地區的戰略要衝，此處相繼出現後期扶餘國的王城，向高句麗末期的北扶餘城州，渤海時期的扶餘府，遼時期的龍州黃龍府，金時期的隆安府等。

以上考察了扶餘國王城的位置，以及以其為中心的扶餘變遷史。下面作一下概述。

直至三世紀前半葉，扶餘國的中心地是現今吉林市一帶。該地區是自青銅器時期以來形成的所謂西團山文化遺址分佈最為密集的地區，很早以前就開始實行農耕和畜牧。吉林市一帶的東團山、西團山、南城子等地的遺址中所見的遺物綜態和地形等均與《三國志·夫餘傳》中所描述的扶餘國的王城面貌相符。又在三世紀前半葉，扶餘國以鹿山地區為中心，其四方地望大致是，往北到東流松花江，往東則隔著張廣才嶺與牡丹江流域的挹婁相接，往西在伊通河附近一帶與鮮卑對峙，往南則大概是在輝發河和渾江之間的分水嶺龍崗山一帶與高句麗鄰接。

---

(79)《舊唐書》卷八十三，〈薛仁貴傳〉。

(80)《三國史記》卷三十七，〈地理志〉（四）中所收「目錄」，本書第三章第一節。

扶餘國在三世紀末遭到慕容廆的攻擊以後，以部分統治層為首的集團遷往豆滿江下游的北沃沮地區，而次年其母國就在故址復國。這時，部分扶餘人繼續逗留在北沃沮，並逐漸形成扶餘人的另一個中心地。高句麗人把以鹿山和北沃沮地區為中心的扶餘人集團分別稱為北扶餘和東扶餘。

直到四世紀前半葉，隨著高句麗勢力北進，並佔領鹿山一帶的北扶餘地區，扶餘便遷往西部的農安地區，在那裏再次遭到慕容皝的打擊以後，雖然重新復國，但其勢力已大為削弱。鹿山一帶被高句麗佔領以後，與其母國隔斷開的東扶餘逐漸開始自立。直到 410 年他附屬於高句麗，並編製成柵城等地域行政單位，而東扶餘名稱也隨之消亡。鹿山的北扶餘地區也呈同樣的趨勢。

另一方面，農安地區的扶餘國在高句麗的勢力之下苟延殘存，但最終於 492 年迫於勿吉的強大攻勢下而滅亡。該地區在六世紀末被高句麗重新奪回之後，設置了以扶餘城為首的四十餘城。其後，扶餘城成為渤海國的扶餘府，遼國的太祖又改稱為龍州黃龍府。975 年渤海人「燕頗之亂」之後，黃龍府一度被廢止，並把該地區的一部分土著渤海人，強行遷徙到今天的昌圖北邊的四面城，即通州地區。《遼史·地理志》中的通州為扶餘王城的傳說由此而來。此後，1013 年在原黃龍府地區的東部設置了黃龍府。這個復置的黃龍府成為金國時期的隆安府，而隆安之音轉訛成為農安。後來的黃龍府位於原黃龍府東北不遠處，即原黃龍府。渤海時期的扶餘府、高句麗的扶餘城、扶餘國後期的王城，這些都距離現在的農安西南不遠處。

二、有關高句麗、渤海人與中亞居民的交涉

現今的中亞人與韓國人不僅在地理上相距遙遠，而且在生活形式上也是截然不同的，但在古代雙方間曾有過相當程度的直接交流。與後代不同，當時雙方在地理上是相鄰而居的，這是雙方從很早以前開始進行交流的主要背景。

貫穿中亞的廣闊大草原一直往東延伸到東北中部的遼松平原。大體上在連接東遼河與北流松花江下游一線上，這個大草原與農耕、山林地帶相遇。遊牧集團和濊貊族這一農耕集團就在該地區時而相鄰而居，時而相雜而居，於是從很早以

前就開始有了相互交往。在該地區發掘的幾個大型古墓群其族屬為誰的問題上，至今仍存有分歧，正是這種原因所致。具體來說，在遼寧省西豐縣西岔溝發掘了古墓群之後，便眾說紛紜，有人把它視為匈奴[81]或烏桓[82]的遺址，也有人視其為扶餘族遺址。[83]西岔溝與渾江流域這一高句麗的發祥地相鄰接，而且對於位居扶餘族的居住地農安東北邊的、榆樹縣老河深遺址的主人公，分別被認為是鮮卑族和扶餘族。[84]

雙方的接觸很早就開始出現於各類文獻上。匈奴的東部與濊貊、朝鮮相接壤[85]，而漢朝攻伐衛滿朝鮮的主要功效之一，就是斬斷匈奴左臂。[86]可見，當時朝鮮與匈奴之間相交往的概然性還是很充分的。接著作為高句麗與遊牧集團間的接觸，中韓兩國的史書裏都流傳著雙方在西元前後發生的武力衝突，以及鮮卑族的一個集團曾隸屬於高句麗的事實。[87]

從那以後，高句麗、扶餘與遊牧集團之間的交涉一直在持續著。尤其是四世紀以後，中國勢力的低潮，促使雙方間的接觸更加活躍起來。高句麗使節的足跡，幾乎踏遍了整個蒙古高原，到七世紀曾遠及中亞烏茲別克斯坦的撒馬爾罕（Samarkand）地區。

關於雙方的接觸，過去主要是透過中韓文獻中的片斷記錄和三國時期的遺物及遺址來進行研究的。儘管是屬於極其片斷的形態，卻也不乏有關高句麗和渤海的資料，它主要是透過中亞人還有與其建立關係的第三國人流傳下來的。以此為中心，本稿擬就古代韓國人與中亞居民之間的交流進行考察。

---

[81] 孫守道，〈匈奴、西岔溝文化古墳群的發現〉，《文物》1960-8、9，1960。

[82] 曾庸，〈遼寧西豐西岔溝古墳群為烏桓文化遺跡論〉，《考古》。

[83] 田耘，〈西岔溝古墓族屬問題〉，《黑龍江文物叢刊》，1984 年 1 期。

[84] 〈吉林榆樹縣老河深鮮卑墓群部分墓葬發掘簡報〉，《文物》，1985-2。
劉景文、龐志國，〈吉林榆樹老河深墓葬群族屬探討〉，《北方文物》，1986-1。
吉林省文物考古研究所編，《柳樹老河深》，1987。

[85] 《漢書·匈奴傳》。

[86] 《漢書》卷七十三，〈韋賢傳〉。

[87] 《三國史記》卷十三，琉璃明王三年條；《後漢書》卷二十，〈祭彤傳〉。

㈠敦煌文書 P.1283 的 Mug-lig（貊句麗）

中亞人所遺留下來的有關古代韓國的記載中，首先要注意的是法國人伯希和（Paul Pelliot, 1878-1945）劫走的用藏文書寫的敦煌文書（Pelliot tibétain 1283）。它現收藏於法國國立圖書館，其分類號為 1283。該文書因記載有關於畏兀爾（維吾爾）國勃興時期的北亞局勢的資料，而備受時人關注。[88]現將其開頭和有關韓國的內容加以引用如下：

> 北方若干國君之王統敘記。過去回鶻（Hor）王下詔，派遣五個回鶻人去探查北方究竟有幾個國王。現把文書庫的該報告提取並摘記如下。……觀其國（突厥的默綴可汗十二部）[89]之西，居住著，藏人稱之為 He，漢人稱之為 He-tse（奚），Drug 人稱之為 Dad-pyi 的種族……①在「奚」人之東，Drug 人稱之為 Mug-lig（貊句麗），漢人稱之為 Kéu-li（高麗）。Shan-ton 地方權臣名為 Chan-Chun-Chi 的轄區。Kéu-li（高句麗）境內之人，上頦垂於胸口，食人肉。將父母年邁者及其他老邁之人，裸裎殺死。其東名為② Monba Beg-tse 部落，其人平素不著衣衫。其南有人如魚，恒居於水中。[90]

有關該記錄的成書時期、書寫主體及其過程，雖說眾說紛紜，但其中也不乏有較為精闢的見解，即認為回鶻國是位於從甘肅回廊地區到吐魯蕃地區之間某一處的、一個非藏系國家。在 740 年以後的某一時期，它記述了有關居其北方的若干

---

[88] Gérard Clauson, A propos du manuscript Pelliot tibétain 1283, Journal Asiatique, Tome CCXLV, 1957.
森安孝夫，〈チベット語史料中に現われる北方民族——Drug と Hor〉，《亞非語文化研究》14，1977。
王堯、陳踐，〈敦煌古藏文本「北方若干國君之王統敘記」文書〉，《敦煌學輯刊》創刊號第二（蘭州大學敦煌學研究組編）1980。

[89] 原文是 Bug-chor。把 Bug-chor 表記為「默綴」，並無異議。突厥的第二可汗默綴（在位期為 691？－716）死去之後，依舊如此稱呼突厥，Clauson 認為 Hor 人與突厥首次進行交涉是在默綴可汗時期，所以後來仍把突厥集團稱作 Bug-chor。（前揭論文，頁 12）

[90] 載於注[88]之論文中的譯文作為參考的。

國家情況，後來興起於八世紀的土蕃國吞併回鶻，並向北方擴展其勢力時，為了把握北方諸國的情況，而參考了回鶻人的記錄以及相關資料和傳聞，並用藏文把它書寫下來。(91)總之，該文書的成書時期一般被認為是八世紀後期至九世紀前期。(92)

然而，在上引文中，引人注目的是畫底線的①部分。其中的 Kéu-li 被譯為高麗是顯而易見的。而當時的 Drug 人（突厥、畏兀爾等土耳其系統的居民）(93)把高句麗稱作是 Mug-lig。而且在唐德宗貞元年間（785－804）由龜茲國出身、曾經出任翻經大德兼翰林待詔的僧侶禮言編撰、並由睿山沙門真源校勘的《梵語雜名》中，也以「悉曇（Siddham）」文字記述的某單詞之音用漢字表記為「畝俱理」，並聲稱其意為「高麗」。(94)這說明，八世紀末至九世紀初，高麗在西域被稱為「Mokuli」。

只是，此時已經與高句麗滅亡相去一百多年了。那麼上述敦煌文書中所言高麗究竟指的是哪一國家呢？該記事是回鶻人把他們從 Drug 人那裏打聽到的記錄下來。突厥過去是與高句麗建立過很密切的關係，所以可否理解成是根據自己的記憶，而茫然地把東方之國稱之為高麗的呢？這顯然不能服眾。如同上引史料所見，他位於奚的東方。而且記述在該文書的有關八世紀的狀況、至少對北亞諸國的報告內容，還是有真實性的。在此高麗理應是指渤海。(95)

那麼，當時的 Drug 人為何稱渤海為 Mug-lig 呢？對此，克勞遜（Clauson）認為靺鞨的漢字音是「Mo-ho」或「Muat-kat」，所以才被如此稱謂的(96)，即把渤

(91) 森安孝夫，前揭論文，1977。

(92) 注(88)的論文。

(93) 王堯、陳踐把 Drug 表記為突厥，然筆者在此是採納了森安孝夫的見解。

(94) 日本亨保十七年版《梵語雜名》，頁 39。

(95) 護雅夫，〈いわゆる BÖkli について〉，《江上波夫教授古稀記念論集——民俗文化篇》，1977；森安孝夫，前揭論文，1977。

(96) G. Clauson, op.cit., pp.19-20.
有關靺鞨之音，朱國枕和魏國忠認為「靺鞨」與「勿吉」原為同音，只是它在中國不同時期被不同的人用漢字音寫的結果，因而推定其音為「mó jié」。〈「靺鞨」究竟應該怎麼稱呼〉，《學習與探索》，1981-2。

海視成是靺鞨族所建之國。然而靺鞨為「Mo-ho」或者即便是如同 Karglen 的研究，按照唐代的音韻確實叫做「Muat-kat」，也與 Mug-lig 的音沾不上邊。Drug 人所說的 Mug-lig 與古突厥碑文上把高句麗稱之為 Bökli（Mökli）是相通的（將在後議）。即說明突厥人曾把高句麗稱作 Mökli，而後來也以同樣的名稱來稱呼渤海的。

渤海在建國伊始，便派使到突厥，並與之建立友好關係，而在八世紀初的渤海武王時期，突厥曾一度派遣其地方官「吐屯」到黑水靺鞨這個渤海的背後地，[97]看來兩國間具有相當深厚的瞭解。[98]此時的突厥正處默綴可汗時期，在其領地裏生活著 668 年以後遷往蒙古高原的高句麗遺民，他們形成了若干集團。其中有一個集團，其首領叫高文簡的，他還自稱莫離支，並成為了默綴可汗的駙馬。[99]所以，突厥的統治層對高句麗可謂非常熟知。渤海朝廷派使到突厥之後，如同其在與日本的關係中所稱那樣，自稱是高麗也未可知。這種自稱或突厥人透過與渤海的直接接觸而得到的相關知識，與過去他們透過長期的交往而認知的，關於高句麗的理解基本相符，所以突厥人才把渤海繼續稱作 Mug-lig。這對其他的土耳其系統也有一定的影響，所以後來就繼續通用。而且此文書也表明了當時的漢人

---

[97] 《舊唐書·渤海靺鞨傳》。

[98] 曾有人主張在位於俄羅斯沿海州地區南端綏芬河流域的「南烏蘇里斯克城址」內出土的石片中，刻有古突厥文字。如果此說為真，則它將是相傳之中渤海和突厥間交涉的具體遺物。還有在圖門江對岸的「某寺院址」出土的陶製聶斯托利教派（Nestorians）的十字架上，所刻的橢圓形板也說明渤海和西域的交流的事實。有關該板所象徵的是東西方交流的事實，儘管無從所知，它是通過唐朝傳入的，還是通過內陸亞細亞傳入的，還有他們之間的交流程度如何等等。卻是值得我們注意的遺物。有關這些遺物在「E.V. Shavkunow, 《渤海國和沿海州的渤海文化遺址》列寧格勒，1968」的第四章韓文版（宋基豪的〈沿海州的渤海文化遺址〉，《白山學報》30、31）裏有介紹。同時還要指出的是，對把刻寫在該石片上的文字看作突厥文字的看法，俄羅斯的古土耳其語研究專家 Kliashtornyi 持懷疑態度。他是把古突厥碑文的 Bökli 解為高句麗。(S. G. Kliashtornyi, *Drevnetiurkskie Runicheskie Pamiatniki kak Istochnik po Istorii Srednei Azii*, Moscow 1964, p.23, p.52)

[99] 《唐書》卷二百一十五〈突厥傳（上）〉。有關高句麗遷往突厥遺民的情況，請參看盧泰敦的〈高句麗遺民史研究——遼東、唐內地及突厥方面為中心〉，《韓沽劤博士華甲紀念史學論叢》，1981。

把渤海稱為 Kéu-li，即高麗的事實。當時在唐朝的朝庭裏被正式稱為渤海，但在民間仍把渤海叫做高麗。看來，此敦煌文書是表明渤海國繼承高句麗國的另一個重要的資料。

除此之外，在上引文中還值得注意的是「Shan-ton」地方和「Chan-Chun-Chi」。關於 Shan-ton，據有關專家認為，它與在蒙古共和國鄂爾渾河畔發現的古突厥碑文上看到的「往前遠征到 San-dun 平原」的 San-dun 是同一個語詞[100]，是指山東即太行山以東的河北地區。[101] Chan-Chun-Chi 具體是什麼樣的人物，無從所知。[102]這段的大概意思是否可以這樣理解：即位居河北地區的唐朝地方藩鎮叫 Chan-Chun-Chi 的節度使掌管著與「藩國」Kéu-li 的關係，而這種源自於唐人的傳聞被傳到回鶻的探子那裏以後，才被那樣表述出來的呢？上引文中 Drug 人稱之為 Mug-lig，漢人稱之為 Kéu-li 這樣的記載亦可推知。譬如，九世紀初，河北地區的藩鎮李懷仙，其職位便是平盧節度使兼押渤海新羅使。[103]接下來的有關食人肉的記錄，可能就是把遠方異國的奇聞記下來的。在回鶻國的探子製作該報告的八世紀後期，突厥帝國已經土崩瓦解，而一般的土耳其種的人們對渤海的風土人情是不甚瞭解的。

還有畫底線的②中的 Monba Beg-tse，有人認為它應讀作「蠻子百濟」[104]，究竟能否讀成這樣，這還是個疑問。[105]無論如何，Monba Beg-tse 以下的記事可以說是一種很抽象的記述而已。

突厥人在高句麗存在時就開始稱之為 Mug-lig。下面就此問題進行論述。

---

[100] 小野川秀美，〈突厥碑文譯註〉，《滿蒙史論叢》4，1943，頁 33、46。

[101] 岩佐精一郎，〈古突厥碑文の Bökli 及び ParPurum について〉，《岩佐精一郎遺稿》，頁 65；小野川秀美，前揭論文，1943，頁 87。

[102] 王堯、陳踐，前揭論文，1980，頁 17 裏把該句翻譯成「上東地方權臣名為羌沖齊者的轄區」。並提出稱為羌沖齊的證據，但在史書中筆者卻無從查找。

[103] 《舊唐書》卷一百四十三，〈李懷仙傳〉。

[104] 王堯、陳踐，前揭論文，1980，頁 17。

[105] 當時的「百濟」之音是否為「Beg-tse」呢，還有中亞人是否如此稱呼的呢？現無從知曉。倭人稱百濟為「クラタ」，唐人把「高麗」稱為 Kéu-li，而 Drug 人則稱其為 Mug-lig。由此可見，Beg-tse 究竟是否指稱百濟，這還有待進一步考察。

(二)古突厥碑文中的Bökli

在蒙古共和國鄂爾渾（Orkhon）河流域的和碩柴達木（khosho-Tsaidam）湖畔，為了紀念突厥第二帝國的英主毘伽可汗及其弟闕特勤而豎起的兩塊突厥古碑文中，對 Bökli (106)有同樣的敘述。即對突厥的始祖土門（Bumin）和室點密（Istami）舉行葬禮時，派遣弔唁使前去問喪的國家作了如下記述：「Bökli 由日出處來」。兩個可汗死去之後，由於突厥衰退，便歸屬於 Tabgač（中國）可汗，並跟隨其「出征到日出處的 Bökli 可汗」。(107)

關於「Bökli」，眾說紛紜，有人把它當作具有「強有力」之意的形容詞，或者是表示某一森林或草原地名的固有名詞。筆者卻覺得把它理解為高句麗的比較合適，就是說在土耳其語中「B」音和「M」音可以置換，所以有人認為 Bökli＝Mökli＝貊句麗等式成立(108)，或把它視為 Bök-eli，而認為 Bök-eli＝Mök-eli＝貊國。(109)如前所見，把高麗稱為「Mug-lig」或「畝久利」、還有古突厥碑文所說的突厥酋長們，跟隨 Tabgač 可汗遠征到 Bökli 的事情，指的就是突厥將領們跟隨大唐皇帝遠征到高句麗的事實。基於此，筆者認為 Bökli 就是指高句麗。

然而，該碑文卻是在 730 年代後半葉寫成，有關高句麗的記載究竟有多少真實性呢？碑文中的 Bumin 和 Istami，儘管有人對他們實際存在的可能性提出質疑，但學術界普遍認為他們與中國史書中所傳的土門可汗及其弟室點密可汗是同一個人物。由於室點密掌管了突厥國西部地區，所以，如果高句麗派出弔唁使的話，那麼理應是在為土門可汗舉行葬禮的時期。他死於 522 年，按古碑文記載，

---

(106) 把古突厥碑文中的該單詞轉寫成拉丁字母時，Bökli 和 Bök-eli 皆可。「K」與「l」之間的母音「e」是比較弱的母音，在實際發音時兩者的差異並不大。主張應該轉寫成 Bök-eli 的人（護牙夫，前揭論文）也認為這個單詞是指高句麗。只是對於主張 Bökli＝Mökli＝貊句麗等式的學說，則認為貊句麗為三音節，而 Bökli 卻是二音節，所以在音節上不相符。因此如果視成 Bök-eli＝Mök-eli＝貊國，那麼就能解決上面的問題。在探討「高句麗」的語源時，可以提出很重要的問題，只是與本稿並無直接的關係，所以暫不提及留待後議。在此就按 W. Radrov 以來一般通用的轉寫即 Bökli。

(107) 古突厥碑文 IE-4、IIE-5；小野川秀美，頁 41－42。

(108) 岩佐精一郎，前揭論文。

(109) 護雅夫，前揭論文，1977。

是由高句麗派出使臣。但在碑文中所例舉的參加葬禮的國家，大都是突厥帝國隆盛時期與之建立關係的國家。包括東起高句麗，西至波斯（Par）和東羅馬（Purum）⑩的國家。552 年尚屬突厥建國初期，所以，上述國家派出弔唁使的可能性是微乎其微。所以對該記載本身的真實性提出質疑也是無可厚非。

然而 552 年初，突厥尚未擊破柔然，也還未成為蒙古高原霸主，為了牽制北魏，高句麗已經與柔然建立非常密切的關係。他還仲介了當時為對抗北魏需要建立軍事同盟的南朝宋國與柔然。⑪當時兩國關係正如 472 年百濟致北魏的請兵國書中所提到的那樣「或北約蠕蠕，共相唇齒」。⑫而且 479 年高句麗還試圖與柔然一同瓜分位於內蒙東北部的遊牧民族地豆于族。⑬隨著高句麗與柔然在政治上建立密切關係，兩國在人員往來和物質交易上也極其頻繁，這是很自然的事情。對於遊牧國家交易和外交，可謂是一種表裏關係。遊牧社會並非與農耕地區完全分離而存在。遊牧民也需要農耕社會的生產品，在平時主要是透過交易獲取自己所需物品。當時柔然大部分時期與北魏處於持續交戰的狀態，所以要想從農耕地獲取物質補給，只得依賴其國西部地區的綠洲國家或與高句麗的交易。

正因為高句麗與柔然建立了友好關係，所以有關蒙古高原上的政局變動，柔然會即刻告知高句麗。尤其是當時的遊牧國家往往還帶有部族聯盟體的性質，所以一旦其中心勢力被瓦解，那麼其波動會即刻波及到其境內集團和相鄰國。因為高句麗本身正向契丹和地豆于等東部內蒙地區的部分遊牧集團延伸其勢力⑭，所以，高句麗對他們的變動是極其敏感的。

突厥也把其勢力延伸到興安嶺以東地區，並在追蹤柔然殘餘勢力的過程中，逐漸對高句麗有了認識，並進行接觸。六世紀末七世紀初的東羅馬史家席摩克他（Theophiractt Simocatta）遺留下來的記錄也可見其一斑。他說，被突厥擊敗的蠕蠕（Avar），其殘餘勢力逃竄到 Tabgač（中國：北齊），在那裏又發動了新的叛亂。

---

⑩ 岩佐精一郎，前揭論文。

⑪ 本書第三章第二節。

⑫ 《魏書·百濟傳》。

⑬ 《魏書·契丹傳》。

⑭ 本書第四章第一節。

但遭到北齊的鎮壓，便跑到東邊的 Moukri，並稱該 Moukri「與中國相鄰接。Moukri 人具有堅強的精神力，他們每天都鍛煉身體，他們的鬥志非常高昂」。⑮ 據此曾有人把 Moukri 視為是勿吉⑯，但還是覺得解釋為高句麗比較合適。⑰有關 Moukri 的記述是從突厥人那裏聽到的訊息而書寫成的⑱，可以說它反映了當時突厥人對高句麗人認識的一個層面。具體地說，該事件可能就發生在 554 年左右。⑲

另據《三國史記》記載，陽原王七年（551）九月，高句麗擊退了進攻遼東的新城和白岩城的突厥軍隊。這是韓國史書中唯一留傳下來的與突厥關係的記載，從而備受關注。然而 552 年初，突厥在現今河北省北端長城附近懷荒鎮北部擊潰柔然勢力，因此，551 年已經把其勢力伸向遼東平原，這簡直不可思議。但不久突厥勢力便向東拓展到遼海方面，一場與高句麗的衝突不可避免地將要發生。隋文帝的詔書中稱「往年利稽察大為高麗、靺鞨所破」⑳，這也旁證 582 年之前的某一時期，突厥與高句麗之間曾發生過衝突。所以《三國史記》的突厥記載很有可能就是 551 年以後，某一時期發生過的歷史事實。㉑

綜上所述，高句麗與突厥早在 550 年代以前就已開始相互交涉，接著雙方又展開了武力衝突。所以在這個突厥古碑文中，高句麗派弔唁使參加土門（Bumin）葬禮的記載，即便不是反映 552 年當時的事實，卻也說明兩國間相互交往的事

---

⑮ E. Chavannes, *Documents sur Les Tou-kiue (Turcs) Occidentaux*, St. Petersbourg, 1903, pp.246-247.

⑯ E. Chavannes, op. cit., p.230, p.247.
內田吟風，〈柔然アウアール同族論考〉，《北アジア史研究——鮮卑·柔然·突厥篇》，1975，頁 402。

⑰ 岩佐精一郎，前揭論文。

⑱ 東羅馬與突厥是從 560 年代後半期以後開始交往，並有使臣往來。東羅馬人 Menandro 把自己從雙方使臣那裏收集到的資料加以整理。看來，席摩克他是根據這一記錄而記述了柔然殘餘逃往 Moukri 一事。H.W. Haussig, *Theophylakts Exkurs Über die Skythischen Vöker*, Byzantion.Tom 23,1953, pp.292-293；內藤みどり，〈東ローマと突厥との交涉に關する史料——Menandri Protectoris Fragmenta 譯註〉，《遊牧社會史探求》22，1963。

⑲ 岩佐精一郎，前揭論文。

⑳ 《隋書·突厥傳》。

㉑ 李龍範，〈高句麗的遼西進出企圖與突厥〉，《史學研究》1959，4；本書第四章第一節。

實。

550 年以後，高句麗與突厥之間的相互爭鬥，對韓半島的局勢變化帶來直接的影響。551 年新羅和百濟同盟軍趁高句麗貴族間長期發生內訌之際，攻佔漢江流域並加以瓜分。接著 552 年正月北齊文宣帝攻克庫莫奚之後，親自來到了遼東營州，並逗留此地，向高句麗施加壓力，最終把那些為躲避北魏末期的戰亂而逃往到高句麗境內居住的五千戶遺民帶回。

在這種情況下，同年二月，突厥擊破了柔然。突厥取代與高句麗有友好關係的柔然，成為蒙古高原的新強者。而這個新興遊牧民國家的出現，對於高句麗安危構成極大的威脅。高句麗貴族們對內終止了無休止的紛爭，謀求相互妥協。從六世紀後期以後，在高句麗之所以能夠形成，由高級貴族每三年選拔一次大對盧的貴族聯合政體，正是由於這種對外危機。首先與新羅締結休戰密約，從而圖謀南部國境安定，積極備戰，防範即將來臨的北齊和突厥的威脅，致力於西北部國境一帶的防禦。

一方面，新羅與高句麗締結密約後，553 年 7 月突襲了漢江下游的百濟佔領地。為此，554 年百濟聖王率領百濟軍和伽耶軍以及一千倭軍[122]，企圖對新羅施以報復，但在管山城戰鬥中戰敗身亡。這樣，新羅對漢江流域和洛東江流域的支配權越發鞏固起來。接著還將其疆域擴大到咸興一帶，568 年真興王親自巡狩到此地，並在黃草嶺和磨雲嶺上豎起巡狩碑，上面刻有「隣國誓信，和使交通，云云」。此時高句麗則必須全力投入與突厥的戰爭，所以面對新羅與百濟相爭和新羅的擴張，只能採取袖手旁觀的態度，並恪守與新羅的和約。[123]

高句麗與突厥之間的爭鬥不僅對韓半島內的三國間力學關係帶來直接的影響，其影響還波及日本列島和倭國，從而對整個東北亞地區的國家產生直接或間接的影響。如此看來，如今高聳在蒙古人民共和國的、記載了與 Moukri 相關內容的突厥古碑文，把高句麗與突厥的交涉、對六世紀後半期韓國史的有深遠影響的內容象徵性地反映出來。作為這樣的一個歷史紀念物，它具有重大意義。

---

[122] 《日本書紀》卷十九，欽明十五年正月丙申條。

[123] 本書第四章第一節。

㈢阿弗拉希亞布（Afrasiab）宮殿壁畫裏的高句麗人

直到六世紀末以後，高句麗與突厥的關係開始發生了變化。這首先是因為隋帝國的建立和他的擴張，給國際政局帶來了變化。為了應對新的變化，高句麗與突厥兩國便建立了同盟關係，雙方的交易隨之活躍起來。605 年，有個隋朝將領叫韋雲起的，為了攻擊契丹，便動員了歸屬於隋朝的突厥啟民可汗的二萬騎兵。他命令突厥士兵，裝扮成商人，前往遼西地區柳城的高句麗，與之進行交易，使契丹人放心後，就對其實施突襲，從而把他擊破。[124]由此可見，把大規模的兵團偽裝成商隊，而契丹人又信以為真，說明這個時期高句麗與突厥之間已有了大規模的交易。柳城是當時遊牧民以及東北亞各種民族之間交易的中心地。[125] 607 年甚至還發生了正在啟民可汗牙帳裏進行訪問的高句麗使臣，與突然來到這裏的隋煬帝碰個正著的事件。

由於當時突厥歸附於隋朝，所以高句麗試圖與突厥建立同盟關係的努力未能產生具體的功效。相反地，隋煬帝對高句麗發動侵略戰爭時，突厥的處羅可汗及其兄弟們隨從隋煬帝，參加征伐高句麗。[126]

然而，為了與統一的中華帝國相對抗，之後高句麗仍不斷同中亞各國建立同盟關係。645 年唐太宗對高句麗發動侵略戰爭時，阿史那彌射、阿史那社彌、執史思力、阿史那思摩等人率領的突厥軍也加入唐軍的行列。即便在這個時期，高句麗的淵蓋蘇文還派使到了剛剛取代突厥而暫時成為蒙古高原新霸主的薛延陀那裏，試圖與之建立同盟關係。就在這一年，薛延陀攻擊唐朝的河南即鄂爾多斯地區的夏州。[127]在安市城的攻擊中敗退下來後第二年唐軍便攻擊了薛延陀[128]，目的就是為了消除以後的對高句麗戰爭中有可能出現的後顧之憂。

此後，高句麗繼續摸索一條與中亞諸國建立關係，進而從側面牽制唐朝的路

[124] 《新唐書》卷一百零三〈韋雲起傳〉。

[125] 《隋書》卷四十九〈韋藝傳〉。

[126] 《隋書》卷八十四〈突厥傳〉；《舊唐書》卷一百九十四〈突厥傳（下）〉。

[127] 《舊唐書》卷一百八十五上〈田仁會傳〉，卷一百九十九下〈鐵勒傳〉；《新唐書》卷一百九十七〈薛克構傳〉；《唐會要》卷九十六〈薛延陀傳〉。

[128] 《舊唐書》卷三，〈太宗（下）〉，貞觀二十年六月條。

線。阿弗拉希亞布（Afrasiab）宮殿壁畫就說明這一事實。

1965 年起考古工作者歷時三年對烏茲別克斯坦撒馬爾罕城（Samarkand）附近的阿弗拉希亞布宮殿遺址進行了發掘。該宮殿遺址中發現的「使節圖」壁畫中，見有頭戴鳥羽冠，腰間佩帶著環頭大刀的兩名男子。此二人好像是古代韓國人。[129] 根據發掘報告，該壁畫製作年代的下限為 712 年阿拉伯軍隊侵入之前。而用窣利文（又稱粟特文，Sogdian language）書寫在宮殿牆壁上的銘文中，有叫「Varxuman」的大王，他與大唐永徽年間（650－655）被冊封為康居都督的拂呼縵[130]，好像是同一人。看來是把七世紀後期 Varxuman 王統治時期，訪問該國的外國使節團相貌給畫下來的。[131]如此則使節圖中的兩名古代韓國人，既不可能是建國於 698 年左右的渤海國使節團，也很難把他們視為新羅人，還是應把他們看成高句麗人。他們前去的路線並非通過大唐，而是通過北亞的草原之路前往的，正因為與柔然、突厥、薛延陀等進行了長期交涉的過程中積累了豐富的經驗，才有可能做到這一點。

該壁畫中所見的兩名使節之像，如實地向人們展現了，七世紀後期隨著對唐戰爭的逐漸激化，高句麗人多麼迫切需要建立與中亞諸國的同盟關係，這是他們所作的外交努力的一個側面。

---

[129] L.I. Alibaum, *Zivopisi Afraciaba, Tashikent*, 1975, p.75；穴澤和光、馬目順一，〈アブラシアブ都城址出土の壁畫に見られる朝鮮人使節について〉，《朝鮮學報》80，1976；金元龍，〈撒馬爾罕城阿弗拉希亞布宮殿壁畫中的使節團〉，《考古美術》129、130，1976；〈古代韓國和西域〉，《美術資料》34，1984；朴晉煜，〈關於蘇聯撒馬爾罕城阿弗拉希亞布宮殿遺址壁畫中的高句麗使節圖〉，《朝鮮考古研究》1988 年 3 期。
穴澤、馬目把他們看成高句麗人，Alibaum 雖然只是說他們是來自韓國的使節，但引用《舊唐書·高句麗傳》的記載來說明此二人的服飾等，看來也好像把他們視為高句麗人。金元龍也不排除他們為新羅人的可能性。朴晉煜則認為是此二人為淵蓋蘇文執權時期派去的高句麗人。

[130] 《新唐書·西域傳（下）》，康條。

[131] L.I. Alibaum, op. cit., pp.3-4.
該壁畫的主題是康國（撒馬爾罕城一帶）的 Varxuman 王迎接鄰近 Chaganian 國使節的內容，而順便把其他外國使臣也一併畫下來。這並不意味著，壁畫中所見的外國使節是在同一個時期來到該國。只是 Varxuman 王統治時期，來訪的各國使節畫了下來，後來，在以此為畫題的壁畫上，一併把不同時期的外國使節團之貌，予以畫進去的。

這種努力並未能發揮作用，668 年平壤城還是落陷了。669 年以後高句麗遺民繼續與中亞地區的居民進行接觸，可以從以下三方面加以概括。其一，669 年以後，高句麗遺民移居到蒙古高原並形成若干集團，歸屬於突厥可汗。其二，被唐軍強行遷徙到其邊疆地區，使他們定居下來。其中一部分遷徙到現今甘肅省一帶的大唐隴右道居住。居住在前往西域交通咽喉地帶的高句麗遺民，逐漸成為該地區的主要兵源之一。編撰於開元二十二年（734）的《大唐六典》卷五兵部條裏流傳著，在秦州、河州等六州組織了由高句麗人構成的地方兵，叫做團結兵。以遠征中亞腹地而聞名的高仙芝，就是定居在此地區的高句麗遺民。[132]其三，以渤海和突厥之間的交涉形態展開。

因此，高句麗人在中亞居民之間也留下較深的印象，儘管是片斷的內容，卻也把談及 Mog-lig（畝久利）的內容給記錄下來。

如上所述，高句麗同中亞地區居民間的交流，從政治上看，它對韓國古代史的展開過程具有深遠的影響。從文化上看，從三國時代的遺物和古墳壁畫中可以發現很多中亞文化的因素。不僅如此，與具有獨特歷史和文化背景的中亞居民進行交流，對古代韓國人的意識形態帶來深刻影響。與更廣大的世界和多樣的民族進行交流，極大地拓寬了三國時期韓國人對世界的認識。這在他們實施對外關係的過程中，防止只走傾向於中國的路線，進而認識本國在國際社會中的位置以及獨自性，發揮一定的作用。五世紀金石文中所見高句麗人的天下觀，便是個極好說明。[133]

不僅在這個時期，即便在前近代時期，為了對應不斷湧入的中國文明，在把它客觀化並加以理解時，與中國文明不同的另一個文明圈進行交涉，具有非常重要的意義。這一層面正是在韓國史上與中亞居民進行的交流的重大意義所在。韓國史舞臺的北方疆界被漢族國家完全掐斷的時期是在進入朝鮮時代以後。統一新羅時期和高麗時期，不僅是通過陸路、還通過海路與阿拉伯商人和中亞文化有了

---

[132] 有關以上內容，請參看盧泰敦的前揭論文，1981。

[133] 參看本書第三章第三節。

間接性接觸。[134]從這些方面來講，前近代時期與中亞地區居民之間，進行直接或間接性交流的問題，需要更深入地研究。[135]

---

[134] 高柄翊，〈韓國和西域——近世以前的歷史關係〉，《學術院第五屆國際學術會議論文集》，1977。

[135] 本稿在寫作過程中得到漢城大學東洋史學系金浩東教授的教示和提供資料，藉此謹向金教授表示由衷的感謝。

附　記

本書各部的大部分內容是筆者曾經發表的論文，並稍加整理。對於補寫的或刪除的部分，本書並未一一言及。其間發表的論文和本書內容之間有差異的部分，謹此聲明：本書中的內容為筆者現在的觀點。現把構成各部各章的論文初次發表的日期及所載刊物，按本書的目錄順記如下，或許可作為參考。

第一章

第一節〈朱蒙的出自傳承和桂婁部的起源〉，《韓國古代史論叢》5，1993。

第二節〈有關高句麗初期王系的一考察〉，《李基白先生古稀紀念韓國史學論叢》上，1994。

第二章

第一節〈有關三國時期「部」的研究——成立與構造為中心〉，《韓國史論》2，1975。

第二節〈關於高句麗初期娶嫂婚的一考察〉，《金哲埈博士華甲紀念史學論叢》，1983。

第三章

第一節〈五至七世紀高句麗的地方制度〉，《韓國古代史論叢》8，1996。

第二節〈五至六世紀東亞國際情勢和高句麗的對外政策〉《東方學志》44，1984。

第三節〈五世紀金石文中所見的高句麗人的天下觀〉，《韓國史論》19，1988。

第四章

第一節〈有關高句麗喪失漢江流域的原因〉，《韓國史研究》13，1976。

第二節〈貴族聯合政權與淵蓋蘇文的政變〉，新稿。

補　論

第一節〈扶餘國的疆域及其變遷〉，《國史館論叢》4，1989。

第二節〈有關高句麗渤海人與中亞居民交涉的一考察〉，《大東文化研究》23，1989。

國家圖書館出版品預行編目資料

高句麗史研究
盧泰敦著；張成哲中譯. – 初版. – 臺北市：臺灣學生，
2007[民 96]
面；公分

ISBN 978-957-15-1368-3(精裝)

1. 韓國史
2. 中古史
3. 文集

732.233 96017243

高句麗史研究（全一冊）

著者：盧泰敦
譯者：張成哲
出版者：臺灣學生書局有限公司
發行人：盧保宏
發行所：臺灣學生書局有限公司
臺北市和平東路一段一九八號
郵政劃撥帳號：00024668
電話：(02)23634156
傳眞：(02)23636334
E-mail：student.book@msa.hinet.net
http：//www.studentbooks.com.tw

本書局登記證字號：行政院新聞局局版北市業字第玖捌壹號

印刷所：長欣印刷企業社
中和市永和路三六三巷四二號
電話：(02)22268853

定價：精裝新臺幣六〇〇元

西元二〇〇七年十月初版

73201

ISBN 978-957-15-1368-3(精裝)
Study on the History of Goguryeo by Roh, Tae-don

Original Korean edition published by Sakyejul Publishing Ltd. in 1999

國家圖書館出版品預行編目資料

高句麗史研究
盧泰敦著；張成哲中譯. -- 初版. -- 臺北市：臺灣學生，
2007[民 96]
面；公分
ISBN 978-957-15-1368-3(精裝)

1. 韓國史
2. 中古史
3. 文集

732.233　　96017243

高句麗史研究（全一冊）

著　者：盧泰敦
譯　者：張成哲
出版者：臺灣學生書局有限公司
發行人：盧保宏
發行所：臺灣學生書局有限公司
臺北市和平東路一段一九八號
郵政劃撥帳號：00024668
電話：(02)23634156
傳真：(02)23636334
E-mail：student.book@msa.hinet.net
http://www.studentbooks.com.tw
本書局登記證字號：行政院新聞局局版北市業字第玖捌壹號
印刷所：長欣印刷企業社
中和市永和路三六三巷四二號
電話：(02)22268853

定價：精裝新臺幣六〇〇元

西元二〇〇七年十月初版

73201

ISBN 978-957-15-1368-3(精裝)
Study on the History of Goguryeo by Roh, Tae-don